U0529631

全民族抗战
1937—1945

孙志华 孙潇 齐鲁 著

民主与建设出版社
·北京·

文史并重
雅俗共赏

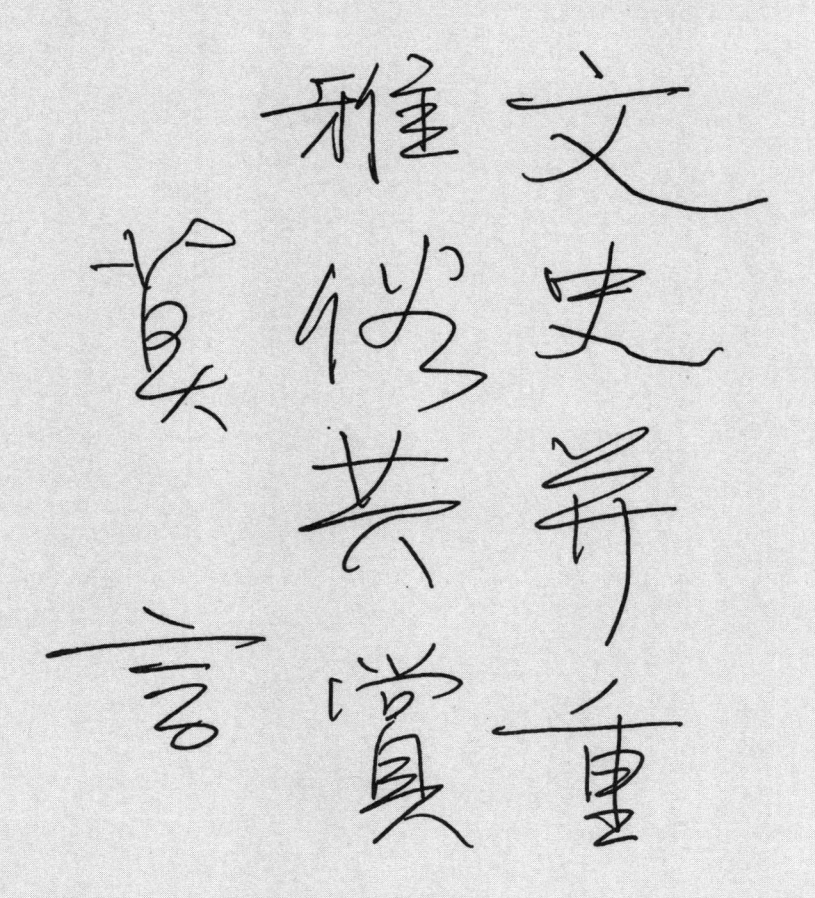

莫言

诺贝尔文学奖获得者莫言为本书题词

目 录

序（万鄂湘）/ 001

◎ 第一章　全面抗战

　　一、山雨欲来 / 001
　　二、卢沟桥事变 / 003
　　三、北平沦陷 / 010
　　四、天津陷落 / 015

◎ 第二章　共赴国难

　　一、抗战宣言 / 017
　　二、国共谈判 / 018
　　三、国共合作 / 019

◎ 第三章　淞沪会战

　　一、虹桥事件 / 022
　　二、攻势作战 / 025
　　三、血肉磨坊 / 029
　　四、防御作战 / 032
　　五、八百壮士 / 034
　　六、上海陷落 / 036

◎ 第四章　太原会战

　　一、平型关战役 / 038

　　二、忻口战役 / 042

　　三、娘子关战役 / 045

　　四、太原保卫战 / 047

◎ 第五章　八路军开赴华北战场

　　一、八路军改编 / 049

　　二、平型关大捷 / 051

　　三、雁门关伏击战 / 054

　　四、夜袭阳明堡 / 055

　　五、七亘村战斗 / 057

　　六、广阳伏击战 / 058

◎ 第六章　南京大屠杀

　　一、海空大战 / 060

　　二、南京保卫战 / 062

　　三、南京大屠杀 / 067

◎ 第七章　徐州会战

　　一、韩复榘弃守济南 / 073

　　二、大战临淮关 / 077

　　三、临沂保卫战 / 079

　　四、滕县保卫战 / 082

　　五、台儿庄大捷 / 085

　　六、血战禹王山 / 092

　　七、蒙城保卫战 / 097

八、徐州大突围 / 099

九、兰封战役 / 101

◎ 第八章　新四军挺进华中

一、新四军改编 / 105

二、东进苏南 / 107

三、开赴皖南 / 109

四、挺进皖中 / 110

五、北上豫皖苏 / 111

◎ 第九章　敌后战场

一、晋察冀抗日根据地 / 113

二、晋绥抗日根据地 / 114

三、晋西南抗日根据地 / 116

◎ 第十章　厉兵太行

一、晋冀豫抗日根据地 / 119

二、神头岭伏击战 / 120

三、反"九路围攻" / 121

四、长乐村战斗 / 122

◎ 第十一章　齐鲁烽火

一、冀鲁边起义 / 124

二、鲁西北起义 / 125

三、天福山起义 / 126

四、黑铁山起义 / 128

五、牛头镇起义 / 130

六、徂徕山起义 / 131

七、泰西起义 / 133

八、鲁东南起义 / 134

九、鲁南起义 / 135

十、湖西起义 / 136

◎ 第十二章　挺进山东

一、挺进山东 / 138

二、陆房突围 / 140

三、梁山歼灭战 / 142

◎ 第十三章　武汉会战

一、马当要塞失陷 / 144

二、九江失守 / 147

三、血战田家镇 / 149

四、万家岭大捷 / 151

五、大战富金山 / 154

六、潢川之战 / 155

七、武汉沦陷 / 157

◎ 第十四章　华南敌后战场

一、广州失陷 / 161

二、粤北大捷 / 164

三、东江抗日根据地 / 166

四、琼崖抗日根据地 / 169

◎ 第十五章　东北抗联

一、抗联成立 / 172

二、白山黑水 / 176

三、林海雪原 / 179

◎ 第十六章　平原游击战

一、冀中抗日根据地 / 183

二、冀南抗日根据地 / 185

三、冀东抗日根据地 / 186

四、齐会围歼战 / 188

五、名将之花凋谢黄土岭 / 190

◎ 第十七章　山东抗日根据地

一、鲁中抗日根据地 / 193

二、鲁南抗日根据地 / 199

三、冀鲁边抗日根据地 / 201

四、清河抗日根据地 / 205

五、胶东抗日根据地 / 206

六、滨海抗日根据地 / 211

七、冀鲁豫抗日根据地 / 214

◎ 第十八章　南昌会战

一、战略调整 / 218

二、南昌失陷 / 221

三、反攻南昌 / 224

◎ 第十九章　桂南会战

一、南宁失守 / 227

二、昆仑关大捷 / 229

三、宾阳战役 / 233

◎ 第二十章　五原大捷

一、冬季攻势 / 237

二、奇袭包头 / 238

三、五原大捷 / 240

◎ 第二十一章　枣宜会战

一、枣阳作战 / 245

二、上将殉国 / 247

三、宜昌战斗 / 252

◎ 第二十二章　百团大战

一、正太战役 / 255

二、涞灵战役 / 259

三、榆辽战役 / 262

四、血战关家垴 / 265

◎ 第二十三章　华中敌后战场

一、东进北上 / 271

二、皖南抗战 / 272

三、皖东抗日根据地 / 273

四、豫皖苏边根据地 / 275

五、豫鄂边根据地 / 277

六、黄桥决战 / 278

◎ 第二十四章 皖南事变

一、战云密布 / 284

二、皖南事变 / 287

三、击退逆流 / 289

◎ 第二十五章 鲁苏战区敌后抗战

一、挺进敌后 / 293

二、合作抗战 / 296

三、圈里突围 / 300

四、第一一一师起义 / 301

五、唐王山战役 / 304

六、血战城顶山 / 306

◎ 第二十六章 上高会战

一、诱敌深入 / 309

二、上高大捷 / 313

◎ 第二十七章 晋南会战

一、中条山南部的战斗 / 316

二、中条山北部的战斗 / 316

三、中条山东部的战斗 / 317

四、中条山西部的战斗 / 318

◎ 第二十八章　长沙会战

一、第一次长沙会战 / 321

二、第二次长沙会战 / 328

三、第三次长沙会战 / 333

◎ 第二十九章　浙赣会战

一、金华、兰溪战斗 / 342

二、衢州战斗 / 343

三、上饶、广丰战斗 / 345

四、浙赣西线战斗 / 346

◎ 第三十章　反"扫荡"

一、狼牙山五壮士 / 349

二、沂蒙反"扫荡" / 351

三、巾帼英烈辛锐 / 357

四、左权牺牲 / 360

五、对崮山突围 / 363

六、马石山十勇士 / 365

◎ 第三十一章　全民皆兵

一、地道战 / 369

二、地雷战 / 371

三、铁道游击队 / 373

四、渊子崖保卫战 / 375

五、刘家庄自卫战 / 377

六、沂蒙红嫂 / 380

◎ 第三十二章　远征军入缅作战

　　一、同古保卫战 / 384

　　二、仁安羌大捷 / 387

　　三、败走野人山 / 390

◎ 第三十三章　鄂西会战

　　一、东线阻击战 / 394

　　二、收复渔洋关 / 396

　　三、偏岩歼灭战 / 397

　　四、木桥溪战斗 / 399

　　五、石牌保卫战 / 401

　　六、空中飞虎 / 403

　　七、宜都追歼战 / 405

◎ 第三十四章　常德会战

　　一、石门攻防战 / 408

　　二、常德外围战 / 410

　　三、常德保卫战 / 412

　　四、收复常德 / 423

◎ 第三十五章　豫湘桂溃退

　　一、豫中会战 / 425

　　二、长衡会战 / 429

　　三、桂柳会战 / 432

◎ 第三十六章　滇缅反攻

一、胡康河谷战役 / 438

二、孟拱河谷战役 / 441

三、密支那大捷 / 444

四、腾冲战役 / 447

五、松山、龙陵战役 / 450

◎ 第三十七章　敌后反攻

一、华北攻势作战 / 455

二、华中攻势作战 / 456

三、山东局部反攻 / 458

◎ 第三十八章　湘西会战

一、雪峰山战斗 / 464

二、雪峰山南麓作战 / 467

三、雪峰山大捷 / 469

◎ 第三十九章　日本投降

一、太平洋战场大反攻 / 473

二、中国战场的反攻 / 479

三、苏联红军出兵东北 / 481

四、日本投降 / 483

附　录 / 488

后　记 / 492

序

万鄂湘

在抗战胜利80周年到来之际，该书的出版，既是抗战研究的一项重要成果，也是纪念抗战胜利80周年的一个献礼。

抗日战争是中华民族的解放战争。在中国共产党领导的以国共合作为基础的抗日民族统一战线基础上，中国共产党和中国国民党领导的抗日军队，分别担负着敌后战场和正面战场的作战任务，形成了共同抗击日本侵略者的战略态势，尤其是中国共产党在全民族抗战中发挥了中流砥柱的作用。该书以翔实的史料，真实反映了国共合作抗战的历程，客观再现了抗战期间正面战场重大会战和敌后战场重要作战实况，全面展现了中华民族抗日战争波澜壮阔的历史画卷，有利于促进两岸坚持"一个中国原则"的共识。

抗日战争也是世界反法西斯战争的一个重要组成部分。中国战场牵制和消灭了大量日军有生力量，使日本侵略者陷入中华民族全面抗战的汪洋大海里难以自拔，牵制了日本关东军进攻苏联的战略企图，配合了美国太平洋战场的反攻，为世界反法西斯战争的胜利发挥了重要作用。该书不仅全面反映了中国战场的抗战和中国远征军赴东南亚战场的作战，也介绍了苏联空军志愿队、美国飞虎队和朝鲜人民革命军志愿抗战的史实，还简述了太平洋战场和苏联红军出兵东北的概况，有利于宣传中国抗战在世界反法西斯统一战线中的地位和作用。

存史资政是人民政协的一项重要文史工作，对于继承优秀历史文化遗产、弘扬爱国主义精神有着重要的作用。无边岁月眼前过，时代风云一纸间。随着岁月的流逝，抗战亲历者越来越少，抢救性挖掘保护抗战史料成为一项迫在眉睫的工作，这是对历史的负责。齐鲁同志曾任三届全国政协委员，长期担任省市民革领导工作，亲身接触过大量的抗战将领，注意搜集整理抗战原始资料，书中很多珍贵史料都来源于抗战将领们的亲身经历和忆述,有重要的史料价值。

该书文风严谨,体裁新颖,图文并茂,语言生动,既有宏大的战争场面,亦有形象的细节描绘;既是一部严肃的学术著作,也是一本历史通俗读物,雅俗共赏,便于普及。以史为鉴,面向未来。希望本书的出版,有利于激发读者的爱国热情,有利于弘扬民族精神正能量,为进一步促进两岸交流,为捍卫二战胜利果实、维护世界和平与稳定发挥积极作用。

谨以为序。

第一章

全面抗战

"九一八"事变之后，日本加紧了对华侵略的步伐和发动全面战争的准备。1937年7月7日，日军发动了卢沟桥事变，中华民族的全面抗战正式爆发。

一、山雨欲来

自明治维新之后，日本逐渐走上了对外扩张的帝国主义道路，先后发动了一系列侵略中国的战争。1895年，通过甲午战争，割占台湾及澎湖列岛；1900年，伙同八国联军入侵，取得了在北京、天津的驻兵权；1905年，通过日俄战争，强占旅顺、大连；1914年，出兵山东，强占胶州湾和胶济铁路。1927年6月，日本外务省召开东方会议，秘密制订《对华政策纲要》。首相田中义一根据会议内容起草了臭名昭著的《田中奏折》，公然声称："惟欲征服支那，必先征服满蒙；如欲征服世界，必先征服支那。"

1931年9月，日本"关东军"策划了柳条湖事件，以此为借口发动"九一八"事变，强行占领东三省，扶植废帝溥仪建立"伪满洲国"傀儡政权。1933年1月，日军又策划了长城事变，侵占热河。然后又将魔爪伸向华北，阴谋策动冀、鲁、晋、绥、察"华北五省自治"。

1935年9月，日本冈田内阁通过了"实行华北自治"的决议。关东军司令部随即派"九一八"事变的策划者奉天特务机关长土肥原贤二到天津，加紧策动华北自治。土肥原以最后通牒的方式限令冀察政务委员会委员长兼第二十九军军长宋哲元在11月20日前宣布自治，否则日本将进攻河北、山东，遭到国民政府和宋哲元的拒绝。"华北自治"阴谋失败后，日本决定用武力攫取华北，加紧了发动全面战争的准备。

"九一八"事变之后，日本国内军国主义甚嚣尘上，内阁政权更迭频繁。以军部为核心的法西斯势力，利用暗杀、政变等恐怖手段，先后刺杀了首相犬养毅、藏相高桥是清、内大臣斋藤实等人，结束了日本历史上的政党内阁，逐步建立了法西斯统治的军部独裁政权。

1936年6月，广田弘毅内阁上台，日本开始全面军国主义化。裕仁天皇很快批准了新的《帝国国防方针》及《用兵纲领》，公然宣称要实现控制东亚大陆和西太平洋、最后称霸世界的野心。8月7日，日本五相会议通过了《国策基准》，规划了侵略中国、进犯苏联、待机南进的战略方案，并制订了1937年侵华计划。决定增加3个师团进行华北作战，将对华作战兵力增加到14个师团，并与德国、意大利等法西斯政权结成了军事战略同盟。

为适应侵华战争的需要，日本军国主义者开始了疯狂的扩军备战。"九一八"事变之前，日本总兵力只有23万人，到1936年则剧增到56万人，超过英、美、意，跃居列强第三位。在1936年8月制定的《国策大纲》中确定大量增加军事工业投资，把"扩充国防军备"摆在首位。1937年军事工业投资达22.3亿日元，比1936年增加了2.2倍，占当年工业投资总额的61.7%；军费预算达14.1亿日元，占国家总预算的47%。武器装备的生产能力达到了年产世界性能最好的零式战斗机1580架、坦克330辆的水平。拥有各式舰艇285艘，其中航空母舰4艘、水上飞机母舰2艘、潜水母舰5艘，另外还有2艘航母正在建造之中。海军实力仅次于英、美，居世界第三位，已基本做好了发动全面战争的准备。

1936年6月，未经中国同意，日本擅自将在天津的驻屯军由2100人增加

日本海军"苍龙"号航空母舰，可载飞机63架。二战期间，日本共建造航母25艘

到 6000 人，并先后制造两起"丰台事件"，抢占了战略要地丰台，切断了卢沟桥与南苑兵营之间的联系。

1937 年 6 月，日本贵族院议长近卫文麿出任首相组阁，一个由好战分子杉山元、米内光政和广田弘毅分别出任陆军大臣、海军大臣和外务大臣的法西斯政权建立了，日本战时体制正式形成，从而加速了发动全面侵华战争的步伐。

6 月 21 日，日本中国驻屯军紧急成立临时作战科，并在平津近郊频繁进行军事演习。演习从白天发展到黑夜，从虚弹发展到实弹。特别是驻丰台的日军，经常荷枪实弹，在宛平县城附近举行以宛平县城为目标的演习，进行着临战前的准备。

山雨欲来风满楼，中日战争的全面爆发已箭在弦上。卢沟桥头神秘的枪声，点燃了战争全面爆发的导火索。

二、卢沟桥事变

卢沟桥，位于北京西南郊外的永定河上，全长 266.5 米，宽 9.3 米，为 11 孔联拱石桥。建于金大定二十九年（公元 1189 年），至今已有八百余年的历史，以精美的狮雕和"卢沟晓月"闻名于世，是进出北京西南大门的重要门户。20 世纪初，又在石桥的北面修建了铁路桥，成为扼守平汉铁路的一个咽喉要冲。卢沟桥东百余米，就是宛平县城，城墙高大坚固，自明代以来就是拱卫京师的军事重镇，战略位置非常重要。

日军侵占东北、热河、察哈尔和冀东以后，对北平形成了三面包围之势，卢沟桥成为北平对外的重要通道。为了占领这一战略要地，促使华北自治，从 1937 年 5 月份起，日军频繁地在卢沟桥附近进行挑衅性军事演习，不断制造事端，使华北局势日趋严峻，战争的阴云笼罩在古老的北平城上空。

驻守平津地区的是宋哲元的第二十九军，辖四个步兵师、一个骑兵师、一个特务旅和一个保安队，总兵力约 10 万人，分驻于冀、察两省和平、津两市。具体部署是，冯治安的第三十七师驻守北平西苑和保定，张自忠的第三十八师驻守天津，赵登禹的第一三二师驻河北，刘汝明的第一四三师驻察哈尔，郑大章的骑兵第九师和军部驻南苑。其中驻守宛平及卢沟桥地区的是第三十七师第一一〇旅第二一九团的第三加强营，辖 4 个步兵连、两个迫击炮连和 1 个重机枪连，共 1400 余人。

第二十九军原系冯玉祥的西北军旧部,虽然装备极差,但治军严格。士兵除步枪外,还每人配发了一把大刀,聘请武术名家李尧臣为教练,全军习武。在长城抗战中,大刀队曾屡显神威,三次夜袭,出奇制胜,创造了用大刀、手榴弹打败日军的奇迹,坚守防线一月余,用血肉之躯筑起了一道新的长城,顶住了日军两个旅团的轮番进攻,取得了喜峰口大捷。第二十九军大刀队一战成名,令日军闻风丧胆,从此扬威海内外。著名的《大刀进行曲》,就是根据第二十九军大刀队的事迹创作的,原歌词是:"大刀向鬼子们的头上砍去!二十九军的弟兄们,抗战的一天来到了!抗战的一天来到了!……"没想到,又是这支英雄的部队在卢沟桥头率先打响了中华民族全面抗战的第一枪,抗战的一天终于来到了。

1937年7月7日晚7时30分,驻丰台日军河边正三旅团第一联队第三大队第八中队,未经中方允许,荷枪实弹地来到卢沟桥北郊回龙庙附近,进行军事演习。22点30分,中队长清水节郎大尉传令休息。忽然演习场附近传来几

二十九军将领北平合影(前排左起秦德纯、张自忠、宋哲元、刘汝明、石友三,后排右起佟麟阁、赵登禹、冯治安、郑大章)

声枪响，日军立即吹号集合，发现一名士兵失踪。清水中队长立即报告在丰台的第三大队长一木清直少佐。

一木大队长闻听后，一边报告在北平的联队长牟田口廉也大佐，一边带兵开赴卢沟桥。其实，失踪士兵志村菊太郎只是外出大便，返回时在黑暗中走错了方向，因此延误了时间，早已于20分钟之后归队，但清水中队长却隐瞒未报。

深夜12时许，日本北平特务机关长松井久太郎给冀察政务委员会打电话，诡称："今日日军一中队在卢沟桥附近演习，但在整队时，忽有驻卢沟桥第二十九军部队向其射击，因而走失士兵一名，要求进入宛平城搜查。"

北平市市长兼第二十九军副军长秦德纯当即回答："卢沟桥是中国领土，日本军队事前未得我方同意在该地演习，已违背国际公法，妨害我国主权，走失士兵我方不能负责，日方更不得进城检查，致起误会。惟姑念两国友谊，可等天亮后，令该地军警代为寻觅，如查有日本士兵，即行送还。"

8日凌晨2时许，松井再次打电话威胁冀察政务委员会，坚持要进城搜索，否则"将以武力保卫前进"。为避免事态扩大，秦德纯市长一面委派河北省第三区行政专员兼宛平县长王冷斋与冀察外交委员会主席魏宗瀚等人通过外交渠道与日方交涉，一面通知第三十七师师长冯治安加强防御。

河北省政府主席兼第三十七师师长冯治安立即通知驻守宛平的第二一九团团长吉星文："为维护国家主权与领土完整，寸土都不许退，可采取武力自卫及断然处置。国家存亡，在此一举；设若冲突，卢沟桥即是你们的坟墓！"

吉星文团长是著名抗日将领吉鸿昌的侄子，曾在长城抗战中率领大刀队偷袭敌营，一举将据点敌人全部歼灭，25岁就晋升为第二一九团团长。接到师长电话后，他当即表示："当本着师长的训示，以不惹事、不怕事的原则维持目前局势。但若日军硬攻时，必抱定与城、桥共存亡的决心，以维护本军名誉和报答全国同胞。"

8日凌晨，一木清直少佐率领大队主力500余人与清水中队会合，在得知失踪士兵已归队的情况下，仍以"不明枪声"为由，提出中国军队撤出宛平东门，让日军进城谈判的无理要求。

守城部队请示第一一〇旅旅长何基沣，何基沣旅长命令第二一九团：（一）不同意日军进城；（二）日军武力侵犯则坚决回击；（三）我军守土有责，决不退让；如放弃阵地，军法从事。听到这样坚决的命令，守城官兵非常振奋，严词拒绝了日军的无理要求。

5时30分，一木大队长下令向宛平城发动进攻，中国驻军奋起还击，震惊中外的"卢沟桥事变"爆发了。

日军一阵炮击之后，步兵蜂拥而上。吉星文下令："坚守阵地，坚决回击。"守军依托城墙，奋勇抵抗。当日军接近城垣之时，守军枪声齐射，手榴弹居高临下在敌阵中开花爆炸。日军接连发动两次进攻，均被守军击退。

7时30分，日本"中国驻屯军"司令官田代皖一郎命令所有部队做好战斗准备，同时命令步兵旅团长河边正三少将"解除卢沟桥附近的中国军队的武装，以利于事件的解决"。

河边正三旅团长和牟田口廉也联队长亲自赶到前线坐镇指挥，命令第三大队从回龙庙渡河，占领永定河西岸和铁路桥，并出动4架飞机在卢沟桥上空盘旋示威。

一木清直大队长指挥第三大队主力，分四路向回龙庙及铁路桥的守军阵地发起进攻。守卫铁路桥的两个排战士，面对迎面扑来的数百名日军毫不畏惧，沈忠明排长毅然立于桥头阻止日军前进，被日军开枪打死。守军开枪还击，双方遂展开激烈争夺战。当日军冲上桥后，战士们纷纷跃出阵地，抡起大刀，与日军展开激烈肉搏。但终因寡不敌众，两个排的战士几乎全部战死于桥头，铁路桥和回龙庙阵地先后被日军占领。

卢沟桥炮声打响后，第二十九军将领秦德纯、冯治安、张自忠立即召开紧急会议，并联合发表声明："和平固所愿，但日方如一再进攻，为自卫计，唯有与之周旋。"8日下午，又联名致电军政部部长何应钦："刻下彼方要求须我方撤出卢沟桥城外，方免事态扩大。但我以国家领土主权所关，未便轻易放弃，现仍在对峙中。倘对方一再压迫，为正当防卫计，不得不与竭力周旋。"

黄昏前，日军在9辆坦克配合下又发动了第三次进攻，用猛烈炮火向宛平城内轰击，企图一举攻克宛平城。守军营长金振中率领士兵顽强抵抗，以步枪和手榴弹等轻武器硬是把日军打退，坚守住了宛平县城和卢沟桥阵地。

天黑后，金振中营长组织了两个连的敢死队悄悄地缒墙出城，发动夜袭。有的士兵嫌绳梯太慢，飞身从城墙上跃下，挥舞大刀，向鬼子们的头上砍去。阵地上顿时血肉横飞，喊杀之声，可闻数里，杀得日军狼奔豕突。驻守西苑的第三十七师第一一〇旅旅长何基沣也率领援军从长辛店以北、八宝山以南地区向日军展开反攻。激战至深夜，经反复争夺，收复了卢沟桥附近的铁路桥和回

日军正在炮轰卢沟桥头的宛平县城

龙庙等地，侵占桥头的一个中队日军几乎被全歼。突击队也伤亡300余人，金振中营长身负重伤。

卢沟桥事变发生时，中华民国政府军事委员会委员长蒋介石正在庐山举办军官训练团。接到卢沟桥事变报告后，蒋介石当即给第二十九军军长宋哲元回电指示："宛平应固守勿退，并须全体动员，以备事态扩大。"同时电令南京军事委员会，立即调二十六路军、第四十军、第八十五师迅速开往保定、石家庄应援；并命令正在参加暑期训练团的将领们立即下山备战。外交部也奉命派员到日本驻华大使馆提出抗议，声明保留一切合法要求。

8日晚，北平市市长兼第二十九军副军长秦德纯与天津市市长兼第三十八师师长张自忠，分别在北平和天津同日本特务机关长松井久太郎和中国驻屯军参谋长桥本群进行交涉，双方达成三点协议：（一）双方停止射击；（二）日军撤至丰台，中国军队撤退到永定河西岸；（三）宛平由中国保安队接防，人数二三百人，时间定于9日上午9时。

但是日军并不执行停火协议，仍在卢沟桥车站附近按兵不退，并将驻守通州的第二大队调来沙岗。9日黎明和10日凌晨，日军又连续两次炮轰宛平城，并向卢沟桥阵地发动多次进攻。守桥官兵奋勇抵抗，激战终日，铁桥南端复被日军占领，全连官兵除4人外，全部壮烈牺牲。

11日夜，细雨霏霏。吉星文团长派步兵两连，再度乘夜进袭，秘密接近铁桥南端，突然发起反击，歼灭守敌100余人，重新将铁路桥夺回，两军遂成对

第二十九军官兵坚守卢沟桥阵地

峙态势。日军退至大枣山以东地区,等待国内援军到来。

卢沟桥事变发生后,日本外务省于8日晨召开紧急会议,确定了事件不扩大、局部就地解决的方针。下午,日本政府召开内阁会议,也确定了事件不扩大、就地解决的方针,并向陆军省、海军省和外务省各派出机关发出了训令。但日军陆相杉山元大将、陆军次官梅津美治郎、关东军司令官植田谦吉、关东军参谋长东条英机等陆海军将领坚决主张借机扩大事态。当天,日本参谋本部即决定派遣关东军2个旅团、朝鲜军1个师团、国内3个师团的兵力到华北,并接连两次向内阁会议提出派兵案。

10日上午,日本内阁五相会议正式通过杉山元陆相提出的派兵案。11日,日本政府发表《派兵华北的声明》,公然宣称"负责华北治安的第二十九军,于7月7日半夜在卢沟桥附近进行非法射击,由此发端,不得已而与该军发生冲突","政府在本日内阁会议上下了重大决心,决定采取必要的措施,立即增兵华北"。

与此同时,裕仁天皇任命香月清司中将为"中国驻屯军"司令官。参谋本部命令驻守朝鲜的第二十师团和关东军独立混成第一、第十一旅团及航空六个中队、铁道第三联队等务须迅速到达华北，归"中国驻屯军"司令官指挥。日本的战争机器已开始全面启动，大批援军源源不断地开赴华北，使"七七"事变这一局部冲突，迅速向全面战争发展。

7月12日，香月清司司令官乘飞机赶到天津，一面抓紧调动部队，一面又采取缓兵之计，以谈判手段拖延时间、做好进攻准备。

至7月16日，日本关东军、朝鲜军已相继到达平津地区，日军参谋本部认为发动战争的时机已到，便迅速制定了《对华作战要领》和《在华北使用兵力时对华战争指导纲要》，把战争分为两个阶段进行：第一阶段约两个月，以优势兵力击溃中国第二十九军，解决华北问题；第二阶段三四个月，以足够兵力攻击国民党中央军，通过全面战争摧毁蒋介石政权，一举解决中国问题。

同时，日本参谋本部又电令"中国驻屯军"司令部，先向中国方面提出四点要求：（一）宋哲元正式道歉；（二）处罚责任者，罢免第三十七师师长冯治安；（三）撤退八宝山附近的部队；（四）在7月11日所提条件上由宋哲元签字。如在19日前中国方面不予履行，即对第二十九军发动攻击。

17日，日本内阁会议同意了日军参谋本部的决定，并指示驻华大使和武官分别向中国政府外交部、军政部提出通告，限于19日前正式答复，实际上是向中方发出最后通牒。

面对日本的战争威胁，7月17日，蒋介石在庐山谈话会上发表讲话："卢沟桥事件能否不扩大为中日战争，全系日本政府的态度；和平希望绝续之关键，全系于日本军队之行动。在和平根本绝望之前一秒钟，我们还是希望和平的，希望由和平的外交方法，求得卢事的解决。但是我们的立场有极明显的四点：（一）任何解决，不得侵害中国主权与领土之完整；（二）冀察行政组织，不容任何不合法之改变；（三）中央政府所派地方官吏，如冀察政务委员会委员长宋哲元等，不能任人要求撤换；（四）第二十九军现在所驻地区不受任何约束。这四点立场，是弱国外交最低限度。""万一真到了无可避免的最后关头，我们当然只有牺牲，只有抗战！""如果放弃尺寸土地与主权，便是中华民族的千古罪人！那时便只有拼全民族的生命，求我们最后的胜利。"

蒋介石的庐山讲话，正式表明了中国政府决心抗战的严正立场，立即赢得了各党派、团体和社会各界的拥护，各地爱国军民纷纷行动起来，大力声援华北前线。

中华民族解放先锋队、北平各界救国联合会、北平市学生联合会等救亡团体，先后派代表到卢沟桥慰问抗日勇士；长辛店工人冒着枪林弹雨，赶赴宛平前线修筑防御工事；北平市民自发组织了战地服务团、募捐团、慰劳团，到卢沟桥前线慰劳士兵、救护伤员；当地居民主动地为守城战士们送水送饭。上海、南京、武汉、太原等地的工人和各界爱国群众，相继组织起抗敌后援会，纷纷发表宣言，支持第二十九军的抗日行动，并致电、汇款、慰问前线将士。各地报刊也大量发表抗日言论，呼吁声援卢沟桥抗战。

三、北平沦陷

卢沟桥事变发生时，冀察政务委员会委员长兼第二十九军军长宋哲元为躲避日方纠缠，正在山东乐陵老家休假。经国民党中央两次电催，宋哲元方于7月11日离开乐陵。

宋哲元，字明轩，山东乐陵人，毕业于陕西老帅陆建章所办的随营学校，历任冯玉祥部连长、营长、团长、旅长、师长，是西北军五虎上将之一。1927年，冯玉祥五原誓师北伐，宋哲元任第四方面军总指挥，兼任陕西省主席。蒋、阎、冯大战反蒋联军失败后，西北军余部在宋哲元、张自忠、刘汝明、秦德纯、赵登禹等人带领下，退入山西，被张学良收编，改番号为国民革命军第二十九军，宋哲元任军长，并兼任察哈尔省主席。

长城抗战爆发后，第二十九军血战铃木、服部两个旅团，坚守防线固若金汤，毙伤日军3000余人，取得了自"九一八"以来对日作战的首次胜利——喜峰口大捷。宋哲元、张自忠、冯治安、赵登禹、刘汝明等人被授予"青天白日"勋章。

"何梅协定"达成后，国民党中央军、东北军及党务机关从河北及平津撤出，宋哲元出任冀察政务委员会委员长，负责维持冀察政局，经常被外敌内奸威胁引诱，进退两难，穷于应付，便以为父亲修墓和养病为名，于1937年5月回到山东乐陵老家。正在此时，爆发了震惊中外的卢沟桥事变。由于和日军打交道期间冲突事件不断，都能以政治解决，因此宋哲元这次还抱有幻想，企图通过外交斡旋解决事变。

7月12日，蒋介石电令宋哲元："中正已决心运用全力抗战，宁为玉碎，毋为瓦全，以保我国家和个人之人格。"并要求其"与中央共同一致，无论和战，万勿单独进行"。

但宋哲元并没有按中央要求去保定备战，而是直接去了天津，企望通过与日军谈判求得和平解决，以保存势力和地盘。谈判的结果是：处罚当时卢沟桥的营长，由秦德纯代表宋哲元向日军道歉，调走第三十七师，由第三十八师接替北平城防，允诺立即撤兵和取缔一切抗日活动。

16日晚，蒋介石又密电宋哲元指出："连日对方盛传兄等已与日方签订协定。推其用意，签订协定为第一步，俟大军到集后，再提政治条件，其严酷恐将甚于去年之所谓'四原则''八要领'。务希兄等特别注意于此，今事绝非如此已了。只要吾兄等能坚持到底，则成败利钝，中正愿独负其责也。"

就在蒋介石发表庐山讲话的当晚，张自忠代表宋哲元向日本驻屯军参谋长桥本群提出：7月18日由宋哲元道歉；二三日内处分责任者营长；对将来的保证，待宋回到北平后实行；北平市内由宋哲元的直属卫队驻扎。实际上已基本满足了日方的要求。

18日下午，宋哲元偕张自忠向香月司令官道歉。但在19日这天，卢沟桥前线的日军又向中国守军发动炮火袭击，吉星文团长为日炮所伤，守军被迫还击。日本驻屯军司令部借此发表声明："从20日午夜以后，驻屯军将采取自由行动。"

张自忠听到这一声明后，立即访问日军参谋长桥本，在当夜11时，双方签订了《停战协定第三项誓文》的秘密条款。20日晨，宋哲元命令在北平附近的第三十七师于当日开始在西苑集结，准备向保定地区撤退。

23日晚，国民政府军政部参谋次长熊斌到达北平，向宋哲元传达了政府的抗战意图。24日，蒋介石又致电宋哲元，告知日军从22日起，其机械化部队向华北输送，预料一星期内必有大规模行动，务望时刻防备。

在这种情况下，宋哲元才开始考虑抗战，一方面令第三十七师停止撤退；另一方面电请蒋介石将北上各部暂时稍微后退，以便争取时间完成战备。但此时备战已晚，从东北及朝鲜进入华北的10万日军已经完成了进攻部署，并接连制造了廊坊事件和广安门事件。

廊坊车站是天津、北平之间的一个大站，第三十八师第一一三旅旅部率第二二六团在此驻守。7月25日下午，从朝鲜派到华北的日军第二十师团的一个中队，借口修理北平至天津的电话线，乘车到达廊坊，并强行占据车站。守军加以制止，双方遂发生武装冲突。日本"中国驻屯军"司令部当即令第二十师团第七十七联队和驻屯步兵旅团第二联队第二大队赶赴廊坊增援。

第二天拂晓，日军出动27架飞机轮番轰炸廊坊兵营，日军增援部队也于上午8时到达，立即在坦克和装甲车的配合下向守军发起猛烈攻击。守军营房被飞机和炮火炸成一片废墟，官兵们仍然从泥土中爬出来继续战斗，激战竟日，终因伤亡惨重，被迫向东转移。廊坊遂被日军占领，平津之间的交通被切断。

26日下午，日本"中国驻屯军"司令部向第二十九军发出最后通牒："首先应速将部署在卢沟桥、八宝山方面的第三十七师，于明日中午前撤退到长辛店附近；又北平城内的第三十七师，由北平城内撤出，和驻西苑的第三十七师部队一起，先经过平汉线以北地区，于本月28日中午前，转移到永定河以西地区，然后再陆续开始将上述部队送往保定方面。倘若不按上述方案执行……我军不得已只好采取单独行动。"

未等中方答复，当天傍晚，日军第二联队第二大队分乘26辆卡车，冒称使馆卫队，从丰台向北平城内开进。傍晚时分，该部日军乘汽车强行闯入广安门。广安门守军开火阻止，于是两军发生战斗。日军一部已入城，一部被阻于城外。入城的日军按照第二十九军指定的路线到达东交民巷日本使馆，未入城的日军退回丰台。

7月27日，经裕仁天皇批准，日军参谋本部命令"中国驻屯军"向第二十九军发起攻击，并下令国内进行第二次动员，增调第三、第五、第六、第十和第十一师团约20万兵力到中国参战。

实际上，在26日晚广安门战斗停止不久，日本"中国驻屯军"司令部便下达了攻击中国军队的作战命令，具体部署是：以第二十师团和中国驻屯步兵旅团主力协同进攻南苑，独立混成第十一旅团进攻西苑，集成飞行团主力拂晓轰炸西苑兵营，临时航空兵团协同地面部队进攻，并随时准备与中国空军作战。

在接到日军最后通牒和中央的一再催促下，宋哲元方仓促准备迎战，7月28日向所属部队下达了作战命令，将全军分为三路，具体兵力部署是：以第一三二师为主组成第一路军防守北平，以第三十八师为主组成第二路军防守天津，以第一四三师为主组成第三路军防守察哈尔省，以骑兵第九师为主为机动部队，以第三十七师为主为总预备队。同时催促孙连仲的第二十六军和万福麟的第五十三军迅速北上协同第二十九军作战。并向全国发表了自卫通电：日人欺我太甚，不可再忍，拒绝日方一切无理要求，为国家民族生存而战。

7月28日晨，在驻屯军司令官香月清司指挥下，日军机械化部队第二十师团和第一、第四、第十一混成旅团，在100余门大炮和40多架飞机的轮番轰击下，向北平四郊的南苑、北苑、西苑的守军阵地发起全面进攻，攻击的主要目标是南苑。

南苑位于北平城南10公里，是北平的南大门，原是冯玉祥将军当年练兵之地。练兵场南北长约3华里，围绕操场修建兵营18所，第二十九军司令部就设在原冯玉祥将军司令部旧址。兵营四周虽有部分寨墙，但并无堑壕工事。27日日军开始轰炸团河时，司令部已奉命迁往北平城内怀仁堂，第二十九军副军长佟麟阁主动留下负责防务及善后工作。第二十九军特务旅两个团、第三十八师一一四旅两个团及师部特务团、骑兵第九师一个团和平津大学生学兵团5000余兵力在这里驻守，第一三二师师长赵登禹任前敌总指挥。

天刚蒙蒙亮，日军首先出动30余架飞机轮番轰炸南苑兵营，将第二十九军军部及营房炸成一片废墟，然后是一阵猛烈密集的炮火狂轰滥炸。在40多辆坦克装甲车配合下，日军主攻部队第二十师团在青纱帐的掩护下，分别由南苑东南角和西南角发起进攻，驻屯旅团主力从北面展开攻击，切断了守军北平方向的退路。守军被包围在狭小的营区内，在无防空武器被动挨炸的情况下，奋勇抗击，与日军展开了激战。佟麟阁副军长一直坚持在一线阵地指挥军训团和学生兵作战，坚持战斗三个多小时。最终，日军在坦克掩护下突破了兵营防线，守军被迫向北平撤退。

当队伍撤退至大红门附近时，突然遭遇埋伏在青纱帐里的河边旅团的伏击。顿时，狭窄的公路上弹飞如雨，血肉横飞，佟麟阁也腿部中弹，仍然坚持着指挥部队分散突围。卫兵们劝他退下，他坚定地说："情况紧急，抗战事大，个人安危事小。"这时，日军飞机飞临战场上空，不断地盘旋轰炸。突然，一颗炸弹在附近爆炸，佟麟阁头部重伤，壮烈殉国，3000余官兵也壮烈牺牲。

南苑前线总指挥赵登禹，这位身高马大的山东大汉，自幼拜师习武，刀枪剑棍无所不通。曾在长城抗战中亲率所部两个团，冒着大雪，挥舞大刀乘夜偷

佟麟阁（1892—1937），河北高阳人。历任国民革命军第二集团军第三十五军军长、第二十九军副军长、察哈尔省主席。1937年7月28日，在南苑抗战中殉国，被追赠为陆军上将

袭日军炮兵阵地,砍杀鬼子500余名,缴获大炮18门,炸毁军车、坦克200多辆,取得"喜峰口大捷",成为一代抗战名将,并晋升为中将师长。其部一三二师原驻防河北,临危受命前来增援并担任前敌总指挥,27日晚方赶到南苑,主力部队还在行军途中,部署尚未就绪,日军就发动了突袭。守军仓促应战,各部联系中断,无法统一指挥,只好各自为战。赵登禹一手握枪,一手挥舞大刀,亲自率卫士30余人,指挥卫队旅与日军展开激烈厮杀。在接到宋哲元的撤退命令后,率部突围。当撤退到大红门外的御河桥时,遭到早已埋伏在青纱帐的日军第一联队机枪集中扫射和炮弹轰炸,身中数弹,壮烈牺牲。

南苑守军伤亡惨重,余部突围进入广安门时,沿途百姓自发地夹道欢迎,在路边摆满了馒头、窝头、西瓜、酸梅汤,慰劳从前线上撤下来的抗日将士。

当南苑战斗进行之时,第三十七师第一一〇旅旅长何基沣率部向驻丰台日军发起主动攻击,给日军以重创,曾一度占领丰台。南苑战斗结束后,驻屯旅团增援部队反攻丰台,第三十七师部队被迫撤退。与此同时,日军独立混成第十一旅团攻占清河镇,独立混成第一旅团占领沙河,守军纷纷撤退。

28日下午,宋哲元召开军政首脑会议,决定奉令撤军保定,委派张自忠代理冀察政务委员会委员长、冀察绥靖公署主任兼北平市市长,负责善后工作。

张自忠很不情愿地说:"你们都成了民族英雄,我怕成了汉奸了!"

宋哲元安慰说:"二十九军战线过长,我们要把部队收容起来,只有你能和日本人谈判,争取拖延一个星期,此事非你不能做到。二十九军弟兄们的安全,以及平津人民的生命财产都需要你来维护。好兄弟,请多珍重!"当日晚,宋哲元率部离开北平赴保定。

29日拂晓,日军独立混成第十一旅团进攻北苑与黄寺的独立第三十九旅和冀北保安部队。战至下午6时,黄寺被日军攻占。

7月30日,北平沦陷。

赵登禹(1898—1937),山东菏泽人。历任第二十九军第一〇九旅旅长、第一三二师师长。在长城抗战中,曾率大刀队奇袭日军,取得喜峰口大捷。1937年7月28日,在南苑作战中殉国,被追赠为陆军上将

四、天津陷落

天津是北平的海上门户，日本"中国驻屯军"司令部设于租界内的海光寺，在此驻守的中国军队是张自忠的第三十八师。张自忠代理冀察政务委员会委员长兼北平市市长后，天津的防务由第三十八师副师长兼市公安局局长李文田负责。当日军对北平展开全线进攻后，李文田与副指挥刘家鸾、天津市府秘书长马彦仲联名通电："誓与津市共存亡，喋血抗战，义无反顾。"

7月29日凌晨，第三十八师手枪团、第一一二旅、独立第二十六旅等部5000余人，在李文田副师长的指挥下，主动向海光寺日军司令部、天津总站及东局子日军机场发起了进攻。

独立第二十六旅在李致远旅长指挥下，经过两小时的激战，迅速攻占了天津总站及东局子飞机场，一举烧毁日机10余架，并攻进航空兵团司令部，缴获了大量机密文件。

天津保安队第一中队在宁殿武队长指挥下，也很快攻占了东车站。

攻打海光寺日本兵营的手枪团及独立第二十旅一个营和保安队第三中队，在祁光远团长指挥下，向日军司令部发起猛烈进攻，但由于日军工事坚固，炮

日军炮击天津

火猛烈，久攻未克。

日本驻屯军司令官香月清司急令第二十师团第三十九旅团长高木义人率3个步兵大队、1个炮兵大队回援天津，同时向关东军求援。关东军立即派出1个大队的先遣队赶赴天津；随后又以第一师团的第二旅团为基干，配属了炮兵、骑兵及工兵，组成第二混成旅团，车运天津增援。并以临时航空兵团对中国军队进行狂轰滥炸。

战斗至当日下午，在日军飞机的轰炸和猛烈炮火的反扑下，天津守军撤出市区，向马场方向撤退。30日，天津沦陷。

在第三十八师进攻天津日军的同时，驻通县的伪冀东保安队在第一总队指挥张庆余和第二总队指挥张砚田的率领下反正。该部原系第五十一军于学忠部两个团。卢沟桥事变发生后，张庆余曾秘密派人与第二十九军联系，商定在开战时举行起义。

29日凌晨2时，该保安队向驻通县的日军和伪"冀东自治政府"发动突然袭击，捕获了伪"冀东自治政府"主席殷汝耕，击毙了日军特务机关长细木繁中佐及所属日军数十人，并消灭了日军守备队、汽车队大部和全部日本顾问，然后于下午4时撤离通县，往保定方向转移。

平津抗战，第二十九军伤亡官兵5000余人，毙伤日军1233人。虽然以平津陷落的悲剧落下了帷幕，但是，全国抗战的序幕拉开了。

第二章

共赴国难

卢沟桥的炮声，点燃了全国抗日的烽火，唤起了全国人民团结御侮的抗战精神，促进了中华民族抗日救国的觉醒。中国的各个政党、团体、各界爱国人士及各派武装力量，在外敌入侵的形势下，以民族大义为重，纷纷拥护抗日，达到了自民国以来空前的团结与统一。

一、抗战宣言

卢沟桥事变的第二天，中国共产党就发表了抗日通电，指出："平津危急！华北危急！中华民族危急！只有全民族实行抗战，才是我们的出路。"

1937年7月8日下午，毛泽东、朱德、彭德怀、贺龙、林彪、徐向前等红军将领又联名致电国民政府军事委员会委员长蒋介石："日寇进攻卢沟桥，实施其武装攫取华北之既定步骤，闻讯之下，悲愤莫名！平津为华北重镇，万不容再有疏失。敬恳严令二十九军，奋勇抵抗，并本三中全会御侮抗战之旨，实行全国总动员，保卫平津，保卫华北，归复失地。红军将士，咸愿在委员长领导之下，为国效命，与敌周旋，以达保土卫国之目的。"

川军将领刘湘，桂军将领李宗仁、白崇禧，晋绥军将领阎锡山等，还有青海的马鸿逵、云南的龙云等雄踞一方的地方实力派将领们也都先后发表通电或致电军事委员会表态，拥护抗日，接受整编，开赴前线，共同御侮。

为广泛听取意见，共商国是，国民党中央决定，以中央政治委员会主席汪精卫和国民政府行政院长蒋介石名义，邀请各党派、各民主团体、各界名人前来庐山召开"谈话会"。

7月16日，"庐山谈话会"第一期在庐山图书馆楼上举行。出席开幕式的共158人，除了北京大学校长蒋梦麟、文学院院长胡适，清华大学校长梅贻琦，南开大学校长张伯苓，浙江大学校长竺可桢，广西大学校长马君武，中央财经委员会委员长马寅初，中央研究院总干事傅斯年，著名学者梁实秋等各界名流外，还有国民党要人于右任、冯玉祥、李烈钧、戴季陶等，青年党代表左舜生，国社党代表张君劢，以及农民党的代表。

军事委员会副委员长冯玉祥第一个站起来，慷慨陈言："日寇猖狂，中国危在旦夕。身为军人，惟有以死相拼。战死疆场，死得其所！现在还有人在说些什么'和必乱，战必败，败而言和，和而后安'。和了几年，安在何处？还有人把希望寄予美国、英国的出面干涉和援助，中国人民的事情为什么不能由中国人民自己做主？以全国之人力物力，难道还怕小小的日本吗？当今之时，惟有速速抗战，宁使人地皆成灰烬，决不任敌寇从容践踏而过！"

北京大学文学院院长胡适也发了言："众所周知，我以前曾主张多研究些问题，少谈些主义。然而当今之世，日寇欺人太甚，偌大个华北，已放不下一张安静的书桌。再这样下去，国将不国，还谈什么研究问题、科学救国！当今最大的问题，就是全国同心，把日寇赶出中国！"

在会上发言的还有张君劢、左舜生、钱昌照等人。大家一致拥护精诚团结、一致抗日的方针。整个会场充满热烈、慷慨的气氛。

17日上午，一身戎装的蒋介石出席会议，并慷慨激昂地发表了著名的《抗战宣言》："总之，政府对于卢沟桥事件，已确定始终一贯的方针和立场，且必以全力固守这个立场。我们希望和平，而不求苟安；准备应战，而决不求战。我们知道全国应战以后之局势，就只有牺牲到底，无丝毫侥幸求免之理。如果战端一开，那就是地无分南北，年无分老幼，无论何人，皆有守土抗战之责任，皆应抱定牺牲一切之决心。"

蒋介石的讲话，表明了政府决心抗战的方针和立场，赢得了与会代表的热烈鼓掌和拥护，大家一致表示团结抗战、共赴国难。

二、国共谈判

1937年7月17日下午，中共代表周恩来、秦邦宪、林伯渠等人来到庐山"美庐"别墅，与蒋介石、邵力子、张冲进行谈判。

刚刚发表《抗战宣言》的蒋介石心情十分愉快，握着周恩来的手笑着说："我们在黄埔军校、北伐时期都有过很好的合作，只要贵党有诚意，我们以后还会很好合作的。"

周恩来爽朗地说道："抗日救国是我党一贯的主张，也是全国人民的强烈要求。我们赞同贵党提出的'精诚团结，共赴国难'的口号，我们赞同蒋先生在《抗战宣言》中所表明的态度。只要各党各派都能以民族利益为重，服从人民的要求，中国的事情是能够办得好的。"

周恩来说着，将《中共中央为公布国共合作宣言》呈交给蒋介石，郑重表示愿为彻底实现孙中山的三民主义而奋斗，停止推翻国民党政权和没收地主土地的政策，并就其中关于取消苏维埃政府，取消红军名义及番号、改编为国民革命军等重大问题，做了详细说明，充分显示了中国共产党合作抗战的诚意。

蒋介石听后连连点头说："这样很好！贵党愿将红军改编为国民革命军，政府可以颁布三个师的番号，十二个团的编制，总人数为45000人。师、团设政训处，政训处主任由我党委派李秉中、丁惟汾等人担任。我们还准备委派刘伯龙、龚建勋、梁固任三个师的参谋长，具体负责军事行动。你们看这样可好？"

周恩来严肃地说道："委员长先生，我党愿与贵党合作，并在军事上接受国民政府的统一指挥，但必须保持我党对改编后的红军的独立指挥权。如果贵党想取消我党对军队的独立指挥权，委派政训处主任和师参谋长，我党是不能接受的。蒋先生不至于认为我党我军缺乏军事指挥人才吧。"

蒋介石思忖了一会儿说："这些具体问题可以再商量。举国抗战是一件大事，光有热情和愿望是不够的，必须统一指挥，严肃纪律。贵党的刘伯承、林彪、左权、陈赓都是难得的将才，指挥军队当然是没有问题的。"

国共两党代表经过协商，合作抗日谈判终于取得原则上一致的意见。国民党承认共产党的合法地位，同意共产党拥有对改编后的红军的独立指挥权，向共产党独立指挥的军队提供武器给养，停止内战，一致抗日，标志着第二次国共合作和抗日民族统一战线的初步形成。

三、国共合作

为了应付日本军队的大举进攻，坚持长期抗战，国民政府开始筹组指挥全国军队的最高统帅机构。7月下旬，军政部拟定了大本营组建及各战区划分的方案。

1937年8月7日，国民政府在南京召开国防会议，邀集各地方将领和负责人赴南京共商抗战大计，还特邀毛泽东、朱德、周恩来去南京共商国是。中共中央派朱德、周恩来、叶剑英出席会议，并同国民党进行谈判。蒋介石在会上做了"抗战到底"的讲话，确定了"持久战"的战略方针，即军事上采取持久战略，"以空间换时间"，逐次消耗敌人，以转变敌我优劣形势，争取最后胜利。经会议讨论，与会代表一致以起立方式表示抗战到底的决心。

8月12日，国民政府国防会议决定成立大本营，以军事委员会委员长蒋介石为陆、海、空军大元帅，行使三军最高统帅权。

8月15日，蒋介石下达了全国总动员令，建立战时体制，并正式组成大本营，将全国划分为五个战区：河北省和山东省北部为第一战区，蒋介石兼司令长官；山西省、察哈尔省、绥远省为第二战区，阎锡山任司令长官；江苏省长江以南和浙江省为第三战区，冯玉祥任司令长官；福建省、广东省为第四战区，何应钦兼司令长官；江苏省长江以北和山东省南部为第五战区，蒋介石兼司令长官。

8月22日，国民政府军事委员会发布命令，正式宣布将红军改编为"国民革命军第八路军"，下辖第一一五师、第一二〇师、第一二九师，全军共4.6万人，编入第二战区战斗序列。

中国共产党还在南京、上海、西安、太原、武汉、长沙、桂林、兰州、迪化（今乌鲁木齐）、重庆、广州、香港、南宁、洛阳、贵阳等地公开设立八路军办事处或八路军通讯联络机构，负责国统区的联络工作。

9月11日，国民政府军事委员会统一整编，改第八路军为第十八集团军，总指挥部改称总司令部，朱德任总司令，彭德怀为副总司令。

不久，国民政府又发布命令将湘、赣、闽、粤、浙、鄂、豫、皖八省边界十多个地区的红军和游击队改编为国民革命军陆军新编第四军，简称新四军，叶挺任军长，项英任副军长，下辖4个支队，全军共10300人，列入第三战区战斗序列。

整编完毕后，八路军、新四军分别奔赴华北和华中抗日前线。

9月22日，国民党中央通讯社正式公布了周恩来亲笔起草的《中共中央为公布国共合作宣言》，公开声明："当此国难极端严重、民族生命存亡绝续之时，我们为着挽救祖国的危亡，在和平统一团结御侮的基础上，已经与中国国民党获得了谅解，而共赴国难了。"并郑重向全国宣言："一、孙中山先生的三民主义为中国今日之必需，本党愿为其彻底的实现而奋斗。二、取消一切推翻国民党政权的暴动政策及赤化运动，停止以暴力没收地主土地的政策。三、取消现在的苏维埃政府，实行民权政治，以期全国政权之统一。四、取消红军名义及番号，改编为国民革命军，受国民政府军事委员会之统辖，并待命出动，担任抗日前线之职责。"

9月23日，蒋介石在庐山发表《对中国共产党宣言的谈话》，指出了团结御侮的必要，承认了中国共产党的合法地位。中国共产党宣言和蒋介石谈话的发表，标志着国共两党第二次合作正式建立。

第二次国共合作的实现，受到了全国各族人民、各民主党派和爱国民主人士的欢迎。宋庆龄公开发表感言："中共宣言与蒋委员长谈话都郑重指出两党精诚团结的必要。我听到这个消息，感动得几乎要下泪。""国难当头，应该尽弃前嫌。必须举国上下团结一致，抵抗日本，争取最后胜利。"

国共合作的实现，也推动了全民族的抗日统一战线的发展。中国国家社会党、中国青年党、中华职业教育社和乡村建设派等党派，都先后表示拥护国共合作抗日。全国救国会领袖沈钧儒、邹韬奋等七君子获释出狱后，拥护以国共合作为基础的全国抗战大团结。中华民族解放行动委员会向国民党政府提出了普遍动员民众、实行民主政治等八项政治主张，并积极投入抗日工作。国民党内的李济深、陈铭枢等领导的中华民族革命同盟，也以大局为重，从原来的反蒋抗日转到拥蒋抗日的立场。东南亚各国的40多个华侨救国团体在陈嘉庚的号召下成立南洋华侨筹赈祖国难民总会，支援祖国抗战。在美洲的致公党创始人司徒美堂，也发动美洲侨胞以长期募捐支援祖国抗战。

至此，一个以国共两党合作为基础的，全国各族人民、各民主党派、各爱国军队、各阶层爱国人士以及海外华侨参加的抗日民族统一战线正式建立起来了。

第三章

淞沪会战

上海，位于长江下游黄浦江与吴淞江汇合处，是扼守长江和首都南京的门户，也是30年代亚洲最大的国际都市和金融贸易中心，在政治、经济和军事上具有重要的战略地位。

"一·二八"事变后，日本在上海设立了驻沪海军陆战队司令部，在虹口、杨树浦一带派驻重兵，拥有兵力3000余人，日军舰艇常年在长江、黄浦江一带游弋。而中国军队根据《淞沪停战协定》，却不能在上海市区及周围驻防，市内仅有上海市警察总队及江苏保安部队两个团担任守备，大上海实际上成了一座不设防城市。

一、虹桥事件

日本对上海觊觎已久，早在1936年8月，日本参谋本部拟定的1937年《对华作战计划》中就对华东方面的作战做出了部署，计划"以第四军占领上海，调新编第十军从杭州湾登陆，两军策应向南京作战，以实现占领和确保上海、杭州、南京三角地带"。卢沟桥事变发生后，日本政府在决定向华北增派陆军的同时，就下令海军"做全面战争准备"。

7月11日，日驻华海军第三舰队司令官长谷川清中将乘旗舰"出云"号抵上海。当日午后，在舰上举行特别警备会议，海军武官本田辅，佐官冲野、田中，第三舰队参谋长岩村，陆战队司令官大川内传七，陆军武官喜多等参加了会议，讨论所谓保护日侨问题。7月16日，长谷川清司令官向东京提出了《对华作战用兵的意见》，建议"欲置中国于死地，以控制上海南京最为重要"，主张派5个师的兵力，攻占南京、上海。

至8月9日，长江沿岸的日本侨民和原驻汉口日租界的海军陆战队已全部撤至上海。凡适战侨民及在乡军人1万余人皆留沪参战，其他老弱妇孺全部撤回国内。此时，驻上海的日本海军第三舰队，辖第八、第十、第十一战队和上海特别陆战队与第一、第五水雷战队，以及海军航空兵第一联合航空队和第一、第二航空战队，共有各式军舰30余艘、飞机100余架，其中有飞机母舰4艘。长谷川清司令官下令将兵力相对集中于日租界和军营，以及有防御设施的东、西纱厂中，做好了发动战争的准备工作。淞沪大战一触即发。

1937年8月9日17时左右，日本海军陆战队第一中队长大山勇夫和水兵斋藤与藏不听门卫劝阻，驾驶汽车强行穿越虹桥军用机场警戒线，并开枪打死保安队员时景哲，被守卫机场的中国哨兵当场击毙，成为淞沪大战爆发的导火索。

"虹桥事件"发生后，驻沪日本海军第三舰队司令官长谷川清，一方面借机命令驻扎在佐世保的海军第一陆战队、第八陆战队和吴港的第二陆战队，乘25艘舰船迅速向上海集结；另一方面又使用缓兵之计与中方谈判，企图争取调兵时间。

8月11日，日本驻上海总领事冈本和武官冲野分别会见了上海市市长俞鸿钧和淞沪警备司令杨虎，提出立即撤退中国方面保安团和拆除所有防御工事的无理要求，遭到中国方面的断然拒绝。

12日，日军参谋本部制定了派遣兵力方案。当夜，日本政府召开首、陆、海、外四相会议，决定向上海派遣陆军。

在此形势下，中国政府认为上海战事已无可避免，立即采取了一系列防御措施。军事委员会密令张治中率驻防京沪沿线的京沪警备部队立即开赴上海周围布防，同时急令驻西安的第三十六师宋希濂部火速向上海开进。

8月12日凌晨，京沪警备司令张治中命令王敬久的第八十七师和孙元良的第八十八师连夜进驻上海市区杨树浦、闸北、虹口一带布防。

张治中（1890—1969），字文白，安徽巢湖人。1916年毕业于保定军校第三期，历任黄埔军校军官团团长、中央陆军军官学校教育长、第五军军长、第四路军总指挥、京沪警备司令。曾率部参加"一·二八"抗战，在"八一三"抗战中担任第九集团军总司令，是著名的抗日爱国将领

8月13日9时15分，日舰重炮开始向闸北轰击。下午4时50分，侵占八字桥一带的日海军陆战队第三大队向刚刚推进至附近的第八十八师部队进行炮火袭击，中国守军奋起还击，淞沪大战正式爆发。

8月14日，中国政府发表《自卫抗战声明》，严正指出："中国之领土主权，已横受日本之侵略；……中国决不放弃领土之任何部分，遇有侵略，惟有实行天赋之自卫权以应之。"

同时，军事委员会将京沪警备部队改编为第九集团军，张治中为总司令，辖第八十七师、第八十八师、第三十六师及上海警察总队、江苏保安团共5万余兵力，担负反击市内之敌的任务。将苏浙边区部队改编为第八集团军，张发奎任总司令，辖第六十一师、第五十五师、第五十七师、第六十二师、独立第四十五旅、炮兵第二旅，负责守备杭州湾北岸和浦东地区。

8月14日，日本内阁会议决定了放弃"不扩大方针"，于15日凌晨发表《帝国政府声明》，声称"为膺惩中国军之暴戾，促使南京政府反省，今已不得不采取断然措施"。同时，下达了编组"上海派遣军"的命令，任命松井石根大将为司令官，辖第三、第九、第十一师团及战车第五大队、独立轻装甲车第八

日军炮击闸北

中队和临时航空兵团，赶赴上海增援。松井石根狂妄宣称：一个月内占领上海。

8月15日，蒋介石下达了全国总动员令，建立战时体制，并正式组成大本营，将全国划分为5个战区。其中淞沪地区为第三战区，冯玉祥任司令长官，顾祝同任副司令长官，陈诚任前敌总指挥兼第十五集团军总司令。淞沪会战分三个阶段正式展开。

二、攻势作战

8月14日15时，张治中下达进攻令。第八十八师和第八十七师在炮火支援下，分别向虹口、杨树浦之敌发起进攻。日军凭借坚固工事负隅顽抗，两军展开激烈战斗。

第八十八师第二六四旅旅长黄梅兴身先士卒，亲临前线指挥作战，连续攻破日军十几个堡垒。在进攻爱国女子大学附近的据点时，遭遇日军密集炮火和上百架飞机的轰炸，伤亡官兵千余人，仅第五二七团就有7名连长阵亡。黄梅兴旅长率部冲到八字桥时，不幸中炮，壮烈殉国。

英、法、美、意等国驻华大使从本国利益出发，联合发出通知，要求不要使战争波及上海。8月13日，在上海的英、美、法三国总领事又向中日双方表示愿意从中斡旋调停。蒋介石从政略角度考虑，14日晚电令张治中"今晚不可进攻，另候后命"，使日军赢得了喘息调整的机会。

16日凌晨，第九集团军奉命再度发起攻击。激战十余时，突击部队多次突破日军阵地，第八十七师占领日海军俱乐部，击毙日武官本田和海军陆战队第一大队第二中队中队长贵志金吾，并击退日军多次反扑。

日海军上海特别陆战队司令官大川内传七急令战车坦克队、第八战队陆战队及第一水雷战队陆战队增援，才阻止住中国军队的攻势。第八十八师攻占了五州公墓、爱国女校、八字桥和宝山桥等据点，并与日军展开争夺战。

18日，蒋介石又接到英、美、法三国政府提出的将上海作为中立区、中日双方军队撤出上海的建议，再次命令张治中暂停进攻。

19日，国民政府军政部次长兼第三战区前敌总指挥陈诚与熊式辉奉命赴上海前线视察，20日返回南京。心存疑虑的蒋介石征询二人意见，熊式辉说："不能打。"陈诚说："非能打不能打之问题，而是打不打的问题。敌对南口，在所必攻，同时亦为我所必守。是则华北战事扩大已无可避免。敌如在华北得势，

松井石根（1878—1948），毕业于日本陆军大学，历任步兵第三十九联队长、第三十五旅团长、参谋本部第二部部长、第十一师团长、驻台湾日军司令官，1933年晋升为陆军大将。1937年8月任"上海派遣军"司令官，11月升任"华中方面军"司令官，是制造南京大屠杀的元凶。1948年11月，被远东国际军事法庭判为甲级战犯，处以绞刑。

必将利用其快速装备，沿平汉路南下，直赴武汉，于我不利。不如扩大沪战以牵制之。"陈诚的意见坚定了蒋介石在上海大战的决心，当即决定继续向上海增兵。

此时，日本政府已公开拒绝了将上海作为中立区的建议，决定以武力解决中日冲突，不容第三者干涉；并公然宣布封锁中国沿海自山海关至汕头的所有口岸，同时调集50余艘军舰猬集吴淞口外，其中包括3艘航空母舰。

8月19日，中国军队又一次发起攻势。此时宋希濂的第三十六师已由西安抵达上海，并立即投入攻打汇山码头的战斗。

经过昼夜激战，中国军队突破日军纵深阵地，一度攻入汇山码头，并向虹口日海军陆战队司令部发起进攻。司令部四周筑有高大围墙并装有电网，内部建有明碉暗堡，建筑群均由半米以上的钢筋混凝土筑成，经得起五百磅以上炸弹的轰击。日军凭借坚固工事，在舰炮与空军配合下，死守待援，双方伤亡惨重。第三十八师在日军猛烈炮火轰击下，无法巩固阵地，被迫退回百老汇路北侧，官兵伤亡2000余人，两个战车连全被击毁。

第三十六师第二一五团第二营300余名官兵在营长李增率领下奋勇拼杀，攻入华德路十字街口日军阵地，与敌展开白刃格斗。日军以战车阻塞路口，并放火焚烧房屋。营长李增以下300余官兵除战死者外，全部葬身火海，壮烈牺牲。

在此期间，中国空军和海军也投入了战斗。8月14日上午，新成立的中国空军首次起飞轰炸日军据点和舰艇，炸毁敌舰多艘。当日下午，日本飞机分批袭击中国杭州和广德机场。中国空军第四大队27架战机在大队长高志航的率领下升空拦击，首战告捷，一举击落日军轰炸机3架，中国空军一机未损，8月14日从此成为"空军节"。

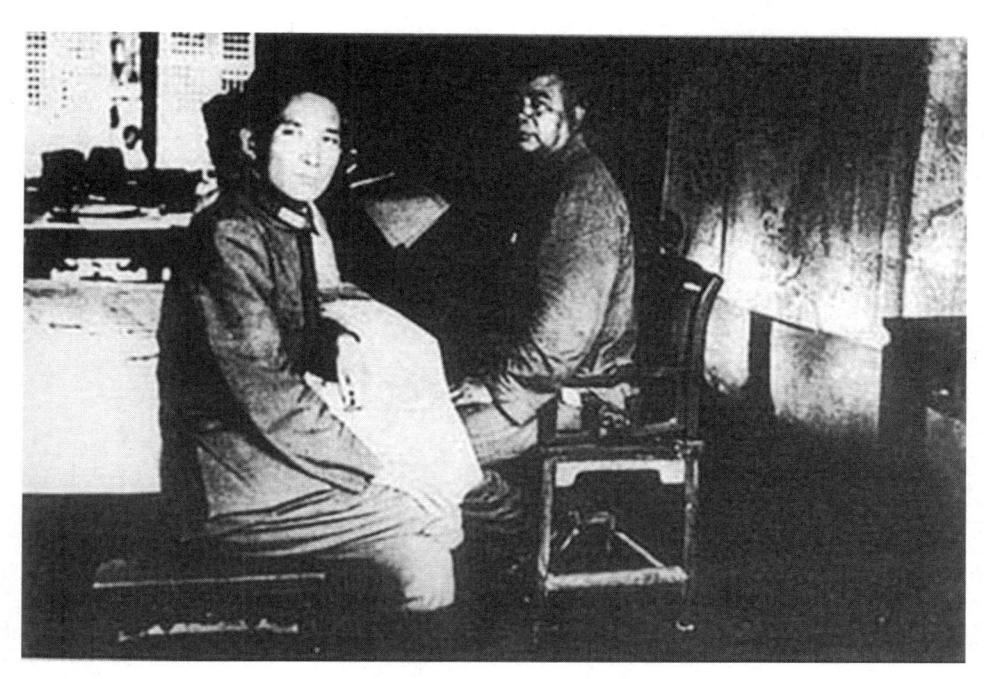

冯玉祥（右）与张治中（左）在前线指挥所

15日拂晓，日军飞机60余架分别空袭南京、杭州、嘉兴等机场。中国空军第九、第四、第三、第五大队分别起飞迎战，击落日机34架。三日空战，共击落日机45架，给鹿屋、木更津航空队以沉重打击。鹿屋航空队18架飞机还剩10架。木更津航空队20架飞机仅余8架，木更津航空队联队长石井大佐羞愤自杀。

8月16日夜，中国海军两艘鱼雷快艇"史可法"号与"文天祥"号，悄悄离开江阴要塞，高速敏捷地冲过董家渡封锁线，穿越排列成行的英、美、法、意等国的军舰，直扑停泊于黄浦江外滩日本邮船码头的"出云"号旗舰，连续发射两枚鱼雷，击中"出云"号舰尾，使敌舰受到重创。

8月17日，中国空军第四、第二、第七大队出动飞机44架，轰炸虹口附近日军司令部与兵营，并击落日机2架。日军高射炮火猛烈，飞行员阎海文座机被炮火击中，跳伞降落到日军阵地。阎海文拔出手枪，接连击毙包围之敌数人，以最后一颗子弹自戕殉国。令信仰武士道精神的日军敬佩不已。日军士兵列队向他的遗体敬礼，掩埋后立上一块木牌"支那空军勇士之墓"。

19日拂晓，中国空军第二、第四大队出动飞机20架，袭击白龙港敌舰队。

"八一四"空战，日军飞机轰炸上海及附近机场

飞行员沈崇诲座机被炮火击伤，当即加足油门，驾机向日军旗舰"出云"号猛然撞去。只听一声巨响，飞机和"出云"号相撞爆炸，日军水手死伤惨重，"出云"舰再受重创，令坐镇指挥的海军第三舰队司令官长谷川清中将魂飞胆丧，惊叹不已。

8月22日，日军"上海派遣军"司令官松井石根大将率领的第三师团和第十一师团增援部队，在三艘航空母舰的护卫下，已经驶进长江口的长兴岛附近，先头部队开始在川沙口、狮子林、吴淞口一带抢滩登陆。

蒋介石一面飞调胡宗南的第一军、李延年的第二军、杨森的第二十军、唐式遵的第二十一军、俞济时的第七十四军等部队从全国各地火速赶往上海，一面命令扬州机场、广德机场、杭州机场、南京机场和句容机场所有的飞机一齐出动，轰炸扫射登陆日军。

日军飞机也不断从航空母舰上起飞，双方400多架飞机在上海展开空中大战，一时遮天蔽日，蔚为壮观，不断有飞机在空中爆炸或拖着长长的黑烟坠入大海。激战一天，歼灭日机61架，中国空军也损失飞机70架，制空权逐渐被日军控制。

8月23日凌晨，藤田进的第三师团和山室宗武的第十一师团在30余艘炮舰密集炮火掩护下，在川沙口、狮子林、吴淞镇一带强行登陆，并相继占领了吴淞炮台、宝山和罗店。当日黄昏，第十一师的两个团在师长彭善率领下，冒着日机的轰炸，向罗店之敌展开攻击，一举收复罗店，打死打伤日军400余人。

日本"龙骧"号航空母舰被中国空军炸伤，13架舰载飞机被炸毁

8月24日，淞沪战场前敌总指挥兼第十五集团军总司令陈诚率第十五集团军增援部队进至上海，立即向登陆之敌发起反击。罗卓英的第十八军向吴淞、宝山日军展开反攻，战至傍晚，歼敌300余人，将敌压缩至江边，击退吴淞进攻之敌，收复宝山。但在罗店地区，双方军队展开了激烈争夺战。

三、血肉磨坊

罗店是宝山的一个大镇，北面濒临长江航道，向南可达刘行、大场，向东可至吴淞炮台，向西直插宁沪铁路。松井石根司令官善于用兵，决定派重兵抢占罗店要地。

25日中午，日军第十一师团一个联队赶来增援，在飞机掩护下向罗店发起反攻。彭善师长率第十一师官兵顽强抗击，从中午一直打到天黑，日军伤亡过半，仓皇逃窜。半夜时分，日军卷土重来，再次向罗店发起进攻。战至黎明，日军又向罗店增援两个联队，连续组织了五次进攻，至上午9时，罗店再次失守。

中国陆海空军大元帅蒋介石亲临上海前线视察，一听到罗店失守的消息，直接打电话命令第十八军军长罗卓英："罗店至关重要，必须限期占领。要求将士有进无退,有我无敌,不成功便成仁!"

27日晨,罗卓英命令第十一师和第六十七师各派两个营,轮番发起冲锋。第一一〇旅旅长蔡炳炎亲自带着两个营的兵力,向罗店冲去,第十一师师长彭善在后面挥舞着大刀督战。两军在罗店杀成一团,经过两个多小时的搏杀,守军终于重新夺回了罗店。这时,日军的炮火突然发起猛烈袭击,一发发炮弹在守军官兵中爆炸,蔡炳炎旅长和第一营营长张培甫不幸中炮牺牲。炮袭过后,日军第三批增援部队又发起了冲锋,罗店再次落入日军手中。

28日,第三战区前敌总指挥兼第十五集团军总司令陈诚命令霍揆章的第十四师增援罗店。第十四师参谋长郭汝瑰亲自率领两个团冒着枪林弹雨向前冲去,在冲到罗店镇中心时,第八十三团官兵只剩下了12个人;第七十九团突入罗店后遭敌包围,全团伤亡过半,第三营营长李伯钧阵亡。战至中午,第六十七师重新夺回罗店。午后,日军第十一师团在海、陆、空联合配合下,再次发起大规模的进攻,战斗异常激烈,尸体堆积如山。战至傍晚,罗店复被日军占领。

8月31日,日军第三师团主力在海军航空兵30余架飞机及舰炮火力掩护下,在吴淞强行登陆,守军工事全被摧毁,第六十一师官兵伤亡惨重,吴淞失守。9月1日,日军浅间支队在海军火力支援下围攻狮子林炮台,第八十八师第五八八团一个营的阵地全部被轰毁,守军战士端起刺刀与敌展开了白刃搏斗,几乎全部牺牲。

9月5日,日军第三、第十一师团各一部,在30余艘军舰猛烈轰击配合下,从狮子林和吴淞口两面夹击宝山。守备宝山的第十八军第五八三团第三营500余官兵,在营长姚子青率领下,浴血奋战,接连击退日军数次进攻。日军以重炮摧毁城墙,用战车堵击城门,集中海陆空火力猛烈轰击,全城燃起熊熊烈火,500余官兵奋战两昼夜,全部壮烈牺牲。

第十五集团军予敌重大杀伤后,部队严重减员,13日奉命撤出月浦、杨行、新镇等阵地;第九集团军奉命放弃宁沪铁路以东地区。至9月17日,守军全线撤至北站、江湾、罗店、浏河第二道防线,与日军对峙。

上海战事进行一月,日军第三、第十一师团虽然占领了长江淞沪间滩头阵地,但伤亡甚重,进展缓慢。"上海派遣军"司令官松井石根紧急向日军参谋本部呼吁,请求火速派遣5个师团向上海增援。

日军大本营认为上海形势严峻,决定停止华北日军在青岛作战的准备,将用于青岛的天谷支队调往上海。9月7日,日军参谋本部下令"华北方面军"立即抽调10个大队兵力增援上海。11日,又下令调"华北方面军"的第九、第十三、第一〇一师团及台湾特种兵重藤支队到上海参战,将侵华战争的主要方向由华北转向上海。

中国大本营也开始从全国各地调兵遣将,增援上海。桂军北上,川军东进,中央军从四面八方赶来,全国所有的交通线,几乎都成为繁忙的运兵专列。奔赴抗日前线的将士,沿途受到了民众和各界爱国团体的热烈欢迎。杨森率军出川时,数万民众夹道相送,他激动地说:"我们过去打内战,对不起国家民族,是极其耻辱的。今天的抗日战争是保土卫国,流血牺牲,这是我们军人应尽的天职。我们川军决不能辜负父老乡亲的期望,要洒尽热血,为国争光!"

各路大军陆续奔赴淞沪战场,至9月5日,从全国各地赶到上海增援的部队已达22个师20余万人。

9月11日,军事委员会重新调整了部署,蒋介石亲自兼任第三战区司令长官,将第三战区部队划分为左、中、右三路大军。左翼军总司令陈诚,辖罗卓英部第十五集团军和薛岳部第十九集团军;中央作战军总司令朱绍良,辖本部第九集团军及第十八军和六十一师;右翼军总司令张发奎辖本部第八集团军和

中国炮兵向罗店发起反攻

刘建绪部第十集团军，全线转入防御作战，坚守上海北站、江湾、庙行、罗店一线。

9月14日，由华北方面增援来的10个大队及从台湾来的重藤支队先后到达上海，松井石根司令官亲自指挥第十一师团及天谷支队向罗店以西、以南的中国军队发起进攻。第十五集团军总司令陈诚率部顽强抵抗，并不断发起反攻。15日，重新攻克罗店。激战一周，第十一师团始终未能从罗店前进一步。

为减轻罗店正面第七十四军的防御压力，第五十一师师长王耀武采纳了第三〇五团团长张灵甫围点打援的建议。19日夜，张灵甫亲自率部深入敌后奇袭日军辎重营地施家，一举歼敌数百人，毁敌辎重无数。进攻罗店的日军连夜回防，在曹王庙一带遭到第七十四军第一五一旅的伏击。全歼日军珎藤旅团酒井联队千余人，击毁军车47辆，取得了罗店大捷，给浴血奋战中的守军官兵以莫大鼓舞。

9月22日，日军第一〇一师团先遣队到达上海，又开始向罗店方面发起猛烈攻击。双方展开激烈拉锯战，反复争夺阵地，整营整连的官兵倒在阵地上。整个罗店血流成河，尸体遍地，被日军称为"血肉磨坊"。血战十日，阵亡旅长翁国华以下官兵9000余人。全镇毁于炮火，成为一片焦土。

激战至9月30日，日军第十一师团和第三师团以伤亡10988人的代价，仅由罗店向西、向南各推进约3公里。第十五集团军也伤亡惨重，胡宗南的第一军旅以下军官牺牲百分之八十左右，第九十八师官兵伤亡达4960人，第十四师8000余兵力仅剩下2000余人，但中国左翼作战军仍坚守在主阵地上。

四、防御作战

到9月底，日军第九、第十三、第一〇一师团与野战重炮兵第五旅团、独立野战重炮兵第十五联队、独立工兵第十二联队、攻城重炮兵第一联队，以及第三飞行团等增援部队，先后到达上海，总兵力已达20万人。

9月30日拂晓，日军向中国军队发起第四次总攻，突破刘行、万桥、严桥、路桥等阵地。10月3日，左翼守军调整部署，转移至蕴藻浜右岸、杨泾河西岸、浏河镇一线。

在逐次后撤过程中，负责掩护的部队伤亡较大。据守东林寺据点的第十一师第六十二团第一连，仅剩负伤的胡玉政排长和士兵5人，但仍坚守阵地，与突入日军展开肉搏，用铁锹、刺刀杀死日军中队长宿田信义及士兵数名，最后全部战死。

从 4 日开始，日军以蕴藻浜地区为目标发起进攻，用两个师团的兵力猛攻蕴藻浜南岸中国左翼军和中央军左翼阵地，中央守军侧后受到严重威胁。第三战区司令部即令刚刚从广西赶来的廖磊部第二十一集团军加入该方面作战。

经过十余日的反复争夺与激战，左翼军伤亡惨重，每天都有成千上万官兵阵亡。第七十军第十九师第一一三团 1400 余名官兵，仅幸存 50 余人，团长秦庆武也多处负伤，仍率官兵死守阵地，连续击退日军的数次进攻，三次从日军手中夺回阵地。最后，当阵地上仅剩下 11 名官兵时，秦庆武团长手握马刀冲出掩体，一连砍死 4 个日军，在奋勇拼杀中被一日军刺中胸部，再次负伤倒地，英勇捐躯。

在中国军队的顽强抵抗下，日军也进展困难，第三师团和第九师团只能采用对壕作业的办法，一米一米地向前推进。在地面进攻受阻后，日军加强了航空兵火力对陆军的支援，先后出动飞机 1663 架次，投下炸弹 390 余吨。第三十六师防线被炸得支离破碎，一个连的守军全部被埋葬在泥土里。

每次进攻之前，日军总是先用猛烈炮火进行 5000 炮左右的歼灭射击，接下来才由坦克在前边开路，掩护步兵攻击前进。缺乏重炮和战车防御炮的中国士兵只好抱着捆好的集束手榴弹，放到坦克下引爆。第二十一集团军第十六师的 8 位战士组成敢死队，以自己的生命为代价炸毁了 3 辆坦克。

中国军队全凭血肉之躯阻挡敌人的炮火，部队伤亡严重，每天损失将近一个师的兵力。第九十八师参谋长路景荣、第一师第一旅副旅长杨杰、第七军第一七一师第五一一旅旅长秦霖先后阵亡。第八师仅余官兵数百人，许多旅、团长负伤。

15 日，日军突破蕴藻浜守军阵地。蒋介石急调第二十一集团军 10 个师加入中央军序列，以 3 个师从大场附近向南路日军反击，另以左翼军 4 个团在广福南侧向北路日军反击，均未突破日军阵地。

10 月 22 日，日军集中第三、第十三、第一〇一这 3 个师团的兵力进攻第二十一集团军，在庙行和陈家行之间突破守军阵地，第一七〇师第五一〇旅少将旅长庞汉祯阵亡。

24 日拂晓，日军在 150 架轰炸机和数十辆战车强大火力掩护下，集中主力猛攻大场镇。第二十一集团军第十八师苦战三日，阵地工事毁坏殆尽，万余官兵几乎全部牺牲，师长朱耀华自杀殉国。

10月26日，大场失守。苏州河北岸的中央军腹背受敌，被迫于27日放弃北站、江湾阵地，转移至苏州河南岸。第八十八师师长孙元良奉令派第五二四团副团长谢晋元率一团官兵，继续坚守苏州河北岸的四行仓库，掩护主力部队撤退。

五、八百壮士

四行仓库坐落于苏州河北岸西藏路口，是大陆、金城、盐业、中南四家银行的储备仓库，6层钢筋混凝土结构，为当时上海少有的高楼。奉命在此守卫的实际上只有一个加强营452人，辖1个机枪连、3个步兵连和1个迫击炮排。谢晋元接受任务后预立遗嘱："余一枪一弹誓与敌周旋到底，流最后一滴血，必向倭寇取相当代价。"

10月27日，日军直抵苏州河边，向四行仓库发起攻击。"八百壮士"孤军奋战，打退了敌人一次又一次进攻，激战一昼夜，击毙日军200余人，日军大败而归。

28日晨，恼羞成怒的日军疯狂报复，以平射炮及重迫击炮向四行仓库猛袭，战斗空前惨烈。一队日军冲破铁丝网拦阻线，潜至仓库下企图引爆炸药包。危急关头，敢死队员陈树生在身上绑满手榴弹，拉燃导火索，从六楼窗口飞身而下，跃入敌群，与10余名敌人同归于尽。

"八百壮士"死守四行仓库轰动上海，数万市民聚集在苏州河南岸租界上观战助阵。上海各界救国团体，冒着日军炮火送来药品、食物，慰劳守军。14岁少女杨惠敏乘夜渡过苏州河，爬过铁丝网，向勇士们献上一面国旗。

29日黎明，守军在四行仓库六层平台上举行了庄严的升旗仪式，中国国旗在硝烟弥漫的战场上迎风飘扬。苏州河南岸的观战市民振臂高呼，欢呼声响彻苏州河畔。

上海的文艺工作者很快创作出《八百壮士之歌》到阵前传唱："中国不会亡，中国不会亡，你看那民族英雄谢团长；中国一定强，中国一定强，你看那八百壮士孤军奋守东战场。四面都是炮火，四面都是豺狼，宁愿死，不退让；宁愿死，不投降，我们的国旗在炮火中飘扬！飘扬！……"雄壮激越的歌声鼓舞着壮士们的斗志，一时群情振奋，越战越勇。

"八百壮士"坚守四行仓库

　　"八百壮士"孤军坚守四昼夜，连续击退了日军的数十次进攻，四行阵地仍岿然不动。中外记者纷纷涌向苏州河畔战地采访，"八百壮士"孤军奋战的壮举很快传遍全国，令外国驻沪军事观察员和毗邻租界内国际人士敬佩不已。英国上海驻军总司令史摩莱少将感慨地说："我们都是经历过欧战的军人，但我从来没有看到过比中国'敢死队员'最后保卫闸北更英勇、更壮烈的事了。"

　　直至11月1日，在接到统帅部撤退命令后，谢晋元才率部撤退。英军司令史摩莱亲自指挥英军压制日军火力，掩护八百壮士撤往英租界内。

　　中国军队退至苏州河南岸后，由于中央作战军正面缩小，第三战区撤销了中央作战军，将部队划分为左、右两作战军，分别由陈诚和张发奎指挥。

　　10月31日晨，日军炮兵及航空兵向苏州河南岸丰田纱厂、北新泾镇等处中国军队的阵地进行猛烈轰击。中午，日军第三师团的左翼部队在炮兵掩护下开始强渡苏州河，在周家镇、刘家宅附近与守军第八十八师、税警总团发生激烈战斗，展开逐屋争夺的肉搏战。

　　11月1日，日军第九师团的右翼部队也开始强渡苏州河，一度占领姚家渡。

守军第一七一师、第五十四师、第八十七师、第六十一师、第七十八师、第三十六师等部队顽强阻击，使敌无法前进。激战至3日，日军除少数兵力渡过苏州河外，主力仍被阻于苏州河以北地区。

六、上海陷落

淞沪大战将近三月，百万大军相互厮杀，两军作战处于胶着状态。

10月20日，日军参谋本部决定向上海第四次增兵，命令第六师团、第十八师团、第一一四师团、国崎支队及野战重炮第六旅、独立山炮第二团和第一、第二后备步兵团，组成第十集团军，柳川平助中将为司令官，在杭州湾北岸登陆，迂回上海，攻击中国守军侧背。又从华北抽调第十六师团增援上海作战。

至此，日军总兵力已达28万，国内仅余近卫师团和第七师团两个常备师团驻守，日本政府下了最大赌注，准备与中国军队在上海决战，一举消灭中国军队主力，逼迫国民政府投降。

此时，中国军队已投入71个师又7个独立旅的兵力参加淞沪会战，大本营已无可调增援之兵，不得不将原杭州湾北岸守备区防备日军登陆的部队也调至上海战场。

中国军队虽然在人数上占有优势，但在装备上根本无法和日军相比，在战略上更不能与日军决战。因此，顾祝同、陈诚等高级将领都建议按照持久战的战略方针，迅速将上海战场的主力部队有计划地撤退至吴福线及锡澄线两条国防工事线上进行整补。但九国公约会议将于11月3日在比利时首都讨论中日战事问题，蒋介石从政略角度出发，命令第三战区的部队"在上海战场再坚持一个时期，至少十天到两个星期，以便在国际上获得有力的同情和支持"。

11月4日夜，细雨蒙蒙，日军第十军在第四舰队护卫下，乘坐100余艘大型船舰悄悄进入杭州湾。

5日拂晓，在舰炮与航空兵火力掩护下，第十八师团和第六师团分别从金山卫、金山嘴、金丝娘桥、全公亭一带强行登陆。在此防守的只有六十三师的两个连，无法阻挡日军抢滩登陆。在上海指挥作战的第八集团军总司令张发奎急调第六十二师、独立第四十五旅及第七十八师前往阻击，并令在青浦的第六十七军赶赴松江阻敌。

日军登陆杭州湾

当夜，日军第十八师团进至亭林镇，第六师团国崎支队进至金山县城。陈诚再次建议迅速后撤，但蒋介石命令再坚持三天。

6日下午，日军先头部队已进抵米市渡附近，黄昏时强渡黄浦江，向松江前进。7日凌晨，第六十二师、第七十九师向金山县城及亭林镇日军进行反击，很快被日军击退。8日拂晓，柳川第十军主力渡过黄浦江，向松江县城发起攻击，第六十七军军长吴克仁率部与日军展开激战，连续击退敌人多次进攻。吴克仁军长在掩护上海守军主力撤退时不幸中弹，壮烈牺牲。

11月7日，日军参谋本部下令将"上海派遣军"和第十军组成"华中方面军"，由松井石根任司令官，统一指挥作战。为配合第十军登陆，松井石根下令"上海派遣军"各部分别向当面的中国军队发起进攻。

9日黄昏，柳川平助的第十军攻陷松江，对上海守军形成合围态势，战局急转直下，中国军队面临三面夹击的危险。9日晚，守军奉令全线撤退，第五十八师第一七四旅旅长吴继光在指挥部队撤退时阵亡。

11月12日，上海沦陷，会战结束。

淞沪会战历时三个月，日军先后投入10余个师团近10万人的兵力，动用军舰130余艘、飞机500余架、坦克300余辆。中国军队先后投入70余个师70多万人的兵力，伤亡20余万人，毙伤日军4万余人，粉碎了日军"三个月灭亡中国"的战略企图。

第四章

太原会战

山西地处华北屋脊，东亘巍巍太行，北耸五台、恒山，西、南有黄河天险，表里山河，地势雄固，素有"华北锁钥"之称。日军欲统治华北，必先图晋绥；欲图晋绥，必先争太原。

1937年9月，日本"华北方面军"以板垣征四郎的第五师团和东条英机为司令官的关东军察哈尔派遣兵团为主力沿同蒲路南下，以川岸文三郎率第二十师团之一部为东路，由石家庄沿正太线西进，总兵力达4个半师团14万余人，配备350门大炮、150辆坦克和300余架飞机，分进合击太原。

第二战区司令长官阎锡山集中6个集团军，约28万人，发动太原会战，先后组织了平型关战役、忻口战役、娘子关战役和太原保卫战。

一、平型关战役

平型关，位于繁峙、灵丘两县交界处，北连恒山余脉，南接五台山脉，一条峡谷山路，东通冀北，西接雁门，是山西内长城的一个重要关隘。

南口战役后，东条英机率关东军察哈尔派遣兵团沿平绥路西进，9月13日占领大同，然后挥师南下，以主力向雁门关方向展开进攻。由平绥路东段向西南进军的板垣师团则从河北宣化、新保安西进，连陷晋东北广灵、灵丘、浑源等地后，出其不意地从斜路直插山西内长城防线，企图突破平型关要隘，包抄雁门关后路，然后夹击太原。

1937年8月20日，阎锡山被任命为第二战区司令长官，随即进驻雁门关内岭口村前敌指挥部指挥作战。

大同失陷后，第二战区部队退守神池、雁门关内长城一线。阎锡山决定凭借古老的长城天险分别在平型关、雁门关一线组织防御，将部队分为左右两路大军，以第六集团军总司令杨爱源为右地区总司令，指挥孙楚部第三十三军、关征日部第五十二军、高桂滋部第十七军防守平型关一线；以第七集团军总司令傅作义为左地区总司令，指挥本部第三十五军、刘茂恩部第十五军、杨澄源部第三十四军、王靖国部第十九军以及赵承绶部骑兵第一军和马占山的东北挺进军防守雁门关一线；令第十八集团军总司令朱德以第一一五、第一二〇、第一二九师分别驰援平型关、雁门关配合作战。为表示抗战决心，阎锡山还将擅自从天镇撤退的第六十一军军长李服膺枪决。

为协调各部队行动，阎锡山与第二战区司令部副长官朱德、黄绍竑、卫立煌等多次会商作战计划。8月28日，在岭口村傍山坡一个窑洞里，阎锡山还和中共代表团团长周恩来、八路军副总指挥彭德怀、第一二九师副师长徐向前进行了长时间会谈，并请周恩来协助制订《第二战区平型关战役计划》。

东条英机（1884—1948），1915年毕业于日本陆军大学。历任陆军省副官、陆军大学教官、关东军宪兵司令官、关东军参谋长、关东军察哈尔派遣兵团司令官、陆军次官和陆军大臣。1941年10月，任日本内阁首相兼内务大臣和陆军大臣。1948年11月，被远东国际军事法庭列为头号战犯，判处绞刑

周恩来只用一天时间就拟好了计划。阎锡山敬佩不已，连声赞叹："写得这样快，这样好！如能这样打，中国必胜。"

9月21日，板垣征四郎的第五师团一部从浑源翻越高山南下，袭击守军第十七军侧背。第二十一旅团主力则由灵丘南进，从正面进攻平型关，遭第三十三军孟宪吉部第八旅的顽强抗击。日军援兵不断增加，两军在平型关前展开大战。第七集团军总司令傅作义率预备部队两个师赶来增援，日军攻势顿挫，被挡在平型关外，进展不得。

阎锡山决定集中兵力组织平型关战役，首先歼灭这路日军，并致电第十八集团军总司令朱德"我决歼灭平型关之敌，增加八个团的兵力拂晓即到，希电林师夹击敌之侧背"。

八路军第一一五师整编后，东渡黄河奔赴抗日战场，于9月19日抵达平型关东南的上寨、下关地区。23日，接到第二战区司令部的出击计划后，部队连夜进至距平型关东南15公里的冉庄隐蔽集结。

9月25日，日军第二十一旅团后续部队第二十一联队第三大队，乘100余

板垣征四郎（1885—1948），毕业于日本陆军大学。历任奉天特务机关长、关东军参谋长、第五师团师团长、陆军大臣、"中国派遣军"总参谋长、日本朝鲜军司令、新加坡第七方面军司令。1948年12月，被远东国际军事法庭列为甲级战犯，判处绞刑

辆汽车和200余辆辎重马车沿公路向平型关缓慢开来，7时许，全部进入第一一五师预伏阵地。

林彪抓住战机，命令第一一五师全线开火。激战至午后，全歼日军1000余人，击毁汽车百余辆、马车200辆，缴获大批武器及军用物资，取得了中国军队全面抗战以来的首次大捷。

为支援第一一五师作战，第六集团军副总司令孙楚命令郭宗汾的预备第二军主动出击，迂回攻击日军侧后。25日拂晓前，预备第二军通过涧头、迷回村前进时，突然遭受来自团城口方面工事里日军炮火猛烈袭击和包围，守军伤亡三分之一左右。恰逢此时第一一五师获得平型关大捷后，一部挺进于大、小寒水岭上，方使郭宗汾部占稳了阵地，钳制了日军对平型关正面的进攻压力。

阎锡山鉴于杨爱源、孙楚缺乏统御各军的能力，遂令傅作义负责平型关战役的总指挥，并调陈长捷的第六十一军急援平型关。第六十一军气势如虹，一举攻占西跑池和鹞子涧。26日，日军集中一个旅团的优势兵力向鹞子涧守军第四三四团反扑，程继贤团长指挥仅剩两个营的士兵与敌人展开肉搏拼杀，全团官兵勇往直前，无一后退，直到战至弹尽援绝，程继贤团长以下官兵近千人全部壮烈牺牲。

与此同时，东、西跑池也展开激战。日军增援部队赶到后发动攻势，企图夺回西跑池。吕瑞英旅长率部顽强抵抗，接连粉碎日军攻势。日军重炮兵开到，立即以强大炮火轰击东、西跑池及鹞子涧阵地。驻防东跑池的第八旅第六二二团，血战五昼夜，阵地多次易手，两军形成拉锯战，山坡上敌尸累累，守军也伤亡三分之二，但仍然坚守不退。

平型关战事陷入胶着状态，连续一周的激战，日军已伤亡7000余人，板垣征四郎焦灼万分，担心在深沟峡谷地带遭到第二战区部队围歼。正当阎锡山调兵遣将布置口袋阵张网欲捕之时，板垣征四郎也召集了师团参谋长西温利村、

平型关战役中的第一一五师机枪阵地

第九旅团长国崎登、第二十一旅团长三浦敏事和关东军察哈尔派遣兵团混成第二旅团长本多政材、混成第十五旅团长筱原诚一郎开会研究对策。

板垣征四郎是一个中国通，长期在中国做情报工作，一年前曾以游览五台山为名到绥远、山西一带长途旅行。从灵丘至平型关的谷道和从大同到雁门关的道路他都骑着毛驴走过，并暗中侦察过雁北一带的地形及工事分布情况，知道雁门关要塞有重兵把守难以突破，于是命令关东军察哈尔派遣兵团混成第二旅团长本多政材率部奇袭茹越口，迂回抄袭平型关背后。

茹越口位于恒山和雁门山之间的要冲，是中央军刘茂恩的第十五军与晋军第三十四军的结合部。杨澄源的第三十四军虽然是军级编制，但其实只有两个旅的兵力，姜玉贞的第一九六旅还驻守阳明堡，实际上只有梁鉴堂部第二〇三旅驻守繁峙，防守力量薄弱。

东条英机采用声西击东战术，先摆出佯攻雁门关的架势，然后，派第二旅团和第十五旅团突然转向东南，直扑茹越口，以一日一夜的急行军，于9月28日晨一举突破茹越口要冲，第三十四军退入繁峙。

为保卫平型关战场的后方安全，梁鉴堂旅长又亲率剩余的一营人马杀回，企图夺回山口，终因兵力悬殊，梁鉴堂旅长和大部分官兵壮烈牺牲。第十九军军长王靖国急命方克猷旅长反攻茹越口,又被日军击溃。29日,日军占领繁峙和铁角岭,对平型关主战场和雁门关主阵地的侧后方构成了严重威胁。

9月30日,阎锡山亲自来到繁峙南大营以西沙河镇的一个小村,召集傅作义、杨爱源、孙楚、王靖国、陈长捷等前线将领开会,决定全线撤退。10月1日,阎锡山下令内长城线上各军向五台山、云中山、芦芽山一线转移,集中兵力于忻口地区组织防御。

二、忻口战役

忻口位于忻县以北25公里处,右靠五台山脉,左依宁武山脉,滹沱河和云中河在此汇流,两山夹河,形成守卫太原的天然屏障。同蒲铁路南北贯通,是日军进攻太原的必经之路。

10月1日,日军参谋本部命令"华北方面军"一部和关东军一部进攻太原,"华北方面军"立即于当晚下令第五师团和关东军察哈尔派遣兵团向太原发动进攻。6日,又命令第一军突破石家庄防线后,以一部沿正太路西进,分进合击太原。

10月6日,第二战区司令长官阎锡山召集周恩来、黄绍竑、卫立煌和傅作义讨论忻口作战计划,决定调集4个集团军组织忻口战役。以卫立煌率领的第十四集团军组成中央兵团,扼守崞县、原平至忻口一带主阵地;以朱德率领的第十八集团军为右翼军,在五台山至峪口一线设防,阻击敌人;以杨爱源率领的第六集团军为左翼军,在宁武山区的黑峪村至阳方口一线占领阵地;以傅作义率领的第七集团军为预备兵团,控制忻县、太原一线,并机动策应各方。以副司令长官卫立煌任前敌总指挥,负责组织忻口战役。

10月1日,日军先头部队1000余人在阳明堡与第十九军的部队发生激战,攻占了阳明堡。第二天,日军开始进攻崞县。4日,关东军筱原诚一郎的混成第十五旅团从崞县以西迂回,企图攻占原平。

此时,卫立煌的部队尚在从石家庄赶来的路上;从五台山向忻口转移的晋绥军,也需要两天后才能到达。为使主力部队完成在忻口集结,第二战区司令长官阎锡山命令王靖国的第十九军"死守崞县、原平,以待后续部队到达"。

10月2日,日军以飞机20余架、重炮30余门向崞县守军狂轰滥炸六小时。守卫城北的第十九军第四十一团官兵伤亡殆尽,城墙被毁,敌人乘机突入。守

中国军队奔赴忻口前沿阵地

卫东西城墙的部队奋勇夹击，与敌人展开巷战肉搏，刘良相、石焕然等3位团长阵亡。王靖国军长率余部突围，崞县陷落。

10月4日，日军向原平发起进攻。第一九六旅旅长姜玉贞率部死守，接连打退了敌人的多次进攻，部队伤亡惨重，5000人的部队，最后只剩下二三百人，被围困在城东北角，但将士们毫无惧色，与敌展开巷战，逐院争夺。坚守原平十昼夜，圆满完成守城十天的任务，旅长姜玉贞以下4400余名官兵壮烈牺牲。

10月11日，第二战区前线部队已全部进入忻口阵地。中央集团军总司令卫立煌又进一步调整了部署，将中央集团军担任的30公里的正面防线再划分为三个作战地区：以刘茂恩指挥第十五、第十七、第三十三军等部，组成右翼兵团；以郝梦龄指挥第九、第十九、第三十五、第六十一军等部，组成中央兵团；以李默庵指挥第十四军及第六十六、第七十一、第八十五等师，组成左翼兵团。卫立煌任总指挥，傅作义任副总指挥，统一指挥3个兵团在忻口一线作战。

13日晨，板垣师团出动5000余兵力，在30余架飞机、50多辆坦克及50多门火炮的掩护下，采用中央突破的战法，向第九军第四师南怀化阵地发起猛攻。两军在204高地上展开激烈的拉锯战，相互易手多次，第九军损失惨重。

郝梦龄军长亲自来到前线指挥作战，对剩余的官兵们说："先前我们一团人守这个阵地，现在只剩下一连人还是守这个阵地。就是剩下一个人，也要守这个阵地。我们一天不死，抗日的责任一天就不算完。出发之前，我已在家中写下遗嘱，打不败日军决不生还。现在我同你们一起坚守这块阵地，决不先退。我若是先退，你们不管是谁，都可以枪毙我！你们不管是谁，只要后退一步，我立即枪毙他。"

激战至10时许，南怀化沿云中河阵地被日军火力摧毁，守军伤亡殆尽。日军乘机渡河，突破南怀化阵地，并攻占了1300高地。郝梦龄命令第二十一师第一二五团、第一二四团堵截反击，卫立煌派出一个旅配合夹击，激战至下午3时，击毙日军3000余人，击毁敌坦克22辆，重新夺回南怀化东南1300高地，将日军压迫于云中河南岸。左翼兵团的阎庄阵地前沿亦被日军突破，在第十师的顽强抗击下，终将日军击退。

14日凌晨，卫立煌命令忻口守军全线出击。日军援兵也迅速投入战斗，在15架飞机和10余辆坦克、20多门大炮掩护下，向守军阵地发起攻击。双方争夺激烈，第二一八旅连续击退日军的四次冲击，旅长董其武重伤不下火线，率部将敌击退。第二十一师师长李仙洲、新四旅旅长于镇河亦在战斗中负伤。激战终日，南怀化阵地复被日军占领。

15日拂晓，日军向南怀化守军1300高地发起猛烈攻击。守军顽强抵抗，并多次组织反冲击，经七次反复争夺，终将日军击退，双方形成对峙。

16日凌晨，卫立煌集中5个旅的兵力向南怀化阵地发起反击。日军在10余架飞机的协助下，向守军不断反扑。阵地得而复失，失而复得，战斗异常激烈，双方伤亡数千人。

第九军军长郝梦龄亲自赶赴前沿阵地督战，在穿越离日军阵地仅200米的火力封锁线时，不幸中弹牺牲。第五十四师师长刘家麒和第五旅旅长郑廷珍也先后阵亡。激战终日，南怀化以南日军基本被肃清。

连日鏖战，部队伤亡惨重，日军援兵乘汽车源源不断运来。16日中午，日军1万余人又乘400余辆汽车由团城口西进。卫立煌电呈军事委员会，请求援军。蒋介石急令孙震的第二十二集团军由潼关一带兼程驰援。阎锡山一面电令朱德指挥所部截断敌后交通，一面电令第九十四师朱怀冰部及第一七七师的第五二九旅由五台山、龙泉关一带星夜赶赴忻口，归卫立煌指挥。

10月17日至19日，日军对南怀化东北高地和官庄高地又接连发动了数次猛攻，均被守军击退，击毁坦克、装甲车各20余辆，日军伤亡极大，已无力发动大规模进攻。为了加强第五师团的进攻能力，日军"华北方面军"司令部又接连将萱岛支队和在平津地区担任守备的第一〇九师团步兵第一三六联队的两个大队及独立混成第一旅团的机械化步兵联队派到忻口增援。

日军增援部队到来后，10月24日，再次组织兵力向忻口地区守军阵地发动攻击。在守军顽强抵抗下，日军攻击毫无进展。

26日至27日，日军继续发动攻击，守军左翼第八十三师防守的朦腾村阵地被日军突破，村北高地被日军攻占。守军第十师一部反击，将该高地夺回。中央与右翼守军阵地东、西荣华村亦被日军突破，双方激烈争夺，形成拉锯战。日军以飞机对守军阵地实施轮番轰炸、扫射，并施放毒气，掩护步兵向守军阵地逼近，均被守军击退，双方伤亡惨重。

战至11月1日，守军伤亡三分之二以上，每天损耗两团上下，但阵地仍岿然不动，整个战线转入了胶着对峙状态。

郝梦龄（1898—1937），河北藁城人。保定军官学校毕业。曾参加北伐战争，任国民革命军第四军第二师师长，抗战爆发后任国民革命军第九军军长。1937年10月16日在忻口战役中牺牲，是抗日战争中牺牲的第一位军长，被追赠为陆军上将

在第十四集团军及第七集团军于正面抗击日军的同时，第十八集团军各部也根据第二战区会战计划，在晋东北及晋西北地区展开袭击战，破坏日军后方交通线，取得了雁门关伏击战和夜袭阳明堡机场的胜利，有力配合了正面作战。

忻口战役持续20余日，日军死伤2万余人，陷于被围待歼的被动境地。但是，由于晋东守军防御失利，娘子关、阳泉等地相继失守，直接危及太原和忻口侧后安全。11月2日，第二战区司令部忍痛下令忻口守军全线撤退，保卫太原。

三、娘子关战役

娘子关位于晋、冀两省交界处，是正太铁路上的重要关隘，也是由河北进入太原的捷径和咽喉要冲。日军第一军于10月10日攻陷石家庄后，以一部继续沿平汉路南侵，以主力第二十师团沿正太路西进，以策应沿同蒲路南下的第五师团会攻太原。

10月9日，第一战区司令长官程潜按照蒋介石的指示，命令第二十七路军、第三军、第十七师、第三十师和第三十八军教导团向娘子关方面转移，掩护第二战区的右侧。10月10日晚，第二战区副司令长官黄绍竑赴娘子关，负责指挥正太路作战。

12日拂晓，日军在飞机炮火的支援下向井陉、旧关守军阵地发起进攻，激战竟日，井陉县城和旧关先后被日军攻陷，娘子关受到严重威胁。阎锡山急令正向太原输送途中的孙连仲部第二十六路军回援娘子关。

13日拂晓，日军又向第十七师雪花山阵地发起攻击，守军奋勇阻击，连续打退了敌人的多次进攻。第十七师师长赵寿山趁夜率部主动出击，夺回刘家沟、长生口阵地，攻进井陉南关车站，不料雪花山阵地被日军趁机攻占。守军立即组织部队向雪花山反击，鏖战至14日拂晓，守军伤亡逾千，阵地仍未恢复，第十七师不得不撤守乏驴岭。

14日，阎锡山致电第十八集团军总司令朱德，令第一二九师师长刘伯承率部迅速开赴阳泉增援，并决定娘子关方面的作战统由第二十六路军总司令孙连仲指挥。从15日至19日，守军连续五次向旧关发起攻击，毙伤日军2000余人，但在日军地面、空中优势火力反击下，自身伤亡近5000人，不得不停止进攻。

10月19日，日军第一军根据"华北方面军"的指示，命令第二十师团长川岸文三郎以全师团兵力攻击娘子关，攻占阳泉。21日，"华北方面军"又增派第一〇九师团和第一〇八师团各一部转入正太线作战。川岸文三郎决定将部队分为左、右两个纵队向正太路进攻。

从10月21日至24日，日军第二十师团右纵队在飞机掩护下，连续三天对娘子关正面及右翼阵地发动全线攻击，均被守军击退。黄绍竑认为娘子关防线已趋于稳定，25日，电令第二十七路军开赴忻口增援，遗防由第二十六路军接防。正当右翼部队调整换防、左翼防守兵力减少之际，日军于25日发动突然袭击，守军猝不及防，多处防线被突破。

10月26日，日军左纵队派出4个大队的突击部队突破第三军防线，迂回到娘子关和新关侧后。娘子关腹背受敌，守军被迫撤退。日军乘势占领娘子关，晋东战局急转直下。

守军连日御敌，伤亡惨重，孙连仲致电阎锡山，请求速调生力军增援。八路军第一二九师奉令增援娘子关，10月18日进抵平定以东地区，开始向娘子关东南日军侧后挺进，寻机歼敌。22日夜，第三八八旅第七七二团袭击娘子关以东长生口日军，毙敌 30 余名。23 日，第三八六旅第七七一团在东石门阻击敌人，毙伤日军 200 余人。24 日又在马山村等地袭击敌人，毙伤日军百余名。

26 日拂晓，第三八六旅旅长陈赓亲率第七七二团在七亘村一带设伏，经两小时激战，击毙日军辎重部队 300 余人，缴获骡马 300 余匹和大批军用物资。28 日，该团在七亘村再次伏击敌人，毙敌百余名，缴获骡马数十匹。

当日军主力沿正太路西进追击之时，八路军总部于 10 月 28 日率第一一五师师部及第三四三旅由五台南下，30 日到达平定西南地区。11 月 4 日拂晓，第一一五师第三四三旅在陈光指挥下，对进至广阳的日军辎重队进行袭击，歼灭日军近千人，缴获大批军用物资。7 日，又在广阳以东户封村设伏，毙伤日军 250 余人。

八路军的连续伏击，迟滞了日军的追击行动，支援了沿正太路西撤的友军。但是，由于正太路守军没有组织好有效的防御，致使平定、阳泉、寿阳相继陷落，日军逼近太原，致使忻口战役功亏一篑。

四、太原保卫战

11 月 2 日，沿正太路追击的日军攻陷寿阳，危及太原。阎锡山下令忻口方面的守军后撤。4 日下午，阎锡山在太原召开军事会议，决定以忻口方面退下来的部队据守太原北郊既设工事，以娘子关撤退的孙连仲部据守太原以东的既设工事，以傅作义部死守太原城，并任命傅作义为太原守备司令。

11 月 3 日，日本"华北方面军"命令第五师团、第二十师团昔阳支队和第一〇九师团一部归第一军司令官香月清司统一指挥攻占太原。5 日，东、北两线的日军逼近太原城郊，开始对太原外围阵地发动进攻。6 日，卫立煌下达了暂避决战、固守太原、主力南撤、待机回歼的命令，将主力部队南撤，守卫太原的部队仅余第三十五军及独立第一旅、第二一三旅等部约 19 个营的兵力。

8 日晨，担任主攻的日军第五师团兵临城下，从东、北两面向太原城猛烈攻击。日机 13 架轮流轰炸，城楼被焚，到处起火，火焰弥漫全城。

战至 9 时，城垣东北角及西北角被炮火轰塌，东、北两面城墙亦被轰开缺口十余处，日军在飞机、大炮掩护下向城内猛冲。守军奋勇截击，誓死不退，一面与日军拼杀，一面封锁城墙各口，与日军展开激烈巷战，双方伤亡惨重。

黄昏后，日军空降兵突然降落城中大校场，并乘夜袭击，守军伤亡甚众，西、南两处部队及预备队被日军击散。19时，日军攻至总司令部。傅作义下令撤退，守城各部从大南门突围，太原沦陷。

太原会战历时近两月，中国军队伤亡10余万人，毙伤日军近3万人。参加会战的部队有阎锡山的晋绥军、国民党的中央军和中国共产党领导的八路军，成为国共两党团结合作、在军事上相互配合的一次成功范例。

第五章

八路军开赴华北战场

在侵华日军大举进攻、华北战局严重危急的情况下，中国共产党领导的红军主力改编为八路军，立即从陕北东渡黄河，开赴华北抗日前线。

一、八路军改编

根据国共两党达成的协议，1937年8月22日，国民政府军事委员会发布命令，正式宣布将红军改编为"国民革命军第八路军"，辖第一一五师、第一二〇师、第一二九师。

8月22日当天，由红军第一方面军为主改编的八路军第一一五师主力，作为抗日先遣队，率先从陕西三原誓师出发，在韩城芝川东渡黄河，走上了抗日的新战场。

8月22日至25日，中共中央在陕北洛川召开了政治局扩大会议。会议通过了《关于目前形势与党的任务的决定》和《抗日救国十大纲领》，确立了在敌后放手发动独立自主的游击战争、开辟敌后战场、建立敌后抗日根据地的战略任务，确定了"全面全民族抗战"的路线和持久战的战略方针。成立了新的中央军事委员会，毛泽东为书记，朱德、周恩来为副书记。

8月25日，中共中央革命军事委员会正式发布将中国工农红军改编为国民革命军第八路军的命令，将前敌总指挥部改为第八路军总指挥部，朱德为总指挥，彭德怀为副总指挥，叶剑英为参谋长，左权为副参谋长。红军总政治部改为八路军政治部，任弼时为主任，邓小平为副主任。

八路军辖第一一五师、一二〇师、一二九师三个师，共4.5万人。其中，第一一五师以原红军第一方面军和第十五军团为主编成，师长林彪，副师长聂荣臻，参谋长周昆，政训处主任罗荣桓；下辖两个旅，第三四三旅旅长陈光、政委萧华，第三四四旅旅长徐海东、政委黄克诚。第一二〇师以原红军第二方面军为主编成，师长贺龙，副师长萧克，参谋长周士第，政训处主任关向应；辖两个旅，第三五八旅旅长张宗逊、政委李井泉，第三五九旅旅长陈伯钧、政委王震。第一二九师以原红军第四方面军为主编成，师长刘伯承，副师长徐向前，参谋长倪志亮，政训处主任张浩；辖两个旅，第三八五旅旅长王宏坤、政委王维舟，第三八六旅旅长陈赓、政委王新亭。同时，成立八路军后方留守处，肖劲光任主任，留守陕甘宁边区。

8月29日，八路军总指挥朱德、副总指挥彭德怀向全国发表就职通电："日寇进攻，民族危急，敝军请缨杀敌，义无反顾。兹幸国共两党重趋团结，坚决抗战，众志成城"，表示"追随全国友军之后，效命疆场，誓驱日寇，收复失地，为中国之独立、自由、幸福而奋斗到底！"

9月2日，八路军第一二〇师在陕西富平庄里镇举行抗日誓师大会。朱德、任弼时出席了会议。针对有些战士对红军改编后穿国民党军装想不通的问题，贺龙在讲话时说："同志们，现在国难当头，为了国家与民族的生存，共同对付日本帝国主义，我愿带头穿国民政府发的衣服，戴青天白日帽徽，和国民党部队统一番号。这样，看起来我们的外表是白的，但我们的心却是红的，永远是红的。"贺龙的讲话引起了阵阵掌声。

9月3日，贺龙率八路军第一二〇师从富平整装出发。9月9日，由芝川东渡黄河，开赴山西抗日前线。

9月6日，八路军总部抗日誓师大会在陕西省泾阳县云阳镇的大操场上举行。八路军政治部副主任邓小平主持大会。朱德总司令站在主席台上，率领全体指战员一字一句地高声朗诵《八路军出师抗日誓词》：日本帝国主义是中华民族的死敌，它要亡我国家，灭我种族，杀害我们父母兄弟，奸淫我们母妻姊妹，烧我们的庄稼房屋，毁我们的耕具牲口。为了民族，为了国家，为了同胞，为了子孙，我们只有抗战到底。为了抗日救国，我们已经奋斗了六年。现在民族统一战线已经成功。我们改名为国民革命军，上前线去杀敌。我们拥护国民政府及蒋委员长领导全国抗日，服从军事委员会统一指挥，严守纪律，勇敢作战，不把日本强盗赶出中国，不把汉奸完全肃清，誓不回家！我们是工农出身，不侵犯群众一针一线，替民众谋福利，对友军要亲爱，对革命要忠实。如果违反民族利益，愿受革命纪律的制裁，同志的指责。谨此宣誓。

誓师大会以后，八路军总部向韩城县芝川镇进发，连夜抢渡黄河。朱总司令和任弼时、邓小平、左权等同乘一条船渡过了黄河，从此踏上了抗日的征程。

二、平型关大捷

9月11日，国民政府军事委员会按新整编的全国陆海空军统一战斗序列，将国民革命军第八路军改称国民革命军第十八集团军，隶属第二战区，集团军总司令朱德兼任该战区副司令长官。

为协调八路军与友军的作战行动，周恩来、朱德、彭德怀等人多次与第二战区司令长官阎锡山，副司令长官黄绍竑、卫立煌会谈，对保卫山西的作战计划、部署、兵力使用和八路军的任务，以及发动群众，成立战地总动员委员会等问题提出了建议。并强调指出：八路军只宜在敌人的侧翼和后方进行游击战，担负袭击敌后方交通线和兵站据点的任务，不宜担负正面的阵地防御任务。

从8月末开始，八路军各部先后渡过黄河进入山西集结。9月下旬，日本关东军察哈尔派遣兵团和第五师团分别向雁门关、平型关方向发起进攻。第二战区司令长官阎锡山令第十八集团军第一一五师、第一二〇师分别驰援平型关、雁门关配合作战。

9月21日，板垣征四郎的第五师团第二十一旅团主力由灵丘南进，向平型关发起进攻。阎锡山决定集中兵力组织平型关战役，首先歼灭该路日军，并致电第十八集团军总司令朱德"我决歼灭平型关之敌，增加8个团的兵力拂晓即到，希电林师夹击敌之侧背"。朱德、彭德怀立刻电令："一一五师应即向平型关、灵丘间出动，机动侧击向平型关进攻之敌。"

第一一五师东渡黄河后，经太原更新了武器装备，于9月19日抵达平型关东南的上寨、下关地区。23日，接到第二战区司令部的出击计划后，部队进至距平型关东南15公里的冉庄隐蔽集结，并派出侦察部队侦察地形和敌情。第一一五师师长林彪、副师长聂荣臻同师参谋长周昆、作战科长王秉璋，连夜在小油灯下研究了作战计划。

24日，第一一五师在上寨镇小学的土坪上召开了营以上干部战斗动员大会。林彪进行了作战部署：令杨成武的独立团和骑兵营绕到平型关东北截断敌人交通线，阻敌增援；以陈光的第三四三旅两个团为主攻，徐海东的第三四四旅一个团到平型关北面断敌退路，一个团做师预备队。最后强调说："我们要在平型关这一带打一个大仗，给日军一个打击！给友军一个配合！给人民一个兴奋！"

聂荣臻进行了政治动员，特别强调了八路军出师第一仗的重大意义："这一仗必须打胜，打败了或者打个平手都不行！在'恐日病'和'亡国论'到处流行的时候，党中央和全国人民都在盼望八路军出师后的第一个捷报！中华民族正在经历着巨大的考验，我们共产党人一定要担当起救国救民的重任！"

会后，林彪和聂荣臻亲自率领营以上干部到前线侦察地形。平型关是位于晋东北恒山和五台山之间古长城上的一座重要隘口，关前有一条东北西南走向的狭窄沟道，蜿蜒在连绵的群山之间，长十余里，宽十几米，两边山高坡陡，易守难攻，是打伏击的好地形。

林彪决定在平型关东北的关沟至东河南村长约4公里的公路两侧山地险要地段设立伏击阵地，以"拦头、截腰、斩尾"的战术，歼灭由灵丘向平型关进犯之敌。现场进一步明确了兵力部署和各部队的具体任务：令杨得志的第六八五团占领关沟至老爷庙以东高地，截敌先头部队，并阻击由东跑池向老爷庙回援之敌；李天佑的第六八六团占领小寨至老爷庙以东高地，分割歼灭沿公路开进之敌；徐海东的第三四四旅第六八七团占领丁沟村、蔡家峪、东河南村以南高地，断敌退路；第六八八团为师预备队，置于东长城、黑山村地域机动；杨成武的独立团和骑兵营在灵丘和涞源方向活动，牵制和阻击增援之敌。攻击部队全部在平型关东侧山地设伏，准备给敌人以猛烈打击。

勘察地形归来，根据有关情报和侦察员报告，日军先头部队已经进至蔡家峪以东地区，有于明日进攻平型关的可能。情况紧急，林彪即令各部迅速进至设伏地域，拂晓完成各种战斗准备。

24日夜，第一一五师主力冒雨进入预伏阵地，做好了战斗部署。林彪在电话上同平型关战役副总指挥孙楚说："萃崖，我师已达目的地，准备明日拂晓出击，请你们派部队协助，先把此股敌人歼灭。"

孙楚高兴地回答："好极了，我命郭宗汾师长率四个团从平型关左翼出击。"

25日拂晓，日军板垣师团第二十一旅团的辎重和后卫部队，乘100余辆汽车和200余辆辎重马车沿公路向平型关缓慢开来，7时许，全部进入第一一五师预伏阵地。由于道路狭窄，雨后路面泥泞，日军车辆人马拥挤堵塞，行动缓慢。

林彪抓住战机，命令第一一五师全线开火。顿时，公路两侧的机枪、步枪、手榴弹、迫击炮一齐怒吼起来，打得鬼子晕头转向，纷纷跳下车来，钻入车底或趴在沟坎负隅顽抗。负责斩尾任务的第六八七团率先向敌冲杀，用手榴弹炸毁敌人最后几辆汽车，切断了日军退路。

担负拦头任务的是杨得志的第六八五团。该团原系红军主力部队，所辖三个营都有着光荣的历史。一营是朱德总司令从南昌起义带出来的部队；二营是跟随毛泽东参加秋收起义上井冈山的；三营是黄公略领导的红三军的底子，都是久经沙场的老战士。当敌人进入伏击地域后，杨得志团长指挥所部迎头截击，封闭了日军南窜之路。被击毁的日军汽车、马车充塞道路，兵力无法展开，陷于被动挨打的境地。

担任主攻任务的第六八六团，战斗尤为激烈。日军拼命反击，并派出小股部队强占了阵地对面的制高点老爷岭。在前沿指挥所的林彪发现这一敌情后，立即把李天佑团长叫来，指着硝烟滚滚的战场说："看到了吗？敌人很顽强。你们一定要冲下公路，把敌人切成几段，并以一个营抢占老爷庙。拿下这个制高点，我们就可以居高临下，把敌人消灭在沟里。"

李天佑命令三营向老爷庙发起冲击。但由于敌人火力太猛，冲上去的战士一个一个地倒下去。第六八六团副团长杨勇焦急地对李天佑说："老李，指挥所里的事交给你，我跟三营一起上去。"随后便率三营战士一起向老爷庙阵地冲去。经过几次冲锋，终于将老爷庙夺回，杨勇副团长身负重伤，第五连连长曾贤生壮烈牺牲。

板垣师团长听到辎重部队遭到伏击的消息，立即派飞机和部队增援。先期进占东跑池一带的日军第二十一联队第三大队回援，被第六八五团所阻；从灵丘来援的日军第四十二联队第五中队，被第六八七团所阻。从蔚县、涞源向平型关增援的日军第九旅团国崎支队，被第一一五师独立团、骑兵营阻击于灵丘以东地区，寸步难行。

日军30架飞机飞临战地上空，企图支援地面部队突围。林彪趁机命令第一一五师全线出击，第六八五团和第六八七团从两头包抄过来，第六八六团第一营从右翼杀出，第三营从左翼冲上公路，同日军展开激烈的肉搏战。山沟里顿时硝烟弥漫，喊杀声震天动地。由于两军短兵相接，敌机不敢轰炸扫射，只能在阵地上空来回盘旋，无法发挥作用。被围日军拼死抵抗，拒不投降。第一一五师官兵越战越勇，开始分割围歼敌人。激战至午后，终于将该敌全歼。

平型关一战，第一一五师以伤亡600余人的代价，歼灭日军1000余人，击毁汽车百余辆、马车200辆，缴获步兵炮1门、轻重机枪20余挺、步枪1000余支、军马50余匹及大批军用物资，取得了中国军队全面抗战以来的首次大捷。

平型关大捷的消息，立时传遍全国。全国各界欢欣鼓舞，纷纷给八路军发来贺信、贺电。蒋介石在给朱德、彭德怀的贺电中说："有日一战，歼寇如麻，足证官兵用命，指挥得宜。捷报南来，良深嘉慰。尚希益励所部，继续努力。"

平型关大捷，是中国共产党领导的八路军的首战告捷，同时也是自抗战以来中国军队的第一个大胜利，打破了"大日本皇军不可战胜"的神话，提高了共产党和八路军的声威，鼓舞了全国军民的抗战热情和必胜信念。

三、雁门关伏击战

1937年10月，日军侵占大同后，继续向南进犯太原。为配合忻口战役的正面作战，第十八集团军各部根据第二战区会战计划，分别在晋西北及晋东北地区展开袭击战，破坏日军后方交通线，先后取得了雁门关伏击战、夜袭阳明堡机场、七亘村战斗和广阳伏击战等胜利。

第一二〇师师长贺龙率部深入大同附近时，发现日军每天从大同到忻口前线的运输车辆往来不断，立即派第三五八旅第七一六团赶赴雁门关附近，寻机歼敌。雁门关是山西内长城著名关隘，是沟通雁北高原与晋中腹地的重要门户，自古为兵家必争之地。

贺龙亲自把第七一六团团长贺炳炎、政委廖汉生召到师部，对他们说："忻口会战正在进行，敌人从大同经雁门关不断往忻口运输弹药、给养，这是日军最主要的一条运输线。但是，他们很嚣张，自以为那一带已经成为他们的后方，没有中国军队，因此警戒疏忽。你们到那里去就是要充分利用日军这个弱点，发动群众，给鬼子来个突然打击，把这条运输线切断。"

10月17日黄昏，贺炳炎、廖汉生率部到达雁门关西南的秦庄和王庄。发现公路并不在雁门关下，遂率主力去雁门关以南黑石头沟一带公路西侧高地设伏，同时派少数兵力占领雁门关。

18日上午，日军运输汽车50余辆，满载兵员、弹药，毫无防备地由北向南驶入伏击区。第七一六团即以密集的火力进行袭击。激战中，日军又有汽车200余辆由阳明堡方向向北驶来。第七一六团即分兵一部阻击该敌。激战至夜间，日军援兵又至，第七一六团遂撤出战斗。此战，共毙伤日军300余人，击毁汽车20余辆。第三营第十一连指导员胡觉三光荣牺牲。

20日夜，第七一六团一部复占雁门关，另一部破坏了广武至太和岭间的公

八路军开进雁门关

路及桥梁。21日晨,第七一六团再次设伏于黑石头沟地区。日军由南向北的汽车200余辆和由北向南的汽车数十辆相向而来,当其先头车辆驶入伏击区时,第七一六团居高临下,以突然而猛烈的火力展开攻击。日军在8架飞机支援下进行反扑。第七一六团毙伤日军一部后撤出战斗。

该团两次伏击战斗,共毙伤日军500余人,击毁汽车30余辆,一度切断了日军由大同到忻口的交通补给线,使进攻忻口日军的弹药、油料供应濒于断绝,攻势顿挫,有力地支援了友军作战。

忻口会战前敌总指挥卫立煌闻讯对周恩来说:"八路军把敌人几条后路都截断了,对我们忻口正面作战的军队帮了大忙。"蒋介石也给朱德、彭德怀发来贺电,"贵部林师及张旅,屡建奇功,强寇迭遭重创,深堪嘉慰"。

四、夜袭阳明堡

日军进攻忻口的地面部队和后勤补给线不断受阻,只得借助空军,加强了空中轰炸和运输力量,在忻口战场不远的阳明堡附近新建了机场。

为配合忻口作战,刚刚到达陕西战场的第一二九师先遣部队第三八五旅第七六九团奉令在代县、崞县以东地区,执行侧击南犯日军后方的任务。

10月中旬,第七六九团团长陈锡联率部进至滹沱河南岸的苏龙口、刘家庄地区。苏龙口位于忻口至大同公路东侧,南距忻口百余里,是侧击日军的理想地点。

通过侦察,陈锡联发现附近代县、阳明堡等地日军的汽车整天在这一带公路上运输兵员、辎重,飞机不断从阳明堡方向轮番起飞,判断机场应在阳明堡周围。于是带着第二营营长孔庆德、第三营营长赵崇德,爬到滹沱河南岸的一个山头上观察,发现机场就在阳明堡镇以南,准备起飞的飞机正在加油、装弹,机场里活动的人员并不多,机场周围设有铁丝网并构有简单防御工事。

随后,他们又找到附近的群众进行了解,证实机场守卫兵力不强,只有警卫部队和空地勤人员200人左右,但阳明堡镇驻有不少敌人。据此,陈锡联决定夜袭机场,具体部署是:以第三营为突击队,袭击机场;第一营袭扰崞县,牵制驻在该县的敌人;第二营为预备队。并以第八连破坏王董堡的桥梁,保障第三营侧后安全;团属迫击炮连位于滹沱河南岸,支援第三营作战。

10月19日夜发起战斗,第三营直袭机场。在当地群众协助下偷渡滹沱河之后,以第九连警戒阳明堡方向来援之敌,以第十、第十一连和机枪连组成突击队,以第十二连做预备队。

突击队悄悄地爬过了铁丝网,神不知鬼不觉地摸进了机场。当进到距飞机约30米时,被日军哨兵发觉。赵崇德营长当即命令发起攻击,第十连歼击日军警卫队,第十一连迅速扑向机群,用手榴弹向飞机猛烈袭击,敌机顿时爆炸起火,燃起熊熊火焰。待敌增援的装甲车赶到,第七六九团迅速撤出战斗,第三营营长赵崇德壮烈牺牲。

经一小时激战,歼灭日军100余人,毁伤飞机24架,削弱了忻口日军的空中支援力量,有力地配合了国民党友军的忻口战役,在全国产生了巨大影响。

夜袭阳明堡,是第一二九师出征后的首次战斗。第一二九师师长刘伯承接到陈锡联夜袭阳明堡机场的捷报后,异常兴奋,赞不绝口:"首战告捷,打得好,打得好!"

忻口前线作战的国民党友军,饱受日军飞机轰炸之苦,当夜袭阳明堡机场喜讯传来后,许多官兵相拥而泣,高呼中华民族万岁。蒋介石也发来贺电:"接诵捷报,无任欣慰,着即传谕嘉奖。"并发了2万元奖金奖励参加阳明堡战斗的部队。

五、七亘村战斗

1937年10月，日军侵占石家庄后，为策应山西地区作战，以第二十、第一〇九师团沿正太铁路西犯，企图会攻太原。守军连日御敌，伤亡惨重，第二十六路军总司令孙连仲急电阎锡山，请求速调生力军增援。八路军第一二九师奉令增援娘子关。

10月18日，第一二九师师长刘伯承、政委张浩率领师部及陈赓的第三八六旅进抵山西平定地区，向娘子关东南日军侧后挺进，寻机歼敌。

22日夜，第三八六旅第七七二团袭击娘子关以东长生口日军，毙敌30余名。23日，第七七一团在东石门阻击敌人，毙伤日军200余人；24日又在马山村等地袭击敌人，毙伤日军百余名。但该团也在七亘村附近遭日军袭击，伤亡30余人。

25日，侦悉日军第二十师团一部经测鱼镇向平定进犯，其后方辎重部队千余人进至测鱼镇宿营。刘伯承决定在七亘村打一仗，钳制日军的迂回进攻，掩护娘子关友军。

七亘村位于娘子关以西，是井（陉）平（定）小道的必经之地。从七亘村往东至石门是10里峡谷，谷深数十米，底宽不足3米，地势险峻，是理想的伏击战场。第三八六旅旅长陈赓令第七七二团第三营及特务连一个排进至七亘村附近待机。

26日拂晓，日军辎重部队在200多名步兵掩护下，从测鱼镇向西开进。9时许，日军先头部队百余人通过伏击区，辎重骡马进入伏击区。设伏部队突然发起冲击，经两小时激战，毙伤日军300余人，缴获骡马300多匹及大批军用物资，其余日军逃回测鱼镇。

刘伯承根据情报分析，娘子关右翼日军向旧关抄袭，七亘村是必由之路，决定在七亘村再次设伏。为了迷惑日军，当27日日军到七亘村来收尸时，刘伯承让第七七二团主力当着日军的面佯装撤退，造成七亘村无兵把守的假象。实际上第七七二团第三营绕了一圈又返了回来，集结在七亘村西改道庙公路南侧山地里。

28日晨，日军辎重部队在100多名骑兵、300多名步兵掩护下循原路西进，沿途加强了搜索警戒，遇有可疑处便进行火力侦察。到了七亘村附近，朝村里村外进行了反复炮击。第七七二团第三营的指战员们隐蔽在灌木和草丛中，沉着镇定，不发一枪。11时许，日军进入伏击区，第三营突然发起猛烈冲击，双方展开激烈的白刃格斗。战至黄昏,毙伤日军100余人,缴获骡马数十匹。

两次伏击,共歼灭日军400余人,缴获一批骡马和军用物资,迟滞了日军沿正太铁路西犯的行动,支援了正面战场的作战。

六、广阳伏击战

为配合太原会战,八路军总部命令第一一五师师部率第三四三旅由五台地区南下,协同在正太铁路以南作战的第一二九师侧击西犯日军。10月30日,第一一五师主力进至昔阳以西的沾尚地区,准备袭击由平定、昔阳西犯之敌。

日军占领娘子关后继续西犯。11月初,第二十师团第四十旅团先头部队第七十九联队主力逼近昔阳城西马道岭。第一一五师第三四三旅旅长陈光令第六八六团第二营在马道岭节节抗击,迟滞、疲惫日军,掩护主力部队占领有利地形,完成伏击部署;以第六八六团占领广阳镇以南瑶村、前小寒以北高地,担任主攻;以第六八五团第三营由狼窝沟北山出击,协同第六八六团歼灭进入伏击区的日军。

4日中午,日军先头两个联队4000余人通过伏击区进至松塔。预伏部队采取避强击弱的战术,放过其先头主力。当日军辎重部队进至广阳地区时,预伏部队突然开火并发起冲击,将其队形分割成两段。经四小时激战,歼灭日军近千人,缴获骡马700余匹、步枪300余支以及大批军需物资。

日军遭此打击后,不敢冒进,进至松塔的两个联队于6日撤回广阳,接应由昔阳以西沾尚镇西进的后续部队。

7日,第一二九师第三八六旅旅长陈赓指挥所部及第三八五旅第七六九团,在第一一五师第三四三旅的配合下,再

陈光(右)在广阳战斗中观察日军动向

次于广阳以东地区设伏。17时许，当由沾尚镇西进的日军先头部队300余人进至大寒口、中山村、户封村伏击区时，设伏部队迅即发起攻击。日军据村顽抗，八路军英勇冲杀，经一小时激战，歼日军250余人。

两次伏击战，八路军第一一五师、第一二九师协同作战，歼灭日军千余人，迫使日军改道由广阳以北西犯，牵制了日军进攻太原的行动，掩护了娘子关地区的友军撤退。

第二战区前线总指挥卫立煌亲自拜会八路军总司令朱德，诚恳地表示："我知道八路军确实是抗日的，是复兴民族的最精锐的部队。"

第六章

南京大屠杀

南京是中华民国的首都，是中国政治、经济、军事、文化中心。日军占领上海后，即乘胜西进，企图一举攻占南京，迫使中国政府屈服。

1937年12月1日，日军大本营正式下达"大陆第8号"命令，令"华中方面军司令官与海军协同，攻占敌国首都南京"。当日，日本"华中方面军"司令官松井石根大将就下令，调集9个师团20万人马分三路向南京发起进攻。

一、海空大战

实际上，从日军进攻江阴要塞开始，南京保卫战的序幕就拉开了。

江阴，位于南京上海之间的长江岸边，此处江面狭窄，水深流急，南岸有黄山、君山锁住江口，北岸与靖江隔江相望。国民政府在这里设立了长江要塞，炮台上有各式重炮50余门，成为保卫南京的重要屏障。

"八一三"淞沪抗战爆发后，为防止日本海军溯江而上进攻南京，军事委员会下令在江阴江面，自沉老式军舰8艘及商船20余艘，在水底筑起一道封锁线。同时任命刘兴为江防军总司令，辖江阴要塞守备部队、海军第一舰队及陆军第一〇三师、第一一二师等部，防守江阴要塞。海军部次长、第一舰队司令陈季良亲自率领"平海""宁海""海容""海筹""应瑞""逸仙"6艘军舰把守封锁线。

9月22日，日本海军联合航空队30多架飞机飞临江阴上空，在刺耳的空袭警报声中，空前壮烈的海空大战打响了。日军飞机绕过炮台，向停泊在江面上的守军舰艇轮番俯冲投弹。陈季良中将驻守在平海舰上，亲自指挥舰队以高射炮、高射机枪进行还击。为首的一架敌机被炮火击中，曳着长长的尾巴栽入江中。这时，敌机开始集中目标轰炸第一舰队旗舰平海舰，先后组织了4轮80多架次飞机疯狂攻击，连续轰炸了两个多小时，平海舰被炸伤，舰长高宪申负

日军机群轰炸江阴要塞

重伤。

当晚，第一舰队司令陈季良召集各舰长开会，分析敌机可能还要进行更大的空袭，严令平海舰绝不能为避免重点轰炸而降下桅顶的司令旗，人人要有葬身鱼腹的精神，做好献身报国的准备。

第二天清晨，日军又出动72架飞机分两批飞临舰队上空，以平海舰和宁海舰为主攻目标，轮番进行俯冲轰炸。陈季良始终站立在平海旗舰的甲板上，沉着指挥反击，任凭身边弹火纷飞，决不退避。舰艇上的高射炮、机关枪组成密集的火力网迎空射击。霎时间大江之上炮声轰鸣，火光闪闪，舰舷两侧的江面上激起一根根冲天水柱。最终，几颗重磅炸弹击中平海舰船尾，滚滚江水涌入舱内，平海舰被迫驶向江岸搁浅。宁海号巡洋舰也被炸成重伤，轮机亭中弹起火，锚机被炸失灵，舰长陈宏泰身负重伤，仍然继续指挥作战，先后击落敌机5架，宁海舰终因伤重沉没。

平海舰沉没后，陈季良转移到"逸仙"号巡洋舰上继续指挥作战。9月25日，日机数十架再度出动，集中力量攻击逸仙舰。经过一个多小时的激战，逸仙舰击落敌机3架，自身也中弹沉没。

海军部部长陈绍宽急令第二舰队司令曾以鼎率"健康"号和"楚有"号军舰增援，也遭遇大队日机的集中轰炸，先后被击沉。在一个多月的海空大战中，"应瑞""青天""绥宁""崇宁"等舰艇也饮恨江中，海军第一舰队几乎全军覆没。但直到上海陷落，日军始终没有越过江阴封锁线。

日军占领上海后，令荻洲立兵的第十三师团及集成骑兵队4个大队，在60余艘舰艇配合下攻占江阴要塞。11月26日，日军先后从无锡、太仓、常熟一带出发，在大义桥、杨舍等地，遭到广西抗战女生营队的阻击，双方伤亡惨重，女生营战士宁愿战死也不当俘虏，多数壮烈牺牲。

11月28日，日军突破"锡澄"国防线后，先后攻占了江阴外围前哨阵地，迫近花山、定山等主阵地前沿。29日，日军在海军航空兵火力掩护下，以战车为先导，开始向守军主阵地发起攻击。守军第一〇三师和第一一二师进行了顽强抗击，并挑选勇敢善战的官兵组成敢死队，将集束手榴弹放置于敌战车履带下引爆，然后爬上战车，从车顶的炮塔盖口投进手榴弹，先后炸毁日军战车7辆，击退了日军的攻势，花山、定山等阵地曾失而复得。日海军舰队也同时向要塞发动猛攻，双方炮战达三小时之久。要塞炮台先后击沉日舰3艘，击伤1艘，长山炮台亦被敌机炸毁。

30日上午，日军在海空军80余架飞机掩护及炮兵猛烈轰击下，向江阴县城和定山阵地发起全线进攻。江阴城墙被炸塌数段，两军在城墙上展开了白刃战，通宵达旦都是枪炮声、军号声、喊杀声，守军伤亡惨重，第一一二师师长霍守义受重伤。激战昼夜，日军由西北关突入城中，守军奉命突围。

12月1日，江阴要塞失陷。同一天，日军大本营正式下达了进攻南京的命令。

二、南京保卫战

自上海陷落后，南京就直接处于日军的威胁之下。

从11月中旬开始，蒋介石已先后三次在他的陵园官邸召集高级幕僚商讨保卫南京的问题。军令部作战厅厅长刘斐认为，南京在长江弯曲部内，地形背水，日军可由江面用海军封锁和炮击南京，然后以海陆空军协同攻击，南京将处在立体包围的形势下，无法固守。为贯彻持久抗战方针，应避免在初期与敌决战，建议在南京做象征性抵抗，然后主动撤退。

刘斐的意见得到了副参谋总长白崇禧的支持，军政部部长何应钦、军令部部长徐永昌等将领也都主张放弃南京。因为上海和南京之间一路都是平原，无险可守。而且中国军队的主力在上海战役中消耗很大，不经过一定时间的整补，难以恢复战斗力。更为重要的是中国的对日作战是持久战，并不在于争夺个别城池的得失。蒋介石的德国军事顾问也主张放弃南京，不做"无谓的牺牲"。

在最后一次讨论南京防卫会议上,训练总监唐生智慷慨激昂地站出来说:"南京不仅是我国的首都,为国际观瞻所系,又是孙总理陵墓所在,如果不战就放弃南京,将何以对总理在天之灵?因此,非死守不可。"

蒋介石点头说:"孟潇的意见很对,那么谁负责固守南京为好?"

这时没有一个人作声。最后还是唐生智自告奋勇地表示:"委员长,若没有别人负责,我愿意勉为其难。我一定坚决死守,与南京城共存亡!"

蒋介石同意了唐生智的意见,决定"短期固守",并任命唐生智为南京卫戍司令长官,罗卓英、刘兴任副司令长官,周斓任参谋长,调集刚从淞沪战场退下来尚未来得及整补的14个师10余万兵力防守南京。

唐生智立即走马上任,仓促部署,令徐源泉的第二军团,防守龙潭至汤山一线;叶肇的第六十六军,防守汤山至淳化一线;俞济时的第七十四军,防守淳化至江心洲一线;王敬久的第七十一军和邓龙光的第八十三军防守镇江;孙元良的第七十二军防守城南中华门、雨花台和黄山顶;宋希濂的第七十八军防守城北的幕府山、下关、和平门与玄武湖地区;桂永清的教导总队防守城东中山门外至玄武湖一线;萧山令的宪兵团防守城西莫愁湖、清凉山一线。

11月20日,国民政府宣布迁都重庆。至11月底,政府机关大部分迁至重庆或武汉。

12月1日,松井石根司令官率领9个师团的20万人马,分三路向南京发起进攻。其中,"上海派遣军"山室师团、荻洲立兵的第十三师团和中岛的第十六师团,沿京沪铁路向南京推进;第十军末松茂治的第一一四师团沿宜兴至溧水公路前进;谷寿夫的第六师团和中岛贞雄的第十八师团沿宁国至芜湖公路推进;另外,国崎支队从郎溪和太平渡江,悄悄向浦口进军,以截断中国军队的后路,企图从东南北三面合围南京。

12月3日,各路日军进迫南京外围。5日拂晓,南京保卫战正式打响。经过四天的战斗,日军正面的第十八师团和第九师团突破守军第八十三军及第六十六军的阵地,进至句容以西的黄梅及湖熟一带;第一一四师团突破守军第七十四军的阵地,进至溧水以北之秣陵关及江宁一带。日军右翼的天谷支队和第十三师团向镇江、靖江一线进击,左翼的第六师团和国崎支队向当涂、宣城一线进军,南京城已处在日军三面包围之中。

6日晚,蒋介石召集少将以上军官开会,告诫大家南京是全国和世界关注的重心,不能轻易放弃,要求将领们服从唐生智司令长官的命令,负起坚守重任。次日凌晨，蒋介石乘飞机离开南京，飞赴庐山。

12月7日，日军在炮兵及航空兵强大火力支援下开始向第一线前沿阵地发起全面进攻。经两日激战，各外围防御地段上的工事多被日军炮兵及航空兵火力摧毁，守军伤亡惨重。防守淳化的第七十四军第五十一师王耀武部，接连打退日军第十八旅团的10余次进攻，击毁日军坦克15辆，毙伤日军500余人。第五十一师也伤亡惨重，第三〇一团伤亡团长纪鸿儒以下官兵1400余人，9名连长全部战死沙场，已基本丧失了战斗力。

8日下午，日军在坦克掩护下先后攻占了汤山镇、淳化镇等外围据点。南京卫戍司令长官唐生智下令第一线守军退守至雨花台、紫金山、乌龙山、幕府山及南京城垣一线复廓阵地防御。

9日，日军用飞机向城中投撒"华中方面军"司令官松井石根致南京守军的最后通牒，要求中国军队在12月10日正午以前投降，否则日军将开始进攻南京。但中国军队没人理会日军的劝降书。

12月10日，"华中方面军"司令官松井石根下令攻城。六七十架飞机掩护着地面部队向雨花台、通济门、光华门、紫金山等守军阵地发起进攻，20万大军在南京城内外展开了厮杀。

南京的城墙高达20米，宽13米，一般的山炮无法击破。日军首先向地形上比较容易进攻的光华门重点发动攻击，在此守卫的是中央军校的教导总队。进攻光华门的第九师团，在高桥门阵地炮兵火力直接支援下，首先用山炮将城门轰塌，然后在18辆坦克的掩护下，大批日军端着三八大盖爬了上来。守军官

南京守军正在城墙上战斗

兵挺起刺刀迎上去，在城墙上展开了白刃搏斗，连续打退了敌人七次冲锋。

战至午后，日军冲入光华门内，占据沿街房屋。第八十七师第二五九旅旅长易安华率部反击，经过八个多小时血战肉搏，全歼入城日军，易安华旅长壮烈牺牲。但有小股日军躲进城门洞，不断向城墙上偷袭。当夜，第一五六师师长李江组织敢死队从城墙上缒绳而下，突然向门洞内扔出手榴弹和燃烧汽油弹，将门洞内的日军全部烧死，敢死队队员也全部牺牲。

进攻太平门的日军第十六师团，在推进到离城门不足1000米时，突遭紫金山守军炮火袭击，伤亡严重。中岛师团长于是调转兵力，集中炮火攻打紫金山。紫金山位于南京城东北，高448米，是南京的制高点。桂永清的教导总队在此守卫，将一个炮兵团摆在紫金山顶，居高临下，对半个南京城形成巨大威慑。日军集中两个师团的兵力，在85辆坦克掩护下，兵分两路，向紫金山发起猛攻。宏伟壮丽的中山陵和古老幽深的灵谷寺，顿时淹没在炮火之中。激战四日，守军大部伤亡，但主阵地始终未失。

日军精锐部队谷寿夫的第六师团和第一一四师团猛烈进攻雨花台和中华门。南京卫戍副司令长官罗卓英亲赴一线指挥，在中华门一带和日军展开激烈巷战，把突入城中之敌全部肃清。

南京城外的雨花台，是一个高约100米、长约3000米的山岗，是中华门外的一个制高点。孙元良部第八十八师奉命在这里布防，朱赤的第二六二旅负责防守雨花台右翼阵地，高致嵩的第二六四旅防守雨花台左翼阵地。从8日下午，日军就开始向雨花台展开进攻。第二天上午，日军出动20余架飞机，在雨花台上空狂轰滥炸，两个联队的日军在大炮和坦克掩护下轮番冲击。第八十八师官兵奋勇血战，反复肉搏，阵地上一时杀声震天，鲜血飞溅。刺刀拼弯了，官兵们干脆把枪扔掉，和日军厮打起来，高致嵩旅长的耳朵竟然被日军咬掉一只，有一个战士抱着日军滚下山底，同归于尽。血战三日，第一、二线阵地相继被毁，余部退缩至核心工事顽强抗击。日军在阵前遗尸数千。第八十八师也付出了惨痛代价，第二六二旅旅长朱赤、第二六四旅旅长高致嵩以下官兵6000余人壮烈牺牲，孙元良师长率余部突围。负责掩护部队撤退的特务连士兵们将几十箱手榴弹的盖子全部打开，用绳子把导火索串连起来，摆在阵地前沿，待日军进攻至阵地前时，将几百枚手榴弹全部引爆，炸得日军血肉横飞，遗尸遍地，全连战士也与敌人同归于尽，鲜血染红了雨花石。

11日晚，蒋介石致电唐生智："如情势不能久持时，可相机撤退，以图整理

日军坦克正在向南京进攻

而期反攻。"唐生智当夜与罗卓英、刘兴两副司令长官及参谋长周斓研究后,决定准备撤退,遂于12日凌晨召集参谋人员制订撤退计划及命令。

12月12日,日军展开总攻,飞机大炮密集地向各城门集中轰炸,古老坚固的城墙被炸得乱石横飞,城墙洞开,日军从城墙缺口潮水般涌入。成百上千的中国士兵在长官战死无人指挥的情况下,自发地迎上去,用血肉之躯阻挡敌人。战至12日16时,中华门、光华门、中山门皆被日军突入,南京城内已多处响起激烈的枪炮声,守城部队与突入的日军展开激烈巷战,南京城已无法固守。

17时,卫戍司令部召集师以上将领开会,下令各部于当晚突围。由于没有做好充分的撤退准备和部署,除第六十六军、第八十三军从紫金山北麓和栖霞山正面突围及第七十八军、第三十六师护卫司令部从煤炭港分批乘船渡江外,其余各军未按命令从正面突围,多数涌向敌人尚未到达的下关撤退。

唐生智为了表示破釜沉舟、背水一战的决心,早就让交通部长俞鹏飞将下关原有的两艘大型轮渡撤走,自断退路,并通知守卫浦口的第一军和挹江门的第三十六师,凡从南京向长江北岸或由城内经挹江门去城外的部队和军人都要制止,如不听从可开枪射击。当撤退命令下达后,挹江门守军未能及时接到命令,仍阻止撤退,造成挹江门堵塞,部队混乱不堪,各自争先抢渡。大部官兵无船可乘，纷纷拆取门板制造木筏渡江。不少人只抓一块木板或树枝试图游过近两公里宽的长江，由于江水寒冷，大部分人冻死江中。

南京市市长兼警备司令萧山令率宪兵部队到达江边，苦无渡舟，遂令所部自扎木筏渡江。因人多舟少，至13日晨，仍有大部分部队无法渡江。这时日军第六师团已尾追而来，向撤退的中国军民开火。萧山令下令宪兵部队就地阻击日军，掩护军民渡江。日军猝不及防，死伤很多，慌忙后退。不久，日军在机枪掩护下又发起冲锋。因江边无所遮挡，宪兵部队只好背水作战，激战五个小时，部队伤亡殆尽。大批日军不断涌来，萧山令振臂高呼："杀身成仁，今日是也！"率领剩余官兵挺着刺刀与日军展开肉搏，直至全部壮烈牺牲。萧山令宁死不当俘虏，举枪自戕，以身殉国。

13日上午，日海军舰艇通过乌龙山要塞封锁线到达下关江面，第十六师团一部亦乘舟艇进至八卦洲附近江面。大量正在渡江的中国军队官兵被日海军火力杀伤，滚滚长江上漂满了士兵的尸体，鲜血染红了江水。从江边撤退的部队，除第七十四军组织较好，自己掌握有一艘小火轮，约有5000人渡过江北外，其余部队仅有一部得以渡江，大多留在江南，遭日军追杀。14日，日军右翼国崎支队占领浦口，彻底切断了守军退路。

南京保卫战历时八天，毙伤日军1.2万余人，中国军队伤亡5万余人，以南京失陷而告终。

三、南京大屠杀

12月13日晨，谷寿夫的第六师团率先从中华门进入南京，枪杀了从水西门至下关途中俘虏的1500余人，血洗了聚集在中山北路、中央路的难民区，并下令解除部队纪律三天，放任军队烧杀抢掠。由此，一场惨绝人寰的南京大屠杀拉开了帷幕。

早在日军进攻南京的前一天，时任"上海派遣军"司令官的朝香鸠彦亲王就下达了"上海方面军"司令长官第二号令：兹命令，各师团总攻提前至今晚开始，务必英勇作战，攻占南京，不许中国人投降，杀掉全部俘虏，此命令签字生效。上面附有"机密，阅后销毁"字样。日军其他三个师团也相继进入南京市区，对放下武器的中国军人和手无寸铁的市民进行了长达六周的血腥大屠杀，历史文化名城南京陷入了腥风血雨之中。

13日下午，中岛今朝吾的第十六师团先头部队到达挹江门，立即向挹江门外成千上万试图渡江的逃兵和难民疯狂开火，造成血染长江的大惨案。一部分日军赶到燕子矶，朝着正在通过八卦洲渡江的10余万军民狂扫滥射，顿时，尸体蔽江，江水为之染红，剩存者被围于沙滩，被日军用几十挺机枪尽行射死。中岛师团长在当天的日记中写道：因采取不留俘虏之方针，故决定全部处理之，然解除全部武器有困难，唯一办法，是等他们完全丧失斗志，自己排队来降，这些人一旦闹事，将难以收拾。据知，仅佐佐木部队就处理掉1.5万人，太平门守备中队处理掉1300人，现在集中在仙鹤门的俘虏有7000至8000人，而且数字在不断增长。处理掉这七八千人需要一个相当大的壕沟，不容易，所以需要把他们分为100人至200人一组，然后诱至适当地点处理之。

日本《东京日日新闻》从军记者铃木二郎记述道："我随同攻陷南京的日军一道进城，目击日军无数暴行。""十二月十三日，在中山门附近城墙见到极其恐怖凄惨的大屠杀。俘虏们在二十五公尺宽的城墙上排成一列，许多日本兵端着插上刺刀的步枪，齐声大吼，向俘虏们的前胸或腹部刺去。一个接着一个被刺落到城外去了。只见飞溅的血雨喷向半空，阴森的气氛使人汗毛直竖，我站在那里，吓得目瞪口呆，不知所措。可是，俘虏们有人脸上浮泛着冷笑，有人若无其事地大笑，等待着死亡。"

14日，日军大部队涌入城内，继续搜杀放下武器的军人，并将马路上的难民当作战斗目标，以各种火器肆意扫射，沿途尸横遍野，血流成河。在中山码头、下关车站等处对准备逃离的难民疯狂射击，枪杀数万人。

15日，日军将中国军警人员3000余名，解赴汉中门外，用机枪扫射，焚尸灭迹。当夜，又有市民和解除武装的军人9000余人，被日军押往海军鱼雷营，全部杀害。《朝日新闻》从军记者今井正刚记载："我于十二月十五日夜间，在大方巷《朝日新闻》办事处前面马路上，看到数千人头攒动，一望无际的中国人群，被赶赴下关屠场。在天色微明的扬子江畔，一片黑黝黝的尸体堆垒如山，在尸山里蠕动着人影，总有五十人乃至一百人以上，他们在日军刺刀的逼迫下转来转去拖曳着尸体，丢向江流里去。作业完毕，苦力们被排列在长江岸边，嗒！嗒！嗒！一阵机关枪声，只见仰面朝天、翻身仆地、腾空跃起、一一都跌落江中，被滚滚波涛卷走。"

16日傍晚，在南京安全区内华侨招待所中躲避的中国士兵和难民5000余人被日军集体押往中山码头，双手反绑，排列成行。日军先用机枪扫射，然后

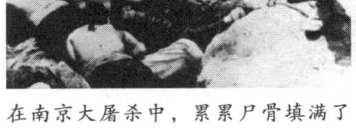

在南京大屠杀中，累累尸骨填满了沟壑

日军正在刺杀战俘

抛入江中，毁尸灭迹。5000多人中仅有保安队的白增荣、梁廷芳二人中弹负伤后泅至对岸，幸免于死，成为这次屠杀的见证人。

12月17日，松井石根举行入城式。就连这一天，日军也没有停止屠杀，将从各处搜捕来的军民和南京电厂工人3000余人，在煤炭港至上元门江边用机枪射毙，然后用火焚烧。

18日，日军将从南京逃出被拘囚于幕府山下的难民和被俘军人57418人，用铅丝捆绑，驱至下关草鞋峡，先用机枪扫射，复用刺刀乱戳，最后浇上煤油，纵火焚烧，残骸投入长江，焚尸灭迹。5万多人当中，只有一个伍长德侥幸没被烧死，等到日军离去后，才从死人堆里爬出来，成为远东国际法庭的重要证人。

日军除有组织的大规模的集体屠杀外，还先后进行了长达6周的零星枪杀，甚至展开了骇人听闻的"杀人竞赛"。1937年12月31日，日本《东京日日新闻》报道，第十六师团第九联队第三大队野田毅、向井敏明两个少尉军官，在从上海向南京进攻的途中展开了杀人比赛。到12月10日，向井已杀106人，野田已杀105人，彼此军刀都已砍缺了口。但因为分不清谁先杀满100人，难决胜负，于是又重新开始以杀满150人为目标的竞赛，两个刽子手竟因此被称为"皇军的英雄"。

日军除枪杀掳掠外，还大肆侮辱中国妇女。一月之中，全城发生两万起强奸、轮奸事件，无论少女或老妇，都难以幸免。中岛中队长对士兵们说："为了避免引起太多的问题，事后要把她们杀掉。"因此，多数死难妇女，都是先被奸后被杀的。许多妇女在被强奸之后又遭枪杀、毁尸，还有不少妇女被抓去当

日军士兵拍摄的下关江边的尸体

日本《东京日日新闻》刊出日军杀人"竞赛"的刽子手照片和新闻

"慰安妇"。

据日本随军记者小俣行男记载,女人是最大受害者,年老的,年轻的,全部遭殃。日军从下关把女人装上煤车,送到村庄里,分给士兵。一个女人供15到20个士兵玩弄。士兵们在仓库周围选一块有阳光的地方,用树叶之类铺在地上,手里拿着有中队长盖章的纸条,脱下兜裆布等候着,轮流强奸。强奸完了,将女人统统杀掉。

日军不但到处枪杀无辜的平民,就连国际安全区内也不安全。南京政府的行政机构撤走后,将安全区的行政责任委托给以德国人拉贝为首的"国际委员会"。"国际委员会"在中山路以西、广州路以北、山西路以南设立了一个方圆5公里的国际安全区,收留难民达29万人。日军随便进入安全区内搜捕、杀人,仅16日一天,就从安全区内搜捕数万青年绑赴下关煤炭港枪杀,然后弃尸江中。黑田部队还强行闯入在安全区内的金陵女子大学,抢走100多名女学生,强奸了几天几夜才送回来。

担任国际红十字会南京分会主席的美国牧师梅奇于12月19日给夫人的信中说:"上周的惨状是我从来没有见过的。我从来没有梦想日本兵会是这样的一群野兽。一星期的屠杀和奸淫,我认为远比近代所发生过的任何屠杀为甚。他们不仅杀掉能见到的每一个俘虏,也杀了极大数目的老少平民,他们很多人像被猎兔子似的在街上被射杀。从南城到下关全城堆积着死尸。"

驻南京的德国代表在给本国政府的报告中写道:"这是整个陆军本身的残暴犯罪行为,他们是兽类的集团。屠杀、劫掠、纵火、奸杀……甚至以杀人竞赛

日军正在活埋南京市民

的方式对南京城血洗。他们是一架正在开动的兽性机器。"

南京大屠杀一直持续了六个星期，城内主要街道上尸积如山，血流成河。据统计，世界红十字会在南京城内外掩埋尸体总计43071具，南京红十字会收埋22371具，慈善机构崇善堂收埋112266具，慈善机构同善堂收埋尸体7000余具，清真寺"南京回教公会掩埋队"掩埋回族尸体400余具。仅此五个慈善团体收埋尸体就达18万余具。此外，日军也处理了大量尸体。据日本南京碇泊场司令部少佐太田寿男交代，该司令部于下关地区"处理掉"尸体10万具，为此动用的船只有30只，卡车10部，负责搬运尸体的士兵800人。

据1946年2月中国南京军事法庭查证：日军集体大屠杀28案，19万人；零散屠杀858案，15万人。日军在南京进行了长达六个星期的大屠杀，中国军民被枪杀和活埋者达30多万人。

远东国际法庭在判决书上写道："在日军占领后最初六个星期内，南京及其附近被屠杀的平民和俘虏，总数达20万以上。这种估计并不夸张，这由掩埋队及其他团体所埋尸体达15.5万人的事实就可以证明了（由世界红十字会掩埋的是43071人，由崇善堂收埋的是112266人，这些数字是由这两个团体的负责人根据各团体当时的记录和档案向远东法庭郑重提出的）。"法庭判决书还郑重声明:"这个数字还没有将被日军所烧毁了的尸体,以及投入到长江或以其他方法处死的人们计算在内。"铁证如山,南京大屠杀的事实不容否认。

就连当时的日本外相广田弘毅也在1938年1月11日的电文中承认:"自从前几天回到上海,我调查了日军在南京及其他地方所犯暴行的报道,据可靠的目击者直接计算及可信度极高的一些人来函,提供充分的证明:日军的所作所为及其继续暴行的手段,不下30万的中国平民遭杀戮。"

与此同时,日军还开始了大规模的抢劫和破坏,从中华门到内桥,从太平路到新街口以及夫子庙一带繁华区域,被洗劫一空,然后付之一炬,大火连天,连月不息。全市约有三分之一的建筑物和财产化为灰烬。无数住宅、商店、机关、仓库被抢劫一空。昔日繁华的六朝故都到处是残垣断壁,满目凄凉,顿时变成一座人间地狱。

第七章

徐州会战

徐州地处苏、鲁、豫、皖四省交界处，扼守津浦线和陇海线交叉口，战略位置非常重要，自古为兵家必争之地。日军侵占南京后，为打通津浦铁路，使南北战场连成一片，先后调集8个师团及3个旅团、两个支队约24万人的兵力，分别由"华中派遣军"司令官畑俊六和"华北方面军"司令官寺内寿一指挥，实行南北对击，企图攻占战略要地徐州。

徐州为第五战区司令部所在地。第五战区的守备范围北至黄河南岸，南至长江北岸，战区司令长官是著名的桂军将领李宗仁，所属部队既有嫡系李品仙部第十一集团军、廖磊部第二十一集团军，也有中央军汤恩伯部第二十军团，还有东北军于学忠部第五十一军、西北军孙连仲部第二集团军和张自忠部第五十九军、川军孙震部第二十二集团军和韩复榘的第三集团军、韩德勤的第二十四集团军等杂牌部队，共27个师，30余万人。李宗仁调兵遣将，以主力集中于徐州以北地区，抗击北线日军南犯；一部兵力部署于淮河沿岸，阻止南线日军北进，伺机在徐州一带与敌决战。

一、韩复榘弃守济南

华北日军占领平津地区后，兵分三路沿平绥、平汉、津浦路推进。津浦路北段保卫战，由山东省主席、第五战区副司令长官兼第三集团军总司令韩复榘指挥。

韩复榘，字向方，河北霸县人，自幼就读私塾，曾在县衙任帖写。后弃笔从戎，任冯玉祥文书。因作战勇猛不断升迁，由排、连、营、团、旅、师长，直至方面军总指挥。在北伐战争中，率先攻入北京，号称"飞将军"。蒋、阎、冯中原大战爆发后，倒戈投蒋，被委任山东省政府主席。

韩复榘入主山东后，把原来的3个师1个旅，扩编成5个师1个旅，还组织了4路民团约6万人。第五战区组建后，韩复榘被任命为第五战区副司令长官兼第三集团军总司令，部队的5个师和1个手枪旅扩编为第十二军、第五十五军和第五十六军，分别由孙桐萱、曹福林、谷良民任军长。第五十一军军长于学忠和青岛市市长、海军第三舰队司令沈鸿烈兼任第三集团军副总司令，共同负责在山东方面的对日军作战任务。

1937年10月，日军兵分两路从河北沧州向山东推进。一路以矶谷廉介的第十师团主力部队，在炮兵和战车的配合下，向德州发动进攻。10月5日，攻陷山东北大门德州。26日，从平原一带，向驻守临邑的曹福林师发动进攻。曹福林师抵挡不住，官兵伤亡500余人，退到临邑以南。

另一路是第一〇九师团本川旅团，从河北盐山出发，接连攻占庆云、乐陵、惠民等地，然后向济阳进攻。11月13日，韩复榘亲自出马，率孙桐萱师辎重营和手枪旅1个团在济阳城东关御敌。手枪旅根本不是日军飞机大炮的对手，甫一交战就败下阵来。韩复榘带着百十人的卫队被日军包围在一个村子里，在卫队的拼死保护下，才只身骑着摩托车冲出重围。遂下令所属第三集团军各部撤到黄河以南，并炸毁了黄河铁路大桥。

日军沿津浦线长驱直入，逼近黄河北岸，并在鹊山上安放远程大炮，不断向济南火车站、大观园商埠和珍珠泉边的省政府开炮。韩复榘将指挥部搬到了千佛山上的兴国禅寺。

1937年12月18日，日军参谋本部下令第二军进攻济南。12月23日夜，"华北方面军"第二军司令官西尾寿造指挥第五、第十两个精锐师团，避开济南黄河天险，由济阳曲堤、青城间强渡黄河，于25日分别占领龙山、周村。然后分东西两路进击，一路沿京沪线南下，一路沿胶济线东进。

西路日军第十师团又兵分两路：第一一八旅团向南绕博山、莱芜直插泰安，企图切断济南守军退路；第十师团主力则在矶谷廉介师团长的率领下沿胶济线西进，直逼济南。

济南是山东省会，背倚黄河天险，南靠泰山余脉，家家流水，户户垂杨，素有泉城之美誉，津浦铁路和胶济铁路在此交会，是连接华北和华东地区的战略要地。蒋介石发来急电，令韩复榘死守黄河，保住济南。韩复榘见日军兵临城下，重炮旅又被蒋介石调走，遂不顾蒋介石的电令，率主力退至泰安，只留一个师防守济南。

12月26日，日军占领济南，然后沿津浦路追击南下。李宗仁来电，令

日军进入济南

韩复榘"务必死守泰安"。韩复榘回电:"南京既失,何守泰安?"又撒腿撤到济宁。

1938年1月1日,日军攻占泰安,4日占领兖州、曲阜,11日进至济宁、邹县一线。韩复榘又率部退至曹县、成武一带,致使津浦路正面洞门大开。

东路日军是板垣征四郎的第五师团,太原会战后,乘火车赶至津浦线战场,然后沿胶济线东进。1938年1月10日,占领胶济线中部重地潍县。19日,与海军陆战队会师青岛,胶济铁路沿线城市全部沦陷。不到一月,日军占领大半个山东。

1月11日下午,蒋介石在开封召开第一、第五战区高级将领军事会议。韩复榘率孙桐萱等师以上将领10余人和1个手枪营的卫队乘铁甲车抵达开封。会议在开封南关袁家花园的礼堂内举行。韩复榘率随员来到会场,只见花园门前张贴着一张通知:"与会将领请在此下车。"

韩复榘只好下车步行入内。到了第二道门口,见左边的屋门上贴有一张"随从接待处"的纸条,于是韩复榘的3个卫士都被留在了接待处。再往里走,在"副官处"门口贴有一张通知，上书："奉委座谕：今晚高级军事会议，为慎重起见，所有到会将领，不可携带武器进入会议厅，应将随身自卫武器，暂交副官长保管，候会议完毕后凭收据取回。"韩复榘不得不将腰间的两支手枪掏出来，交给副官处，然后若无其事地步入会议厅，和李宗仁、白崇禧、刘峙、宋哲元、于学忠等老相识握手寒暄后落座。

蒋介石最后一个进入会场，全体将领肃然起立，他摆了摆手让大家坐下，拿起花名册逐一点名，然后就开始训话，从军人守则谈起，不久就直奔主题："抗日救国，是我们每一个将领义不容辞的责任。可是，竟有一个高级将领，放弃黄河天险，违抗命令，连失数座城市，使日寇顺利进入山东，政治影响极坏！"

说到这里，蒋介石突然提高了嗓门："我问韩主席，你不放一枪，从山东黄河北岸一直往后退，继而放弃济南、泰安，使后方动摇，这个责任，由谁负担？"

韩复榘腾的一声站起来，毫不客气地顶撞说："山东丢失是我应负的责任，南京丢失该谁负责呢？"

蒋介石一拍桌子，声色俱厉地说："现在我问的是山东，不是南京。南京丢失，自有人负责。"

韩复榘还想争辩，被坐在身旁的刘峙劝说住了。会议休息时，侍卫长走过来，说是委座接见。刘峙拉着韩复榘的手走到门口，突然一左一右上来两个大汉，将韩复榘夹在中间。韩复榘认出这两人是特务头子戴笠和龚仙舫，但已来不及反抗，被当场逮捕。

经武汉军事法庭会审，韩复榘以违抗军令、擅自撤退罪处决。同时还处分了第五集团军总司令香翰屏、晋军第六十一军军长李服膺等43名作战不力的军官，起到了杀一儆百的作用。

第三集团军总司令由第三集团军副总司令兼第五十一军军长于学忠接任。为防止北线日军继续南下，李宗仁采取以攻为守的战术，命令第三集团军、第二十二集团军和第三军团分别向济宁、邹县、蒙阴之敌发动攻势作战，收复了蒙阴县城，切断了日军第十师团和第五师团之间的联系点。

二、大战临淮关

在华北日军南下的同时，华中日军也积极配合北进。从 1937 年 12 月中旬开始，南路日军第九师团和第十三师团分别自镇江、南京、芜湖渡江，沿津浦路北上，先后占领滁县、来安、巢县、扬州等地。

1938 年 1 月 15 日，荻洲立兵的第十三师团主力攻陷滁县后，顺着津浦路向北推进，在张八岭、三界、嘉山集、藕塘一带，接连遭遇守卫在津浦路两边山地的第十一集团军刘士毅部第三十一军的层层阻击。18 日，日军先头部队进占明光县城。第三十一军主动撤出，隐蔽在明光城附近的马岗、魏岗之间。夜幕降临后，刘士毅军长突然率领部队杀了个回马枪，打得日军猝不及防。激战通宵，城内日军大部被歼，仅逃出 100 余人。守军迅速撤退，令赶来增援的日军主力部队扑空。

1 月 26 日，日军"华中派遣军"司令官畑俊六下令第十三师团"歼灭凤阳、蚌埠附近之敌"，荻洲师团长遂分兵三路向安徽凤阳、蚌埠发起进攻。守军李品仙部第十一集团军按李宗仁的命令，将主力撤至蚌埠以西淮南铁路西侧山区，待命侧击北进之敌，以一部兵力在淮河、池河之间进行逐次抗击。至 2 月 2 日，日军先后攻占临淮关、蚌埠和凤阳。

李宗仁急电第五十一军前往阻敌。第三集团军总司令兼第五十一军军长于学忠率部奔赴淮河前线。第五十一军原系东北军张学良旧部，西安事变后分赴山东抗日前线，辖第一一三、一一四两个师约 2.5 万兵力。于学忠电令所部："此次作战，关系民族生存，本军荣誉。凡我官兵，均应上下一致，抱定牺牲决心。敌纵顽强渡河，务应乘其半渡，与敌决斗，以尽军人天职。如有畏缩不前，擅自退后者，军法所在，决不姑宽！"

2 月 3 日，日军开始强渡淮河，被刚刚到达的第五十一军击退。8 日，蚌埠日军在 20 余架飞机及炮兵火力急袭掩护下，再次强渡淮河。守军英勇抗击，两次击退日军渡河部队。于学忠军长也亲临前线督战，守军士气大振，血战终日，终将渡河的日军全歼，击毙落水日军 300 余人。当晚 23 时，日军又进行夜间强渡，攻占北岸小蚌埠。第一一三师师长周先烈令第三三七旅反击，激战至 9 日凌晨，收复了阵地。10 日拂晓，日军又一次发动进攻，第一一三师全力反击，两军反复争夺，小蚌埠终被日军占领。

2 月 10 日拂晓，日军 30 余门榴弹重炮向临淮关北岸发起猛烈炮击，5 架日

中国军队与日军展开肉搏战

机来回盘旋狂轰滥炸,并放出大量烟幕弹,淮河之上顿时浓烟滚滚,烟雾弥漫。一个联队的日军在飞机、大炮、机枪和烟幕弹的掩护下,分别从临淮关、前宣滩、晏公庙等渡口强渡。第一一四师第三四○旅旅长扈先梅亲临前沿阵地督战,激战终日,守军伤亡巨大,晏公庙附近阵地被敌突破。

第一一四师师长牟中珩脱掉上衣,赤裸臂膀,挥枪高呼:"弟兄们,我们东北军绝不能忘记'九一八'国耻!此仇不报,更待何时?"遂率官兵,发起反击,用刺刀和手榴弹与日军展开白刃格斗。浴血肉搏终日,经过十多次拉锯式争夺战,夺回新庄、梅园子等部分阵地。

激战至11日,第一一四师伤亡2000余人,沿岸阵地多处被日军突破,被迫撤至沫河口、年家庙之线。日军第十三师团主力大部进至淮河以北。12日夜,于学忠亲临前线组织力量,调整部署,准备反击。13日凌晨2时,向日军发起全线反击,激战终日,给敌人以重大杀伤,第五十一军也伤亡7000余人,基本稳住了阵地。

2月13日,李宗仁急调第五十九军军长张自忠率部驰援,进至固镇地区,接替第五十一军防务。同时,命令刘士毅部第三十一军由淮南铁路向凤阳之敌侧击,令刚从淞沪战线撤下来的廖磊部第二十一集团军第七军由合肥向明光、

中国军队正在阻击敌人

定远敌后侧击。日军被迫将淮河以北的主力撤到淮河以南回援。张自忠乘势令第一八〇师和第三十八师向小蚌埠日军发起反攻，15日，收复小蚌埠和淮河以北全部阵地。

日军腹背受敌，不敢随意北进，津浦路南端战事，一时形成两军隔河对峙局面。

三、临沂保卫战

为配合津浦路第十师团南下，东路日军板垣第五师团以第二十一旅团为基干组成坂本支队，辖3个步兵联队，1个炮兵联队，1个骑兵大队，辎重、工兵各1部以及刘桂堂的伪军，共约两万人马，向徐州杀来。第二十一旅团是第五师团的主力部队，自进入中国战场半年多来，一路击溃30多个中国师，创下了板垣师团的"赫赫威名"，被称为"陆军之花"。

2月21日，在坂本顺旅团长的率领下，坂本支队从潍县出发，沿台潍公路

板垣师团的运输车队正在向临沂进发

南下，连陷沂水、诸城、莒县，遭到沈鸿烈的海军陆战队和第五战区第一游击司令刘震东部的节节抗击。在莒县保卫战中，刘震东以下官兵壮烈牺牲。3月5日，坂本支队到达临沂以北的汤头、白塔一带。

临沂是鲁南重地，位于群山连绵的沂蒙山区南部，风光秀丽的沂河从城东川流而过，是东路日军南下徐州的必经之地。在此防守的是庞炳勋的第三军团。第三军团原是冯玉祥旧部，虽然名义上称军团，其实只辖第四十军第三十九师两个旅1.3万余兵力。

3月10日，日军第五师团长板垣征四郎亲率田野旅团主力7000余人到达距离临沂20余公里的汤头，在35门大炮和31辆坦克的掩护下，集中兵力向临沂东北第四十军阵地发起进攻。守军虽然拼死抵抗，但阵地仍不断被敌人突破。沂河以东、汤头以南的白塔、沙岭、太平、亭子头等处先后失守，第四十军被压迫至临沂城郊地区。

庞炳勋连电告急，李宗仁命令张自忠的第五十九军紧急驰援。张自忠与庞炳勋同为冯玉祥旧部，在中原大战期间，庞炳勋被蒋介石重金收买，突然在阵前倒戈，令张自忠部大败，部队伤亡过半，张自忠本人也身负重伤。二人宿怨已久，但国难当前，张自忠捐弃前嫌，率部以昼夜180里的急行军从峄县跑步出发，于12日夜抵达沂河西岸。

14日凌晨，张自忠率领第五十九军各部强渡沂河，以迅雷不及掩耳之势向板垣师团侧背发起进攻，第四十军亦从正面开始反击。激战至15日，先后攻占亭子头、大太平、徐太平、沙子岭等六七个敌据点，日军被迫后退。

16日拂晓，日援军到达，在10余架飞机的配合下，由沙岭渡过沂河，向黄纬纲的第三十八师后方崖头、刘家湖、苗家庄、钓鱼台之线猛攻，占领了船流、刘家湖。张自忠急令进至河东的部队全部撤回河西，双方展开激烈的肉搏战，反复争夺阵地，刘家湖相互易手四次，崖头失而复得三次，茶叶山得而复失。

战至17日，第五十九军已伤亡6000余人，一线营长伤亡三分之一，连排长全部易人。第五战区参谋长徐祖诒经请示李宗仁，令该军撤出战斗加以整补。此时，日军亦伤亡甚众，已无力进攻。张自忠请求允许第五十九军再打一天一夜，如不能击退敌人，即遵令后撤。

张自忠当即召集了师、团长会议，分析了敌情："现在我军伤亡很大，敌人伤亡也很大，敌我双方都在苦撑。战争的胜负，往往决定于谁能坚持最后五分钟。"要求各师连夜发起反击。

3月18日黄昏，张自忠下令将所有山炮、野炮、迫击炮推进到第一线，将全部炮弹倾向敌阵，然后集中全力发起进攻。战场上杀声阵阵，枪炮隆隆。防守临沂城的第四十军也趁机反攻，两军官兵士气大涨，高举大刀向日军杀去。激战竟夜，终将河西日军大部歼灭，击毙第十一联队联队长长野佐一郎大佐、

中国军队发起反攻

第三大队大队长牟田中佐以下日军2000余人，残敌向莒县、汤头狼狈逃窜，张自忠率部发起追击，取得了临沂保卫战第一次胜利。

3月20日，第五十九军主力奉命向滕县一带增援。板垣征四郎指挥第五师团乘虚反扑。第四十军力战不支，节节后退，至22日，撤至临沂东郊阵地。

23日，蒋介石电令张自忠部再度驰援临沂。25日，第四十军桃园、三官庙阵地被突破，第五十九军第三十八师3个团暗渡沂河，夜袭日军，收复了桃园。26日，两军大战沂河两岸，双方展开激烈厮杀。战至黄昏，第三十八师伤亡2000余人，被迫退回河西。李宗仁急令第五十七军第一一一师副师长王肇治率部第三三三旅及第二十军团的骑兵团驰援。

27日拂晓，板垣征四郎出动所有部队和飞机、坦克，分三路向第五十九军发动疯狂进攻，企图与张自忠再决雌雄，以雪前耻。至28日夜，第五十九军已伤亡8000余人。守卫小岭的第三十八师1个团几乎全部战死，师长黄纬纲向军部告急，手下已无增援之兵。

张自忠怒吼："没有人吗？怎么还有人打电话？"

放下电话后，张自忠亲临前线督战，跃马挥刀，往来驰骋。第二十九军士气大振，将士们拼死抵抗，终于守住了阵地。

3月29日，第五战区增援部队汤恩伯的骑兵团和第五十七军王肇治部第三三三旅赶到，守军官兵士气大振，凶猛地冲向日军阵地。日军抵挡不住两面夹击，纷纷向汤头方向溃退，中国军队取得了临沂保卫战的第二次胜利。

临沂保卫战历时一月，第五十九军及第四十军英勇作战，官兵伤亡15000余人，沉重打击了号称"钢军"的重机械化装备的第五师团，击毙日军5000余人，粉碎了日军会师台儿庄的企图，为台儿庄大捷奠定了基础。

四、滕县保卫战

3月13日，日军第二军司令官西尾寿造下达命令，令"第十师团击灭大运河以北之敌，第五师团以一部占领沂州后，进入峄县附近，配合第十师团作战"。14日拂晓，由第十师团第三十三旅团为基干组成的濑谷支队万余兵力向滕县外围阵地发起进攻。

滕县，距离徐州约100公里，是徐州北面的一个重要门户。驻守滕县一带的是孙震的第二十二集团军。这支部队原属刘湘的川军，曾以"双枪"闻名，一支是土枪，一支是大烟枪。抗日军兴，刘湘响应抗战，10万川军足蹬草鞋、身穿单衣奔赴朔风凛冽的北方战场。因装备落后、军纪松弛，第二战区的阎锡山和第一战区的程潜都坚决拒绝接受川军。第五战区司令长官李宗仁正急需用兵，主动接收了这支部队，并换发了部分武器装备。川军将领都心存感激，甘愿听候李宗仁调遣。

滕县外围打响之后，第二集团军的第一二五师、第一二七师和第一二四师在外围阵地遭受到猛烈炮火轰击，伤亡很大。激战两日，守军官兵不支后撤。第一二四师第七四〇团在日军重炮打击下放弃了石墙村，退守至东深井村南高地一线。第七四三团熊顺义营赶来支援，在池头集与日军展开激战，击毙第十师团中岛荣吉少将。第一二七师在微山湖以东地区交相掩护后撤，退守普阳山、龙山、界河、北沙河一线。滕县城逐渐暴露于日军的炮火和重兵包围之中。

16日拂晓，濑谷支队万余兵力在20余架飞机、70余门大炮和40多辆坦克的掩护下，向滕县城发起了猛烈进攻。滕县城内只剩下王铭章的第一二二师一部和第一二四师、第一二七师的两个师部及地方武装3000余人，第一二二师第七二七团团长张宣武临危受命为滕县城防司令，统一指挥城关各战斗部队。

中国军队在滕县与日军展开巷战

王铭章（1893—1938），四川成都人。历任国民革命军第二十九军第四师师长、第四十一军第一二二师师长。1938年初，率部出川，开赴徐州一带布防，代理第四十一军军长兼前方总指挥。1938年3月17日，在滕县战斗中牺牲，被追赠为陆军上将。

日军炮兵足足打了两个小时，城内东关和西关火车站共落下炮弹3000余发，东关外围城墙被轰开一个10余米宽的缺口。日军集中了数十挺轻重机枪猛烈射击，掩护两个小队的步兵向缺口处冲来。守军连长一声令下，几百颗手榴弹砸向豁口，日军倒下一大片，剩下的纷纷后退。

激战一天，日军对东关连续发起五次冲击，均被击退。黄昏时，日军又发起第六次冲锋，突击部队改为三梯队波浪式冲击。同时，延伸火力向城内炮击，以阻止城内增援。经激烈肉搏，黄昏时，日军冲入东关。当夜，张宣武团长组织反击，将突入日军大部歼灭，收复东关。

17日凌晨，日军又在飞机、炮火掩护下，再度向东关发起进攻，并用平射炮破甲弹猛轰城门，城楼炸塌起火，城墙形如锯齿，阵地工事全被摧毁。第七四○团团长王麟阵亡，但守军仍顽强抵抗，激战半日，日军毫无进展。

与此同时，东南城角处也展开了殊死搏斗。守军用手榴弹炸毁坦克两辆，消灭数十名日军。终因伤亡殆尽，60余名日军冲上了城墙。守军预备队一连立刻挥舞着大刀冲上去，同日军展开肉搏战。一阵刀光血影之后，日军全部倒下，守军连长张荃馨以下100余人也全部壮烈牺牲。

下午，日军将主攻方向改在南城，先以二三十架飞机狂轰滥炸，再以12门榴弹炮集中轰击，城墙几乎被夷为平地，血肉与砖石交织在一起。守军第三七○旅旅长吕康、副旅长汪朝廉身负重伤，其余官兵也所剩不多。日军步兵在10余辆坦克的引导下，由坍塌处突入城内，双方展开激烈肉搏。这时，东、西两面的日军也在坦克掩护下，冲进城来。

王铭章师长亲临城中心十字街口指挥作战，不幸中弹殉国。第一二二师少将参谋长赵渭滨及第一二四师参谋长邹慕陶同时阵亡。张宣武团长中弹负

日军登上滕县城墙

伤，城内陷入无人指挥的混乱状态。守军残部各自为战，逐屋抗击。直至18日中午，日军才完全占领滕县城。守军除200余人突围外，其余官兵全部壮烈牺牲。

五、台儿庄大捷

西路日军占领滕县后，濑谷支队乘胜南进，3月18日，连陷临城（今薛城）、枣庄。然后，派出第六十三联队1000余人的前锋部队沿津浦铁路奔袭南下，企图抢占微山湖东岸的京杭大运河，进逼徐州。

3月19日，正在从河南昼夜兼程赶往临城参战的第五十二军第二师，发现敌情变化后，师长郑洞国果断指挥部队火速开往运河南岸占领阵地。这时大批日军已进抵运河北岸的韩庄，正在准备渡河。就在这千钧一发之际，郑洞国率师部和第四旅主力赶到了运河南岸的利国驿车站，立即与敌人隔河交战。日军凭借强大炮火，在10余辆战车掩护下，向运河南岸的第六旅阵地发起猛烈进攻，企图强渡运河。危急之间，配属该师作战的重榴弹炮营及时赶到，郑洞国

李宗仁（1891—1969），广西桂林人。1913年毕业于广西陆军速成学校，曾参加护国战争和护法战争。1924年11月，任广西省绥靖公署督办兼第一军军长，成为桂系首领。1926年，任国民革命军第七军军长，参加北伐。1928年3月，任武汉政治分会主席、第四集团军总司令。1935年4月，被授为一级上将。1936年7月，任广西绥靖公署主任。1937年9月，任第五战区司令长官兼安徽省主席。

立即命令放列射击，12门大炮齐声怒吼。一排排炮弹准确地落在敌人头上，将日军打得七零八落，溃不成军，不得不放弃渡河打算，改由沿台枣铁路转攻台儿庄。

台儿庄位于山东南部，地处苏鲁交界，横跨运河两岸，是徐州的重要门户。3月20日，濑谷支队不顾第五师团在临沂受阻，孤军深入，向台儿庄突进。

李宗仁抓住战机，立即调整部署，令刚从第一战区转来的孙连仲的第二集团军派三个师，沿运河布防，扼守台儿庄正面阵地；令汤恩伯的第二十军团让开津浦路正面，转入兰陵西北云谷山区，诱敌深入，待机抄敌背后，围歼南下日军。

3月24日，蒋介石亲至台儿庄前线视察，要求死守徐州，并将随行的副参谋总长白崇禧、军令部次长林蔚及作战厅长刘斐等人留下，协助李宗仁策划作战。

3月23日，日军由枣庄南下，在台儿庄北侧的康庄、泥沟地区与守军警戒部队接战。守军佯败，退入城内。狂妄的濑谷支队紧追不舍，黄昏时推进至台儿庄附近。

防守台儿庄的是孙连仲的第二集团军。该军原系冯玉祥的西北军，善于防守，下辖田镇南的第三十军和冯安邦的第四十二军。由于在娘子关战役中损失较大，两个军实有兵力3个师1个旅约2.4万人。孙连仲做了如下布防：第三十一师池峰城部防守台儿庄城厢一线，第三十师张金照部防守台儿庄城外左翼一带，第二十七师黄樵松部防守台儿庄城外右翼地区，独立第四十四旅吴鹏举部以一团的兵力占领运河上游桥头堡阵地，另一团为集团军预备队。集团军指挥所设在台儿庄南车辐山车站。

3月24日，濑谷支队第六十三联队在飞机、大炮、坦克掩护下，向台儿庄及其两侧的守军阵地发起进攻。台儿庄南靠运河北岸，周围有长约4公里的城墙，建有大小碉堡10多座，共有6个城门，城西南角的文昌阁为全城制高点。日军以猛烈的炮火，把台儿庄外围阵地工事基本摧毁，轰塌了东北城墙，一度突入城内，被池峰城的第三十一师击退，遂在北郊构筑工事待援。

中国空军也升空出击，积极配合地面部队作战。25日凌晨，中央空军第八队上尉副队长何信率机14架与日机17架，交战于临枣上空，一举击落敌机6架。当飞机返航时，埋伏在云端的24架日军驱逐机突然发动攻击，何信率队冲入敌机群，与日机展开空战，不幸胸部中弹。他强忍伤痛，射出最后一排子弹，将敌首机击落，然后迎头向另一敌机全力撞去，与敌机同归于尽。

25日，濑谷支队长派两个中队前来增援，黄昏时分到达台儿庄，立即遭到第三十一师的反击。26日，第六十三联队长福荣真平亲自率第三大队赴台儿庄增援。

为截断日军后路，26日，第五十二军第二师师长郑洞国奉第二十军团长汤恩伯之令率部向枣庄之敌发起了攻击，激战两昼夜，将敌守军歼灭大半，一度占领了大部市区。临城日军千余人赶来增援，双方在市区内展开拉锯战，形成胶着状态。

27日晨，日军再次向台儿庄发起猛攻，北城墙被炸塌，守卫小北门的第一八一团三营官兵牺牲殆尽。第二大队日军在9辆战车的掩护下突入城内，与第三十一师展开激烈巷战。

3月28日，日军集中兵力，在1个野炮大队、两个野战重炮大队、1个150毫米榴弹炮小队以及30余辆战车掩护下，与突入城中的日军协同作战，对台儿庄发动第三次猛攻。第二集团军总司令孙连仲除以第三十一师据守台儿庄主阵地外，令第二十七、第三十师及独立四十四旅从台儿庄东、西两侧向日军侧翼及后方反击。中国空军也出动9架战斗机直接支援守军战斗，进攻日军受阻。但担任防守任务的第三十一师也损失极大，四天激战，已伤亡2800余人。突入城中的日军乘机扩大战果。第三十一师将所有勤杂人员全部组织起来投入战斗，展开激烈的肉搏拉锯战，隔墙相击，逐屋争夺，阵地呈犬牙交错状态。

29日，日军第二军司令官西尾寿造见第六十三联队攻击受阻，而中国军队第二十军团正向南进，第六十三联队有被围歼危险，遂令第五师团坂本支队暂

中国军队与日军在台儿庄内进行巷战

停攻击临沂，急向台儿庄方面增援。同时，令第十师团濑谷支队主力增援台儿庄前线。

30日晨，濑谷支队长亲率第十联队及战车部队从峄县南下，当晚赶到台儿庄附近。庄内日军得知濑谷支队主力南援的消息后，在航空兵及庄外日军的大力支援下，全力向外扩张，当晚推进至庄南头运河北岸。蒋介石于此日下达了死守台儿庄的命令。孙连仲派第三十师的第一七六团入庄增援，与第三十一师部队据守西半部阵地，拼死抗击，遏制了日军的扩张势头。

李宗仁再次电令汤恩伯的第二十军团迅速南下，协助第二集团军歼灭台儿庄之敌。汤恩伯下令向峄城之敌发起攻击。郑洞国率第二师在峄县城东一带与敌鏖战，曾一度突入城内，但日军依托坚固城垣工事顽强死守。郑洞国师长亲自到前线指挥攻城，由于望远镜不慎在阳光下反光，招来日军一阵猛烈炮火。有一发炮弹在不远处爆炸，郑洞国猝不及防，左胸被重重一击，几乎跌倒。过后发现衣袋内一枚银圆被弹片击弯，幸免于难。

31日，濑谷支队仍与第二集团军部队激战于台儿庄内外，没有进展。矶谷师团长又调驻守济宁的第三十九联队第一大队赶赴台儿庄增援。

4月1日，孙连仲命令城外部队向日军占领的街区实施夜袭。当日夜半前后，第二十七师组织敢死队250余人及第一五七团第二营从台儿庄东北角突入城中，夺回了东南门和部分街区，与敌展开巷战。同时，第一七六团第三营敢死队在大刀队长仵德厚营长率领下，向占领西北角的日军发起进攻，经激烈肉

第二师师长郑洞国在峄县指挥作战（背对镜头者为郑洞国）

搏后，将敌人击退。

从4月1日开始，日军第十联队向城外第二十七师阵地连续发起攻击，遭到守军的顽强抗击。经连日苦战，日军占领了黄林庄附近第二十七师的部分主阵地，第二十七师退至石拉一线继续抗击。日军第十联队在4月2日的《战斗详报》中记载："对中国军队第二十七师第八十旅昨日以来的战斗加以检讨，无愧于蒋介石对他们的极大信任。他们据守散兵壕，全部顽强抵抗直至最后。他们在狭窄的散兵壕内，重叠相枕，力战而死之状，虽为敌人，观其壮烈之态，亦为之感叹。战斗中曾使翻译劝其投降，但无一人应者。战至尸山血海的精神，并非独为我军所特有。无视他人，自我陶醉，为我军计，对此应有所慎戒。本日作战，我军伤亡将校以下66名，敌遗尸约250具。"

4月3日，台儿庄内日军得知其第十联队及坂本支队均已增援至台儿庄城外，遂里应外合，加强了城内攻势，由东部街区向南部及西部街区猛攻。双方展开激烈的拉锯战，在城寨内反复冲杀，逐屋争夺。苦战三日，庄内守军已伤亡百分之七十，全庄四分之三地盘为日军占据。日军一面在电台宣称已将台儿庄占领，一面调集重炮、坦克疯狂冲击，企图一鼓作气，完全夺下台儿庄。

中国军队重机枪手正在向敌人射击

第二集团军面临全军覆没的危险，孙连仲电话恳求李宗仁："报告长官，第二集团军已伤亡十分之七。敌人火力太强，攻势过猛，但是我们也把敌人消耗得差不多了。可否请长官答应暂时撤退到运河南岸，好让第二集团军留点种子，也是长官的大恩大德！"

李宗仁鼓励说："敌我在台儿庄已血战一周，胜负之数决定于最后五分钟。援军明日中午可到，我本人也将于明晨来台儿庄督战。你务必守至明天拂晓。这是我的命令！如违抗命令，当军法从事。"

孙连仲当即表示："绝对服从长官命令，直到整个集团军打完为止！"放下电话后，亲自来到台儿庄督战，对请求撤退的池峰城师长命令道："士兵打完了，你就自己上前填进去；你填过了，我就来填进去。有谁敢退过运河者，杀无赦！"

蒋介石也于5日12时电催汤恩伯："台儿庄附近会战，我以十师之众对师半之敌，历时旬余未获战果。该军团居敌侧背，态势尤为有利，攻击竟不奏效，其将何以自解？应急严督所部于六、七两日奋勉图功，歼灭此敌，毋负厚望。"汤恩伯接电立即部署进攻，令主力迅速向台儿庄攻击前进。

中国统帅部得到临城、枣庄一带的日军均已调至峄县以南增援的情报，即令第三集团军前敌总司令曹福林"速向临、枣推进，限4月5日到达"，意图切断日军的前后联系、合围台儿庄附近日军于峄县以南地区；同时派出飞机27架，分批轰炸了濑谷支队和坂本支队。坂本支队与后方的联系已被第二十军团完全切断，弹药、粮秣均无法从临沂方面的第五师团补给，日军已陷于四面包围的困境。

5日午夜，孙连仲将台儿庄内残余部队组织起几支敢死队，分组向敌人发起反击。出发前，池峰城师长发给每人十块大洋。敢死队队员们把钱扔到地上说："我们连命都不要了，还要大洋干什么？我们只有一个请求，死后给我们立块碑，让后人知道我们是为抗日而死的就够了！"敢死队队员们勇猛异常，奋勇冲杀，一举夺回四分之三的失地。李宗仁率领随员，连夜赶到台儿庄郊外，亲自指挥对矶谷师团的歼灭战。

4月6日，中国军队发起全线攻击。台儿庄内外数十里，顿时炮声隆隆，杀声震天。濑谷支队长发现陷于中国军队的合围之后，立即仓皇退逃。中国军队如风卷残云，乘胜追击，一举消灭濑谷支队大部、坂本支队一部，残敌向峄城、枣庄溃退。沿途日军遗尸遍野，被击毁的各种车辆、弹药、马匹遍地皆是。

台儿庄巷战

台儿庄内的日军来不及撤退，被守军以密集的火力封锁住退路，战至7日凌晨，被全部歼灭。

台儿庄战役，历时半月，中国军队伤亡19500人，歼灭日军11984人，取得了正面战场的第一次大捷，打击了日本侵略者的嚣张气焰，鼓舞了全国人民的抗战信心，赢得了世界各国人民对中国抗战的声援。

六、血战禹王山

台儿庄战役之后，恼羞成怒的日军誓报惨败之仇。4月10日，日军第十师团长矶谷廉介由兖州进至枣庄前线亲自督战，命令以第三十三旅团为基干的濑谷支队在右翼，继续沿台枣铁路向台儿庄方向进攻；以第八旅团为基干的长濑支队在中间，向兰陵镇、甘露寺、禹王山一带进攻；以第五师团第二十一旅团为基干的坂本支队在左翼，向向城、四户方向进攻。3个支队齐头并进，18日开始转为攻势作战。

从4月中旬到5月上旬，在鲁南战场中日双方数十万大军展开了攻防战，其中禹王山战斗最为激烈和艰苦。

正在台儿庄指挥作战的孙连仲将军

禹王山，位于苏鲁交界大运河东岸，海拔125米，是台儿庄东部的制高点，也是东路日军包抄徐州的必经之路，由卢汉的第六十军负责防守。

第六十军是滇军的主力部队，军长卢汉，辖第一八二师、一八三师、一八四师这3个师，每师两个旅，共12个步兵团；另有直属部队山炮营、工兵营、警卫营、辎重营、通信营和卫生队等，全军4.5万余人。抗战爆发后，开赴徐州前线。

4月16日，日军第五师团得到整补后，对徐州以东地区发起了进攻，19日攻陷临沂，接着进军郯城，前锋直逼台儿庄。李宗仁急调第六十军从徐州以西的兰封地区赶赴台儿庄以东的蒲汪、陈瓦房、邢家楼、王圣堂等地集结，接防汤恩伯和于学忠的部队防地，阻止日军进攻。

4月22日拂晓，第六十军在台枣支线车辐山车站下车后，各部立即向指定集结地点前进。第一八三师杨宏光旅在陈瓦房一带与濑谷支队的第六十三联队前锋迎头遭遇，先头部队尹国华营立即展开与日军交火。日军发动凶猛攻击，双方展开激烈厮杀。第一〇八团团长潘朔端率领一个营前来增援，与日军展开激战，团附黄云龙阵亡，团长潘朔端身负重伤。日军攻进陈瓦房，双方展开激烈的白刃战。全营上下奋不顾身，奋力拼杀，尹国华营长英勇牺牲。全营500多人最后仅剩下陈明亮一人生还。

与此同时，高荫槐的第一八三师第五四二旅在邢家楼、王圣堂地区与日军展开激战。日军先以炮火开路，后以步兵冲锋。守军顽强抵抗，先后打退了日军的两次进攻。下午5时，旅长陈钟书亲临火线，指挥部队发起反击，顿时，喊杀声震天动地，日军纷纷后退。此时，日军骑兵部队冲来援助，陈钟书旅长不幸中弹牺牲。

23日，安恩溥的第一八二师在辛庄、蒲旺地区与日军展开激战，日军的几次进攻都被打退。在反复冲杀中，团长杨炳麟及继任团长钟光汉先后负伤，营长辛朝显阵亡。在蒲旺阵地上有一个重机枪掩体，激战到傍晚，只剩下机枪手杨正发一人，仍然带伤坚守阵地。迫击炮排掩护步兵排炸毁日军坦克两辆之后，遭到日军坦克大队的围攻，两排官兵全部战死。

24日，日军向王圣堂、邢家楼、蒲汪、辛庄一线大举进攻。先是飞机轰炸，然后大炮轰击，再以30余辆坦克掩护步兵冲锋，附近民房均遭炮火毁坏。待日军炮火一停，守军官兵用集束手榴弹炸毁坦克5辆，然后用轻重机枪猛扫日军的步兵；等到日军后退时，守军便发动逆袭，与日军展开肉搏战。如此反复10余次，日军始终未能攻占阵地。晚上，日军继续进攻。守军伤亡过半，便撤守王圣堂和邢家楼。接着，辛庄也被日军占领。团长龙云阶及各营长全部阵亡。

24日晚，蒋介石亲自到达车辐山车站前线视察，对卢汉军长说："台儿庄的得失，有关国际视听。只能坚守，不可后退，必须以一个师坚守。"

卢汉军长遂调张冲的第一八四师防守台儿庄。当天夜晚，第五战区调给第六十军1个野炮营、1个重炮营、1个战防炮连，使守军力量得到了加强。

25日凌晨，日军先以10余架飞机向东庄、火石埠、后堡等阵地逐点轰炸，接着又放出探测气球，指挥炮兵进行袭击。守军开炮还击，双方展开激烈的炮战，守军阵地遭到破坏。日军又以坦克掩护步兵冲锋，双方逐屋逐村展开争夺战。在第一八二师王谦营的后堡阵地上，日军使用了燃烧弹，整个村子烧起大火，彻夜不熄。日军偷袭了几次，均被守军打退。全营只剩下200余人，阵亡了两个连长。至下午1时，日军百余人又冲过来，机枪手阵亡，王谦营长右腿被打断，仍坚持端着机枪与日军厮杀，最后只剩下七八个伤兵坚守阵地。

26日上午，第五战区司令部命令台儿庄一线的守军全面出击，消灭进入台儿庄以东的袋形阵地的日军。汤恩伯军团向西，于学忠的第五十一军向东，封锁袋口，卢汉部向北，围歼日军。

中午12时，中国军队全面出击。日军用野炮、山炮、平射炮、轻重迫击炮和轻重机枪猛烈反击，平坦的麦地里无隐蔽之处，出击部队伤亡很大，只好分别退回原阵地。日军却以坦克、战车掩护步兵向火石埠、东庄阵地发起攻击。一天之内，两军连续冲杀六次，阵地前尸体累累。傍晚，日军集中炮火向东庄、火石埠阵地猛轰，一个小时内，就向守军阵地倾泻5000发炮弹。阵地上弹片横飞，一片火海，东庄被夷为平地。团长严家训等数十名官兵在炮火中丧生。火石埠守军也给予日军沉重打击，团长莫肇衡在率领官兵冲杀时中弹倒地，以衣蘸血在身边石头上写下"壮志未酬身先亡"之后牺牲。

在湖山、窝山阵地，扼守阵地的高枕鸿旅频繁告急，董文英团长率部支援。日军以炽烈火力阻拦，董团长高喊："弟兄们，献身报国的时候到了，冲啊！杀啊！"率队冲到山顶与日军展开残酷的肉搏，一阵疯狂的砍杀之后，董团长在混战中阵亡。代理团长陈浩如又继续率部反击，也壮烈殉国。一天之内，第一〇七八团伤亡三分之二。

27日午后，日军集中火力和兵力向台儿庄东面的火石埠、东庄阵地猛攻，企图采取中央突破的战术，一旦攻破这两个村庄的阵地，就会直取台儿庄。东庄是日军突击的重点，日军集中几十门大炮猛烈轰击东庄阵地，持续达一小时之久。扼守东庄的杨宏光旅长，先将部队隐蔽在阵地前的麦地里，等日军炮火一停，立即进入阵地。当日军冲到阵地前50米处时，守军突然开火，轻重机枪一齐猛射，手榴弹劈头盖脸地投向敌群，日军猝不及防，狼狈而逃。守军趁机冲过去，一阵砍杀，缴获轻重机枪20挺、步枪167支。

日军见从正面不能突破台儿庄以东的阵地，便将兵力转向禹王山方向，全力进攻禹王山。

禹王山在台儿庄东南3公里，是周围的制高点。张冲的第一八四师主力部队原驻防台儿庄，卢汉军长到台儿庄视察时，张冲请求移兵禹王山，并建议说："禹王山一旦为敌占据，六十军的防线将全部置于日军的火力之下。禹王山不保，台儿庄难守，徐州必失！"卢汉说："我正为此感到为难。一八四师防守台儿庄是蒋委员长亲自定的，现在要移师禹王山，只好硬着头皮请示李司令长官了！"

经李宗仁同意，第一八四师除留一个团防守台儿庄外，主力移师禹王山，以王开宇团守外围阵地李家圩，曾泽生团守禹王山西北部，杨洪元团守禹王山东北部。张冲师长在战前动员说："我们彝族老祖宗三十七蛮部治军有个规矩：前面有刀箭者，奖；背后伤刀箭者，刀砍其背。我们一八四师决不能贪生怕死，做脊背挨子弹的逃兵。谁给老祖宗丢脸，军法不饶！"

4月28日，日军将主攻方向转移到禹王山。濑谷支队第六十三联队主力在炮火和坦克掩护下，首先向禹王山下的李家圩发起了进攻。李家圩无险可守，很快被日军占领，营长何起龙在激战中阵亡。随后日军从禹王山西北坡向山顶攻击。防守山顶的第五四四旅在王秉璋旅长的指挥下奋力反击，多次击溃进攻日军。山顶曾一度被日军攻占，张冲师长的外甥、第一〇八五团营长向起龙牺牲。王秉璋旅长亲率士兵发起反冲锋，胸部为敌弹洞穿，仍负伤坚持战斗，终于将窜至山顶之敌大部歼灭，其余纷纷后退。王秉璋旅长硬撑着走到张冲师长面前说："请师长检验，子弹是不是从前面进去的？"

29日，日军先以飞机进行空中侦察，继而升起侦察气球，指挥炮兵向禹王山顶轰击。然后，步兵在坦克的掩护下再次向山头发动猛攻。守军接受前一天作战教训，日军炮轰时，仅派出少数哨兵监视；当日军进攻时，部队迅速进入阵地，用集束手榴弹对付日军的坦克，以机枪、步枪打击其后的步兵，很快又

中国军队坚守阵地

将日军击溃。

30日清晨,日军对禹王山发动全面进攻,并采用迂回战术,突破第一道防线,选择防守薄弱处重点攻击,很快攻占了山头。守备部队多次反攻,均未成功。日军占领山顶后,加筑工事,给扼守山下的守军很大威胁。当夜,第一○八三团团长杨洪元从一营三连挑选了几十名精干官兵,组成突袭队,乘夜接近山头,用手榴弹、机枪猛烈攻击日军。日军据险死守,一直战斗到黎明,山头仍然没有夺回,双方形成对峙局面。

5月4日,占据山头的日军,在掩体上插上太阳旗,并极力向外扩张。万保帮旅长调来第一八六团迫击炮连,事先将十几门迫击炮隐蔽在距离日军不到百米的掩体内,命令炮兵瞄准山顶目标,十几门迫击炮一起开炮,击中日军的掩体,炸得日军血肉横飞。步兵乘机冲上山头,终于将山顶日军全部消灭。

5月7日,日军调来十几门九二炮,集中火力对禹王山进行破坏性轰炸半个多小时,山顶上的掩体工事几乎全被摧毁,守军遭到重大伤亡。日军集中1000余兵力,向山顶猛攻。守军来不及抢修工事,只好以战友的尸体做依托,立即投入战斗,经过前仆后继的英勇拼杀,又将日军赶下山去。防守山顶的第三营三连,坚守阵地八天八夜,全连多次补充,先后有286名官兵牺牲在禹王山上，三个排长全部牺牲，连长李佐也身负重伤，士兵仅剩 30 余名。

第六十军将士坚守禹王山一带阵地二十七天，日军始终未能越雷池一步。直到 5 月 18 日夜，第五战区司令部从徐州突围后，才奉命撤出战斗，突围到河南周家口休整。禹王山一役阻挡了日军围攻徐州的步伐，但第六十军也做出了巨大牺牲，全军伤亡 2.4 万余人，其中阵亡 13869 人，牺牲旅长以下军官 800 余人，原 12 个团的兵力，减员缩编后仅剩下 5 个团。

七、蒙城保卫战

5 月 5 日，津浦线南段华中日军强渡淮河，向中国军队防御阵地发起进攻。荻洲立兵的第十三师团沿涡河向蒙城攻击前进，第三师团一部和第九师团一部向宿县攻击前进。两路兵力都是侵华日军甲种师团，装备精良，机动灵活，意在夺取蒙城和宿县，然后继续北进，与华北日军遥相呼应，以钳形态势形成对徐州的合围。

第二十一集团军总司令廖磊急令集团军预备队第四十八军第一七三师师长贺维珍和副师长周元各率一个团急赴蒙城和宿县进行固守，阻挡日军。第二十一集团军系李宗仁的嫡系桂军部队，战斗力较强，但在淞沪战役中损失较大，有许多是刚从广西补充来的新兵。

5 月 6 日傍晚，第一七三师副师长周元率领第一〇三三团凌云上部 2400 余人冒着大雨，星夜兼程到达蒙城，仓促布防。蒙城地处皖北平原，地势平坦，县城狭小，城墙单薄，除了几个城门洞是砖木结构外，剩下的全是土墙。守军来不及挖掘和修筑工事，日军已迫近蒙城。

7 日下午，日军先头部队骑兵连向蒙城东门外搜索前进，遭到埋伏在路边麦田里的第一〇三三团搜索队伏击。敌骑兵措手不及，伤亡人马 40 余，慌忙后退。待敌后续部队赶到后，日军发起了反扑，连续两次被守军打退。夜里，日军大队兵力向蒙城南门外进攻，又被打退。

8 日早晨，日军的飞机、大炮猛烈轰击东门外阵地。上午 10 时许，日军步兵在炮火掩护下发起进攻，守军阵地多处被摧毁，但仍然顽强地阻击日军。下午 1 时许，日军炮兵又向守军阵地发起猛烈轰击，十几辆坦克冲向守军阵地，少数阵地被突破，东门外的第五营官兵伤亡 200 余人。战至傍晚，东门外阵地均被炮火摧毁，残军不足两个排，只好撤到城内。半夜，南门外的阵地也被日

日军正在向蒙城进攻

军占领。

日军又增加了2000精锐力量，把蒙城县城围得铁桶一般。经过两天激战，守军伤亡很大。周元电告第一七三师师部："蒙城万分危急，请求支援！"半夜时分，师长贺维珍复电：解围部队已经出发，务必固守待援。

9日拂晓之后，日军又一次发起攻击，其炮火之猛烈和战斗之残酷令身经百战的凌团长十分震惊。炮弹如雨点般地砸下来，硝烟弥漫，震耳欲聋，整个蒙城一片火光，守军阵地被炮火粉碎，附近树木枝叶亦被炸光。炮火一停，日军步兵立刻搭板架梯从东城墙和东南城墙缺口爬进来。凌团长率领两个连向日军侧翼逆袭，日军立足未稳，溃退出城。凌团长亲自操起一挺重机枪猛烈扫射，官兵们也勇猛地冲杀过去，将阵地收复过来，缴获敌轻重机枪5挺、步枪50余支，俘虏日军10余名。守军伤亡百余人，二营营附李如春及排长4人牺牲。

10时左右，日军的飞机、大炮又持续轰击了一个多小时，城内落下炮弹千余发，城东南西三面均发生激烈战斗，尤以东南两方面最为激烈。日军用坦克搭载步兵冲到城门下，拆除城外工事，被守军以手榴弹炸死大半。守军立即修复工事，日军又以炮火轰碎，沙包、门板、铁丝网、石条等均被炸碎，城门洞穿，城楼守军大半阵亡。敌炮延伸射击，构成浓密弹幕，增援部队被炮火阻拦无法靠近城门，大队日军终于从东城门处突进城内。凌团长率特务排东奔西跑，督战官兵向日军反冲击。由于日军顽强抵抗，反冲击未能成功，营长兰权在反冲击中阵亡。这时，南门战斗又紧张起来，凌团长又率特务排赶往南门。日军正在攻城，守军一个连多是刚补充的新兵，第一次参加战斗，伤亡又大，已呈溃退之势。凌团长挥舞手枪冲上城头，向敌急袭，并高喊："跟我冲！"各班长高喊："团长已到城上，大家快回城顶去！"新兵们纷纷转身登城，用手榴弹、步机枪猛烈反击，日军倒下一大片，其余纷纷后退。

凌团长回到指挥所，发现各部队弹药将尽，伤员增多，便给贺师长发电报。没等完毕，东门处又告急，凌团长又赶去督战。发现日军坦克五辆冲进东大街，摧毁了多处工事。日军步兵冲进各房屋，将守军分割。守军官兵各自为战，逐屋抗击日军。二营长李国文率残兵在枪林弹雨中堵击日军，中弹阵亡。

这时，城中心十字街阵地被日军突破，守军伤亡惨重，弹药已尽，又被日军切割分开，战局陷入危急阶段。

下午1时许，日军战车数辆搭运步兵冲向团指挥所。凌团长指挥特务排抗击日军，因手榴弹用完，只能用步枪、手枪抵挡战车。凌团长和周副师长率部突围，冲过几道枪林弹雨封锁之后，周元副师长不幸中弹，壮烈殉国。战斗结束后，第一〇三三团仅存600余人，数百伤员被日军杀害。

在蒙城血战的同时，宿县经过激战也落入日军手中。日军继续向北攻击前进，合围圈日益缩紧。

八、徐州大突围

台儿庄战役后，为消灭徐州周围的中国军队，4月7日，日军大本营下达了徐州作战的命令和《徐州附近作战指导要领案》，命令"华北方面军"以第十、第五、第十六、第一一四师团和独立混成第三、第五、第十三旅团及临时航空兵团约6个师团的兵力，沿陇海线南下进攻徐州；令"华中派遣军"以第九、第三、第十三师团及第一〇一、第六师团各一部和第三飞行团北上，企图南北夹击，一举消灭中国军队主力。并派遣大本营陆军参谋部作战部长桥本群少将，率领参谋部人员，在济南成立大本营派遣班，负责徐州会战的协调工作。4月17日，日军在济南召开了徐州作战会议，制订了兵分六路围攻徐州的具体作战计划。

4月30日，日军大本营认为台儿庄的败退"有损于陆军的传统"，撤销了第二军司令官西尾寿造和第十师团师团长矶谷廉介的职务，任命东久迩宫为第二军司令官。5月7日，东久迩宫到达兖州，立即对徐州发动全面进攻。

为"扩大台儿庄战果"，蒋介石打算在徐州附近与日军大战一场，并将各战区精锐部队大批调往徐州，其中有周碞的第七十五军、李仙州的第九十二军、樊崧甫的第四十六军、卢汉的第六十军、李延年的第二军、谭道源的第二十二军、石友三的第六十九军、冯治安的第七十七军、刘汝明的

日军战车部队正在向徐州进发

第六十八军、商震的一个师，共约20万人，加上徐州战场原有的部队，总兵力达到64个师约60万人。

李宗仁根据敌情重新调整了部署，将所属部队按作战地区分为鲁南兵团、鲁西兵团、淮南兵团、淮北兵团及战区总预备队，分路阻击日军。

北线方面，日军第十、第五师团分别从峄城和临沂南进，遭到第五战区第二集团军和第二十军团、第三军团及第二十七军团第五十九军顽强抗击，至4月底，将日军阻止在韩庄、邳县和郯城一线。日军遂改变主攻方向，以第十、第五师团在津浦路正面牵制守军主力。第十六师团向西迂回，由济宁渡过运河后，连陷金乡、鱼台、单县，向丰县、砀山推进。5月15日，其快速突击队已与"华中派遣军"第十三师团的挺进支队会合。第一集团军的第十四师团也从濮阳南渡黄河，连陷菏泽、曹县，然后快速南下，直插河南兰封，截断守军西退后路。

南线方面，"华中派遣军"的第九师团、第十三师团于5月5日分别从凤阳和蚌埠北进。9日，沿淮蒙公路北进的第十三师团攻占蒙城。13日，占领永城，然后不顾一切快速北上，直奔陇海铁路。14日，第十三师团的快速挺进队进至汪阁以东地区，攻陷了徐州西边的黄口车站，炸断了陇海铁路，包围并切断了

徐州西南面的退路。日军第三师团也沿津浦铁路急速北进，逼近徐州。至15日，南北两路日军基本形成了对徐州的四面合围态势。

徐州面临的严重危机，使蒋介石因台儿庄胜利冲得有点兴奋的大脑一下冷静下来，立即叫来何应钦、白崇禧、陈诚等人研究对策。日军围歼中国军队主力的企图已经暴露，再死守徐州就有全军覆灭的危险。5月15日，国民政府军事委员会决定放弃徐州。蒋介石口授给李宗仁十万火急电令："第五战区司令长官李宗仁：军委会着令你部力避决战，撤离徐州，火速突围。一、顾祝同第二十四集团军在苏北，第六十九军及海军陆战队在鲁中南原地坚持抗战。二、刘汝明第六十八军为全军后卫，掩护主力转移。三、第五战区其余各部，立即向豫皖边区突围……"

李宗仁接到命令后，于16日下令分路突围。数十万大军主动而有秩序地跳出了敌人的包围圈，分别向豫、皖边界山区成功突围，粉碎了日军在徐州地区围歼中国主力的企图。

5月18日黄昏，李宗仁率长官部人员乘夜撤离徐州。5月19日，徐州陷落。

九、兰封战役

兰封，位于黄河南岸，西接开封，东连商丘，是陇海线上的一个重镇。徐州会战开始后，日本大本营命令"华北方面军"以四个师团从北面进攻的同时，命令第一军以一个师团由兰封向商丘方向进攻，以阻止第一战区部队东援和截断第五战区沿陇海线的退路。

承担迂回任务的是"华北方面军"第一军的第十四师团。第十四师团是日军常备师团，下辖第二十七、二十八两个步兵旅团和野战重炮兵第二旅团、野炮兵第二十联队、骑兵第十八联队、独立机关枪第五大队、独立装甲车第一中队。师团长就是臭名昭著的土肥原贤二，自1913年就在中国从事谍报工作，能说一口流利的北京话，号称日军三大中国通之首，曾任天津特务机关长、奉天特务机关长，是皇姑屯事件、"九一八"事变、华北事变的主要策划者之一。

5月12日，第十四师团主力在濮阳一带南渡黄河。土肥原为炫耀武力，故意把战车在麦田里一字排开，东西足有五六里宽，耀武扬威地杀向菏泽。防守菏泽的是商震部第二十集团军第二十三师，装备较差，但师长李必蕃决心与城共存亡。经两日激战，第二十三师官兵伤亡殆尽，李必蕃师长和少将参谋长黄启东殉国，菏泽被日军攻陷。

第十四师团占领菏泽后，土肥原立即派出骑兵远道奔袭陇海路，将内黄、野鸡岗附近陇海铁路炸毁。5月17日，土肥原率第十四师团主力到达仪封、内黄集一带，彻底切断了陇海路，截断了第五战区部队西撤的退路。

远在武汉的蒋介石又惊又喜，决心将土肥原这块送到嘴边的肥肉吃掉，急令第一战区抓住战机围歼这股孤军深入的日军，以掩护第五战区部队安全撤退，并亲自飞往郑州第一战区司令部督战。

第一战区司令长官程潜决定将这股日军歼灭于内黄、仪封、民权之间，命俞济时的第七十四军和李汉魂的第六十四军一部为东路军，沿陇海路西进；桂永清的第二十七军和宋希濂的第七十一军组成西路军，从兰封东进；孙桐萱的第三集团军、商震的第三十二军和新三十五师为北路军，在定陶、菏泽、东明、考城附近切断日军退往黄河北岸的通路。同时命令黄杰的第八军、第六十四军第一八七师坚守砀山、商丘，阻止由徐州西进的日军。由豫东兵团总司令薛岳担任前敌总指挥。

薛岳是粤军名将，历任孙中山总统府警卫团营长、国民革命军第一师师长、贵州省政府主席、第十九集团军总司令、第三战区前敌总司令，1938年5月，临危受命第一战区豫东兵团总司令，驻节河南开封。

5月21日，第一战区前敌总司令薛岳指挥10万大军从东、西、北三面向日军第十四师团发起进攻。第二〇〇师副师长邱清泉也率领两个战车营前来助攻，击溃了日军的骑兵部队。经激烈战斗，第七十四军收复了内黄，第七十一军收复了仪封。

日军第十四师团集中力量向杨固集、双塔集地区攻击，第二十七军阵地被突破，桂永清竟率领所属部队退向开封，日军轻易占领兰封。蒋介石十分震惊，急调驻西安、潼关一带的胡宗南军团火速开往开封增援，并愤怒地质问薛岳：

土肥原贤二（1891—1948），毕业于日本陆军大学。先后任天津特务机关长和奉天特务机关长，是"九一八"事变、华北事变的主要策划者之一。历任第一师团长、第十四师团长、第五军司令官、第七方面军司令官。1941年晋升陆军大将。1948年12月，被远东国际军事法庭判为甲级战犯，并执行绞刑

中国炮兵正在向日军展开反攻

"10万大军打不过土肥原的两万人，你是怎么指挥的？"

薛岳趁机控告："都是中央军嫡系部队不听从调遣，擅自放弃阵地的结果。"

蒋介石勃然大怒，抓起电话对第二十七军军长桂永清一顿臭骂："桂永清，你这个军长是怎么当的？谁让你们从兰封撤退了？谁下的命令？龙慕韩不服从军令，临阵擅自撤退，立即押送武汉处决。至于你，限两日之内收复兰封！如果两天内拿不下兰封，就把你的头交到武汉来！"然后啪的一声甩掉了电话。

蒋介石派侍卫长王世和把第一战区参谋长晏勋甫叫来，气呼呼地说："你告诉程长官，我要到开封去指挥作战。"

程潜一听蒋介石要去开封，赶紧说："土肥原这个小丑，用不着委员长亲自去对付，我马上到开封去。"

24日，蒋介石命令薛岳指挥俞济时的第七十四军、李汉魂的第六十四军、宋希濂的第七十一军、桂永清的第二十七军由东向西，命第十七军团长胡宗南由西向东包围歼灭兰封的第十四师团。

25日晨，薛岳兵团开始对日军第十四师团发起猛攻。当晚，第七十一军夺回兰封车站。26日，第七十四军夺回罗王车站。27日，第六十四军攻占罗王集，第七十一军收复兰封。日军第十四师团主力收缩至三义寨附近，再次被薛岳兵团包围，土肥原贤二紧急向司令部求救。"华北方面军"司令东久迩宫大将急令已在西进追击徐州撤退中国军队的第二军第十六、第十师团，混成第三、第十三旅团立即放弃现有作战计划，不惜任何伤亡代价，急速向兰封方向增援。

5月28日，日军第十六师团及混成第十三旅团向商丘发起进攻。第八军军长黄杰擅自率第四十师、第二十四师退向开封。29日，商丘为日军占领，豫东门户洞开，日军增援部队源源不断而来，严重威胁着围攻第十四师团的薛岳兵团的侧背。同时，日军混成第四旅团也由贯台渡过黄河增援。第一战区被迫放弃围攻，命令部队向西转移，兰封围歼战功亏一篑。

蒋介石一怒斩"马谡"，下令枪毙了擅自撤退的黄埔一期毕业生第八十七师中将师长龙慕韩，撤销桂永清第二十七军军长和黄杰第八军军长职务，同时取消了二十七军番号。

日军占领兰封后，继续沿陇海路西进。6月6日，占领开封；7日，再克中牟。企图西取郑州，然后沿平汉线南下，直捣武汉，将中国军队包围于中原、华中地区，逼迫中国政府投降。

6月1日，蒋介石在武汉珞珈山召开最高军事会议，下令豫东各部做战略撤退，退到黄河以南；并令第一战区司令长官程潜开掘黄河大堤，阻止日军前进。但拥有丰富政治斗争经验的老将程潜深知此举的后果严重，又以正式电文请示。犹豫再三的蒋介石亦知背负的历史责任，大骂程潜滑头，不得已痛下决心，令侍从室主任林蔚电令程潜立即执行。

6月9日上午，新编第八师两个团的士兵在花园口附近掘堤放水，滚滚黄河水像一匹脱缰的野马，从决口处奔涌而出，改道从淮河入海，沿途数百公里成为一片汪洋。在阻挡日军西进的同时，也使豫、皖、苏三省44个县遭受水灾，形成长约400公里，宽30至80公里的"黄泛区"，300多万人口流离失所，89万人死亡，给广大人民群众带来了深重的灾难。

整个徐州会战，历时四个多月，中国军队伤亡6.5万余人，毙伤日军2.6万余人，打破了日军速战速决的战略企图，成为正面战场著名会战之一。

第八章

新四军挺进华中

全面抗战爆发后，国共两党经多次谈判，就南方红军游击队改编为抗日武装问题达成共识，决定将南方红军游击队改编为新四军。新四军改编后，先后挺进华中敌后，开展抗日游击战争，创建抗日根据地，开辟了华中敌后战场。

一、新四军改编

1934年10月，中央红军主力长征之后，奉命留在湘、赣、粤、浙、闽、鄂、豫、皖八省游击区的红军游击队，在同中央失去联系的情况下，各自为战，进行了三年艰苦的游击战争。

西安事变后，国民党虽然接受了中共中央关于停止内战、一致抗日的主张，但拒不承认南方八省游击区和红军游击队的合法地位，仍继续调兵进行"围剿"。"七七"事变爆发后，国民党当局虽停止了军事"围剿"，但企图通过"谈判"改编以取消红军游击队。在此形势下，中共中央于1937年8月1日发出《关于南方各游击区域工作的指示》，指出："南方各红军游击队在保存与巩固革命武装，保障党的绝对领导的原则下"，"可与国民党的附近驻军，或地方政权进行谈判，改变番号与编制以取得合法地位，但必须严防对方瓦解与消灭我们的阴谋诡计与包围袭击"。

坚持南方三年游击战争的红军游击队，由于长期分散战斗在深山密林之中，难以同外界取得联系，对急剧变化的国内外形势和中共中央关于建立抗日民族统一战线新政策无法及时了解。有的游击队担心上国民党的当，不肯下山。当陈毅派人上山进行说服动员时，不少人竟被当作"叛徒"杀害。在这种情况下，中共东南分局书记项英以及陈毅、曾山、张云逸等负责人分赴各游击队，阐明时局，传达中央指示，动员下山改编。陈毅也曾在九龙山被湘赣边游击队捆起来，险些被杀。经过一番艰苦细致的工作，各游击区先后和国民党地方当局达成了停战协议。

中共中央还派出以周恩来为首的代表团就南方红军游击队改编问题同南京国民政府代表进行谈判。在谈判中，坚持战略统一下的独立自主原则，坚持成立一个军，并在中国共产党的领导下，于长江南北开展抗日游击战争。在日军进攻上海、威逼南京的形势下，国民政府同中共中央就南方红军游击队改编问题达成协议。

国民党为了把这支部队控制在自己手里，提出要派陈诚或张发奎任军长。中共代表团拒绝了这一要求，提出由彭德怀或叶剑英担任军长。而陈诚、张发奎都不愿到此任职，于是陈诚和李济深向蒋介石推荐叶挺担任军长。谈判期间，周恩来在上海会见了叶挺将军，请他出面改编南方红军游击队。叶挺是北伐名将，曾担任南昌起义前敌总指挥和广州起义工农红军总司令。因流亡海外，与党失去联系，此时已不是共产党员，由他出面改编最合适，易被国共双方接受。叶挺希望这支新编的部队能够继承当年北伐"铁军"第四军的优良传统，提议命名为国民革命军陆军新编第四军（简称新四军）。

1937年9月28日，蒋介石任命叶挺为国民革命军陆军新编第四军军长，授予中将军衔。10月12日，国民政府军事委员会宣布南方8省14个地区的红军和游击队，改编为国民革命军陆军新编第四军。由中共中央提名，经国民政府军事委员会核定，任命项英为新四军副军长，张云逸为参谋长，周子昆为副参谋长，袁国平为政治部主任，邓子恢为政治部副主任。为加强对新四军的领导，中共中央决定成立中共中央东南分局和中央军委新四军分会。东南分局由项英任书记，曾山任副书记；中央军委新四军分会由项英任书记，陈毅任副书记。

1937年12月25日，新四军军部在汉口成立。1938年1月6日移至南昌。2月上旬，军部命令江南各游击队到皖南歙县之岩寺集结整编，江北各游击队分别在湖北黄安七里坪和河南确山县竹沟集结改编。全军编为四个支队：第一支队，司令员陈毅，副司令员傅秋涛，辖第一、第二两团，共2300余人。第二支队，司令员张鼎丞，副司令员粟裕，辖第三、第四两团，共1800余人。第三支队，司令员张云逸（兼），副司令员谭震林，辖第五、第六团，共2100余人。第四支队，司令员高敬亭，辖第七、第八、第九团和手枪团，共3100余人；军部机关、特务营等980余人。全军共1.03万余人，各种枪6200余支。

1938年2月，新四军各支队开始向皖南、皖中集中。在开进途中，各部队广泛宣传共产党的抗日主张,积极开展抗日民族统一战线工作,受到沿途各阶层人民的欢迎。在3、4月间,第一、第二和第三支队分别到达皖南岩寺,第四支队于皖西霍山县流波疃会合后进至皖中舒城地区。4月4日,军部由南昌进至黄山附近的岩寺。在短短两个多月的时间内,散处南方八省的红军游击队,胜利完成了集中任务。继之,各支队开始进行整编训练,为开赴华中敌后抗战做好准备。

二、东进苏南

新四军整编完成后,根据中共中央和毛泽东的指示,各支队开始向华中敌后挺进,实行战略展开,在大江南北迅速展开了广泛的抗日游击战争。

苏南地处京、沪、杭之间,战略地位十分重要。该地区沦陷后,汉奸、土匪活动猖獗。为开展苏南敌后抗战,钳制向华中内地进犯之敌,配合正面战场作战,新四军以第一、第二、第三支队部分干部和侦察分队,组成先遣支队,由第二支队副司令员粟裕率领,于1938年4月28日由皖南岩寺出发,向苏南敌后挺进,执行战略侦察任务。

5月中旬,先遣支队到达苏南镇江地区。与此同时,第一支队在陈毅率领下由岩寺出发,挺进苏南。6月中旬,第一支队到达苏南溧水竹箦桥,随即展开于镇江、句容、金坛、丹阳地区,并积极向京沪、京芜铁路及各公路线薄弱之敌展开袭击和破击作战。

6月17日,新四军先遣支队在镇江西南之韦岗,伏击乘汽车由镇江开往句容的日军。经半小时激战,毙伤日军少佐土井以下20余人,击毁汽车4辆,缴获长短枪20余支。出师江南首战告捷,提高了新四军的声誉。蒋介石致电叶挺:"所属粟部袭击韦岗,斩获颇多,殊堪嘉尚。"

7月1日夜,新四军第一支队以第二团在丹阳地区8个乡人民自卫团的配合下,袭击镇江东南的新丰车站,突击队乘日军熟睡,攻入车站,并向顽抗之敌实施火攻,一举消灭日军40余人,摧毁其车站大部设施,并拆除一段路轨,使敌京沪铁路交通一度中断,有力地支援了正面战场友军的作战。8月12日,第一支队第二团夜袭京杭公路上的重要据点句容城。突击部队架梯袭入城内,将敌逼退至县政府和教堂固守,在歼日伪军40余人后,主动撤出战斗。新四军第一支队在京沪铁路、京杭公路连续获胜,对日军造成严重威胁。日军在加强城镇交通线守备的同时，调集兵力寻找新四军部队作战。8月23日，驻金坛日军200余人乘船两艘出犯，其一艘沿丹（阳）金（坛）漕河北进。第一支队第二团遂于敌必经之珥陵镇设伏，毙伤其40余人，给出犯日军以有力打击。

1938年7月，在第一支队挺进苏南后，张鼎丞率领第二支队进入苏南敌后，展开于京芜铁路以东、京杭公路以西的江宁、当涂、溧水、高淳地区，创建抗日根据地，积极打击日伪军，并破坏其交通线。8月22日，日军调集4500余人，在飞机、坦克掩护下，由秣陵关、溧水、当涂、采石、江宁等地，分八路水陆并进，围攻小丹阳地区第二支队，企图摧毁初创的抗日根据地。

为打破日军的围攻，第二支队以一部兵力转至外线，向当涂、陶吴等地日军据点袭击，以钳制和调动日军兵力；另以一部兵力在地方武装配合下，广泛袭扰和阻滞日军的进攻；以主力大部集结于小丹阳以西杨家庄地区隐蔽待机。为配合第二支队的反围攻作战，第一支队主力和地方武装在群众的配合下，积极向京杭、京沪、丹句等公路展开广泛的破袭战，并派出小分队深入南京近郊袭击麒麟门等日伪据点，钳制敌人，进行策应。

23日，日军由溧水、秣陵关、当涂三面对小丹阳地区形成包围，数路合击小丹阳。第二支队主力于鸡笼山给进犯日军以有力打击后，迅速转移。日军合围失败，又遭到不断袭击，被迫于26日开始撤退。此次战斗，毙伤日军50余人，挫败了日军的围攻。

9月以后，日伪军又连续对苏南抗日根据地进行多次"扫荡"，第一、第二

新四军挺进苏南

支队运用灵活机动的战术，先后进行了天王寺、白兔镇等胜利战斗。至12月，苏南地区军民先后粉碎日伪"扫荡"近30次，沉重打击了敌人，初步巩固了以茅山为中心的苏南抗日根据地。

在积极对日军作战的同时，第一、第二支队还大力摧毁伪政权，积极团结地方各种抗日武装合作共同抗日。其中丹阳抗日自卫团主动接受新四军领导，发展扩建为4000余人的丹阳游击纵队。与此同时，第一、二支队还派出战地服务团和民运工作组，配合中共地方组织发动群众，实行减租减息，使广大人民群众的抗日热情更加高涨，不少青壮年主动参军，群众主动支援军队作战。各支队还积极开展统一战线工作，争取和团结各阶层人士共同抗战。陈毅、张鼎丞等亲自争取了茅山地区的一些社会名流、开明绅士等代表人物，促使他们支持新四军抗战。苏南的抗日局面迅速打开，以茅山为中心包括溧阳、溧水、丹阳、句容、镇江、江宁、当涂、宜兴、无锡、吴县的苏南抗日根据地初步形成。

三、开赴皖南

1938年7月1日，谭震林率新四军第三支队进入皖南抗日前线，活动于东起芜湖、宣城，西至青阳、大通，南起章家渡，北至长江的横宽百余公里、纵深不足50公里的狭长地带，执行正面战场的守备任务。这里地处长江南岸，面对长江水上交通线，日军活动频繁。武汉会战爆发后，第三战区司令长官顾祝同令新四军第三支队开赴青弋江一带担负阵地防务。为维护团结抗战大局，第三支队接受了这一艰巨任务，多次击退小股敌人的袭扰。

10月29日，日军调集第十五师团第六十联队一部800余人，在湾沚、凤凰闸、大洋桥等地集结，准备向青弋江阵地进犯。第三支队在谭震林指挥下，以第六团一部在马家园、十甲村一线正面阻敌，以第五团一部在跑马山一带，待机向进犯之敌实施侧击，以机动防御战法，与敌周旋。30日，日军500余人由湾沚向青弋江阵地发起进攻。第三支队于清水潭与日军展开激战，歼敌100人后，主动撤出战斗。

11月3日，日军继续增兵后向马家园围攻。第三支队以主力向敌实施反击，并以小分队夜袭敌人的湾沚及九里等据点，日军前后受袭，被迫于4日撤退。经四日连续作战，第三支队共歼日伪军300余人，巩固了皖南前线阵地。

1938年10月,新四军在皖南前线阻击日军

四、挺进皖中

1938年4月初,新四军第四支队由皖西霍山县流波疃向皖中挺进,4月底即展开于舒城、桐城、庐江、无为地区。5月12日,日军第六师团坂井支队一部百余人由巢县乘船出动,第四支队第九团一部在运漕河西岸蒋家河口设伏。当敌下船登岸时,出其不意开火,歼敌20余人,第四支队无一伤亡。江北首战告捷,揭开了新四军华中抗战的序幕。蒋介石5月16日致电叶挺:"贵军四支队出奇挫敌,殊堪嘉慰。"

武汉会战开始后,北路日军从合肥出发,相继攻占舒城、桐城、安庆,打通了安(庆)合(肥)公路。为配合正面战场武汉保卫战,新四军第四支队从6月份开始,在安(庆)合(肥)公路沿线,以伏击、奇袭战术,积极开展游击战。7月间,第九团四个连,袭击运漕地区伪军,毙其50余人,俘伪副司令以下100余人,缴获步枪150支、轻机枪6挺。9月3日,该支队两个营在桐城以南的棋盘岭伏击日军汽车运输部队,经半小时激战,一举毙敌70余人,俘4人,击毁汽车50余辆,取得了伏击战的重大胜利,有力配合了正面战场友军的作战。

为贯彻东进方针,开展江北地区统战工作,加强对皖中抗日战争的领导,遵照毛泽东的指示，新四军军部令张云逸率军部特务营渡江北上，11月抵达无为地区，与国民党桂系军队建立了统战关系，将庐江、无为中共地方组织领导的游击队统一编为新四军江北游击纵队，担负皖中地区的抗战任务。同时，第四支队又以一部推进至淮南铁路以东开展游击战争。经过半年的作战，打开了皖中地区抗战局面，使皖中抗日根据地初具规模。

五、北上豫皖苏

1938年9月，中共中央长江局负责人周恩来、叶剑英根据日军作战线推进至武汉地区，豫东、皖北地区沦为敌后的情况，指示中共河南省委把工作重心移向豫东，开创苏鲁皖边新局面，与八路军冀鲁豫边区部队连接起来。中共河南省委决定开创豫皖苏边根据地，并派省委军事部部长彭雪枫组建新四军游击支队挺进豫东。

9月30日，彭雪枫率新四军游击支队300余人由竹沟出发东进，经遂平于10月11日到达西华社岗，与豫东游击第三支队一部及先遣大队合编，扩大为3个大队，共1000余人，仍称新四军游击支队，彭雪枫任司令员兼政治委员，吴芝圃任副司令员，张震任参谋长。

10月下旬，新四军游击支队东渡新黄河向鹿邑前进。10月27日，游击支队进至淮阳以北20余公里的窦楼时，遭到驻戴集的日军100余人进攻。该支队随即以直属队扼守窦楼，另以一部占领马菜园以北有利地形，钳制敌人。支队主力以勇猛动作，对进犯之敌翼侧实施包围，经两小时激战，歼日军数十人，残敌仓皇窜回戴集。

11月下旬，游击支队进入睢县、杞县、太康地区，相继取得西陵寺、陈寨、宋庄等战斗的胜利。随后，又粉碎睢、杞、太、商（丘）地区日伪军2000余人的"扫荡"，初步打开了豫东敌后的抗战局面，为发展豫皖苏边抗日根据地创造了有利条件。

新四军自成立至1938年10月，在中共中央和中央军委的正确领导下，较为顺利地完成了集中、改编和向华中敌后挺进的任务。在长江下游地区的广大农村，发动与组织群众，建立群众抗日武装，积极开展抗日民族统一战线工作，建立抗日民主政权。经半年多的英勇奋战，取得100余次战斗的胜利，歼灭日伪军3300余人，部队由组建时的1万余人发展到2.5万人，初步实现了在敌后的战略展开，创建了苏南、皖南、皖中和豫东等抗日根据地，钳制了日军的兵力，支援和配合了正面战场友军的作战，为进一步发展华中敌后抗日游击战争奠定了基础。

第九章

敌后战场

太原失陷后，根据中共中央军委和毛泽东的指示，八路军总部做出了分兵发动群众，开展独立自主的游击战争，创建敌后抗日根据地的部署。八路军各部迅速挺进晋东北、晋西北、晋东南和晋西南山区，依托太行、太岳和吕梁山脉，先后建立了晋察冀、晋绥、晋冀豫、晋西南等抗日根据地，开辟了敌后战场。

一、晋察冀抗日根据地

晋察冀边区是以五台山区为中心，包括山西省东北部、察哈尔省大部和河北省西部的广大地区，西起同蒲铁路，东至平汉铁路，北至平绥铁路，南至正太铁路，处于华北抗战的最前沿位置，具有重要的战略地位。1937年9月下旬，八路军刚刚进入山西，第一一五师政训处主任罗荣桓即率工作团开赴冀西阜平、曲阳地区，着手进行创建抗日根据地的工作。

10月20日，毛泽东致电周恩来、朱德、彭德怀、任弼时，指出：敌占太原后，战局将起极大极快之变化，第一一五师等部及八路军总部有被敌隔断的危险。因此，拟做以下部署：留第一一五师独立团在恒山、五台山地区坚持游击战争，第一一五师主力转移到汾河以西吕梁山脉；总部应转移至孝义、灵石地区。据此，八路军总部当即决定，聂荣臻留守五台山地区，创建晋察冀抗日根据地。

10月下旬，第一一五师主力奉命南下后，留独立团、骑兵营、师教导队、总部特务团和一部分随营学校学员，约3000人，在聂荣臻率领下，继续发展晋察冀边区抗日武装和创建抗日根据地。

为进一步打开局面，聂荣臻率留下的部队分别向察南、冀西、五台和定襄、平山和盂县等四个地区展开，并组成工作团配合地方组织宣传抗日，发动群众，成立战地动员委员会、抗日救国会以及农、青、妇等抗日群众组织，建立政权，大力扩充部队和组织游击队、自卫队、义勇军，不仅使游击队获得迅速发展，而且使主力部队扩大到7600余人。原第一一五师独立团扩编为独立师，下辖3个团，杨成武任师长，邓华任政治委员。

11月7日，根据中共中央决定，成立了晋察冀军区，聂荣臻任司令员兼政治委员。下辖4个军分区，各军分区建立支队，每个支队辖3个大队，每个大队由1500至2000人编成。随后，中共晋察冀省委也在阜平正式成立，黄敬任省委书记。11月18日，晋察冀军区司令部从五台山移驻河北阜平。

晋察冀军区的成立，对侵占平汉、平绥、同蒲、正太铁路和太原、石家庄等城市的日军构成了严重威胁。11月中旬，日军调集2万余人分八路对晋察冀抗日根据地实施围攻。经过近一个月的作战，歼敌千余人，粉碎了敌人的"八路围攻"。至12月下旬，边区发展到30余县，部队发展到2万余人。

与此同时，冀中平原根据地也开辟起来。原东北军第五十三军第六九一团团长吕正操，在国民党部队南撤的时候，毅然率部回师北上，与当地人民武装会合，创建了冀中平原抗日根据地。从此晋察冀边区山地和平原抗日根据地连成一片。

1938年1月10日，晋察冀边区军政民代表大会在河北阜平召开，出席会议的有共产党员、国民党员、各抗日军队和群众团体的代表，有工人、农民、开明绅士、资本家和宗教人士的代表，有蒙、回、藏等少数民族的代表等，共140余人。会议经过民主选举，成立了晋察冀边区临时行政委员会，聂荣臻、吕正操、孙志远、张苏、胡仁奎、刘奠基、李杰庸、娄凝先等人当选为边区政府委员，原山西第一行政公署主任兼五台县县长宋劭文当选为主任委员。

晋察冀边区政府的成立，还得到了山西省主席、第二战区司令长官阎锡山的同意，并报国民政府行政院批准，成为一个合法的地方政府。这是由共产党领导建立的第一个统一战线性质的敌后抗日民主政权，标志着第一个敌后抗日根据地——晋察冀抗日根据地基本形成，被中共中央誉为"敌后模范的抗日根据地及统一战线的模范区"。

二、晋绥抗日根据地

晋绥抗日根据地包括山西西北部及绥远东南部，东起同蒲路北段，西至黄河，南至汾离公路，北至大青山区，是陕甘宁边区的重要门户和屏障。

第九章　敌后战场

1937年9月下旬，遵照中共中央和中央军委的指示，贺龙与关向应率八路军第一二〇师主力挺进抗日前线，进入晋西北管涔山脉地区。在配合第二战区作战的同时，会同当地党组织和民众抗日武装，广泛发动群众，开展武装斗争。

9月29日，第一二〇师第七一六团第二营组成雁北支队，在宋时轮团长率领下，开赴雁北地区开展游击战。11月1日袭占井坪，4日收复平鲁县城。10月1日，师政训处主任关向应率教导团一部组成工作团，到达岢岚、五寨、保德等地，开展游击战争。

太原失陷后，国民党进步人士、"第二战区民族革命战争战地总动员委员会"主任续范亭，被阎锡山任命为山西省第二行政区保安司令。续范亭率领"总动委会"机关及保安司令部所属部队1万余人进入晋西北。由前线转退下来的傅作义第三十五军、何柱国骑二军、杨爱源第十九军、王靖国第十一军等部，也齐集晋西北，分驻各地游击。

在中共晋西北临时区委及牺盟会、动委会的配合下，八路军第一二〇师广泛宣传抗日救国十大纲领和统一战线政策，积极建立武装自卫队和工、农、青、妇等抗日救亡团体，开辟了晋西北抗日根据地。到1938年1月，第一二〇师即由出师时的8200人增至2.5万人，晋西北各县也都普遍建立了抗日自卫军或游击队。

1938年2月，根据八路军总部的命令，第一二〇师对同蒲铁路北段及太原、忻县间的公路展开破袭战，攻占平社、豆罗火车站和麻会、石岭关、关城镇等日军据点，炸毁火车3列、汽车10余辆，拆毁铁路20余公里，并袭击了太原

第一二〇师领导在晋绥前线
（自右至左：贺龙、周士第、关向应、甘泗淇）

火车站和飞机场，消灭日军500余人，有力配合了友军作战。

2月20日，日军调集驻蒙兵团第二十六师团、"华北方面军"第一〇九师团及伪蒙军各一部共万余人，兵分五路向晋西北发动围攻，先后占领宁武、神池、偏关、河曲、保德、岢岚、五寨7座县城，妄图摧毁晋西北抗日根据地。

2月28日，贺龙师长率第一二〇师主力从同蒲铁路星夜回师根据地，指挥第三五八旅侧击西犯之敌，以第三五九旅阻敌南进。自3月6日起，集中四个团主力部队，机动灵活地打击深入岢岚、五寨之敌。经过围困岢岚、五寨，夜袭三井镇，组织虎北村战斗、凤凰山伏击战，共歼敌1500余人。至4月1日，收复被日军侵占的7座县城，粉碎了日军的围攻，巩固了晋西北抗日根据地。

1938年5月，毛泽东电示朱德、彭德怀、贺龙等，在平绥路以北沿大青山脉建立游击根据地。7月，第一二〇师第三五八旅政委李井泉率领第七一五团等部组成的大青山支队，从五寨进入雁北地区，向绥远挺进。9月初，越过平绥铁路进入大青山地区，同当地蒙汉抗日游击队会合，开辟了以大青山为依托的绥西、绥南、绥中三块游击根据地，并逐步同晋西北根据地连成一片，构成晋绥抗日根据地。

三、晋西南抗日根据地

以吕梁山脉为依托的晋西南地区，是陕甘宁边区的东部屏障和联系晋冀豫根据地的纽带。在太原失陷前，毛泽东即指出：对以吕梁山脉为依托的晋西南，八路军应做适当部署，第一一五师师部和第三四三旅，应立即向该区转移。太原失陷后，八路军总部令第一一五师由正太铁路南进，适时转向吕梁山脉，创建晋西南抗日根据地。

1938年2月，侵华日军第一军司令官香月清司中将，指挥第二十、第一〇九、第一〇八、第十四师团各一部，沿同蒲路向晋西南和西部进犯，先后占领临汾、蒲县、军渡等要地。2月26日，日军第二十师团占领隰县，主力沿同蒲铁路继续南犯。27日，第一〇九师团一部4000余人西进，企图侵占黄河渡口，进犯陕甘宁边区。

28日，毛泽东电示第一一五师："敌从军渡、碛口两点猛击河西，准备渡河，绥德危急"，应"迅速以一部控制大麦郊、水头、川口、石口地区，巩固渡河点"，"主力应转入隰县、午城、大宁地区，寻机作战，相机消灭该敌"。

为保卫陕甘宁边区，进驻灵石、孝义一带的第一一五师奉命向隰县、大宁一带挺进。

晋西南山区，早晚多雾。当地流传着一首民谣：吕梁春多雾，闻声不辨物；只听耳边响，不见眼前过。

3月1日晨，薄雾弥漫，第一一五师直属队途经隰县以北千家庄晋绥军防区。林彪骑着缴获来的一匹洋马走在队伍前头，部分官兵也穿着平型关战役缴获来的日军大衣。驻军第十九军哨兵王潞生隐约看到一支穿着日本黄呢军大衣的队伍过来时，误以为日军来袭，冲着前面骑马的军官开了一枪，林彪当即中弹落马。子弹从右肋进，由左侧背穿出，伤及肺部和脊椎骨，从此留下终身未愈的植物神经紊乱症，并逐渐形成怕水、怕风、怕光的毛病。

第一一五师政治部主任罗荣桓当即向毛泽东和八路军总部报告林彪受伤的消息。听到林彪受伤，毛泽东大为震惊。当天夜里12时，毛泽东就与军委参谋长滕代远致电师政治部主任罗荣桓：指派妥当人员送林来延医伤，"林之职务暂时由你兼代"。但在几小时前，八路军总部朱德、彭德怀致电蒋介石和阎锡山：第一一五师师长林彪负重伤，该师师长职以该师第三四三旅旅长陈光暂代。蒋介石很快批准了第十八集团军的决定，第一一五师师长一职由陈光代理。

陈光1906年出生于湖南宜章，1928年参加湘南暴动，历任红四军第十师连长、团长、师长，红十一师师长，红二师师长。长征中率部担任开路先锋，在血战湘江、强渡乌江、突破天险腊子口等战斗中抢关夺隘、屡立战功，1936年，升任红一军团代理军团长。红军改编后任第一一五师第三四三旅旅长，参加平型关战役的部队，主要就是第三四三旅的主力部队。

3月14日12时许，第一一五师先遣分队在午城镇以东地区，与由蒲县西犯之日军步骑兵1000余人遭遇。先遣分队立即抢占有利地形，先敌开火，经两小时激战，毙敌100余人后，主动转移至午城西北高地，继续钳制敌人，掩护主力进至机动位置。14时许，敌进占午城，并继续西犯进占大宁。

3月16日，第一一五师代师长陈光、政委罗荣桓指挥第三四三旅主力第六八五团、六八六团隐蔽于大宁以东之罗曲、午城、井沟公路两侧，待机歼敌。当日，日军第二十师团辎重部队200余人、骡马百余匹，由午城西进至罗曲村附近。第六八五团团长杨得志指挥该部突然发起攻击，全歼该敌。

17日，蒲县之敌汽车60余辆，向大宁运送物资，当进至井沟以西地区时，预伏于该地的第六八六团突然出击，歼敌200余人，截获汽车6辆，余敌西逃午城。由大宁东出接应的500余日军，在罗曲村亦被第六八五团一部击退。当日夜，第三四三旅又以一部兵力袭击日军兵站要点午城镇，毙敌50余人，缴获轻机枪5挺、步枪60余支，烧毁汽车10余辆。

第一一五师首长判断，日军遭此打击后，其主力必来报复，遂以第六八六团和汾西游击队预伏于井沟至张庄公路两侧高地，歼灭由蒲县来犯之敌；以第六八五团于午城南北高地阻击由大宁出援之敌。

3月18日，日军第一〇八师团步骑兵800余人、炮兵一个中队，在飞机掩护下，由蒲县出动，西援午城。14时许，敌先头部队进至井沟地区，向公路两侧高地实施火力侦察。第六八六团团长杨勇指挥预伏部队沉着隐蔽，待敌后续部队全部进入伏击圈时，突然发起攻击。日军顿时陷于混乱，一部窜入井沟、张庄据守，一部占领张庄以南地域顽抗。日军出动飞机6架轮番轰炸扫射，被围之敌在炮火掩护下，疯狂反扑，战斗异常激烈。第六八六团指战员顽强战斗，连续打退日军多次冲击。当晚，在游击支队的配合下，第三四三旅主力再次向敌发起猛攻，并组成小分队战斗群，逐个歼灭隐藏于窑洞的小股敌人。战至19日拂晓，除百余敌逃窜外，余均被歼。

午城、井沟战斗，第一一五师共毙伤日军1000余人，毁敌汽车60余辆，缴获骡马200余匹和大批军用物资，有力地打击了日军的疯狂气焰，切断了蒲县至大宁段的交通，迫使大宁之敌东撤，从而粉碎了日军西犯黄河河防的企图，保证了党中央和陕甘宁边区的安全，开创了晋西南抗日根据地的新局面。

午城、井沟战斗之后，第二战区副司令长官卫立煌率指挥机关过河东来。刚到大宁，便遭敌人拦阻，请求第一一五师支援。罗荣桓派第六八六团三营十一连前往掩护，在白儿岭顶住了800多敌人的轮番进攻，掩护卫立煌安全转移。卫立煌不禁钦佩地说："八路军真能干！"特地送给八路军100挺轻机枪、10万发子弹，表示谢意。

第十章

厉兵太行

　　太行山，位于黄土高原和华北平原交界地区，山脉呈东北西南走向，绵延800余里，平均海拔1200米，最高峰2882米，号称华北脊梁，战略地位非常重要。太原失守后，八路军第一二九师挺进太行，建立了以太行山为中心的晋冀豫抗日根据地。

一、晋冀豫抗日根据地

　　1937年11月，太原失守后，八路军第一二九师在山西和顺县石拐镇召开干部会议，传达中共中央和毛泽东同志关于创建以太行、太岳山脉为依托的晋冀豫抗日根据地的指示，布置开展游击战争的任务。会后，第一二九师参谋长倪志亮、政治部副主任宋任穷等率领工作团和部分武装，到沁县、长治、晋城、武乡、襄垣、平顺、沁源、安泽、屯留等地，在地方党组织及牺盟会、决死队的配合下，宣传党的抗日政策，开展减租减息等工作，很快在晋东南和冀西地区建立了抗日武装和抗日民主政权。

　　1938年1月，邓小平接任第一二九师政治委员。上任不久在辽县召开会议，就进一步实行战略展开、开展游击战争、创建抗日根据地等工作进行了部署。会后，派补充团南下豫北，开辟太行山南部地区工作。第三八六旅副旅长陈再道率领东进纵队挺进冀南，开辟冀南根据地。至此，晋冀豫边区抗日根据地初步形成。

　　1月14日，蒋介石在河南洛阳召开第一、第二战区将领会议，八路军方面朱德、彭德怀和林彪、贺龙、刘伯承三位师长参加。蒋介石对八路军出师以来积极支援正面战场、屡创日军的行动慰勉了一番；并要求阎锡山、卫立煌的部队不准退过黄河，积极配合津浦路南段会战准备反攻太原。

　　2月17日，阎锡山、卫立煌邀请朱德到临汾附近的土门镇召开会议，会商下步作战计划。会议决定，将第二战区的部队重新划分为西路军、南路军和东路军。西路军主要是集结在晋西的晋绥军，由阎锡山亲自指挥。南路军主要是卫立煌指挥的集结在晋南的中央军，准备在同蒲铁路南段同日军作战。东路军包括在敌后活动的八路军和滞留在晋东南的国民党部队第三军、第十七军、第四十七军、第九十四师、第十七师、骑兵第四师、第五二九旅等7个半师部队，请朱德任东路军总指挥，彭德怀任副总指挥。

2月中旬，日军第二十、第一〇九、第一〇八、第十四师团各一部，沿同蒲路向晋西南进犯。为钳制与打击向晋南、晋西进攻之日军，配合国民党友军作战，2月18日，八路军总部令第一二九师与第一一五师第三四四旅，向正太铁路阳泉至井陉段出击。第一二九师师长刘伯承制订了诱敌打援的计划，以第七六九团袭击井陉至阳泉间的敌军重要据点旧关，诱井陉之敌出援；以第三八六旅主力于井陉、旧关间之长生口设伏歼灭该敌；以第三四四旅主力袭击正太铁路上娘子关至井陉间之敌军据点。

2月21日夜，第三八六旅以主力于长生口附近占领伏击阵地。22日拂晓，第七六九团一部袭入旧关并将敌军包围。井陉之敌闻讯，以200余人乘汽车8辆出援。当日军通过长生口附近时，早已埋伏在此的第三八六旅伏击部队突然发起攻击，经半日激战，毙敌130余人，击毁汽车5辆，缴获迫击炮3门。

与此同时，第三四四旅袭击娘子关至井陉间之敌军据点，毙伤守军200余人，一度切断正太铁路交通。正太铁路破袭战，有力地牵制了日军向晋西的进攻，支援了友军作战。

二、神头岭伏击战

当第一二九师主力出击正太铁路时，日军第一〇八师团由邯郸经东阳关沿邯（郸）长（治）路西犯，并于2月20日进占长治，企图夺取临汾，配合沿同蒲铁路南下之第二十师团消灭退至晋南的国民党军。为了打击和钳制沿邯长路西犯之敌，第一二九师遵照中央军委和八路军总部关于迅速南移的电令，于3月上旬进至襄垣东南地区，伺机破袭邯长路，打击西犯之敌。

邯长路是进占长治之敌从平汉铁路取得补给的主要交通线。因此，日军在沿线各要点均驻兵防守。位于该线上的黎城，是日军重要兵站基地。黎城与潞城之间系丘陵地带，地形复杂，便于设伏。第一二九师师长刘伯承、政委邓小平根据当前敌情、地形，决定袭击黎城，吸引潞城之敌出援，于神头岭地区伏击歼灭该敌；并限各部于 3 月 16 日拂晓前，完成一切战斗准备。

16 日 4 时，第七六九团第一营袭入黎城，黎城日军向潞城之敌求援。潞城之敌以步骑兵 1500 余人向黎城增援。9 时 30 分，当该敌进入神头岭伏击阵地时，第三八六旅旅长陈赓指挥部队突然发起攻击。第七七一团于神头岭北端迎头截击敌人；第七七二团、补充团从公路两侧对敌实施夹击，并以一部切断敌之退路。日军遭此突然袭击，兵力受地形限制难以展开，顿时陷于混乱，死伤惨重。经激烈战斗，大部被歼，一部窜入神头村内，凭借房屋、窑洞负隅顽抗。战至 11 时许，日军除 100 余人窜回潞城外，其余均被歼灭。第三八六旅以伤亡 240 余人的代价，歼灭日军 1500 余人，俘敌 8 人，击毙与缴获骡马 600 余匹，缴获长短枪 500 余支，取得了神头岭伏击战大捷。

为进一步打击沿邯长路西犯临汾之敌，第一二九师副师长徐向前根据掌握的敌情，决定于涉县西南之响堂铺，伏击日军运输部队。3 月 31 日清晨，日军辎重部队汽车 180 辆及其掩护部队，由黎城经东阳关向涉县开进。9 时许，日军车队开始进入响堂铺山路伏击圈。埋伏在山两边的第七七一团放过前 100 余辆汽车，让其进至第七六九团伏击区，待其余汽车全部进入伏击区时，在副师长徐向前一声号令下，两个团以步枪、轻重机枪、迫击炮，同时向日军实施猛烈的火力袭击，随即冲向公路，以刺刀、手榴弹消灭敌人。经两小时激战，歼灭日军 400 余人，毁敌汽车 180 辆，缴获长短枪 130 余支、迫击炮 4 门，以及其他大批军用物资。

三、反"九路围攻"

侵入晋东南的日军遭连续伏击后，为保障其后方安全，决定对晋东南地区八路军等部进行围攻。在获悉敌人企图后，东路军总指挥朱德、副总指挥彭德怀于 3 月 24 日召集了东路军将领会议，研究了反围攻的作战方针，决定以一部主力在地方部队、游击队的配合下，会同国民党军队钳制进犯的各路敌军，集中主力寻机歼灭敌之一路，以粉碎敌之围攻。并确定了八路军和友军各部的部署和任务，以及动员群众进行"空室清野"等工作。

4 月 4 日，敌"华北方面军"第一军集中第一〇八师团主力及第十六、第二十、第一〇九师团各一部共 3 万余兵力，在第一军司令官香月清司指挥下，由同蒲、正太、平汉铁路线及长治、屯留等地出动，分九路向晋东南地区中国军队大举围攻，企图以分进合击歼灭八路军总部、第一二九师等部和部分国民党军队，并摧毁晋冀豫抗日根据地。日军以第一〇八师团为主力，由长治、屯留及平定各出动一个联队，分三路向沁县、武乡和辽县进攻；以第二十师团一个联队由洪洞向沁源进攻；以第一〇九师团一个联队和另两个大队，由太谷、祁县和榆次出动，分两路向沁县和马坊进攻；以第十六师团一部由元氏、赞皇、邢台以及涉县出动，分三路向九龙关、浆水镇和辽县方向进攻。

当各路日军开始出动时，八路军总部令第一二九师第三八六旅和第三八五旅之第七六九团及第三四四旅之第六八九团，由辽县以南转移至日军合击圈外的涉县以北地区，隐蔽待机；留在内线的各部和协同作战的国民党军队，按预定的部署、任务，以游击战和运动防御战消耗与疲惫敌人，阻止日军深入，为转入外线的部队创造战机。同时，令晋察冀军区和第一二〇师各以部分兵力向平汉、正太、同蒲等铁路线出击，钳制敌军，配合晋东南地区军民的反围攻作战。

4月10日前后，由榆次出犯之敌，被第一二九师独立支队阻滞于阔郊、马坊一带；由祁县、太谷出犯之敌被防守该地的国民党军队第九十四、第一六九师，阻止于东、西团城地区；由洪洞出犯之敌，被山西青年抗敌决死队第一、第三纵队和国民党军第十七军等部阻击于沁源地区；由屯留、长治出犯之敌，由于国民党第三军败退，迅速侵入晋东南根据地腹地之沁县、武乡和襄垣、辽县；由涉县出犯之敌，被国民党军骑兵第四师阻滞于麻田地区；由邢台出犯之敌，被第一二九师先遣支队等部阻滞于浆水镇以东；由元氏、赞皇出犯之敌，被第一二九师游击支队和当地游击队阻滞于九龙关以东地区；由平定、昔阳出犯之敌，在第一二九师秦（基伟）赖（际发）支队和第一一五师第五支队等部阻击下，多次变更进攻路线，于14日进至辽县、芹泉地区。至此，六路日军均被阻止，只有第一〇八师团三个联队分三路侵入晋东南根据地腹地。八路军总部抓住有利时机，急令转入外线的第一二九师主力及第六八九团，迅速由涉县以北隐蔽返回武乡以北地区，伺机歼灭侵入武乡的疲惫孤立之敌。

四、长乐村战斗

4月15日，侵占武乡县城之日军第一〇八师团第一一七联队3000余人，北犯榆社扑空后，仓皇撤回武乡，并于当日黄昏放弃武乡连夜沿浊漳河东撤。

第一二九师师长刘伯承命令转回内线的 4 个主力团，迅速发起追击，在运动战中歼灭该敌。

16 日晨，在敌两侧实施平行追击的第一二九师主力部队超越敌人，在武乡以东长乐村将敌大部截住，并迅速发起攻击。第七七一团和第七七二团各以一部分别向型村、李庄突击，以猛烈火力袭击拥挤于道路上的日军，并将敌行军纵队分割为数段。随后，各部勇猛冲向敌群，与日军展开激烈搏斗。这时已过长乐村之敌 1000 余人，为解救其被围部队，向第七七二团之左翼戴家垴阵地猛攻。防守该地的第十连与敌激战四小时，打退日军多次冲击，其中一个排全部壮烈牺牲，阵地被敌攻占。12 时，第六八九团赶到该地，向敌展开猛烈反攻，经反复冲击，终将阵地夺回。14 时，由辽县来援之敌第一〇五联队 1000 余人，向第六八九、第七七二团阵地猛攻，均被阻止；被围于长乐村以西之敌，悉数被歼。此时，发现辽县之敌又以 1000 余人来援，刘伯承师长遂决定以一部迷惑、钳制敌人，掩护主力撤出战斗，转移至云安村、合壁村等地区隐蔽待机。此次战斗，共歼日军 2200 余人，自身伤亡 800 余人，第七七二团团长叶成焕光荣殉国。

长乐村战斗的胜利，对粉碎日军围攻起了决定性作用。此后，各路日军纷纷撤退，八路军及国民党军队乘胜追击，在沁源以南及沁县、沁源间，在辽县、和顺间，又各歼敌一部。27 日，盘踞长治之敌第一〇八师团向南撤退，当窜至长治以南的张店等地时，又遭中国军队截击，被歼近 1000 人。至此，日军"九路围攻"被彻底粉碎。此役历时二十三天，共歼敌 4000 余人，收复县城 18 座，从而使晋冀豫抗日根据地进一步巩固和扩大。

第十一章

齐鲁烽火

山东地处黄河下游，北接平津，南连苏皖，西邻冀豫，东濒大海，胶济铁路横亘东西，津浦铁路纵贯南北，是联结华北与华中战场的纽带，战略地位非常重要。境内有泰沂山脉、沂蒙山区、昆嵛山区和鲁东南丘陵，地形复杂，适于开展游击战争。1937年10月，日军侵入山东，中共山东省委书记黎玉在济南召开紧急会议，根据中共中央和北方局关于在敌后发动抗日武装起义和开展游击战争的指示，制定了分区发动抗日武装起义的计划和山东抗日游击队十大纲领。从1937年下半年到1938年底，在全省范围内，先后爆发了大小20多次抗日武装起义，其中较有影响的有十大抗日武装起义。

一、冀鲁边起义

卢沟桥事变爆发后，中共鲁北特委、津南工委党的领导人于文彬、马振华等就着手在宁津、乐陵、庆云、盐山等县发动武装斗争。1937年7月15日，"华北民众抗日救国会"和"华北民众抗日救国军"在盐山县旧县镇宣告成立。邢仁甫任救国会军事委员长兼救国军司令，周砚波任救国会政治部长，崔岳南、于文彬分任救国军政治部主任、副主任，周凯东任参谋长。下辖两个大队，队伍很快发展到1500余人。

1937年10月，救国军袭击了由沧州出发进犯盐山的千余伪军，先后在盐庆、盐乐公路两次伏击日军，攻克了盐山城东南日伪军据点五堡，毙伤日伪军200余人。不久，救国军改称"国民革命军别动总队第三十一支队"。

1938年1月底，该支队攻克盐山城，歼日军30余人、伪军400余人，于文彬在战斗中牺牲。2月至4月，该支队又先后攻克无棣、乐陵、庆云、阳信等县城，部队发展到2000余人，建立了乐陵、庆云、南皮三县抗日民主政府。

二、鲁西北起义

抗日战争爆发后，中共山东省委派组织部部长张霖之赴鲁西北特委工作，与山东省第六区行政督察专员兼保安司令范筑先建立了合作关系。在日军侵入鲁北、韩复榘下令南撤的情况下，1937年11月19日，范筑先毅然通电全国，决心留在鲁西北守土抗战，并将其保安司令部改为"山东省第六区抗日游击司令部"，将收编的大批杂牌武装编为35个支队和3路民军约6万兵力，控制了鲁西黄河两岸，建立了30多个县抗日政权，开辟了鲁西北敌后根据地。

与此同时，中共山东省委也向鲁西北各县派出干部发动武装斗争。1937年10月，首先在堂邑县凤凰集发动抗日武装，成立了"第一游击大队"，洪涛任大队长。1938年初，阳谷、寿张等县发动的武装并入第一游击大队，不久又收编了馆陶、冠县的两支民团约2000人。2月，游击大队改编为范筑先部的第十支队，由张维翰任司令员，张幼平任政治部主任。此后又将东平、汶上一带发动的武装编为第十支队东进梯队。8月，第十支队发展到5000余人，分三路进至长清、平阴、肥城县边界的大峰山区打游击。

在抗战爆发后的一年中，范筑先率领鲁西北抗日武装力量，同日寇进行大小战斗近百次，打击了敌人的嚣张气焰。1937年12月27日，范筑先率部在高唐、茌平交界处的南镇堵击南下的一股日军，毙伤敌近200名，粉碎了日军企图渡河南下包抄济南的计划。

1938年3月，为配合徐州会战，范筑先调集6000兵力围困濮县之敌。5月9日，在濮县城北七里堂战斗中，范筑先率直属队200余人被日伪军300余人偷袭包围，两军相距只有几十米，部队一度发生混乱。范筑先沉着镇定地指挥反击，并亲自端起机枪向日军猛扫，官兵受到极大鼓舞，个个奋勇作战，日军不支溃退。先后粉碎了日军对濮县、范县的三次进攻，驱逐了堂邑、高唐的伪军。

8月中旬，为配合武汉会战，范部发动了济南战役。8月12日夜，攻占济南张庄机场，烧毁敌机数架。13日，攻至济南城西纬十一路一带，并对洛口至德州段津浦铁路组织了万人大破袭，颠覆日军军车一列。范筑先次子、青年抗日挺进大队大队长范树民在战斗中牺牲。

1938年10月，范筑先将所部35个支队整编为四个纵队，自任总司令兼第四纵队司令。11月11日，济南、德州、禹城三路日军"扫荡"鲁西北，重点进攻聊城。聊城地处冀、鲁、豫三省交界，黄河与大运河在此交汇，城周围形成了宽阔的湖面，易守难攻。但此时城内兵力空虚，只有司令部直属部队游击营、卫队营、手枪连六七百人。

14日下午4时，日军首先从南门攻城。游击营在南门同日军展开激战，连续打退了日军数次进攻，毙伤日军数十人。黄昏时分，日军攻占东关，随后在猛烈炮火配合下，乘着黑夜从三个方向爬城。范筑先急率传令队赶来增援，经过两个小时的激战，打退了日军的进攻。

15日黎明，日伪军700余人在飞机掩护下，对聊城东门发起了猛攻。范筑先亲率执法队督战，左臂负伤仍不下火线，先后打退了敌人的三次进攻。上午9时，东城门被猛烈的炮火击毁，敌人蜂拥入城。范筑先率部退守城中心制高点光岳楼，被日机扫射打断腿骨。范筑先宁死不当俘虏，举枪自戕。共产党员张郁光、姚第鸿及聊城县长兼城防司令郑佐衡、警察局局长林金堂等守城官兵700余人壮烈殉国。

范筑先（1881—1938），河北馆陶县人。毕业于北洋陆军讲武堂，历任中央陆军第四师炮兵营长、补充团长、师参谋长、第八旅旅长、第十三军少将参赞、第三路军少将参议、沂水、临沂县长、山东省第六区行政督察专员、保安司令兼聊城县长。1938年10月在聊城保卫战中牺牲

范筑先将军殉国后，国共两党为其举行了隆重的追悼会。朱德、彭德怀、吴玉章、董必武以及蒋介石分别送了挽联。蒋介石送的挽联是："碧血为山河，百里危城留与社会树模范；浩气存天地，千秋青史合为民族表英雄。"国民政府还"特令褒扬"，"通令全国下半旗三天"。

范筑先牺牲后，鲁西北局面发生了混乱和分化。1939年1月，以共产党领导的第十支队为核心，组成了筑先纵队，张维翰任司令员，袁仲贤任政治部主任，继续活动在鲁西北平原，坚持了鲁西北地区的抗日游击战争。

三、天福山起义

1937年12月，日军海陆并进攻占青岛，胶东地区形势紧张。中共胶东特委书记理琪立即在文登县召开特委扩大会议，决定发动抗日武装起义。

12月24日，胶东特委以第二次国内革命战争时期保存下来的昆嵛山红军

游击队 30 余人为基础，在文登、荣成、威海边界天福山举起义旗，成立"山东人民抗日救国军第三军第一大队"，于得水任大队长，宋澄任政委，队伍 80 余人。30 日，第三军第一大队在文登县岭上村遭到文登县长李毓英部武装数百人围攻，宋澄等谈判代表被捕，于得水率部突围，起义暂时受挫。

1938 年 1 月 15 日，理琪赴威海，与国民党威海卫行政区管理公署专员孙玺凤合作，发动了以原国民党二区政训处为基础的威海抗日武装起义。随后，天福山突围部队和被捕释放的干部战士陆续赶来，队伍发展到 100 余人。为适应部队发展的需要，19 日成立了"胶东军政委员会"，理琪任主席，吕志恒任副主席。同时成立"山东人民抗日救国军第三军司令部"，理琪兼任司令，林一山任政治部主任，下辖两个大队、一个特务队。

1938 年 2 月 3 日，日军 3000 余人自青岛沿烟青公路北犯，侵占福山和烟台后，又兵分两路，一路东犯牟平，一路西犯蓬莱、黄县、招远。2 月 5 日，东路日军占领牟平县城，建立了伪政权。2 月 13 日，理琪率第三军第一大队及特务队近百人，长途奔袭牟平城，活捉了伪县长宋健吾，俘虏以商团为主的武装人员 100 余人，打响了胶东抗战第一枪。

当天中午，攻城部队撤出牟平县城后，进入城南山区，理琪率指挥部来到离城东南 3 里的雷神庙开会。驻守烟台的日本海军陆战队接到牟平被袭消息后，乘汽车赶来，迅速将雷神庙包围，并集中火力向大门猛扑。理琪指挥部队坚守庙房，不幸中弹牺牲。余部继续战斗，一直坚持到天黑，在原国民党牟平县保安大队大队长张建勋部策应下突围。随后，胶东特委和第三军总部西进蓬、黄、掖，开辟抗日根据地。

与此同时，胶东各县蓬莱、黄县、掖县、莱阳、招远、栖霞、福山等地也都建立了抗日武装，其中规模较大的是蓬莱、黄县和掖县的三支武装。

蓬莱于 1938 年 2 月 3 日成立第三军第三大队，于仲淑任大队长，于眉任政治部主任，不久改为第三军第二路，下辖两个大队，350 多人。3 月 18 日攻克蓬莱县城，俘伪县长、警察局局长等 200 余人。部队很快扩大到 10 个大队，近 2500 人，建立了蓬莱县抗日民主政府。

黄县于 1938 年 1 月初建立第三军第三大队。2 月中旬，与国民党黄县县长王景宋部达成联合抗日协议，暂编为国民党第五战区游击指挥部第九纵队第二支队。后因王部搞摩擦，配合八路军鲁东抗日游击第七、八支队，将该部近千人缴械改编。原第三大队 400 余人编为第三军第四路，李希孔任指挥，陈迈千

八路军山东游击第五支队成立大会

任政委,仲曦东任政治处主任。5月17日,成立了黄县抗日民主政府。

掖县在1937年冬组建了一批群众武装,并与该县国民党员赵森堂的一支武装联合成立"掖县民众抗敌动员委员会"。1938年1月,县委又先后争取了全县十个区的大部分区队。3月8日,各路部队汇聚于掖县城北的玉皇顶,翌日攻克掖县城,俘伪县长刘子容及其保安队、警卫队全部。"掖县民众抗敌动员委员会"改名"胶东抗日游击第三支队",郑耀南任支队长,张加洛任政治部主任,赵森堂任参谋长。队伍很快发展到3000多人,并成立了掖县抗日民主政府。

9月18日,根据省委指示,第三军与第三支队合编为八路军山东人民抗日游击队第五支队,高锦纯任司令员,宋澄任政委,赵锡纯任参谋长,于眉任政治部主任,下辖6个团,共7000余人。并先后成立了中共胶东区委和胶东北海区行政督察专员公署,辖黄县、蓬莱和掖县三个抗日民主政权,创办了北海银行,建立起蓬黄掖抗日根据地。

四、黑铁山起义

黑铁山坐落在长山县东部,海拔255米,位于长山、桓台、益都、临淄四县边界,群众基础较好。卢沟桥事变后,中共山东省委为开展长山一带的抗日救亡运动，陆续派出共产党员姚仲明、赵明新和红军团长廖容标到长山中学任教，争取当地进步人士长山中学校长马耀南，发动群众，进行抗日。

1937年12月23日夜，日军由济阳南渡黄河，占领周村。24日，日军飞机轰炸长山县城，引起群情激愤。姚仲明、廖容标认为起义时机已到，立即召集党小组会议，决定发动武装起义。

12月26日晚，姚仲明、廖容标带领长山中学60多名师生，步行30公里，赶到黑铁山下的太平庄小学，与先期到达的部分起义人员会合，拿着仅有的三支步枪和八把拴着红布的大刀，正式举行了武装起义，宣布成立"山东人民抗日救国军第五军"，廖容标任司令员，姚仲明任政委，赵明新任政治部主任，马耀南任参谋长兼"临时行动委员会"主任。27日，队伍开到黑铁山，第五军军旗插上了黑铁山之巅。不久，国民党长山县原保安大队200余人赶来投靠，队伍迅速增加到300多人。

1938年1月8日，廖容标率部夜袭长山县城，摧毁伪维持会，俘伪公安局局长等30余人，缴获枪支弹药一批，随后部队进入长白山区。1月19日夜，在小清河陶唐口附近伏击日军汽艇1艘，击毙日军青（岛）烟（台）潍（县）司令松井山村少将一行12人，缴获电台1部。2月5日，在白云山北麓的三官庙驻地，粉碎了来自周村、邹平等地400余名日伪军的报复性进攻，激战竟日，毙伤敌伪军近百名。4月初，为配合台儿庄战役，第五军对胶济铁路西段和张博铁路支线实行大破袭，炸毁日军军车7列，并攻入淄川县城，捣毁淄川县伪维持会。

第五军成立不久，三战三捷，迅速打出了军威，慕名参军的越来越多，短短几个月时间，起义部队就发展成一支上千人的队伍。

1938年7月，根据中央指示和省委决定，第五军改番号为"八路军山东人民抗日游击第三支队"，马耀南任司令员，杨国夫任副司令员，姚仲明任政委，辖第七、八、九3个团和1个营。廖容标调任山东纵队第四支队司令员。

8月13日，为配合武汉会战，第三支队一部联合石友三部第十军团向日伪军盘踞的济南发动进攻，在黄台、青龙桥、西关、南关等处与敌人展开激战，一度攻至普利门附近，毙伤日伪军近千人，受到国民政府军事委员会的通令嘉奖。

第三、八支队负责人韩明柱、姚仲明、霍士廉、廖容标、马耀南、张文通（从左至右）合影

五、牛头镇起义

1937年10月，中共鲁东工委成立，在潍县、昌邑、博兴、广饶、寿光、益都等县恢复和发展党的组织，筹建抗日武装。10月下旬，日寇侵入山东境内。寿光县委召开扩大会议，研究确定在牛头镇发动抗日武装起义。

牛头镇位于寿光西北的巨淀湖边，芦苇遍地，易于机动，周围群众基础较好。马保三以湖东乡乡长的合法身份，搜集枪支，举办抗日民众训练班，积极投入组建抗日武装的准备工作。

12月下旬，日军沿胶济铁路东侵，鲁中一带相继沦陷。12月29日，中共鲁东工委和寿光县委在牛头镇集合举行武装起义，宣布成立"国民革命军第八路军鲁东抗日游击第八支队"，马保三任司令员，韩明柱任副司令，张文通任政委，杨涤生任政治部主任。下辖第一、三、五、七、九中队以及特务队、骑兵连，共约700人。

1938年1月9日，日军侵入寿光县城。1月25日，起义部队在寿光城西南三里庄设伏，击毁敌汽车1辆，消灭日寇军官3名、士兵1名，缴获军用物资一批。2月中旬，部队又在三合庄一带打垮伪华北治安军散兵一股，缴获步枪70余支。起义部队在战斗中不断壮大，寿光、益都、广饶等地的小股抗日武装相继编入，队伍扩大到2000余人。

1938年1月27日，鲁东工委书记鹿省三又将潍县、昌邑、安丘等地的十几股武装集中于潍县蔡家栏子一带举行起义,成立"八路军鲁东抗日游击第七支队",王培汉任支队长,鹿省三任政委。

3月25日,第七、八支队在昌邑北部瓦城会师。4月2日,两支队联合袭击柳疃镇,毙伤日伪军一部。4月5日,两部合编为"国民革命军第八路军鲁东游击队",奉命东进掖县、黄县地区,与胶东第三军和掖县第三支队一起为蓬黄掖抗日根据地的开辟做出了贡献,部队发展到6000余人。

7月,该部奉命回师西进,经昌邑、潍县、寿光,返回小清河以南地区。9月,与清河第三支队一起奔袭焦桥地方土顽,巩固发展了清河区抗日游击根据地。10月8日,在长山城西孟家庄与敌遭遇,激战竟日,歼日伪军40余人,第八支队副司令员韩明柱壮烈牺牲。

12月,马保三率部越过胶济铁路挺进鲁中,进驻沂水、临朐一带,参与创建沂蒙山区根据地。下旬,部队改编为八路军山东纵队第八支队,马保三任支队司令员,从此转战沂蒙山区。

六、徂徕山起义

徂徕山位于泰山东南20余公里处,山脉呈东北西南走向,有大小峰峦97座,主峰海拔1028米,方圆250平方公里。北依泰山,南靠蒙山,东邻莲花山,西控津浦铁路,四周群山环绕,适合开展游击战。

1937年10月,中共山东省委从济南转移到泰安。12月23日晚,日军第五师团、第十师团渡过黄河,兵分两路进攻济南和泰安。24日,省委书记黎玉、宣传部长林浩、秘书长景晓村和泰安县委的领导在泰安文庙召开紧急会议,决定在徂徕山地区迅速举行抗日武装起义。

12月31日,日军攻陷泰安城。1938年1月1日,省委机关、泰安县委、泰安民众自卫团及平津济南流亡学生和民先队员160余人汇聚徂徕山,在四禅寺举行起义誓师大会。省委书记黎玉宣布"八路军山东人民抗日游击队第四支队"正式成立,洪涛任支队司令,赵杰任副司令,黎玉兼政治委员,林浩任政治部主任,下辖第一、第二两个中队。不久,泰安、莱芜、新泰、泗水、宁阳等县抗日武装相继奔赴徂徕山,第四支队迅速扩大,队伍发展到500余人。

1月26日,第四支队在徂徕山南的寺岭庄成功伏击一股日军运输队,毙伤日军10余人。2月3日拂晓,又在新泰西北的四槐树村设伏,在公路上埋设地雷，炸毁日军汽车2辆，毙敌大佐以下40余人。第四支队在斗争中不断壮大，短短一个多月的时间，部队发展到近千人，迅速扩编为7个中队。

中共中央对鲁中地区的抗日斗争非常重视。1938年1月，中央在给省委的指示信中指出："省委工作的中心应当放在鲁中区，开始依靠新泰、莱芜、泰安、邹县的工作基础，努力向东发展，尤以莒县、蒙阴等广大地区为重心。"根据中央指示，2月底，省委决定第四支队在新泰县兵分两路活动：洪涛、林浩带领第一、三、四中队编成的第一大队北向淄川、博山、长山一带发展；黎玉、赵杰等带领第二、五、七中队编成的第二大队南向蒙山、费县、沂水一带发展。两路部队得到进一步扩大，到4月下旬发展到4000余人。

4月28日，第二大队奇袭莱芜城，活捉顽固县长谭远村，缴获大批武器弹药。接着，两路部队在莱芜城胜利会师，并改番号为"山东人民抗日联军独立第一师"，下辖3个团。此后不久，部队返回徂徕山一带活动。支队司令洪涛因伤病复发去世，第五支队司令员廖容标接任第四支队司令。

1938年5月，中央为加强对山东的领导，派以郭洪涛为首的50多名干部，携电台两部，从延安辗转到达徂徕山区。6月6日，毛泽东与刘少奇联名电示："山东的基干武装应组建支队，恢复和使用八路军游击支队的番号，目前可组成四至五个支队，县区武装则以支队领导下的游击队名义出现，用抗日联军名义不好。"8日，毛泽东同志再次电示："凡属我党领导，已取得广大群众拥护，又邻近友党友军之游击队，以用八路军名义为宜。否则，各地国民党均将控制，如使用普遍名义，则不得不听其指挥，甚至通令解散，八路军亦无权过问，用八路军名义则无此弊。"第四支队遂撤销"独立师"番号，恢复"八路军山东人民抗日游击队第四支队"番号。

中共山东省委书记黎玉在做讲话

7月，林浩率省委和四支队机关及部分部队东去岸堤、坦埠一带开辟沂蒙山区根据地；郭洪涛率第二、第三团南下滕县，支援苏鲁人民抗日义勇队反击国民党土顽势力的斗争；第一团仍留在泰山地区活动。不久，第四支队各路部队在沂水岸堤一带会师，集中力量创建以沂蒙山区为中心的抗日根据地。

七、泰西起义

泰西地区位于泰山以西，东靠津浦铁路，西临黄河，北至济南，南至大汶河，是党中央和北方局经过鲁西联系山东的重要通道。1937年10月，日军侵入山东。中共山东省委派张北华等到泰西地区开展抗日救亡活动，发动群众，准备武装起义。

1938年1月1日，日军入侵肥城。当天，张北华、远静沧等10人携枪开出夏张镇，转移到夏张西北的响水寺，点燃了泰西抗日武装起义的烽火。与此同时，王仲范、葛阳斋等人，也在泰安第九区和肥城第三区分别建立了两支抗日武装。

1月11日，三支抗日武装到达肥城县空杏寺会师，宣布成立"山东西区人民抗敌自卫团"，张北华任自卫团主席，远静沧任自卫团政治部主任，葛阳斋任自卫团副主席，程重远任供给部部长，徐麟村任总务部长。下辖两个大队，泰安县组织的队伍编为一大队，肥城县组织的队伍编为二大队，共100余人、80余支枪。

自卫团成立后，决定首先攻打肥城。1月16日晚，部队从空杏寺出发，冒雪行军20余公里，翌日拂晓到达肥城县城。早上乘开城门之际，部队一拥而入，俘虏伪维持会武装20余人，缴获长短枪十几支，活捉了伪维持会长范维新。自卫团在南大寺召开公判大会，枪决了汉奸范维新，并在肥城驻扎，扩大了抗日队伍的影响，部队扩大到300余人。

1月28日夜，张北华、崔子明带领60多名精干队员，急行军赶到长清、泰安交界的界首车站附近。乘夜摸进界首村内日军营房，用大刀砍死七八个酣睡的日军，并毙伤界首车站前来增援的10余名敌人。自卫团两战两捷，声威大振。至3月底，部队迅猛发展到17个大队2000余人。

3月下旬，台儿庄战役打响，日军在津浦铁路和沿线公路上，加紧往南运输作战物资。为配合台儿庄战役，自卫团在津浦路大汶口附近的黑虎泉山峪炸翻敌军用列车一列，爆炸持续五六个小时之久，毙伤押车日军20余人。继又炸毁泰安以北万德车站附近的铁路桥和土门公路桥，断敌交通10余日。

日军为了恢复和维持交通，令万德、泰安两地的驻军同时出动，对自卫团进行合击。第一大队突围后撤回肥城，数百名日军尾随而来。自卫团随即分两路撤出肥城，转移到泰肥山区和长清大峰山区活动。4月4日，自卫团在红枪会武装配合下，在泰安至肥城公路上的道朗镇阻击日军，激战一天，毙伤敌20余人，自卫团政治部主任远静沧中弹牺牲。

1938年5月，泰西特委建立，段君毅任特委书记；并成立肥城县抗日民主政府，于会川任县长兼县大队大队长。7月，在大峰山地区活动的自卫团一部，于平阴至长清公路上的下巴村山谷，伏击日军运输队一部，杀伤日军20余人。

1938年11月，根据八路军总部的命令，山东西区人民抗敌自卫团、山东第六区抗日游击司令部第十七支队、大峰山独立营等泰西抗日武装，聚集大峰山区，整编为八路军山东纵队第六支队，刘海涛任司令员，何光宇任副司令员，张北华任政治委员。辖4个团、1个独立营，继续在泰西一带活动。

八、鲁东南起义

鲁东南地区主要包括诸城、日照、莒县、沂水一带山区。这里属鲁东南丘陵地带，泰沂余脉自西向东蜿蜒入海，境内有五莲山、七莲山、九仙山、马耳山、障日山、摘月山、藏马山等500米以上的山峰数十座，便于开展游击战。大革命时期这一带就建立了地方党组织，在五莲山区组织过暴动，群众基础较好。

抗日战争爆发后，在北平做地下工作的共产党员赵志刚、董昆一、王辩等人，来到诸城从事抗日救亡工作，先后成立了中共诸城特别支部和中共诸城临时县委，积极发动群众，建立抗日武装。1937年10月，进步青年王国栋（鲁平）在诸城北部都吉台一带组织起一支200人的"抗日自卫队"。11月，在中共"一大"代表王尽美的故乡大北杏村，由王尽美的长子王乃征和进步青年王东年等人发起成立了北杏支部，与地方武装莫正民部合作成立了"第四游击区独立第一支队"，莫正民任司令，王东年任政训处主任，队伍发展到数百人。

1938年1月上旬，中共沂水县委在沂水以西的公家疃一带组织领导抗日武装起义，组建了山东人民抗日游击第四支队第六大队。与此同时，中共莒县党组织也在珍珠山一带举行武装起义，组建了民众抗日自卫团。2月底，沂、莒两县游击队，合编为"八路军山东抗日游击队第四支队第六大队"，鲁滨任大队长，邵德孚任党代表，李仲林任政治部主任，下辖三个中队和一个特务中队，共500余人。

1938年2月，日军先后占领诸城、日照、莒县三县县城。6月，第四支队第六大队进驻莒南垛庄、岳家沟一带，改编为"八路军山东游击第二支队"，红军干部罗积伟任司令员，吴坤任副司令，杨昆任政委。不久，省委派景晓村、刘涌来鲁东南，在大店成立鲁东南特委，景晓村任书记。同时，第二支队也进行整编，刘涌任司令员，景晓村兼政委，李仲林任政治部主任。整编后，第二支队辖两个营、1个特务连，共700余人。部队先后在莒县以南的十字路、良店、日照西南的碑廊，歼灭伪军刘桂堂部200余人。

1938年10月，第二支队开往诸城南部山区石河头一带，在诸城县独立营的配合下，拔掉了朱解、瓦店两个伪据点，然后进驻泊里镇，在诸胶边一带活动，控制了王家滩以东的大场、小场出海口，开辟了鲁东南抗日根据地。

1938年底，第二支队奉命改编为"八路军山东纵队第二支队"。

九、鲁南起义

鲁南地区，包括滕县、邹县、峄县、临沂、郯城、费县和江苏沛县等地，地处陇海、津浦铁路交会处，战略位置比较重要。抗战爆发后，鲁南各地党组织，在苏鲁豫皖边区特委书记郭子化领导下，采用各种方式积极进行抗日活动，组织抗日武装。

1937年9月，峄县共产党员朱道南组织了"鲁南民众抗日自卫团"，1938年3月转移到峄县北部山区，与"四川旅沪同乡会战地服务团"合并为"战地服务团义勇队"，同月底，又与郭致远等在峄县北部山区组织的一部分武装合并。与此同时，沛县县委书记张光中组织了"沛县人民抗日自卫队"，省委巡视员孙俊才与滕县共产党员李乐平等建立了"滕县人民抗日义勇队"。中共临郯中心县委组织了临郯青年抗日义勇队。

这些部队创建后，积极寻机打击敌人，台儿庄战役和徐州会战期间，组织破袭津浦铁路和临枣铁路支线，部队发展迅速。5月1日，峄、沛、滕三县武装在滕峄边的墓山会师，编为"第五战区游击总指挥部苏鲁人民抗日义勇总队"，总队长张光中，政委何一萍，辖3个大队，近600人。

滕县东部地方武装第七游击司令申从周、刘广田等部对义勇队十分仇视，多次制造摩擦。6月下旬，义勇队联合临沂、郯城、费县、峄县四县边区联庄会武装，将申从周部2000余众击溃。

为防申部反扑，省委应义勇队的请求，由郭洪涛率第四支队一部，于月底进抵滕县东部支援义勇队。7月，第四支队与义勇队攻克申部老巢冯卯，毙伤顽军近400人，但在攻打刘广田老巢东江村时受挫，政委何一萍阵亡。滕、峄、费、邹、沛五县顽固势力，包围第四支队和义勇队。第四支队撤离北返，义勇队东进抱犊崮山区活动。为解决供给问题，义勇队接受国民党山东省第三专区专员兼保安司令张里元番号，改称山东省第三区保安司令部直辖第四团。

9月上旬，第四团与张里元部何志斌团配合，在临枣公路旁的胭脂山伏击日军，歼敌70余人。12月，又对日军新设的车辆据点进行了40余天的围困战，迫使日军撤退，稳定了鲁南山区抗日根据地。

八路军第一一五师进入鲁南后，义勇队正式改编为八路军苏鲁支队。

十、湖西起义

湖西地区位于苏、鲁、豫、皖四省交界处，因其大部位于微山湖以西，故称湖西地区。1937年10月，中共山东省委决定成立鲁西南工委，领导济宁、金乡、鱼台、单县、曹县、成武等县的党组织。工委成立后，即在鲁西南各县发动群众，组建抗日武装。

1938年2月4日，鲁西南工委和单县县委以单县张寨抗日训练班为基础，成立了张寨抗日自卫团。同年春，苏鲁豫皖边区特委在沛县、丰县、砀山等县也组建了抗日武装。6月11日，丰、沛、砀等县和单县的抗日武装在丰县城南的渠楼汇集，编为"苏鲁人民抗日义勇队第二总队"，李贞乾任总队长，王文彬任政委，下辖4个大队。不久，金乡、萧县、宿县等县的部分武装也相继编入，部队扩大到数千人。

第二总队建立后，多次寻找战机打击日军。7月，在单县、砀山县边，截击一股日军，击毙7人，缴获汽车2辆。8月5日，在丰县华山镇附近截击日军，毙日军小队长1名、士兵数名。8月23日，4名义勇队员化装成农民，以"送礼"为名，进入萧县西北的黄庙日军据点，里应外合，全歼日军一个小队21人，缴获轻机枪1挺、步枪17支及军用物资一批。同月，在讨伐丰县伪救国军第一军第一师王献臣部时受挫，苦战月余，部队减至数百人。

1938年12月，第二总队改编为"八路军山东纵队苏鲁挺进支队"，不久又改编为苏鲁豫支队的一部分，坚持在湖西、淮北和豫东一带战斗，创建了湖西抗日根据地。

第十二章

挺进山东

从抗日战争全面爆发到1938年底，抗日烽火燃遍了齐鲁大地，北起冀鲁边，南到苏鲁边，东达黄海之滨，西至鲁西平原，抗日武装起义风起云涌。八路军山东纵队很快发展到10个支队，2.45万人，并初步开辟了多块游击根据地。但起义部队多数是地方农民武装，没有红军正规部队的基础和经验，迫切需要一支主力部队做骨干。在中共六届六中全会上，毛泽东提出了"派兵去山东"的战略决策，第一一五师随后挺进山东。

一、挺进山东

1938年4月，山东省委书记黎玉赴延安汇报工作。毛泽东听后非常高兴，连声说："好！好！你们能抓住时机，建立起自己的武装，这是一件很了不起的事。"接着，他指着地图说："你们应当向鲁南山区发展，注意在这一带建立根据地。没有根据地，游击战争就不能长期生存和发展。这个根据地也就是你们开展游击战争的大后方。"

当黎玉提出派一个主力团到山东去的请求时，毛泽东当即表示："中央支持你们。一个团是不够的，看来还要多去一些！"

随后，中央决定先派郭洪涛、张经武等50余名军政干部到山东工作，由郭洪涛任苏鲁豫皖边区省委书记。临行前，毛泽东接见了全体人员，风趣地说："你们去山东开展游击战争，要学会孙悟空钻到牛魔王肚子里去的战术，要牵制敌人，持久作战。"

1938年5月26日至6月3日，毛泽东在延安抗日战争研究会上作了《论持久战》的长篇演讲，科学分析了中日双方相互矛盾着的四个基本特点，准确预见了抗日战争将经历的战略防御、战略相持、战略反攻三个阶段，进一步坚定了全国人民持久抗战的胜利信心，为开展游击战争和夺取抗战胜利指明了正确方向。

5月19日,毛泽东电示八路军总部及中共中央长江局,指出:"山东方面已开展起游击战争,那边民枪极多,主要派干部去,派一两个营做基干更好。"7月,八路军第一一五师第五支队和第一二九师津浦支队先后从冀南开抵冀鲁边区。随后,第一一五师政治部副主任萧华率八路军东进抗日挺进纵队抵达乐陵,揭开了挺进山东的序幕。

1938年7月下旬,根据中共中央指示,苏鲁豫皖边区省委决定,经国民党第六十九军政治部部长、共产党员张友渔提议,由该军军长石友三主持,在新泰龙廷召开山东军政人员会议。参加会议的人员有国民党地方代表张里元、厉文礼、秦启荣等;中共代表有郭洪涛、廖容标、马保三等。会议达成两项协议和三项协定。两项协议是:成立联合参谋部、建立民运指挥部;三项协定是:彼此不搞摩擦、不互相瓦解部队、不许向友军防地扩展地盘。此次会议,团结了抗日力量,挫败了秦启荣等阻止抗日武装发展的阴谋,孤立了国民党顽固派,出现国共两党联合抗日的局面。

1938年11月,毛泽东在中共六届六中全会上提出了"派兵去山东"的战略决策。11月25日,毛泽东致电彭德怀:陈(光)、罗(荣桓)率师部及陈旅主力(两个团)全部去山东、淮北为适宜。

12月27日,八路军第一一五师第三四三旅第六八五团由晋东南进抵鲁西南。首战崔庄、韩庄,歼灭伪军王显忱部800余人,并击退了由丰县县城出动来侵之敌,鼓舞了湖西人民的抗日斗争。1939年2月,第一一五师第三四四旅代旅长杨得志率部东渡黄河,进驻东明、濮县一带,成立了冀鲁豫支队,建立了冀鲁豫抗日根据地。

1939年3月1日,第一一五师代师长陈光、政治委员兼政治部主任罗荣桓,率第一一五师师部和第三四三旅第六八六团2000余人组成东进支队,由晋西出发到达鲁西郓城地区,与山东纵队第六支队和八路军津浦支队会合。

3月4日凌晨,第六八六团在团长兼政委杨勇指挥下,向郓城西北樊坝伪军据点发起进攻,战至下午,全歼郓城伪县长刘本功部一个保安团800余人。随后,杨勇率部留在运河以西地区,创建运西根据地。

3月7日,第一一五师师部派出骑兵连,向汶上县城方向侦察敌情。骑兵连穿上日军的大衣,骑着缴获的大洋马,伪装日军来到距汶上城西北五里的伪军据点草桥。伪军哨兵慌忙敬礼,化装成日本军官的骑兵连长胡乱讲了

第一一五师挺进山东

一通谁也听不懂的"日语",然后由"翻译"命令说:"联队长来阅兵,快把队伍集合起来。"伪军大队长毕恭毕敬地率队迎接,骑兵连突然将其包围,全部缴械。

3月14日,陈光、罗荣桓率第一一五师师部过运河东进,进入泰(山)西地区,与中共泰西地委和由泰西人民抗日起义武装所编成的八路军山东纵队第六支队在东平县常庄会合,师部进驻东平湖里的土山岛。随后派出工作队分赴汶上、东平、泰安、肥城、宁阳、平阴、长清等县发动群众,扩大抗日武装,建立抗日民主政权,初步开辟了泰(山)西根据地。并先后派两批人员越津浦铁路进入沂蒙山区,在泗水、新泰、蒙阴、费县一带活动。

二、陆房突围

从1938年底开始,日军增强驻山东的兵力,组建第十二军,下辖第五、第二十一、第一一四师团、独立混成第五旅团、独立混成第六旅团、独立混成第十六旅团等部，占据着山东大部分城市和交通要道，并开始向乡村渗透。

1939年5月1日，日军驻山东最高指挥官、第十二军司令官尾高龟藏纠集济南、泰安、兖州、肥城、平阴、东阿、宁阳、长清、汶上等17个城镇的日军5000余人和伪军一部，配备汽车、装甲车100余辆，大炮100余门，分九路"扫荡"泰西根据地，企图寻找第一一五师主力决战。从5月2日至8日，日伪军首先对大汶河南岸的东平、汶上地区进行"扫荡"，9日开始以"步步为营、稳扎稳打"的战术向肥城以南、汶河以北推进，逐步形成合围。至10日，日伪控制山外各要口，形成封锁圈，逐步向内压缩。第一一五师师部、第六八六团、津浦支队、冀鲁边第七团、山东纵队第六支队等部，以及鲁西区党委、泰西地委等共3000余人，被包围于陆房周围纵横10公里的地域内。

陆房村地处大汶河北，三面环山，东边是狼山，西边是肥猪山，南面是蛤蟆山，北边是凤凰山，只有东南面出口是开阔地，第一一五师师部就驻在东陆房村。陈光代师长命令第六八六团两个营负责掩护，师机关、直属队、津浦支队向大峰山区转移，山东纵队第六支队向平阴、东阿转移。但除六支队因道路熟悉成功转移外，其余部队均遭敌机动部队阻击转移未成。陈光当即命令第六八六团迅速占领陆房西南的肥猪山和牙山，津浦支队和师特务营扼守陆房以东和东北的凤凰山，凭险据守，待机突围。

11日拂晓，日伪军在炮火支援下发起全线进攻。第六八六团在张仁初团长指挥下沉着应战，用步枪、手榴弹打退了日伪军的轮番进攻。战至中午，日军改变战法，由轮番攻击改为集团冲锋。集中所有炮火，向肥猪山、牙山阵地猛烈轰击，直打得岩石开花、山崩地裂。第六八六团指战员们一直坚守着阵地，接连击退了敌人七八次冲锋。坚持在陆房以北、以东的师特务营和津浦支队也击退了敌人的多次进攻。有200多名日军一度突破了一营与津浦支队的结合部，逼近第一一五师师部驻地陆房村边。两支部队密切配合，发起了勇猛的反冲击，战士们从山上扑下来冲向敌人，与日军展开了激烈的肉搏战，终于把突入阵地的日军打退了。

战至黄昏，日军停止进攻，以重兵把守陆房周围各制高点与大小路口，并燃起了堆堆篝火，以防八路军夜间偷袭和突围。第一一五师利用敌人不敢夜战的弱点，在当地农民的导领下，分三路乘夜隐蔽突围，跳出了敌人包围圈，拂晓前到达东平县无盐村集结休整。

12日晨天亮后，日军继续对第一一五师阵地发起一阵炮击，当冲进陆房村时,却见不到一个八路军的影子。日军最高指挥官尾高龟藏得到报告根本不信,亲自到陆房查看后恼羞成怒,对陆房一带的村民实行了疯狂报复,制造了骇人听闻的"狼山惨案",杀害当地群众126人,烧毁民房153间,妄图找出八路军去向。当地群众冒着生命危险掩护了八路军伤员78人,许多妇女把八路军战士认作兄弟、丈夫,有6位老大娘把战士认作儿子,没有一个伤员被敌人抓走,伤愈后全部归队。

陆房突围战,第一一五师伤亡官兵360余人,毙伤日伪军1200余人,粉碎了日军围歼的企图。

三、梁山歼灭战

陆房突围后,第一一五师师部率主力一部转向东平、汶上一带活动。1939年8月1日,师部及直属部队,在梁山县独山村东面的孟家林召开庆祝"八一"建节大会。8时许,得悉驻兖州、汶上日军第三十二师团千田联队的一个大队及伪军共300余人,由长田敏江少佐率领,从汶上县城出动,向梁山地区进犯,对鲁西进行"扫荡"。经侦察发现没有后续部队后,第一一五师代师长陈光、政委罗荣桓决定歼灭该股孤军深入之敌。随即将庆祝会改为战斗动员会,并部署部队做好战斗准备。

8月2日上午,日军到达梁山南麓前集庄附近。担负监视、袭扰任务的小分队发动突然袭击后,迅即撤出战斗。敌人见火力不强,认为是"土八路"袭扰,便继续西进。傍晚时分,进抵梁山南麓的马振扬村宿营。

时值大暑季节,天气炎热。日军连续行军,早已人困马乏、疲惫不堪,窜进马振扬村后,有的到老百姓家里抢鸡抓鸭,有的脱掉衣服在树荫下休息,有的跳进村头池塘里洗澡。绝大部分日军则在庄南面一座大院外的树林下露宿,3门炮放在院外,毫无戒备。第三营指挥员遂决定利用敌人的骄横麻痹,歼灭该敌并夺取大炮。

黄昏后,第三营第十连迅速夺取独山高地,并依托有利地形,切断了敌军的退路。与此同时,第十一连自南侧突入独山庄,第十二连自东侧,特务营第二连、骑兵连自北侧向庄内突然发起进攻。各连相互配合,协同作战,与日伪军展开激烈争夺。日军指挥官长田敏江挥舞着战刀,亲率残部,企图突围未成,遂退据独山南坡的大车店院内进行顽抗。

八路军指战员在梁山歼灭战中

次日拂晓，第三营集中 10 余挺轻重机枪和掷弹筒于独山下，组成密集的火力网，居高临下，向龟缩在大车店院内的残敌猛烈射击，掩护由排长李炳祥率领的突击队，向敌发起猛攻。突击部队闪电般冲进大院，将日军逼退到几间房屋里，随即登上房顶，将一枚枚手榴弹投进屋里，直炸得日军血肉横飞，未被炸死的 20 余名日军破门而逃。骑兵连分头追杀，战士们挥动着闪闪发光的大刀片，像秋风扫落叶一样向敌人砍去。残敌除 1 人逃回汶上，1 人被当地群众抓获外，其余全部被歼，日军大队长长田敏江少佐自杀身亡。

此次战斗，八路军共毙伤日伪军 300 余人，俘虏日伪军 24 人；缴获野炮 2 门、重炮 1 门、掷弹筒 3 具、轻重机枪 17 挺。中央军委发电致贺，蒋介石也来电嘉奖，并发给慰劳金 3 万元。

9 月 4 日，八路军总部给第一一五师发出指令指出：肥城山区甚小，我一一五师主力应转移到泗水、费县、临沂地区；萧华所部驻区粮食困难，敌之封锁严密，应转入鲁西。9 月下旬，萧华奉命率东进抗日挺进纵队机关和主力一部由冀鲁边区转移到鲁西。罗荣桓则率师部、第六八六团及津浦支队由鲁西越津浦铁路去鲁南，于 10 月下旬，到达苍山大炉，建立了以抱犊崮山区为中心的鲁南抗日根据地。

第十三章

武汉会战

武汉地处江汉平原，万里长江横穿东西，京汉铁路纵贯南北，是华中水陆交通的重要枢纽，素有"九省通衢"之称。南京失陷后，中华民国迁都重庆，但国民政府主要机关和军事统帅部却移驻武汉，实际上武汉成为当时全国政治、经济、军事、文化的中心，战略位置非常重要。日本大本营认为"攻占汉口是早日结束战争的最大机会"，"只要攻占了汉口、广州，就可以统治中国"。

1938年6月15日，日本御前会议正式决定实施武汉作战。日军"华中派遣军"司令部先后调集第二军和第十一军共12个师团，以及海军第三舰队、航空兵团等500余架飞机、120余艘舰艇，约25万兵力，在"华中派遣军"司令官畑俊六大将指挥下，沿长江两岸西进，分五路进攻武汉。

为保卫武汉，国民政府军事委员会决定调整作战序列，于1938年6月新编第九战区，同时决定以第五、第九两个战区14个集团军共129个师，以及200多架飞机、40余艘舰艇，约100万兵力进行武汉保卫战。蒋介石亲自兼任总指挥，制定了"守武汉而不战于武汉"的积极防御方针，拟利用大别山、鄱阳湖和长江两岸的有利地形进行逐次防御。第五战区司令长官李宗仁负责江北防务，第九战区司令长官陈诚负责江南防务；武汉卫戍部队和江防守备部队，固守武汉核心地区和外围沿江要地。

6月18日，日本海军舰队与第一〇六师团一部溯江西上，攻占荻港，随即沿江向马当要塞进攻，拉开了武汉会战的序幕，中日双方百万大军在纵横数千里的长江两岸摆开了战场。

一、马当要塞失陷

马当山地处彭泽境内，雄踞长江南岸，与江中的小孤山呈对峙之势。此处江面狭窄，宽仅500余米，为长江中游最窄处，水流湍急，地形险要，成为扼守长江的天堑。

全面抗战爆发后，国民政府军事委员会为阻敌西进，力保武汉安全，先后在马当、湖口、九江、田家镇建立四大要塞，马当首当其冲。江防部队在这里派驻重兵防守，除在两岸险要处设有炮台、碉堡、战壕等工事外，还在江心水面2米以下建成一条拦河坝式的阻塞线，水面布置三道水雷防线，前后布雷1500余枚。防守要塞的是江防守备队第二总队、第四十三军第二十六师，以及三个炮兵团；马当下游的黄山、香山、藏山矶等要地，由江防军第十六军第五十三师和第一六七师守备。

1938年5月29日，日军大本营命令"华中派遣军"与海军"中国方面舰队"协同作战，攻取安庆、马当、湖口及九江，作为进攻武汉的前进基地。

6月1日，"华中派遣军"司令官畑俊六大将下达作战命令，以波田支队为主力，在海军第十一战队，第四、第五特别陆战队及第二联合航空队协同下，由芜湖溯江西进，进攻安庆、马当、湖口、九江。另以第六师团为主力，在第三飞行团协同下，从合肥进攻舒城、桐城、潜山、太湖、黄梅等地，策应溯江进攻部队作战。

6月2日，今村胜治的第六师团从合肥出发。8日，占领舒城。13日，占领桐城，直逼安庆。

6月7日，波田支队在第十一水雷队护卫下由江苏镇江港起锚，海军溯江部队于6月9日从南京出发，两者在芜湖会合，10日开始西进。11日，日本海军当局通告驻汉口各国领事，宣称溯江进攻武汉的作战已经开始，要求各国军舰、商船立即撤出作战区。13日，波田支队占领安庆。

6月18日，日本"华中派遣军"及海军军令部向波田支队及"中国方面舰队"下达了"由扬子江溯江行动，占领湖口及九江地区"的命令。22日，波田支队与海军第十一战队从安庆溯江西进，进攻马当。沿途遭到中国空军的连续轰炸和两岸江防炮兵的不断射击，有三艘汽艇被守军炮火击沉，一艘战舰击伤起火，一艘战舰触雷沉没。经两日激战，日军无法打开江上通道，波田支队被迫放弃从江上进击的计划，改以一部兵力在茅林洲附近登陆，沿长江南岸向马当迂回进攻。

负责马当防御的守军是第十六军，军长李蕴珩好大喜功，在战火已经燃烧到眉毛的紧要关头，还在当地办了一所为期两周的所谓"抗日军政大学"，调第十六军排长以上军官离职训练。6月23日晚，各部队上尉以上军官都赶来参加次日的结业典礼。

24日凌晨,日军乘坐小艇偷偷从香口江边上岸,向守军发起猛烈进攻,守军毫无准备,战斗无人指挥,香口、香山、黄山等阵地相继失守。

随后,日军即向马当前沿阵地长山发起了进攻。马当要塞守备队第二总队队长鲍长义指挥所部奋勇抗击,日军连续组织四次突击,均被击退。日军遂出动十多艘军舰,向长山阵地炮击,部分工事被摧毁,守军伤亡严重。香口之敌趁势再次由湖荡向长山突击,被守军消灭在湖荡之中。

25日,第十六军第六十师在空军配合下,向登陆日军展开反击,击沉敌舰两艘,重创一艘,将登陆日军逼退至长江边,于当日中午收复香山、香口。但到下午,日军援兵在舰炮的掩护下又纷纷登陆,大举反扑,香山、香口再度失陷。敌舰炮火继续向长山阵地猛烈轰击,长山守军鏖战两昼夜,连续击退敌人十余次进攻,部队伤亡惨重,但奉命赴援的第一六七师却迟迟不至。

26日拂晓,日军乘守军疲惫,以藏石矶江边芦苇为掩护,悄悄摸到长山阵地前施放毒气,守军官兵几乎全部中毒身亡。敌海军陆战队从藏石矶登陆,马当要塞陷落。

蒋介石得知马当要塞失陷后,下令守军全力反攻,一定要收复要塞。第十六军、第四十九军奉命向日军发起反攻,28日收复香山。但因日军第一○六师团援军大举而至,激战数日,马当要塞最终未能收复。第十六军军长李蕴珩

坚守马当要塞的机关枪手

以疏于防范受到军纪制裁，第一六七师师长薛蔚英因贻误战机被枪决。

日军攻陷马当要塞后，以舰艇火力引爆水雷，以爆破队炸开水下封锁线，疏通了长江航道。然后继续沿江西进，相继攻占彭泽、湖口。

二、九江失守

九江地处江西北部，北临长江，南依庐山，东濒鄱阳湖，是扼守鄂、赣和长江的要塞，张发奎的第二兵团十万大军在此据守。

日军占领马当、湖口后，为了统一指挥沿江主攻的各作战部队，新组建了第十一军司令部，任命原驻东北的第二师团师团长冈村宁次中将任司令官。冈村宁次也是一个中国通，曾被北洋军阀孙传芳聘为军事顾问。在北伐战争失败逃走时，偷走了五分之一的军事地图，这次日军使用的就是他当年偷走的地图。

1938年7月19日，冈村宁次正式下达了进攻九江的命令，令第一〇一师团推进至湖口附近，接替第一〇六师团的守备任务；令波田支队、第一〇六师团与海军协同，于23日开始向九江展开进攻；令第六师团由潜山向太湖、宿松、黄梅进攻，以策应溯江部队作战。

23日午夜，雷电交加，大雨如注。波田支队悄悄由湖口乘船，在海军第十一战队的掩护下，潜入鄱阳湖中的鞋山附近，企图从姑塘登陆。守军发现时，日军已进至滩头，虽竭力抵抗，击沉敌汽艇十余艘，但在日海军舰炮强大火力压制下，守军伤亡重大，据守滩头的张文美营全部牺牲。激战一天，波田支队及第一〇六师团主力全部登陆，占领姑塘。

25日拂晓，日军出动军舰20余艘、飞机五六十架，对九江守军阵地和市区进行狂轰滥炸，掩护海军第十一战队从长江正面登陆。10时左右，日军一部在洋油厂登陆，向沙子滩方向展开进攻。下午2时，日军又在

冈村宁次（1884—1966），毕业于日本陆军大学。历任日本"上海派遣军"副参谋长、日本关东军副参谋长、日本陆军参谋本部第二部部长、第二师团师团长、第十一集团军司令。1941年晋升大将，出任"华北方面军"司令。1944年，升任日本"侵华派遣军"总司令。1945年8月率侵华日军投降

守卫在江西九岭山麓的中国军队

九江西北的小池口登陆。从姑塘登陆的波田支队和第一〇六师团也迂回推进至太阳观，从侧后展开进攻，迫近九江城区。

第九战区指挥部认为九江已很难固守，为保守赣北、鄂东主要阵地，决定令第二兵团调整部署，放弃九江。25日晚，第二兵团全线后撤，向牛头山、金官桥、十里山等阵地转移。7月26日，九江失守。

日军占领九江后，为了解除其侧背威胁和掩护主力集结，冈村宁次命令第一〇六师团向九江以南、以西继续推进。

7月28日，第一〇六师团沿南浔铁路两侧向沙河镇、南昌铺进攻，企图攻取德安。在沙河镇、纱帽山、凤凰嘴、南昌铺一带遭到守军第八军及第六十四军第一五五师的顽强阻击。经过七天七夜的反复争夺，第一〇六师团于8月4日突破了守军阵地，占领了南昌铺、凤凰嘴阵地。

8月5日，守军第三师及第一五五师发起猛烈反击，激战至第二天，重新夺回了阵地。日军第一〇六师团连续两次组织反扑，都被守军击退。9日，守军第八军再次发动反击，予敌重创。激战十余日，毙伤日军8000余人，击毙第一一三联队长田中圣道大佐和大队长3人，重伤第一四五联队长市川洋造和大队长2人，日军中队长及小队长死伤过半。第一〇六师团因死伤惨重已无力组织进攻，双方形成对峙。

三、血战田家镇

日军占领九江后，遂在九江、合肥大规模集结部队，做好进攻武汉的准备。8月22日，日本大本营正式下达了进攻武汉的命令，令"华中派遣军"与"中国方面舰队"协同，进攻并占据汉口及其附近要地。

"华中派遣军"司令官畑俊六当天即做出了进攻武汉的部署，令第十一军沿长江两岸进攻武汉。主力置于长江以南，从咸宁、贺胜桥地区切断粤汉铁路，由南面向武汉迂回；以一部向德安、永修进攻，相机攻占南昌；令第二军主力从大别山北麓进攻信阳，然后沿平汉路南下，从北面、西面迂回，包围武汉。

第十一军司令官冈村宁次接到进攻武汉的命令后，也拟定了具体作战方案：令第六师团沿长江北岸进攻汉口，波田支队沿长江南岸攻占武昌；以第一〇一、第一〇六师团攻占南昌；以第九、第二十七师团迂回武汉以南的贺胜桥、汀泗桥地区，切断粤汉铁路，阻止中国军队向武汉增援或向南撤退。

日军第六师团接获命令后，于9月6日攻占广济，然后西进夺取田家镇要塞。

田家镇位于湖北、江西交界处，与长江南岸的马头镇、富池口遥相呼应，夹江对峙，共扼长江航道，是屏障武汉三镇的军事要塞。李延年的第二军和海军要塞守备队在此据守，其中施中诚的第五十七师担任东南面防守，郑作民的第九师担任北面和西面的防守，梅一平的海军守备队负责要塞的核心阵地。

9月15日，日军出动飞机数十架、军舰20余艘向田家镇要塞轮番进行轰炸，陆战队一部在潘家湾、中庙、玻璃庵一带强行登陆，被守军第五十七师击退。但日军第一〇六师团第十一旅团第十三联队及独立山炮兵第二联队凭借强大火力优势，突破了第九师在铁石墩的警戒阵地。

16日晨，日海军陆战队在飞机、舰炮掩护下，再次试图在潘家湾、玻璃庵一带登陆。第五十七师各部坚守阵地，接连打退了日军数次进攻。第九师阵地也遭到日军第十一旅团的轮番攻击，守军将士死守阵地，伤亡惨重。

17日拂晓，第十一旅团继续猛攻第九师阵地，守军苦战不支，阵地被敌突破，守军转移至骆驼山、涂家湾、潘家湾一线。日海军陆战队久攻正面阵地不下，转攻田家镇外围的武穴，在舰炮火力支援下登陆，与守军展开巷战，激战终日，守军伤亡惨重，余部趁夜突围，武穴陷落。

18日，日军猛攻骆驼山，第九师退守香山、竹影山、潘家山之线。日军续

日军坦克正在往武汉行进中

攻香山，守军一个连全部牺牲，香山失陷。傍晚时分，日军又向竹影山进攻，被守军击退。田家镇要塞北岸阵地归第五战区防守，第四兵团司令李品仙令萧之楚的第二十六军攻击日军侧背，支援要塞作战。

19日晨，日军向第五十七师正面猛攻，双方于胡家山、乌龟山一线展开拉锯战，相持不下。此时，第二十六军增援部队向日军的侧背发起猛攻，占领了四望山、铁石墩等地，切断了日军第十一旅团与广济的联系，第十一旅团被围困于马口湖与黄泥湖中间死守待援。

20日凌晨，日军急派第三十六旅团第四十五联队增援，在四望山附近被守军第一〇三师阻截。日军又抽调第二十三联队一部增援，亦被第一二一师阻止于铁石墩附近。第十一旅团派一个大队前往接应，同时以主力猛攻乌龟山阵地，并施放毒气。乌龟山守军突围南撤，阵地被日军占领。

22日，日军第三十六旅团的增援部队攻占四望山，守军两个连全部牺牲。23日，日军又攻占铁石墩，突破第一二一师阵地，占领了张家湾。

24日，长江南岸的富池口要塞被波田支队攻陷，日海军第十一战队溯江西进，田家镇要塞遭日军飞机、舰炮的猛烈轰击，工事已基本摧毁，人员伤亡惨重。第九师伤亡旅长以下军官100余人、士兵2000多人。

26日拂晓，日军首先以舰炮、飞机连续向要塞轰击三个多小时，然后第三十六旅团及第十一旅团向桂家湾阵地合击。第五十七师第三三九团伤亡惨重，仅余不到一个营的兵力，仍坚守阵地。日军也伤亡惨重，死伤1100余人。苦战七昼夜，日军第三十六旅团终于与第十一旅团会合，然后集中兵力向黄泥湖至马口湖间主阵地进攻，突破守军防线，占领了星家山。

27日，日海军第十一战队的第四、第五特别陆战队从上洲头登陆，沿江岸向田家镇要塞象山炮台进攻。守军第五十七师第三四一团团长龙子玉阵亡。第五十七师被迫退守莲花心、玉屏山、陈细湾一线。日军第六师团、第十一战队及其登陆部队对田家镇要塞已构成三面包围态势。

9月28日，日军出动飞机70余架，集中火炮100多门，陆、海、空协同猛攻田家镇要塞核心区。激战至下午，阳城山、玉屏山阵地相继为第六师团攻占，炮台失守，海军要塞守备队司令梅一平中炮牺牲。当晚，李品仙下令守军撤退，武汉的最后一道屏障田家镇要塞陷落。

四、万家岭大捷

在第六师团和波田支队沿江西进的同时，冈村宁次命令第九、第二十七、第一〇一、第一〇六师团及兵舰80余艘、飞机数十架，水陆呼应，自湖口、九江南下，向长江南岸地区发动进攻，企图歼灭长江以南的中国军队，占领南昌，然后再西趋长沙，截断粤汉路，对武汉形成大包围。

从九江到南昌，西面是横看成岭侧成峰的庐山，东边是烟波浩渺的鄱阳湖，南浔公路从中间穿过，是日军进攻南昌的必经之地。武汉卫戍区第一兵团总司令薛岳依山布阵，在这里部署了7个军的重兵，筑成了多线预备阵地。日军第六师团进攻受挫后，第一〇一师团又接替进攻。在金官桥、马回岭一带遭到守军痛击，接连发动的十五次进攻均被击退。激战两月，全歼日军第一〇一联队和铃木联队，击毙号称"军神"的第一〇一联队长饭冢国五郎大佐，师团长伊东政喜中将也受重伤，日军始终无法突破南浔防线，双方呈胶着状态。

从德安至星子那条长约30公里的公路，成为日军的"死亡之路"。在第二十五军第五十二师阵地上，有一个小个子机枪手唐桂林，用密集的火力封锁住了玉京山口，连续打退了日军的多次进攻。负伤后住院，才发现是女扮男装，一时轰动报端，被媒体誉为"当代花木兰"。

9月中旬，由于日军进攻猛烈、战线拉长，薛岳第一兵团的防线在瑞武路和南浔路之间出现了一个狭长的防御漏洞。日军侦察机窥探到这条空隙后，9月20日，冈村宁次命令第一〇六师团带上一周的食物，秘密插入这一缝隙，企图迂回第一兵团防御纵深，配合第二十七、第一〇一师团实施包围。

日军第一〇六师团系特设师团，师团长是松浦淳六郎中将，辖步兵第一一一旅团和第一三六旅团的第一一三、第一四七、第一二三、第一四五共四个联队，以及骑兵、炮兵、工兵、辎重兵各一个联队，共1.6万余人。9月底，第一〇六师团孤军深入，悄悄进至庐山南麓的万家岭一带。

薛岳发现第一〇六师团孤军深入后，决心抓住战机歼灭这支日军，立即飞调第一兵团十万大军对日军进行围攻，把松浦的第一〇六师团万余人马团团包围在10平方公里的山岭中。

冈村宁次从空军侦察中发现薛岳伏下的口袋阵后，立即命令第一〇六师团向北转进，向第二十七师团靠拢，同时命令第一〇一师团增援，企图把第一〇六师团接出重围。薛岳发现第二十七师团动向后，急调驻守庐山的第六十六军增援阻击。其他各部迅速进入指定位置，对第一〇六师团形成合围之势。

10月2日，到达万家岭地区的第一兵团十万大军四面出击，开始向围困在核心的松浦师团展开攻击，包围圈一步步缩小。第一〇六师团发现陷入重围后，开始利用优势火力，在海军第二联合航空队和陆军第三飞行团的掩护下，疯狂突围。战斗异常残酷，俞济时的第七十四军第五十八师担任正面阻击，几乎伤亡殆尽，顽强地顶住了日军的突围。战至10月6日，第一〇六师团伤亡过半，已无突围之力，只好转入防御，固守待援。

薛岳认为歼敌时机已到，令万家岭前敌总指挥第九集团军总司令吴奇伟指挥第六十六军、第四军、第七十四军向右堡山、万家岭、箭炉苏、长岭、雷鸣鼓一带之日军包围攻击。

10月7日，中国军队开始向万家岭被围之敌发起全线进攻。日军抢占一些制高点，负隅顽抗，尤其是张古山阵地，地势险要，易守难攻，日军2000余人凭险据守。第七十四军第五十一师在师长王耀武的指挥下，数度攻击受挫。第三〇五团团长张灵甫自告奋勇，率领一支敢死队，从日军疏于防范的后山绝壁上奇袭，经过激烈的白刃格斗，打退了日军的几次反扑，占领了张古山主阵地。

战至8日，第一〇六师团仅剩数千残兵，被压缩在万家岭、雷鸣鼓、田步苏、箭炉苏等几个据点中，整个师团已经陷入了绝境。据第一〇六师团辎重队的幸存者那须良辅记载："当发现敌军来袭时，我听到令人恐怖的迫击炮声越过我的头上在前面五十米的地方爆炸了。炮弹击中了马群，马群炸了窝般的在烽烟中乱冲胡撞。离开九江时有数千匹马，到雷鸣鼓，连一匹马也没有了。从第

万家岭战役中中国军队正在向日军扫射

二天开始，我们的中队就躲在水沟的土堆四周跟敌军对峙。然而由于四周的山中都是敌人，子弹从四面八方飞过来。战友们大部都受伤，也有些因为饥饿和疲惫而倒下来。死在水沟的战友们，他们的脸色都变成茶色而浮肿，白花花的蛆虫从他们的鼻孔和嘴巴掉下来。一连几天都没吃东西，只能从漂浮着同伴尸体的水沟里舀脏水喝，活着的人也都快变成了鬼。我也觉得我的死期到了。对着十月的月亮，我放声大哭。"

第一○六师团被围待歼的消息传回日本国内，朝野震惊。日本天皇下令，不惜一切代价，尽全力救出第一○六师团。9日，"华中派遣军"司令官畑俊六大将亲自组织向万家岭地区空投了200多名联队长以下军官及粮食弹药，加强了指挥力量。在武汉坐镇指挥的蒋介石也命令薛岳务必在10月9日24时前歼灭敌人，给"双十"国庆节献礼。

9日下午，薛岳命令各部队选拔勇壮士兵200至500人组成敢死队，由团、营长率领，配备轻重武器，担任先头突击。同时各部长官一律靠前指挥，薛岳自己也亲临一线。黄昏后，十三支敢死队一齐出击，各主力部队紧随其后，对分散在各据点的日军残兵实施最后的歼灭。经一夜血战，第一○六师团的防御阵地彻底崩溃，残部只剩1000余人，仍然负隅顽抗。

这时冈村宁次严令各部不惜一切代价，增援万家岭。第二十七师团第一〇二旅团在战车第五大队的配合下，突破了担任阻援任务的守军第七二五团阵地。从苏州赶来增援的日军第十七师团，也向第六十师、预备第六师等阻击阵地发起疯狂进攻，日军战车第五大队已突至杨家山附近。薛岳遂令各部撤出战斗，万家岭战役胜利结束。

万家岭战役，歼灭日军第一〇六师团大部和增援部队第一〇一师团一部，战场遗尸3000余具，取得了抗战以来的第三次大捷。新四军军长叶挺盛赞万家岭战役："万家岭大捷，挽洪都于垂危，作江汉之保障，并与平型关、台儿庄鼎足三立，盛名当垂不朽。"

五、大战富金山

当冈村宁次指挥的第十一军沿长江两岸西进时，东久迩宫率领的第二军主力则计划从大别山北麓经六安、固始、潢川、罗山进攻信阳，然后沿平汉路南下，从北面包围武汉。

8月27日，第十师团和第十三师团分两路从合肥出发。28日，攻占六安。29日，占领霍山，然后继续向固始、潢川西进，直逼大别山峡口富金山。

大别山位于鄂豫皖三省交界处，绵延270余公里，是长江与淮河的分水岭，霍山、金寨以南为险峻的山区，海拔1500米左右，以北多为丘陵地带。自六安经潢川至信阳的公路蜿蜒起伏于这一丘陵地带之中，富金山就坐落在大别山峡口的公路边上，是日军西进必经之地。在此据守的是宋希濂的第七十一军。宋希濂军长亲自到富金山察看了地形，令第三十六师、第八十八师分别在左右两翼布防，第八十七师作为机动部队，军部就设在富金山顶。

9月3日，荻洲立兵的第十三师团在炮兵、装甲车和航空兵的支援下，在八里滩附近强渡史河，攻占了第七十一军的警戒阵地新集子和石门口后，向富金山第三十六师主阵地发起进攻。守军陈瑞河的第三十六师以第一〇八旅固守阵地，以第一〇六旅从阵地左侧、第二六二旅从阵地右侧实施反击。激战终日，日军未能前进一步。

4日，荻洲师团在24架飞机的掩护下，再一次发动攻击，又一次被守军击退。连续猛攻数日，仍被阻于富金山阵地之前寸步难行。东久迩宫见久攻不下，遂令筱眆义男的第十师团派一部兵力向南进攻武庙集，企图切断富金山守军与后方商城的联络线，以支援第十三师团。

7日夜，筱防义男派第三十三旅团长濑谷启率一个联队从固始南下增援，被埋伏在坳口塘隘路的第七十一军第八十八师伏击，一举歼灭500余人，濑谷狼狈退回固始。

8日晨，日军一部从第三十六师与第一一四师阵地的接合部突入。第一一四师以一个团实施反击，将敌击退，团长李超林牺牲。此时日军后续部队第十六师团已进至六安以西，第二军工兵也已将六安至叶家集公路修好。第十三师团无后顾之忧，从9日夜开始，在飞机和炮火的掩护下，集中全力向第七十一军阵地猛攻，在守军的顽强抗击下，仍毫无进展。

11日凌晨，日军猛攻富金山及800高地。天明后，日军出动20余架飞机，在20余门大炮的猛烈轰击配合下，从富金山、石门口两师接合部再次突入。至16时，富金山除最高峰外，山腰主阵地全被日军攻占。陈瑞河师长率第三十六师残部奋勇反击，击毙日军1000余人，第三十六师也伤亡惨重，1万多人的部队仅剩800余人。800高地方面战况也很激烈，第八十八师伤亡近千人。第六十一师从富金山右翼发起反击，攻占经石桥高地，营长汤汉清阵亡。

固始失守后，日军增援部队第十六师团从富金山以北绕行，向商城方向迂回，企图切断第七十一军退路。第七十一军奉命西撤，完成了坚守十天的阻击任务，以伤亡1.5万余人的代价，毙伤日军6000余人，迟滞了日军的西进，为二线部队的集结赢得了时间。

六、潢川之战

北路日军攻占六安后，迅速向固始、潢川推进。代理第五战区司令长官白崇禧急令张自忠率第五十九军开赴潢川，阻敌西进，并要求死守潢川至9月18日，以掩护胡宗南部在信阳、武胜关等地集结。

直扑潢川而来的是在台儿庄战役中被中国军队痛击的日军重机械化装备部队第十师团。原师团长矶谷廉介因战败被大本营撤职，由筱防义男中将继任。该师团此次挟恨而来，大有报台儿庄一箭之仇的气势。9月6日，第十师团攻陷固始，然后沿固潢公路直扑潢川。

潢川是豫南的一座县城，位于信阳正东，是日军攻取信阳的必经之地。周围地势平坦，缺少屏障，易攻难守。张自忠将第一八〇师独立三十九旅放在潢川守城；以独立二十六旅前出至城东七里岗布防；以第三十八师第一一三旅至春和集先头阻敌；以第三十八师主力配置于潢川城西二十里铺地区，担任预备队，防止日军迂回；采用在外围层层布阵、节节阻击的纵深防御战术阻击敌人。

9月7日，日军第十师团先头部队冈田资少将的第八旅团率先杀到春和集，与仓促布防的第一一三旅迎头相撞。经过五天激战，至11日晚，冈田旅团突破守军防线，占领了春和集。12日，在黄冈寺遭到独立二十六旅的顽强阻击，双方形成拉锯式争夺战，几进几出，相持不下。冈田旅团伤亡太大，失去续攻能力，只好停止进攻，等待师团主力增援。

14日，日军第十师团主力濑谷旅团和师团重炮兵进至黄冈寺。鉴于第五十九军正面抵抗强劲，日军变换战术，以小部兵力继续攻击正面，主力溯淮河西上，向潢川以北、以西迂回。15日，日军攻克潢川西北息县县城，并继续向罗山方向进犯，企图切断第五十九军退路。

根据敌情变化，张自忠改变部署，令第三十八师主力向西北方向出击；另以第一一三旅一个团向潢川以北十五里铺出击，阻止日军后续部队增援息县；以第一八〇师主力配置于潢川西郊，掩护城防部队后方；军部则由城西移至城南。

14日深夜，日军开始从东、西、北三面迫近潢川县城，双方在外围的毕桥、邓店子和十里棚等地展开激战。15日傍晚，日军派出骑兵迂回突袭第五十九军军部。保卫军部的只有一个手枪营，张自忠一面指挥手枪营抵抗，一面调集第六、七、八团来增援，激战半天，将敌骑兵打退。双方在外围阵地激战两天两夜，日军屡攻屡挫，恼羞成怒，竟惨无人道地施放毒瓦斯，导致守军官兵大量伤亡。16日晨，七里岗阵地失守，日军开始围攻潢川县城。

16日正午，在几十架飞机的掩护下，日军第十师团集中所有野战重炮，向潢川城发起了猛烈攻击，并大量施放毒气弹。全城硝烟四起，毒气弥漫。由于缺乏防毒面具，官兵伤亡不断增加，但是仍然坚持战斗，毫不退却。往复拼杀至17日中午，城北、城西角均被敌炮摧毁，日军步兵蜂拥入城，潢川岌岌可危。张自忠一面命黄维纲的第三十八师袭击日军后方，以牵制攻城之敌，一面组织敢死队，发起反冲击，死命锁住日军突破口。然后展开巷战，将涌入城内的日军全部消灭。

18日，潢川西北日军，又从息县分兵攻击罗山县城，切断了第五十九军向西的退路。此时第五十九军已在潢川一带坚守了十二个昼夜，完成了战区赋予的阻敌至18日的任务。

日军施放毒气后，戴着防化面具继续进攻

19日凌晨，张自忠下令，趁夜向潢川西南方悄悄突围。天明时分，日军再次向潢川城发起猛烈炮击，一阵狂轰滥炸过后，才发现潢川已经变成了一座空城。此时，第五十九军主力已消失在茫茫的大别山中。

潢川之战，第五十九军伤亡4000余人，毙伤日军3000余人，孤军奋战十二昼夜，为从陕西赶来信阳参战的胡宗南部第十三军团的集结赢得了宝贵时间。

七、武汉沦陷

日军第十师团攻占潢川后，继续西进。9月19日，攻占光山。20日，占领罗山，逼近信阳。

守卫信阳的是胡宗南的第十七军团。22日，日军一部孤军深入罗山、信阳间的五里店，胡宗南指挥大军突然反击，日军两个大队近千人几乎被全歼。第十七军团乘胜追击，大战罗山，一度收复光山、小罗山，毙伤日军5000余人。第八旅团第三十九联队从合肥出发时有2800余人，到这时仅剩800余人。第十师团因伤亡过大,已无力突破守军阵地。

东久迩宫为迅速攻占信阳,以便向武汉进攻,于9月29日调整部署:将已到达潢川的第三师团投入第一线战斗,担任主攻,兵分三路向信阳进攻。10月5日,第三师团击溃罗山以西守军第一二五师及第一六七师一部,占领了罗湾、王家湾;第八旅团击破第七十八师一部,占领了栏杆铺;第十师团攻占了青山店。

10月8日,日军第十师团主力沿平汉路向信阳前进;第八旅团及第三师团继续向信阳和长台关进攻。战至11日,日军第十师团主力已击退第七十八师,进至东双河地区;第八旅团已突破第一师东郊阵地,迫近信阳;第三师团亦突破第一二五师防线,攻占了长台关,信阳已陷于日军三面包围之中。

胡宗南不顾第五战区司令长官李宗仁令其固守的命令,令第十七军团主力撤至信阳以西地区。10月12日,信阳为日军占领。

10月16日,日军第十师团沿平汉路南下,相继占领平靖关、武胜关要地。26日,占领安陆、云梦后,继续向应城、孝感推进,企图从西北向汉阳、汉口迂回,协同冈村宁次的第十一军进攻武汉。

此时,沿长江两岸西进的第十一军也突破了守军的外围防线,逼近武汉。在长江北岸,田家镇要塞陷落后,日军第六师团继续西进,10月21日陷浠水,24日晚占黄陂。第一一六师团亦于21日攻占兰溪,24日已推进至距武汉仅35公里的阳罗附近,完成了对武汉东、北方面的包围。

在长江南岸地区,虽然第二兵团在阳新地区进行了顽强的抵抗,但战至10月22日,阳新、大冶、鄂城相继失守。24日,波田支队已推进到距武昌仅30公里的葛店附近;第九师团推进到武昌以南的贺胜桥地区;第二十七师团也于24日进至咸宁东北地区,切断了守军南撤的退路。至此,日军已对武汉形成了东、北、南三面包围的态势。

与此同时,日本大本营为了策应武汉会战,并切断中国同国际的联络,抽调第五、第十八、第一〇四师团以及第四飞行团组成第二十一军,与海军第五舰队协同,于10月12日在广东大亚湾登陆,10月24日占领广州,切断了粤汉铁路。

在这种情况下,武汉已很难固守。蒋介石在10月23日的日记中写道:"此时武汉地位已失重要性,如勉强保持,则最后必失,不如决心自动放弃,保全若干力量,以为持久抗战与最后胜利之根基。"

实际上,早在9月底,田家镇要塞陷落后,武汉已无险可守,国民政府军

守军在信阳阵地向敌人发射迫击炮

事委员会为了保存继续抗战的实力，就放弃了死守武汉的计划。并开始有步骤地分批撤离党、政机关，疏散城内的老百姓。10月16日，军事委员会根据武汉外围的战斗形势及日军在广东大亚湾登陆的情况，决定放弃武汉，同时组织各部队有计划地撤往湘北及鄂西地区。

10月24日，军事委员会下令放弃武汉。当晚，蒋介石飞赴衡阳。25日夜，武汉城内守军按计划全部撤离市区，日军第六师团先头部队进入汉口。26日，波田支队占领武昌。27日，占领汉阳。至此，武汉三镇全部沦陷，武汉保卫战结束。

武汉会战期间，中国空军和海军也积极参与了作战。

抗战前夕，中国空军有各类作战飞机300余架，至1937年底仅剩30余架。抗日战争全面爆发后，中苏两国在1937年8月21日签署了《中苏互不侵犯条约》，苏联以空军志愿队名义，先后派遣8个航空大队1000余名飞行员来华参战，其中有200余名飞行员血洒碧空。

1938年2月18日，日军出动12架轰炸机，在26架战斗机护航下，轰炸武汉。苏联空军志愿队起飞迎战，一举击落日机12架。2月23日，苏联空军志愿队出动40架轻型轰炸机，远程空袭日军台湾松山机场，炸毁敌机40余架，使松山机场陷入瘫痪。

4月29日是日本"天长节",也是天皇生日。日军出动飞机69架,前往武汉报复。中、苏混合编队67架战机迎空起飞,以2损3伤的战绩,击落日机21架。5月20日,中、苏混合编队轰炸机群再次出发,飞越日本九州岛上空,对长崎、福冈等地进行了轰炸,撒下百万余张反战传单,

武汉空战中的苏联空军志愿队

极大地鼓舞了中国军民的士气。

武汉会战期间,中苏空军鏖战长空,与日军航空兵先后空中大战七次,击毁日机78架,炸沉日舰23艘,有力地支援了地面部队作战。

中国海军也英勇作战,先后击沉、击伤日军舰艇及运输船只共50余艘,击落日机10余架,但自身也损失惨重,基本上全军覆没。10月24日,著名的"中山号"军舰在武昌附近的金口江面作战时,遭到15架敌机轮番轰炸,舰尾、左舷、锅炉仓先后中弹进水,舰长萨师俊一条腿被炸断,仍然抱着柱子坚持指挥作战,全舰官兵坚守岗位,直至与中山舰一起慢慢沉没于长江之中。

武汉会战历时四个半月,战场遍及安徽、河南、江西、湖北四省广大地区,大小战斗数百次,中国军队伤亡254628人,毙伤日军4万余人(据日本战报公布,伤亡3.5万余人,其中包括将校级官佐740人,另因病减员6.7万人),成为抗战以来时间最长、规模最大、歼敌最多的一次大会战。虽然以武汉失陷而告终,但打破了日本妄想在武汉地区消灭中国军队主力,以迫使中国屈服、早日结束战争的战略企图,大大消耗了日军的有生力量,使其侵华战争陷于持久战的泥潭中无法自拔,再也没有力量进行战略进攻了,抗日战争从此进入战略相持阶段。

第十四章

华南敌后战场

全面抗战爆发后,为开展华南地区的抗日斗争,中共中央派张文彬到广东整顿党组织。1938年4月,中共广东省委成立,决定把建立抗日武装作为当前的中心任务。广州失陷后,广东省委根据六届六中全会确定的巩固华北,发展华中、华南的战略方针,决定在东江、琼崖等地区建立抗日游击根据地。

一、广州失陷

广州是华南沿海最大的城市,是华南政治、经济、文化中心,也是通过香港输入外援物资的主要通道。为了切断中国南方物资主要补给线,早在1937年12月,日本陆军就提出了在广东大亚湾登陆作战的设想,但遭到日本海军的反对而中止。1938年7月,日军大本营为了尽早结束"中国事变",在确定进行武汉作战的同时,进行广州作战。

9月7日,日军大本营御前会议正式做出了攻占广州的决定,同时下令编组第二十一军,担任攻占广州的作战任务,由台湾军司令官古庄干郎中将任司令官,下辖第五、第十八、第一〇四师团和第四飞行团等部队;并决定由海军第五舰队配合第二十一军,进攻广州附近要地,切断中国通往国外的主要补给线。10月上旬,日军第五、第十八、第一〇四师团分别由青岛、上海、大连乘船起航,进抵澎湖集结,待命出动。

全面抗战爆发后,国民政府军事委员会在广东设立第四战区,由何应钦兼任司令长官。由于广州邻近香港,军事委员会认为日本如果进攻广州将损害英国利益,由此断定日本不会贸然进攻广州,因而未把广州作为重点防御地区,并且还从第四战区抽调四个师的兵力参加武汉保卫战,致使华南兵力空虚。此时负责广东防务的只有第十二集团军,余汉谋任第四战区副司令长官兼第十二集团军总司令,蒋光鼐任第四战区副司令长官兼参谋长,下辖第六十二、第

六十三、第六十五军共8个师的兵力，集中部署在大亚湾至广州、珠江东岸一线。

为了侵占广东和炸毁广九运输线，日军从1937年8月开始不断空袭广州，日本海军航空母舰"加贺""苍龙""龙骧""千代田""神障"号在广东近海巡弋，先后出动近百批900多架次舰载机，对广州进行了长达十四个月的狂轰滥炸，给广州民众的生命财产造成重大损失。1938年4月13日，日本海军"加贺"号航空母舰的18架轰炸机，在6架战斗机的掩护下袭击广州机场。中国空军紧急升空，激烈空战近30分钟，击落日机7架，广州机场遭到严重破坏。5月28日起，日本海军航空母舰上的舰载机群连续三天分批轮番轰炸广州市区，炸死炸伤2200余人。6月4日起，又连续轰炸广州三天，炸毁中山大学、岭南大学和西村电厂，炸死炸伤学生和居民4600余人。8月30日，"加贺"号航空母舰上的舰载机群再次袭击广州南雄机场，中国空军基本失去空中保护能力。

1938年10月11日夜，日军第二十一军第五、第十八、第一〇四师团编成输送舰队，从台湾海峡澎湖地区出发，进入广东大亚湾。当夜月光如水，海面风平浪静，中国军队在滩头阵地守备的兵力仅有一个特务营，对敌行动毫无察觉。12日凌晨，日军在海军第五舰队数十艘军舰和100余架飞机掩护下，分别乘约300艘登陆舰艇突然在大亚湾强行登陆。中国守军遭日军轰炸，死伤惨重，弃城溃退。

当日，日本首相兼外相近卫照会各国大使，宣布日本在华南战事开始，要求各国避免一切援华行动。同一天，蒋介石电令余汉谋调兵保卫广州。10月13日，日军第十八师团在大亚湾登陆后，便长驱直入，迅速推进，相继占领惠阳、淡水，于14日到达惠州附近。日军第一〇四师团在大亚湾登陆后，连续攻陷平海、稔山、吉隆，13日进抵惠阳南侧地区，尾随第十八师团推进。

14日黄昏，日军以优势兵力向惠州发动猛烈攻击，守军第一五一师稍作抵抗后于当晚撤退。15日，惠州失陷。16日，日军攻陷博罗后，主力向增城突进；及川支队由惠州向广州做大迁回包抄行动。

第四战区副司令长官兼第十二集团军总司令余汉谋命令各部向广州附近集结，第六十五军增防东江。17日，第一五三师在福田一线击溃日军一个联队，迫使日军退回博罗；独立第二十旅在正果击溃日军少数侦察部队。余汉谋重新调整部署，决定以第一八六师主力固守增城及罗浮山地区，并调集战车、炮兵支援；以第一五三师、第一五四师、独立第二十旅从左右两翼合围日军，企图

日军海军陆战队登陆大亚湾

将日军聚歼于增（城）博（罗）公路间罗浮山下。

10月19日，日军第十八师团分两路进击增城。9时30分，日机轰炸增城县城，地面部队强渡增江，直插县城。守军第一八六师奋勇抵抗，战至14时，将进攻日军击退。16时，日军增援部队到达，在飞机支援下，再次发起猛攻。至23时左右，日军先头部队突入县城以北。激战竟夜，日军攻破第一八六师防线，并占领县城以西的钟岗。第一八六师退向钟落潭，增城失守。第一五三师第四五九旅少将旅长钟芳峻牺牲。

20日拂晓，日军向增城以北正果东南面的白面石阵地发起强攻，独立第二十旅第三团第二营营长黄植虞率领全营官兵，利用有利地形奋勇抵抗，连续击退日军多次进攻。战至12时，日军分五路强攻白面石阵地，守军官兵与敌人展开激烈肉搏，终于击退日军。日军施放燃烧弹，守军阵地的林木燃起熊熊大火，日军步兵乘机冲锋，第二营官兵伤亡200余名，掩护该旅主力安全转移。

20日，日军第十八师团发动全面攻势，中国守军防线被突破，守军向后溃退。日军及川支队迂回进攻从化、花县，以图截断广州至韶关间的联系。当晚，第四战区在广（州）增（城）公路两侧布防，节节阻击日军，以独立第九旅防守广州，将主力撤至粤北的翁源、英德一线。

10月21日，日军分两路进军，一路攻进从化，另一路向广州市区进逼。8时，日军与守萝岗的独立第九旅开战，守军退到太和。15时30分，日军独立轻装甲车中队冲进广州市区。战至黄昏，龙眼洞守军被击溃，日军攻占沙河，广州失陷。

日军第一〇四师团于10月21日进抵增城，为切断中国军队退路，继续向广州以北推进，22日攻占太平场，23日占领从化，与日军及川支队会师。

日军第五师团于10月21日在第五舰队配合下，进攻珠江口虎门要塞，22日晨乘船到达珠江口，然后溯江而上。23日晨，日军第五舰队出动110架飞机配合舰队炮火，轰击并摧毁了虎门炮台，第五师团占领虎门要塞。26日攻陷广州西面重镇佛山，29日到达广州南部。至此，日军控制了广州及其附近要地。

广州作战，历时九天，中国官兵伤亡8599人，毙伤日军1923名。广州失陷，使中国失去了重要的国际物资输入线，给持久抗战造成了新的困难。

二、粤北大捷

1939年12月，日军为攻占广东省战时政府驻地韶关，打通粤汉铁路，特调护卫日本皇宫的精锐部队近卫师团组成近卫混成旅团参战，会合第一〇四师团和第十八师团共6万余兵力，兵分三路进犯粤北。

第四战区司令长官张发奎为指挥桂南作战，由广东韶关移师广西柳州，广东军事由副司令长官兼第十二集团军总司令余汉谋主持，李汉魂任广东省主席兼第三十五集团军总司令。当时粤北前线兵力部署有：第六十二军辖第一五二师、第一五七师驻守佛冈、清远、花县地区；第六十三军辖第一五三师、第一五四师、第一八六师、第一五一师驻守从化牛背脊、增城东洞、新丰县梅坑，第六十五军部队驻守英德及翁源；第十二集团军司令部驻翁源县。余汉谋采取"挖土抗战"战术，彻底破坏道路，阻止日军进攻。

12月18日，左路日军第一〇四师团，首先沿粤汉铁路北犯进攻英德，先在清远县银盏坳、源潭、琶江口与守军第六十二军发生激烈战斗，日军在空军掩护下攻陷横石、英德县连江口地区。第一八七师第五六一团第三营在日军的炮火下伤亡殆尽。第十二集团军司令部遂将驻英德、翁源县的总预备队第六十五军调到粤汉铁路方面作战，在英德县高田阻击敌人。战况激烈，双方伤亡较大，互有进退。中路日军近卫混成旅团与右路第十八师团则以翁源为主要攻击目标，近卫师团进犯从化、良口。同时右路日军第十八师团进犯龙门，攻陷新丰梅坑，第六十三军奉命阻击。

整个粤北前线战况激烈，敌机轮番轰炸，掩护陆军前进。日军采取钻隙迂回战法，致使粤北守军处于两翼被包围态势。左路敌军迫近英德县城，右路敌军陷新丰梅坑后迫近沙田和青塘，情况紧急，总司令部被迫转移。随后日军攻陷英德县城、青塘、官渡、新江及翁源县，兵锋直逼广东省战时省会韶关，粤北危急。26日，余汉谋急电蒋介石请求增援。

29日，国民政府军事委员会政治部部长陈诚、军委战地党政委员会副主任李济深上将，亲自率领前来增援的第五十四军先头部队到达韶关。第五十四军属于中央军精锐部队，装备优良，下辖第十四师、第五十师和第一九八师。30日，第五十四军各部在曲江集结完毕后，并没有按常规进入阵地防守，军长陈烈命令所部出其不意地对日军展开了猛烈反击，一部攻击英德之敌，一部攻占新江后再行攻击翁源、青塘之敌。日军得知第五十四军精锐部队前来增援，无心恋战，仓皇沿翁从公路败退，第五十四军乘胜追击。

守军各部也展开反攻，第六十二军军长黄涛指挥所部由佛冈向从化、牛背脊间迂回逆袭，经激战后占领日军设在牛背脊的一个兵站，缴获汽车数十辆与大批军用物资，守备牛背脊的一个日军大队不支溃逃。随后整个牛背脊阵地被第六十二军控制，将北犯的日军分割为两股，日军第十八师团与近卫旅团的退路被切断。第六十五军攻占吕田、丹竹坑、地派圩；第一五四师攻占沙田和梅坑墟。日军招架不住，向增城方向全线溃退。

1940年1月1日，余汉谋下令向日军发动全线追击。侵犯粤北地区各路日军纷纷溃逃，狼狈不堪地窜回广州。中国军队收复失地，整个战役共歼敌军官236人、士兵9800余人，取得第一次粤北战役的胜利。余汉谋晋升为第七战区司令长官兼第十二集团军总司令。

第一次粤北战役后，日军败退广州，进行整训和补充。1940年5月13日，日军在第二十一军司令官安藤利吉的指挥下，调集第十八、第三十八、第一〇四师团4万余人，战车数十辆，以及第二十一独立飞行队30余架飞机，再次向粤北进犯，第二次粤北会战打响。

5月14日，日军先头部队，由广（州）从（化）公路直攻翁源。余汉谋采取诱敌深入战术，部署主力阻击广从路日军，在石床背、石岭圩将敌包围。日军采用围魏救赵战术，派主力进犯良口。双方部队在良口一带激战 20 余日，良口得而复失，失而复得。经过一个月的拉锯战，第一五二师最终坚守住了良口制高点石榴花山。余汉谋调动生力军增援，24 日晚全线发起反攻。6 月 12 日，日军溃退回广州，双方恢复战前态势。

两次粤北战役，歼灭日军两万余人，保卫了粤汉铁路和粤北地区，有力支援了桂南作战，粉碎了日军北上曲江、韶关，打通粤汉线的企图。

三、东江抗日根据地

东江地区主要包括东江流域东莞、惠阳、宝安、增城、博罗等县，广（州）九（龙）铁路纵贯其中，是联系香港的重要通道。

1938 年 4 月，中共东莞中心县委成立，积极争取国民党东莞县社训总队的支持，先后建立了东莞常备壮丁队和模范壮丁队，两队共 150 余人。10 月 12 日，日军在大亚湾登陆，19 日占领石龙。东莞常备壮丁队和模范壮丁队一部立即开赴石龙附近东江河畔的峡口布防。20 日，在峡口打击了渡河进犯日军；翌日，又组织 40 余人的队伍渡河伏击敌人。

10 月中旬，中共增城党组织争取国民党广东民众抗日自卫团增城县统率委员会第三区指挥部的支持，建立了广东民众自卫团增城县第三区常备队，全队 100 余人。17 日，常备队在增城县仙村圩竹园涌附近，伏击行驶于东江的日军船只，击沉橡皮艇 1 艘，击毙日军 10 余人，缴获木船 1 艘。

中共广东省委为加强对广州和香港之间地区抗日游击战争的领导，决定成立中共广东省东南特委，梁广任书记，领导香港、澳门、中山、番禺、南海、顺德、惠阳、东莞、宝安的党组织。随后，东南特委派曾生、周伯明、谢鹤筹三人组织惠阳工作团，到惠阳整理党的工作，建立惠（阳）宝（安）海（丰、陆丰）工作委员会。12 月 2 日，中共惠宝海工作委员会在惠阳淡水镇建立了惠宝人民抗日游击总队，曾生任总队长，周伯明任政委，共 100 余人。12 月 7 日，日军由淡水撤退。游击总队团结当地抗日武装收复淡水，摧毁伪政权，成立了惠阳县第二区行政委员会。

1939 年元旦，东莞模范壮丁队等 120 人组成东宝惠边人民抗日游击大队，王作尧任大队长。2 月，根据中共广东省委决定，成立中共东江特委，书记林平。5 月，在坪山成立东江军事委员会，由梁广、梁鸿钧负责，领导曾生、王作尧两部队。

1939年春,日军为确保广州和珠江、西江交通线,收缩兵力,撤出惠州等城镇和东江部分占领区。国民党军队进占惠州,设立第四战区游击纵队指挥所。根据抗日民族统一战线政策,王作尧、曾生领导的部队先后改为第四战区游击纵队指挥所第四游击挺进纵队直辖第二大队和第三游击挺进纵队新编大队。

从1939年夏开始,新编大队在大小梅沙、葵涌、沙头角、横岗一带,积极打击日军。9月初,日军500余人再次在大亚湾登陆,占领葵涌、沙鱼涌,切断东江与香港、南洋的国际通道。12日,新编大队夜袭日军,战至天明,克复葵涌、沙鱼涌,日军从海上撤退。12月,新编大队在横岗伏击由东莞返回深圳的日军一个大队,毙伤日军30余人。第二大队主要活动于东莞、宝安地区。11月,第二大队对宝安县城南头镇进行包围封锁,迫使守城日军于30日晚从海上逃走,收复南头。

到1939年底,新编大队发展到500余人,第二大队发展到200余人,并分别在坪山圩和乌石岩建立了游击根据地。

1940年2月,第四战区游击纵队指挥所命令新编大队和第二大队到惠州集训,企图借集训之机,解除武装。3月初,国民党顽军第一八六师等部3000余人包围坪山、乌石岩。第二大队、新编大队突围,向海、陆丰转移。廖承志从香港转来了中共中央的指示:必须大胆坚持敌后抗日游击战争,同时不怕摩擦,才能生存发展,曾、王两部应回到东宝惠地区。根据这一指示,曾、王两部于8月下旬返回宝安县上下坪村。

9月中旬,中共东江特委和东江军事委员会在上下坪村召开部队干部会议,确定坚持在东宝惠地区开展独立自主的游击战争,建立抗日根据地;坚持抗日民族统一战线,对国民党实行又联合又斗争的方针;放弃国民党军番号,改称广东人民抗日游击队,原新编大队改称第三大队,第二大队改称第五大队。

10月初,第三大队挺进东莞县大岭山客家洞地区,开创大岭山区抗日根据地;第五大队活动于宝安敌后,开创以阳台山区为中心的抗日根据地。11月初,东莞地区日军200余人向大岭山区进犯。第三大队于黄潭村突然向敌出击,毙伤其数十人,打退了敌人的进攻。

1941年6月10日,驻东莞县城的日军400余人及伪军200余人,分两路奔袭大岭山中心区百花洞。当日伪军进至百花洞附近时,第三大队迅速抢占百花洞周围高地。11日拂晓,两路日伪军进抵百花洞村,遭到密集火力射击,陷

东江纵队在行军途中

入包围，数次突围未成。12日，日军以飞机支援，空投粮弹，并从广州、石龙等地出动步骑兵1000余人增援，第三大队主动撤出战斗。

6月17日，驻宝安南头日军约40人，向望天湖、游松进犯，遭到第五大队的伏击，日军不支，逃回南头。7月7日，日军400余人分两路"扫荡"阳台山区，第五大队集中兵力打敌一路，激战一天，迫敌撤退。8月中旬，日军又以三四百人的兵力，连续三次进犯阳台山，均被击退。到1941年底，广东人民抗日游击队发展到1500余人。

1941年12月8日，太平洋战争爆发。当日清晨，日军轰炸机突然偷袭香港启德机场，将英国皇家空军飞机全部摧毁。华南日军第二十三军第三十八师团及第五十一师团第六十六联队1.5万余人，在海军第二遣华舰队和陆军航空兵第一飞行团支援下，从沙头角、深圳、福田分三路进攻香港。英军大陆旅疏于防范，九龙要塞被日军攻占。12月10日，日军向英军发出最后通牒，要求英军投降，遭到拒绝，日军切断了香港的水源。经过半个多月的抵抗，25日，香港沦陷。

当时，一大批爱国民主人士和文化界人士困在香港，情况十分危急。中共中央、南方局书记周恩来分别电示八路军驻香港办事处主任廖承志，迅速做好应变准备，将这批人士抢救出来，经澳门、广州湾或东江转入大后方。廖承志要求广东人民抗日游击队尽快派一支精干的突击队到九龙协助进行营救工作。广东人民抗日游击队立即派出武工队员、交通员进入港九地区，分批把这批进步人士安全转移到宝安抗日根据地。经过几个月的秘密大营救，茅盾、邹韬奋等文化界名人和民主人士共 800 余人及国际友人近百人被营救出来，安全回到大后方，在国内外产生了深远影响，对于促进抗日民族统一战线的发展，起到了积极的作用。

四、琼崖抗日根据地

在第一次国内革命战争期间，中共琼崖特委在海南举行武装暴动，成立琼崖工农红军独立师，并成立女子军特务连，被誉为红色娘子军。在国民党军队的"围剿"下遭受严重损失，余部在特委书记冯白驹等领导下组建琼崖工农红军游击队，转移到母瑞山一带坚持游击斗争。

全国抗战爆发后，中共琼崖特委根据党的抗日民族统一战线政策，主动与国民党琼崖当局谈判，将琼崖红军改编为"广东民众抗日自卫团第十四区独立队"，下辖 3 个中队共 300 人，冯白驹任独立队队长。

1939 年 2 月 10 日，日军以台湾混成旅一部，在海军支援下，在海南岛北部的天尾港登陆，占领海口、琼山、定安、文昌等地。当日军在天尾港登陆时，冯白驹令第一中队赶往南渡江重要渡口潭口协同国民党军阻止日军东进，冒着敌机的轰炸，一直坚持到黄昏。14 日，日军又以第五舰队一部，在海南岛南部的三亚港登陆，占领三亚、榆林等地。随后，日军南北对进，侵占海南全岛。

3 月，琼崖特委将独立队改称独立总队，冯白驹任总队长，下辖 3 个大队和 1 个特务中队，共 11 个中队 1400 余人。独立总队成立后，第一、第二大队活动于琼山、文昌地区，第三大队活动于澄迈、临高、儋县、昌江、感恩地区。3 月，第一大队在琼文公路的罗牛桥伏击日军的运输车辆，击毁汽车 1 辆，歼日军大佐指挥官以下 20 余人。6 月，日军出动 1000 余人对琼文地区进行"扫荡"，总队以主力一部西渡南渡江，插入敌后琼山、海口郊区活动，并向琼山西部发展，与第三大队打通联系，同时在琼山第一区建立游击区。

1939 年 6 月，新任国民党广东第九区行政督察专员吴道南来琼后，不断搞"反共"摩擦，削减直至停发独立总队军饷，迫令独立总队缩编为 1 个大队，并

琼崖纵队女战士

派部队向琼（山）文（昌）游击根据地周围推进，企图消灭独立总队。为避开敌顽夹击，保存力量，中共琼崖特委和独立总队决定将领导机关转移到琼崖西部创建山区抗日根据地。8月，独立总队改称广东省琼崖抗日游击队独立第一总队。

10月21日，独立总队三大队和国民党儋县三个游击中队，以及那大镇周围8个乡2000多名地方武装，共4000余人，对日军的重要据点那大，进行了联合围困战。那大位于海南岛西北部，是儋县、临高、昌江、感恩、白沙五县的交通枢纽，驻有日军100余人及伪军1个中队，共200余人。围攻持续到11月5日，那大日军因给养断绝，孤立无援，被迫乘夜突围向儋县县城逃窜。6日晨，那大被攻克，伪军中队80余人被俘。至年底，琼崖总队先后对日作战70余次，毙伤日军800余人，初步开辟了琼崖抗日游击根据地。

12月，琼崖特委在琼文游击根据地召开会议，决定特委和总队领导机关由文昌地区向西南的临高、儋县、白沙交界的纱帽岭地区转移，并决定抽调第一大队第二中队、第二大队第六中队和原特务中队合编组成特务大队，掩护领导机关西移。第一、第二大队主力仍留琼文地区活动，后成立东路指挥办事处，符振中为指挥，陈乃石为政治委员。

1940年1月25日，琼崖特委及独立总队领导机关开始向西转移，2月中旬到达琼山、澄迈、临高交界的美合地区，积极创建美合地区根据地。先后在仁兴、岭南、和安、兰洋、南坤等乡组织了"农民抗日救国会""青抗会""妇救会"等抗日民众团体和自卫队，成立了中共美合特区委员会。积极动员群众参军参战，发展抗日武装，第三大队第九中队扩编为第四大队，第八中队扩编为第五大队。1940年7月，成立了西路指挥办事处，马白山为指挥，符荣鼎为政治委员，统一指挥第三、第五大队，并在美合根据地创办了琼崖抗日公学，培养学员近千人。

1940年1月下旬，中共中央指示琼崖特委：冯白驹部应做长期坚持计划，在琼崖放手开展工作，驱除一切汉奸反动势力，领导全岛人民抗日；不要依靠国民党发饷，要自力更生，扩大部队，并委派县长，建立区乡政权。特别提出要重视对华侨和少数民族的统一战线工作。为了加强琼崖抗日斗争的领导力量，还派庄田、李振亚、覃威等领导干部和机要通信干部先后来到琼崖，使琼崖和延安建立了电台联系。

根据中共中央指示，琼崖特委和独立总队领导机关做了调整充实，冯白驹任特委书记、独立总队总队长兼政治委员，庄田任副总队长，李振亚任参谋长，王业高任政治部主任。将活动于琼文根据地的第一、第二大队合编为第一支队，下辖两个大队和警卫连；将活动于澄迈、临高、儋县的第三、第五大队合编为第二支队，下辖两个大队和警卫排；特务大队和第四大队直属于总队。1940年10月，成立了海南第一个抗日民主政权——文昌县抗日民主政府。

到1940年冬，琼崖独立总队由1938年10月改编时的300余人发展到3000余人，枪2000余支，活动遍及琼山、文昌、澄迈、临高、儋县、昌江、感恩、万宁、琼东、乐会、定安等11个县，建立了琼文平原根据地、美合山区根据地、六连岭根据地和澄临儋、昌感等地区的小块游击根据地，成为海南抗战的主要力量。

第十五章

东北抗联

"九一八"事变之后,东北人民在中国共产党的号召下,对日本帝国主义的侵略展开了不屈不挠的斗争,白山黑水之间燃遍了抗日烽火,从此开始了长达十四年的抗日游击战争。

一、抗联成立

"九一八"事变后,日本侵略军迅速占领辽宁、吉林,继续向黑龙江省进犯。黑龙江省代理主席兼军事总指挥马占山率部在江桥阻击日军,打响了抗战第一枪。随后,东北三省爱国军民组成的抗日义勇军风起云涌,先后发展到30余万人,在马占山、李杜、邓铁梅、冯占海、王德林等东北军部分爱国将士领导下,先后组织大小战斗2万余次,揭开了东北抗日游击战争的序幕。

东北抗日义勇军被日本关东军各个击破之后,中国共产党领导的抗日游击队和东北人民革命军又相继成立,在杨靖宇、李兆麟、周保中、赵尚志等人的领导下,至1936年春,东北人民革命军先后发展到6个军6000余人。东北人民抗日武装力量的壮大和抗日游击战争的发展,对全东北的抗日游击队提出了加强联合、统一指挥的客观要求。

由于中共中央和红军主力开始长征,中共满洲省委与中共中央的联系中断。共产国际决定,由中共驻共产国际代表团直接领导中共满洲省委和东北各地抗日武装力量。1935年6月3日,中共驻共产国际代表团经中共吉东特委发来《给满洲负责同志秘密指示信》及其他指导性文件,提出了在东北地区扩大反日游击运动,与各种抗日队伍建立统一战线,以及成立抗日联军,统一游击队的领导与指挥等问题。

1936年初,中共驻共产国际代表团发表了《为建立东北抗日联军总司令部决议草案》。2月10日,又以杨靖宇、赵尚志、周保中等人的名义发表了《东北抗日联军统一军队建制宣言》，宣布"我们东北人民革命军……一律改组军队建制为东北抗日联军"，"同时欢迎目前东北各反日武装军队之参加东北抗日联军组织"。东北人民革命军及义勇军余部积极响应，陆续改编成东北抗日联军。

在南满地区，主要有东北抗日联军第一军、第二军。第一军由杨靖宇任军长兼政治委员，下辖两个师，约3000人，主要活动于以金川为中心的南满地区。第二军由王德泰任军长，魏拯民任政治委员，下辖3个师，共2000余人，主要活动于以长白山区为中心的东满地区。

1936年7月，中共东、南满特委和第一、第二军主要领导干部在金川河里召开联席会议，传达了共产国际"七大"精神和中共驻共产国际代表团关于撤销满洲省委、以游击区建立省委及编成"路"军的指示。会议决定将抗联第一、第二军合编成东北抗日联军第一路军，建立统一的军事指挥机关——总司令部。第一路军下辖第一、第二两个军，共6个师。第一路军总司令兼政治委员杨靖宇，副总司令王德泰，政治部主任魏拯民。会议还决定将中共南满特委和东满特委合并组成中共南满省委，统一领导第一路军和东、南满地区的抗日斗争。由魏拯民任省委书记，杨靖宇、王德泰等11人为委员。会议还研究确定了第一路军的活动方针和任务，决定以第一军军部率第一、第三师执行西征辽西、热河的任务，求得同关内红军部队特别是同中共中央取得联系；以第二军军部率第四、第六师在原第一军游击区内，协同第二师坚持斗争。

1936年6月和11月，抗联第一军先后组织了两次西征。西征部队冲破敌人的重重封锁，过清原，越铁岭，横跨南满铁路，于12月下旬抵达辽河东岸。不料辽河尚未封冻，又找不到渡船，部队被阻于东岸。在追兵将至的情况下，只好绕道回师，途中屡遭围追堵截，部队损失较大，第一军政治部主任宋铁岩、第三师政委周建华先后牺牲。

为策应第一军主力西征，王德泰和魏拯民率第二军，在抚松、临江、长白等地开展游击战争，先后取得攻打抚松县城、进攻安图东清沟和伏击长白七道沟等战斗的胜利，击毙"伪满洲国"第二军管区日军上校石川隆吉和中校河村。在大碱场突围和七道沟伏击战中，第二军政治部主任李学忠和第二师师长曹国安先后牺牲。当年底，第二军一部于抚松小汤河村宿营时，突遭伪军600余人包围，第一路军副总司令兼第二军军长王德泰不幸牺牲。

在北满地区，主要有东北抗日联军第三军和第六军。第三军由赵尚志任军长，冯仲云任政治部主任，辖10个师，共6000人，游击区扩展到北满30余县。

密林中的东北抗日联军

第六军由夏云杰任军长，李兆麟代理政治部主任，辖7个团，2000余人，主要在以汤原为中心的松花江下游地区开展游击活动。

1936年1月下旬，会师汤原的东北人民革命军第三军、东北抗日同盟军第四军和汤原抗日游击总队以及东北民众军、救国军等各军领导人赵尚志、李延禄、夏云杰、李兆麟、谢文东、李华堂、冯志纲等，在汤原吉兴沟举行了东北反日联合军军政扩大会议。会议根据中共中央"八一宣言"和"六三"指示信的精神，决定组织东北反日联合临时政府，成立东北民众反日联合军总司令部，推选赵尚志为总司令，李兆麟为总政治部主任，李华堂为副总司令。

9月18日，中共珠河、汤原中心县委和第三、第六军党委，在汤原县帽儿山北坡召开联席会议。会上讨论了政治、军事、组织等重大问题，并根据中共驻共产国际代表团的决定，成立了中共北满临时省委，选举赵尚志、冯仲云、李兆麟等15人为执行委员，赵尚志为执委会主席。

1936年冬，北满日伪军动员伪三江省全部军事力量，进行冬季大"讨伐"，妄图聚歼该地区的抗联第三军和其他抗日部队。赵尚志率第三军主力进行西征，在通北附近"冰趟子"山沟成功设伏，歼灭尾追日军300余人。第六师一部留下在海伦、铁力一带坚持斗争，赵尚志率军部和第一师继续北上，挺进通北、龙门。日军在空中用飞机追踪轰炸，在地面调步兵加紧堵截，远征部队伤亡较大。部队到达逊河附近露营时，仅剩百余人，又遭敌人包围、袭击，损失过半。余部在赵尚志率领下，历尽千辛万苦，行程1000余公里，于1937年春末返回汤原根据地。

留在汤原老区坚持斗争的部队，在第六军参谋长冯志纲的率领下，取得了夜袭汤原县城的胜利。5月18日夜，第六军留守部队在汤原抗日救国会会员的接应下，从汤原城东北角突入城内。一路直插伪县公署；一路解除北门伪警察武装；一路打开监狱和仓库，解救被关押的同胞，获取军用物资。拂晓以前攻城部队顺利撤出，并打退了日军的反扑和尾追。此战全歼城内伪警察和守备队，击毙日本参事官，俘伪副县长以下数十人，救出被关押的干部群众70余人，鼓舞了下江军民。

在吉林东部地区，主要有东北抗日联军第四军、第五军和第七军。第四军由东北抗日同盟军编成，李延禄任军长，辖3个师，1600余人，主要活动于松花江南岸至乌苏里江西岸一带。第五军由东北反日联合军改编而成，军长周保中，副军长柴世荣，政治部主任宋一夫，辖两个师，约3000人，主要活动在牡丹江下游地区。第七军是在饶河反日游击队的基础上编成，军长陈荣久，辖3个师，共700余人，主要活动于乌苏里江沿岸虎林、饶河地区。

1937年1月下旬，日军驻刁翎步兵300余人，强征当地居民雪橇200多张，准备撤往林口。第五军闻讯后，决定在大盘道北面设伏，歼灭这股敌人，伏击部队于1月28日晨进入预伏地域。13时，当日军乘坐雪橇闯入伏击圈时，预伏部队立即开火，激战至16时，终将360余名日军消灭，缴获全部物资和武器弹药。2月1日，第五军又乘驻刁翎日伪军恐慌动摇之机，以军部和第二师主力夜袭前刁翎屯，歼灭伪军一个营。

3月10日，中共吉东省委在依兰县四道河子成立，负责领导整个吉东地区的抗日斗争和抗联各军。省委由宋一夫、周保中等8名委员组成，宋一夫为书记。3月中旬，活动在松花江下游地区的抗联第三、第四、第五、第八和第九军各一部，决定联合攻打依兰县城，推举周保中为总指挥。

20日凌晨，抗日联军发起攻击。在伪军内部地下工作人员策应下，联军一部首先从城西北门突破。接着，其他各部分别从东、西、南门攻入。激战至晨6时许，城区大部被联军攻占。与此同时，联军另一部在新卡伦西北地域，重创了从双河镇驰援依兰的400多名日军。联军在向城西、城南撤退中，诱敌出击，又歼其一部。共消灭日伪军300余名，缴获机枪、步枪300余支和其他军用物资一宗。

东北抗日联军除了上述由共产党直接领导的7个军以外，还有一些是在义勇军余部和抗日山林队的基础上改编的，在中国共产党抗日民族统一战线的感召下，先后加入了抗联的行列，主要有第八军、第九军、第十军和第十一军。第八军由东北民众救国军改编而成，军长谢文东，辖两个师，约1000人，主要活动于依兰、方正、勃利等地。第九军由吉林自卫军混成旅第二支队改编而成，军长李华堂，辖3个师，共800余人，转战于依兰、勃利等地。第十军由反日山林队"双龙"队改编而成，军长汪雅臣，辖10个团，共1000余人，主要活动于五常、舒兰地区。第十一军由反日山林队"明山队"改编而成，军长祁致中，辖3个旅，约800人，主要活动于桦川、富锦地区。

在长白山一带，还有一支朝鲜人民革命军，也加入了东北抗日联军，金日成（金成柱，朝鲜国籍）出任东北抗日联军第二军独立第六师师长，崔石泉（崔庸健，朝鲜国籍）任东北抗日联军第二路军参谋长、第七军军长，许亨植（李熙山，朝鲜国籍）任东北抗日联军第三路军总参谋长兼第三军军长，金策（朝鲜国籍）任东北抗日联军第三军第四师政治部主任、中共北满省委书记。他们与中国人民并肩战斗，共同打击日本侵略军，对推动东北抗日游击战争的发展和朝鲜人民的反日斗争发挥了重要作用。

从1936年初到1937年7月，是东北抗日联军迅速发展也是东北抗日游击战争达到高潮的时期。到抗日战争全面爆发，东北抗日联军已建成11个军，共3万余人，并开辟了东南满、北满、吉东三大游击区。在北起小兴安岭，南至鸭绿江畔，西起辽河，东到乌苏里江的广大地区内，东北抗联纵横驰骋，同日伪军作战数千次，歼灭大量日伪军，威胁着日本帝国主义在东北的殖民统治，推动了关内人民抗日救亡运动的开展，推迟了日本发动全面侵华战争的进程。

二、白山黑水

"七七"事变后，东北沦陷区抗日游击战争的战略地位发生了重要变化，即由东北地区局部抗战变成全国抗日战争的一个组成部分。新的抗战形势增强了东北抗日军民的信心，使东北抗日斗争出现了新的高潮。

为了适应东北抗日游击战争新形势的需要，根据中共南满、吉东、北满省委先后成立的实际情况，东北抗联亦随之编成第一、第二、第三路军，分别归三省省委领导。第一路军总司令兼政治委员杨靖宇，副总司令王德泰，辖第一军和第二军；第二路军总指挥兼政治委员周保中，副总指挥赵尚志，辖第四、第五、第七、第八、第十军；第三路军总指挥李兆麟，政治委员冯仲云，辖第三、第六、第九、第十一军。各路军划分了活动区域，互相配合，协同作战，先后取得了袭击四平街、夜袭辉南县城、五道岗伏击战、七星河袭击战等战斗的胜利，给日伪军以有力打击。

东北抗日联军的发展壮大，钳制了大批日军入关作战，成为日本侵略者的"后顾之忧"。为消灭抗日联军，进一步扩大侵略战争，从1938年起，日本大量向东北增兵，对抗日联军各部队加紧实施分区包围，多路"扫荡"，采取"铁壁合围""篦梳山林""来回拉网"等办法，企图把抗联队伍一网打尽，东北地区的抗日斗争进入了一个极端困难的时期。

战斗在南满地区的抗联第一路军，冲破敌人冬季"讨伐"后，决定留第一师在桓仁、宽甸、本溪一带坚持游击战争；由杨靖宇率领第一军主力北上，开辟辑安老岭抗日游击区，实施分区作战。

1938年8月2日，杨靖宇指挥抗联第一路军警卫旅和第一方面军一部共400余人，在辑安县城北方的长岗附近山地，伏击伪军索景清旅骑兵第四十二团和步兵第三十二团余部，经激烈战斗，毙伤敌60余名，俘虏30余人，其中

抗联第一路军警卫部队转战于白山黑水间

击毙日本指导官步兵上尉高凤武治和骑兵中尉西田重隆,缴获机枪9挺、步枪130支及许多军用物资,彻底消灭了这个号称"满洲剿匪之花"的伪军索旅。9月下旬,杨靖宇率部离辑安北上,向河里山区转移。

10月17日,部队渡过浑江到达临江县外岔沟,遭到日军部队及1500多名伪军的重重包围。敌东边道"讨伐"司令乘飞机在上空指挥,双方激战竟日。由于敌我力量悬殊,未能突出重围。18日,夜幕降临,敌人进一步缩小包围圈。杨靖宇沉着果断,指挥部队从敌人兵力薄弱处奋力突出重围,从此转战于桦甸、金川、上江等县境。

抗联第二路军的冬季反"讨伐"斗争虽然取得了一些胜利,但由于日军的军事"讨伐"日益加紧,抗联部队的处境越来越困难。为了粉碎敌人企图将活动在松花江下游地区的抗联部队"聚而歼之"的阴谋,打通与活动在东南满抗联第一路军和挺进到热河的八路军的联系,中共吉东省委决定第二路军第四军和第五军一部作为主力,向抗联第十军活动的五常、舒兰地区转移。

1938年5月1日,第四、第五军领导干部在宝清召开会议,制订了具体行动计划。西征部队分步兵、骑兵两路,统一由吉东省委书记兼抗联第五军政治部主任宋一夫负责政治军事领导,第五军军长柴世荣、第四军军长李延平等分别负责指挥各部队。7月1日,先遣队出发。2日,远征部队从勃利县刁翎地区北上,袭击了牡丹江岸三道通,经过激战突破敌人防线。而后沿四道河子迅速西进,在荒无人烟的高山密林地带艰苦行军150多公里,越过老爷岭,7月8日逼近苇河县楼山镇。12日拂晓,西征军出敌不意地发起猛攻,顺利占领了楼山镇,俘虏伪森林警察中队长以下40余人,缴获一批枪支弹药和粮食。

当西征部队从楼山镇撤出后,敌人从中东路沿线及延寿、方正调来大批日伪军进行追击和堵截。由于西征部队对这一带的地理情况不熟悉,被困馁于荒山野岭之中,仅能以山果野菜充饥,人员减少至200人。为缩小目标,决定第四军与第五军分开活动。第四军继续在五常县山区艰苦斗争,9月下旬遭敌包围,由于作战牺牲、饿毙和逃亡,队伍减员很大。到11月下旬以后,军长李延平、副军长王光宇相继牺牲,第四军远征部队损失殆尽。

第五军西征部队在向舒兰转移途中也遭受严重损失,第一、第二师失掉联系。第一师余部于10月中旬返回牡丹江地区时,在乌斯浑河渡口遭敌袭击。第五军妇女团指导员冷云等8名战士,为掩护大队转移,浴血奋战,在子弹打光、后退无路的情况下,宁死不屈,毅然背扶起受伤的战友,手拉着手,步入浪涛翻滚的乌斯浑河，投江捐躯，壮烈殉国。

抗联第八军在日伪军频繁的军事"讨伐"和政治诱降之下，到1938年冬各师相继瓦解。1939年3月，军长谢文东率军部部分人员叛变投敌。随后，副军长腾松柏也投降了敌人，抗联第八军全部瓦解。

战斗在北满地区的抗联部队，在第三军军长赵尚志、第六军军长戴鸿滨、第十一军军长祁致中等主要领导人进入苏联国境以后，仍坚持与围攻之敌进行艰苦奋战和周旋，予敌以有力打击，但自身也受到严重损失，部队减员过半。为了突破敌人包围，中共北满临时省委于1938年6月初决定：将第三军由十个师缩编为四个师和一个警卫团；北满抗联各军主力部队立即分批穿越小兴安岭，向西部的海伦地区进行远征，以开辟新的抗日游击区。

参加这次远征的有抗联第三、第六、第九、第十一军主力部队共700多人。在北满临时省委统一领导下，分三批进行。第九军军长李华堂因不同意远征，带领部分队伍潜入深山躲避，后率部投敌。

首批远征部队突破敌人的围追堵截，过草甸，穿密林，披荆斩棘越过小兴安岭。战士们忍饥挨饿，跋山涉水，经过五个多月的艰苦行军，在11月到达海伦八道林子时，只剩下20余人，第三军政治保安师师长常有钧、第二师师长张传福、第九军政治部主任魏长魁等先后牺牲。

最后一批远征部队在李兆麟的率领下，于11月初从富锦出发，12月中旬，进入人迹罕至的小兴安岭山区。抗联战士顶风雪、冒严寒，前进在林海雪原之中。一些战士双脚被冻坏，步履艰难；给养断绝，战士们用雪水煮橡子、榆树皮充饥，还要时常同围追堵截的敌人战斗。历尽千辛万苦，最后在12月29日到达海伦八道林子与第六军第三师会师，胜利完成了西北远征的任务。粉碎了敌人妄图把抗联队伍"聚歼"在三江省的阴谋，保存了北满抗联部队的主力，为开辟黑嫩平原的游击战争创造了有利条件。

三、林海雪原

1939年10月，日本关东军在对北满松花江下游抗日游击区进行严重破坏之后，又组成"日满军警宪特东边道联合讨伐司令部"，以关东军第二独立守备队队长野副昌德为司令官，纠集7.5万余兵力，重点在东南满地区的通化、间岛、吉林三省实行疯狂"大讨伐"。采取军事"讨伐"、经济封锁和政治诱降等手段，向抗联第一路军实施全面进攻，使东南满抗日斗争形势日趋恶化，游击区不断缩小，抗联第一路军最后不得不进入通化及东满的密林山区，处于极度艰难困苦的境地。

10月上旬，杨靖宇和魏拯民在桦甸县头道溜河召开中共南满省委和第一路军主要领导人会议，商讨对敌斗争策略。会议决定，为保存实力，将队伍化整为零，分散活动，以冲破敌人的"讨伐"。会后，抗联第一路军各部便在长白山区的濛江、抚松、金川、辉南、桦甸、敦化、和龙、临江、辑安等地同敌人周旋转战，坚持艰苦斗争。

日军也改变"讨伐"策略，派出精锐部队占据东南满大小城镇和山林据点，对抗联第一路军各部队进行长期封锁和分割包围。为了追捕抗联第一路军总司令杨靖宇，还专门组成"富森工作队""程斌挺进队"等特种部队，采用"狗蝇子战术"跟踪追击。尤其是抗联第一路军第一师师长程斌投敌后，带领日军摧毁了70多个抗联密营，使抗联第一路军陷入了弹尽粮绝的境地。

杨靖宇率领第一方面军部分队伍和总部直属警卫旅400余人，转战于桦甸夹皮沟、濛江瓮圈、金川回头沟等地。入冬后，大雪封山，天寒地冻，气温经常在零下三四十度，抗联部队衣食无着，不少战士冻掉了手指、脚趾。杨靖宇带领的队伍不断减员和失散，到1940年1月初，还剩200余人，月底就只剩60余人。由于杨靖宇警卫员、特卫排排长张秀峰叛变投敌，供出杨靖宇的行踪，于是敌人调集多支"挺进队"进行跟踪追击。警卫旅始终无法摆脱追击之敌，部队大量伤亡。到2月15日，杨靖宇身边只有6名战士了。当晚，他命令警卫员黄生发等4名负伤战士转移，他与另外两名战士继续前进。2月18日，两名战士去找食物时，在大东沟屯附近被捕。杨靖宇孤身一人，仍坚持与敌周旋五天。2月23日，在濛

杨靖宇（1905—1940），原名马尚德，河南确山人，1927年加入中国共产党，领导了确山暴动。1929年奉命赴东北，历任中共抚顺特别支部书记、哈尔滨市委书记、满洲省委军委书记，中国工农红军三十二军南满游击队政委、东北人民革命军第一独立师师长兼政委、东北抗日联军第一军军长兼政委、东北抗日联军第一路军总司令兼政治委员。1940年2月23日，在吉林濛江壮烈牺牲

江县西南三道崴子陷敌重围,杨靖宇手持双枪,与敌交战二十分钟,身中数弹,壮烈殉国,鲜血染红了皑皑白雪。残暴的日军割下他的头颅,剖开他的腹部,发现他肠胃里除了尚未消化的草根、树皮和棉絮,竟无一粒粮食。这种不畏艰难、威武不屈的英雄气概,使日军也为之震惊。参与"围剿"的伪通化省警务厅长岸谷隆一郎不得不承认:"虽为敌人,睹其壮烈亦为之感叹:大大的英雄!"并特意为杨靖宇举行了"慰灵祭"。

抗联第二路军总指挥部从刁翎地区向宝清山林地带转移,日军调集重兵对这一地区进行严密封锁,并不断对抗联部队展开进攻,使第二路军陷于非常困难的境地,第五军和第七军在冬季反"讨伐"斗争中都受到很大损失。在敌人严密封锁下,部队给养发生严重困难,战士数日吃不到粮食、食盐,有时竟以树皮果腹;为防止暴露目标,往往露营时不能生火取暖,又缺医少药,还要日夜行军打仗,许多战士因饿、冻、病而死,部队减员很大。到1940年1月,第七军全军只有200余人,第五军第三师仅剩20余人。

抗联第三路军各部在总指挥部的统一领导和指挥下,在黑嫩平原与敌人展开英勇顽强的斗争,打破了日伪军"黑(河)、北(安)、龙(江)三省汇攻计划"。同时第三路军也付出了很大代价,约有三分之一的指战员牺牲。到1940年2月,第三路军各部只剩下500余人。

1940年,日本关东军增至11个师,对抗联进行更为残酷的"讨伐",形势日益严峻。东北抗日联军在反"讨伐"斗争中,遭到严重挫折,原有的抗日游击根据地和游击区大都被破坏,抗联部队人员从原来的3万余人减到不足2000人。为了便于对日作战和指挥,1940年1月,中共吉东省委代表和北满省委代表周保中、冯仲云、赵尚志在苏联边境城市伯力(哈巴罗夫斯克)召开会议,确定了"逐渐收缩,保存实力"的方针,决定第一、第二、第三路军所属的11个军缩编为10个支队,各部继续在各地坚持抗日游击战争,但未能扭转形势恶化的趋势。

到1940年末,东北抗日游击战争进入极端艰难困苦的阶段。许多主要领导干部相继牺牲,抗联部队人员锐减。12月8日,第三方面军指挥陈翰章所部在宁安镜泊湖小湾湾沟被敌包围,在突围中,陈翰章壮烈牺牲。1941年2月,第十军在九十五顶子山露营时遭到日伪军包围,军长汪雅臣、副军长张忠喜壮烈牺牲,部队突围散失。第一路军各部在连续反"讨伐"斗争中,相继遭受重大损失。1941年3月,第二方面军一部约200人转移到中苏边境休整,中共南满省委书记、抗联第一路军副总司令魏拯民因病无法随军转移，留在桦甸县夹皮沟东部牡丹岭密营休养，因病冻馁牺牲。

1941年初，东北地区党和抗联领导人在中苏边境地区再次召开会议，决定留第三路军和第二路军各一部，继续在北满地区和饶河一带坚持斗争；其余各部陆续进入苏联境内，在中苏边境组成南、北两个野营进行休整，合编为东北抗日联军教导旅，并接受苏联远东方面军独立第八十八步兵旅番号，亦称国际旅。周保中任旅长，李兆麟任政治委员，崔庸健任参谋长兼中共东北委员会书记。下辖4个教导营，其中金日成任一营营长，全旅共1000余人。在苏联红军的帮助下，抗日联军教导旅一面进行整训，一面不断派小分队进入东北，继续开展游击战争，为最后胜利进军东北奠定了基础。

东北抗日联军在中国共产党的领导下，在东北人民的大力支援下，长期坚持东北抗日游击战争，钳制和消耗了大量日伪军，对全国抗战起到了战略上的配合作用，为抗日战争的胜利做出了重要贡献。

第十六章

平原游击战

1938年4月,中共中央发出《对平原游击战的指示》,指出:抗战以来的经验证明,在平原地区开展游击战争也是可能的;党和八路军在河北、山东的平原地区,应坚决采取广泛发展抗日游击战争的方针,尽量发动最广大的群众进行公开的武装斗争,组织游击队和不脱离生产的自卫军,尽快建立抗日民主政权,创立和发展根据地。中共山东省委和中共河北省各级组织,遵照中共中央的指示,广泛发动群众,建立人民武装,先后在平西、冀中、冀南、冀东、冀鲁边等地建立抗日根据地,在广袤的华北大平原上展开了平原游击战争。

一、冀中抗日根据地

"七七"事变之后,中共保属特委南移石家庄,改组为平汉线省委,李菁玉任省委书记,统一领导河北中部地区的抗日工作。石家庄失陷后,平汉线省委西迁阳泉与八路军第一二九师会合,所属保东、保南特委合并为保属省委,张君任省委书记,继续领导该地区的抗日斗争。在延安抗大学习的红军团长孟庆山受中共中央派遣,回到家乡冀中,在高阳、蠡县、任丘、安新一带发动群众,组织抗日武装。

1937年10月,原东北军第五十三军第六九一团团长吕正操,在部队奉命南撤的时候,遵照中共北方局的指示,毅然率部回师北上。10月14日,在冀中晋县小樵镇举行抗日誓师大会,宣布脱离第五十三军,改编为人民自卫军,吕正操任司令员。

吕正操是东北军著名的爱国将领,毕业于东北讲武堂,曾任张学良秘书、少校副官,在西安事变后加入共产党。历任东北军第五十三军第一一六师参谋处长、第六四七团团长、第六九一团团长。抗战全面爆发后,率部奔赴抗日前线,先后在华北地区永定河、半壁店、梅花镇与日军激战。在梅花镇阻击战中,以较小代价，毙伤日军 700 余人，使侵华日军在河北境内遭受首次重创，有力打击了日本侵略者的嚣张气焰。部队改编后，继续北上，经博野、蠡县，攻占高阳县城，收编了驻高阳的保安团，自卫军发展到 3000 余人。12 月 12 日，人民自卫军赴晋察冀军区整训，随后将部队改编为八路军第三纵队，吕正操任纵队司令。

在人民自卫军去平汉路西整训期间，中共保属省委成立河北游击军司令部，由孟庆山任司令员，统一领导冀中地方抗日武装。以各县人民自卫团为基础先后扩编成了第一、第二、第三这 3 个师，又收编了 13 路地方抗日武装部队及 3 个直属团。

1938 年 1 月中旬，人民自卫军整训后由平汉路西返回冀中。1 月下旬，中共保属省委改为冀中省委，鲁贲任书记。人民自卫军与河北游击军在冀中省委的领导下，相互配合，积极袭击日军据点，收编和消灭了 10 余股游杂武装。2 月间，人民自卫军以独立第一团组成北上先锋队，赴大清河北地区开辟工作。连克新镇、霸县、永清等县城，并收编了安次、武清、霸县、永清、固安等地联庄武装 4000 余人，初步打开了大清河北的抗战局面。

3 至 4 月间，人民自卫军和河北游击军在反击日军对冀中地区的春季"扫荡"中密切配合，共与敌进行大小战斗 100 余次，毙伤日伪军 1000 余人，自身

吕正操在冀中抗日前线

伤亡 600 余人，先后收复河间、高阳、安新等县城，粉碎了日军对冀中地区的春季大"扫荡"。

冀中人民抗日武装为了保存自己的力量，长期坚持平原游击战争，还创造性地开展了地道战对日伪军进行斗争，涌现出了冉庄、焦庄户、石井村等开展地道战的典型。冀中军区号召冀中人民普遍开展挖地道活动，初步形成户户相通、村村相连，既能隐蔽、转移，又便于依托作战的地道网络，成为坚持平原游击战的地下堡垒。

1938 年 4 月下旬，冀中区召开第一次党代表大会，进一步统一了冀中区党、政、军的领导。会后，中共冀中省委改为冀中区党委，黄敬任书记。接着，又成立了冀中行政主任公署，吕正操兼任主任。各专区成立了专员公署，健全了县、区、村各级政权机构。相继建立了 38 个县的抗日民主政权。

5 月 4 日，人民自卫军和河北游击军合编为八路军第三纵队，同时成立了冀中军区，吕正操任纵队司令员兼军区司令员，孟庆山任副司令员，程子华任政治委员，下辖第七、第八、第九、第十 4 个支队和 4 个军分区，还成立了回民支队和天主教连。至此，西起平汉铁路，东至津浦铁路，北迄平津铁路，南达沧（县）石（家庄）公路的冀中抗日根据地初步形成。

二、冀南抗日根据地

在冀南地区，中共中央北方局于"七七"事变之后即派马国瑞等回到冀南，组成冀南特委，领导当地人民群众开展抗日游击战争。先后在南宫一带组建了八路军别动大队，在赵县、藁城、栾城一带地区组建了抗日义勇军第五支队，为冀南抗日根据地的创建打下了一定基础。

1937 年 12 月中旬，八路军第一二九师挺进支队，由辽县进入冀南地区的任县、隆平、尧山等地开展抗日活动。部队很快发展到三四百人，并将部分农民武装和地方武装改编成两个游击支队。同月，第一二九师组成八路军东进抗日挺进纵队，由陈再道任司令员，李菁玉任政治委员，于 1938 年 1 月挺进冀南，与先期到达的挺进支队会合。先后在巨鹿等县建立了动委会，改组了南宫县政府，收编了巨鹿、南宫等县保安团和冀县的部分地方武装，争取了威县伪军警备旅反正。

为争取冀南地区各色武装共同抗日，东进纵队经与河北民军赵云祥部及青年抗日义勇军团段海洲部协商，由三方各派代表参加，成立了统一战线组织"冀南抗日军政委员会"，陈再道为主任委员，统辖冀南各抗日部队。军政委员会的建立，是执行党的抗日民族统一战线政策取得的一个重大胜利。

1938年3月，第一二九师政治部副主任宋任穷率骑兵团开赴冀南。20日，中共冀鲁豫省委在南宫成立，李菁玉为书记，宋任穷接任东进纵队政治委员。3月下旬，骑兵团等部向西南挺进，相继解放广宗、曲周、平乡、南和等县城及附近广大地区。与此同时，东进纵队第一团向北开辟了滏阳河西岸之冀县、新河、宁晋、束鹿等县的广大地区。到4月底，东进纵队发展到2万余人，先后建立了20余个县的抗日政权。4月27日，成立了冀南抗日游击军区，并相继成立了第一、第二、第三、第四、第五这5个军分区。

4月26日，第一二九师副师长徐向前率两个团及一个支队从辽县出发，于5月初抵达南宫地区，与陈再道、宋任穷率领的东进纵队、骑兵团等部会合。为了配合国民党友军在徐州地区的作战，发展和巩固抗日根据地，徐向前指挥第六八九、第七六九团等部于5月10日进行了威县战斗，毙伤日伪军100余人。迫使驻威县的日伪军弃城西窜，驻临清、南和、平乡之日伪军，也先后逃往邢台。冀南地区的八路军部队随即分兵向东、南发展。至6月底，先后收复临清、高唐、夏津、枣强、成安、永年、肥乡、广平等县城，歼灭伪军2000余人，开辟了卫河东西和漳河以北广大地区，并先后收编、改编了数十股地方武装和20余县的民团、保安队共2万余人。

7月5日，第一二九师政委邓小平由太行到达冀南，对冀南地区的部队进行了整编，还从部队中抽调大批党员干部协助地方党组织建立和改造政权，至8月初，先后在近30个县建立了抗日政权。8月中旬，召开了各县代表会议，将冀南抗日军政委员会改为冀南行政主任公署，杨秀峰为主任，宋任穷为副主任。至此，以南宫为中心，西起平汉、东至津浦铁路，北起沧石公路，南跨漳河、卫河的冀南抗日根据地基本形成。

三、冀东抗日根据地

冀东位于河北省东北部，是通向东北的咽喉地带，战略地位非常重要。根据毛泽东关于"出一部兵力于敌后的冀东，以雾灵山为根据地进行游击战争"的指示，1938年4月1日，八路军总部指令第一二〇师抽调在雁北地区活动的宋时轮支队东进平西,与先期到达该地区的晋察冀军区邓华支队会合,然后挺进冀东,创建抗日根据地。

5月下旬,宋时轮支队抵达平西斋堂、杜家庄地区,与邓华支队合编为八路军第四纵队,宋时轮为司令员,邓华为政治委员,下辖第十一、第十二支队等部,共5000余人。第四纵队经短期整训,6月8日由平西出发,向冀东地区挺进,沿途先后攻克昌平、延庆、永宁、四海、兴隆等城镇据点。除留一部在平北开展游击战争外,主力于6月下旬进抵蓟县以北的将军关、下营一带地区。

第四纵队向冀东挺进及沿途作战的胜利,给冀东人民以极大鼓舞。7月6日,中共冀热边特委首先在滦县、昌黎、乐亭等县发动抗日武装暴动,随即武装暴动的烈火又在以丰润、迁安、遵化、蓟县、玉田、三河、平谷、卢龙等县及开滦煤矿为中心的广大地区燃烧起来。一个多月内,冀东地区先后有22个县20余万人民群众参加了武装暴动,组建抗日武装10余万人,其中中国共产党直接领导下的抗日联军即编为39个总队,达7万余人。冀东起义武装与第四纵队相互配合,先后攻克玉田、乐亭、卢龙、蓟县、平谷、迁安等6座县城及广大村镇,给日伪军和伪政权以沉重打击,初步形成以蓟县、平谷、密云为基本区的冀东抗日游击根据地。

8月中旬,八路军第四纵队与冀东暴动武装在遵化县铁厂镇胜利会师。下旬,第四纵队、冀热边特委及抗日联军的领导干部,在铁厂镇召开联席会,决定成立冀察热宁军区,推举宋时轮、邓华为军区正、副司令员,下辖5个军分区。会议还计划成立冀察热宁边区行政委员会,以统一抗日政权领导。铁厂会议后,第四纵队主力一部向北行动,准备北越长城进军都山,建立根据地;另一部主力向西行动,进军兴隆,建立以雾灵山为中心的根据地,而后依托山区逐步向平原发展。向兴隆山地挺进的部队,几经转战,进至白河以西,袭占赤城,歼日伪军200余人,同时袭占龙关城,歼敌一部;向都山进军的部队,遭日本关东军和伪满军的阻击而退回滦河以西。

八路军第四纵队挺进冀东和冀东人民大规模武装暴动,直接威胁了平津及北宁线的安全,日军急调第一一〇师团并纠合当地日伪军和东北伪满军对冀东开始进行"讨伐"。第四纵队领导决定,除留下八路军骨干和一部暴动武装外,纵队主力和暴动武装大部转移到平西整训。10月中旬,冀东暴动武装四五万人随第四纵队开始西移,由于途中遭到日伪军的围追堵截,暴动部队大部失散,一部随第四纵队抵达平西,一部随中共冀东地方组织返回冀东坚持游击斗争。

四、齐会围歼战

从 1938 年 11 月至 1939 年 1 月，华北日军先后对冀中根据地进行了两次围攻，相继占领了雄县、霸县、安国、博野、蠡县五座县城和一些重要城镇。2月初，又以 7000 余人发动了第三次围攻，矛头直指冀中中心区的河间、任丘地区。

冀中抗日武装号称 10 万，占有 24 座县城，但缺乏战斗经验，在日军的连续围攻下，形势迅速恶化，根据地日趋缩小。正在这时，由贺龙、关向应率领的第一二〇师主力，根据中央军委的指示，从晋西北挺进冀中平原，与吕正操领导的冀中军区、八路军第三纵队会合，立即投入反扫荡战斗。

2 月 2 日晨，河间日军 200 余人和伪军一部，沿公路向肃宁方向开进。行至曹家庄以北地区，第七一六团及独立第一支队与敌展开激战，并阻击河间、任丘援敌 400 余人，日军乘夜向河间撤退。此战歼敌 150 余人，挺进冀中初战告捷。2 月 4 日，河间日军 1000 余人向大曹村袭击。第七一六团依托村庄击退了日军的进攻，再歼敌 300 余人。日军接连遭受打击，暂停进攻肃宁，第三次围攻遂告结束。

2 月 6 日，日军 2400 余人开始第四次围攻，重点指向滹沱河以南的**武强**、**饶阳**、**深县**。第一二〇师师部率第七一六团南下，进至武强西北的任家庄、**东西唐旺**地区。日军迅速占领了饶阳、武强、武邑、深县、束鹿城。9 日，北面安平之敌 600 余人进至王村，饶阳之敌 300 余人，坦克、装甲车数辆，进至邹村，10 日拂晓，南北之敌向邢家庄实施合击。奉命赶到该地参战的第七一五团，以近战火力给敌突然打击，激战至 16 时，在毙伤日军 130 余人后，主动撤出战斗。

2 月 7 日，中共中央决定组织冀中军政委员会，由贺龙任书记。随后，根据八路军总部的指示，成立冀中区总指挥部，贺龙任总指挥，关向应任政治委员，吕正操任副总指挥，统一指挥第一二〇师和第三纵队。

3 月，日军向冀中增兵约 7000 人，连同原来侵入冀中的日军一部共约 9000 人，集结于大城、河间、献县、饶阳、藁城等地，3 月 18 日开始发起第五次围攻，企图在文安、大城、任丘间歼灭八路军主力。先后组织多次合击，但屡屡扑空，仅占领肃宁、任丘、文安三座县城。4 月 1 日，第五次围攻结束。至此，冀中所有县城被日军占领。

第十六章 平原游击战

4月18日，第一二〇师师长贺龙、政委关向应率师部及独立第一旅转移至河间东北的齐会地区，与独立第一旅会合，休整待机。20日，日军第二十七师团第三联队第二大队800余人，连同伪军数十人，带着80多辆大车，满载给养弹药，由沧县进驻河间县城，22日又进至河间城北三十里铺。贺龙判断该股日军可能对齐会地区进行"扫荡"，决心集中所部7个团及冀中军区部队围歼该股日军。

23日晨，日军由三十里铺东进，占领南、北齐曹，在炮火掩护下，向齐会村发起进攻，将第七一六团第三营包围于村内。贺龙令第三营固守齐会，拖住敌人，以第七一五、第七一六团主力对围攻之敌实施反包围，形成内外夹击之势。

日军进攻受挫，以猛烈炮火袭击齐会，并向其北面的大朱村发射毒气弹。贺龙及司令部20余人中毒，仍坚持指挥，调兵遣将分头阻击各路援军。第五团在麻家坞击退由任丘增援的日军300余人，第三军分区部队击退由大城增援的日军200余人，地方游击队牵制了由吕公堡增援的日伪军100余人，使进攻齐会的日军完全陷入孤立。与此同时，第七一五团、第二团、第四团、第五团，分别进占齐会以南的留古寺、西宝车和齐会以西的张家庄、四公子村，构成了对日军的反包围。当夜，第七一五团主力由齐会东北，第七一六团第三营由村中，同时向侵入齐会的日军实施夹击。日军腹背受攻，死伤惨重，向南撤逃。

24日拂晓，当日军逃至马村附近时，遭第七一五团伏击，遂仓皇调头向东北方向溃逃。第七一五团穷追不舍。日军以少数兵力抢占找子营，依托村街房舍阻击八路军，掩护大部向南留路猛攻，企图继续向东突围。日军进至南留路，复遭在此等候多时的冀中军区第三团截击。惊慌之中，日军在麦田里乱窜，见突围不成，又退回到南留路和找子营之间，掘壕固守，垂死挣扎。因地形平坦，白天攻击困难，贺龙调整部署，改为昼围夜攻。黄昏，各部同时向被围之敌展开攻击。日军被歼一部，余部退缩于南留路西南张家坟地小树林中。

25日凌晨，日军为突出重围，集中兵力、火力，先后猛攻张曹村、南留路阵地，均被击退。战至黄昏，风沙骤起，飞尘蔽天，残余日军乘机突围，第七一五团跟踪追击10余公里，残敌100余人逃回河间据点。

这次战斗，连续激战三昼夜，第一二〇师以伤亡300余人的代价，歼灭日军700余人，取得了平原围歼战的第一个重大胜利，打击了日军的嚣张气焰，鼓舞了冀中军民坚持平原游击战的信心。

五、名将之花凋谢黄土岭

1939年10月，日军先后调集两万余人，对晋察冀军区进行"扫荡"。首先从南线发起进攻，800多日军进犯第四军分区驻地陈庄，被八路军第一二〇师歼灭。南线失败后，日军把攻击重点转移到北线。10月30日，坐镇张家口的日军独立混成第二旅团长阿部规秀为打通涞易公路，派辻村宪吉大佐率日伪军1000余人进驻涞源县城。然后兵分两路，以第四大队从插箭岭出发袭击走马驿，第一大队从白石口出发袭击银坊。

从涞源到银坊只有大、小各一条道，过了内长城，两边都是高山，中间夹着弯曲的河床。从三岔口到张家坟一带，山高谷深，河沟宽仅一二百米。雁宿崖是一长达几百米的悬崖峭壁，坐落在三岔口和张家坟之河床西岸。晋察冀军区司令员聂荣臻决定利用雁宿崖有利地形，以一部兵力钳制、堵击由插箭岭出动之敌，集中第一军分区主力四个团及第三军分区第二团，共6000余人，伏击向银坊进攻之敌。

11月3日，晋察冀军区第一军分区司令员杨成武亲自指挥第一军分区第一团、第三团、第二十五团、游击第三支队和第三军分区第二团，分别埋伏于白石山东麓的雁宿崖峡谷两侧。当敌人先头部队进入雁宿崖村时，第一团一部迅速迂回至峡谷北口，切断日军退路，第三团一部封锁住峡谷南口，两侧预伏部队一齐开火。经过一整天的激烈拼杀，日军第一大队大部被歼，辻村大佐率残部突围逃窜。

阿部规秀是日军著名的山地战专家，刚由少将提升为中将不到三个月，闻讯十分恼怒。4日凌晨，亲率涞源、插箭岭的日军第二、第四大队1500余人向雁宿崖急进救援，企图寻找八路军主力报复。5日下午，该敌进至雁宿崖，八路军已向东转移。阿部规秀报复心切，6日晨继续率部追击。同时，日军第一一〇师团于当日派两个支队从唐县、完县北上，进行策应。

八路军设在涞源县城的情报员，将有关情报裹在煎饼里及时送出。聂荣臻当即命令：第一军分区以小部兵力在白石口迎击敌人，诱敌到黄土岭一带，然后集中八路军五个团的兵力，将日军包围歼灭。第一二〇师师长贺龙得知后，也主动派出第一二〇师特务团参加战斗。

6日晨，日军由雁宿崖东进，黄昏进入黄土岭村。黄土岭位于涞源、易县交界处，往东到上庄子是一条长2.5公里的山谷，利于设伏。当夜，浓云密布，

第十六章　平原游击战　191

黄土岭前线炮兵正在向日军指挥部炮击

星月无光，杨成武率部秘密部署于上庄子南北高地上。

7日拂晓，天空开始飘洒细雨，云雾蒙蒙。日军继续东进，到下午3点，全部进入黄土岭以东峡谷伏击圈。第一团、第二十五团迎头杀出，第三团和第二团分别从西、南、北三面合击过来，把日军团团围住，展开猛烈攻击。经过反复冲杀，日军主力被迫聚集在黄土岭、上庄子附近东西走向峡谷的河滩中，被压缩在一条长二三里、宽仅百十米的山沟里。八路军集中100余挺机关枪从各个山头一齐向沟中射击，手榴弹如雨而下，在山谷中不断发出剧烈的爆炸声。炮兵部队也以猛烈炮火轰击沟底密集的敌人，黄土岭上顿时硝烟弥漫，火光冲天。日军依仗兵力雄厚和优良火器，向寨坨阵地猛冲，遭八路军反击后，乃掉头西向，妄图从黄土岭突围逃回涞源。第三团紧紧扼守住西、南两面阵地，第一二〇师特务团也赶到，从左侧加入战斗，日军伤亡惨重。

阿部规秀将指挥部设在黄土岭东侧教场村山坡上一个小院里，并组织兵力占领了孤石山及上庄子南面山脚一线的山梁。第一团团长陈正湘在望远镜中发现，在800米外的山坡上，猬集着一群敌人，有几个穿黄呢大衣腰挎战刀的日本军官正在指手画脚，判断这一定是日军指挥所，立即命令炮兵连用迫击炮对其袭击。炮兵连连发3炮，一发炮弹准确射中目标，日军独立混成第二旅旅团长阿部规秀当场毙命。日军失去指挥官,一片慌乱,士气一落千丈。是日夜,日军连续突围10余次,均被八路军击退。

8日凌晨,战场上空飞来5架敌机,空投下7个降落伞,除弹药粮食外还有几名指挥官。日军在猛烈炮火和飞机掩护下,倾其全力向西北方向突围,遭到八路军第一团的有力阻击,死伤惨重。第三团、特务团,在炮火掩护下跟踪追击敌人,分割截击,又给敌人以很大杀伤。

此时,由蔚县、易县、满城、唐县、完县出动增援的日军1200余人已接近黄土岭以南的花塔,从涞源增援之敌已到三岔口附近,同八路军第三支队接触。各路敌人企图对晋察冀军区参战部队形成内外夹击之势。聂荣臻司令员得知以上敌情变化后,立即下令撤出战斗,各部队迅速转移隐蔽,消失在周围的崇山峻岭中。

此战,八路军以伤亡500余人的代价,歼灭日军900余人,缴获大量军用物资,并击毙号称"山地战专家"的阿部规秀中将,在日本朝野引起震动,哀叹"名将之花凋谢在太行山上",极大地振奋和鼓舞了中国军民的抗战信心。

第十七章

山东抗日根据地

在中共中央山东分局领导下，山东各地抗日武装风起云涌，先后建立了鲁中、鲁南、冀鲁边、清河、胶东、滨海等六大抗日根据地和抗日游击区，建立了全省统一的抗日民主政权，成为全国唯一以省命名的抗日根据地。另外，在津浦铁路以西的鲁西地区，还建立了直属八路军总部领导的冀鲁豫抗日根据地。

一、鲁中抗日根据地

鲁中抗日根据地，位于山东省中部，津浦铁路以东、胶济铁路以南、沂河以西广大地区。境内山群连绵，北有沂山，南有蒙山，中有七十二崮，形成方圆数万平方公里的沂蒙山区，适于开展游击战争。

1938年5月，应中共山东省委请求，中共中央派陕甘宁边区党委书记郭洪涛率军政干部50余人来山东。毛泽东为此做出了特别指示："要建立民主政权，创建山东根据地，使山东成为八路军在华北的一个战略据点。"

5月20日，郭洪涛等到达泰安县南上庄中共山东省委驻地。第二天，郭洪涛在省委召开的干部会上作了《为创建山东抗日根据地而奋斗》的报告。会议决定在山东各地创建抗日根据地。按照中央决定，重新组建中共山东省委，郭洪涛任书记兼军事部长，林浩任组织部部长。

5月下旬，中共中央决定将山东省委扩大为苏鲁豫皖边区省委，郭洪涛任书记。6月30日，边区省委制定了《发展和坚持山东游击战争的战略计划》，主要内容有：在鲁中创立以沂蒙山区为中心的抗日根据地；向北以淄博山区为依托，开创清河地区抗日根据地；向南发展开创抱犊崮山区抗日根据地；向东发展开创鲁东南沿海地区抗日根据地；在津浦路西创立梁山和微山湖抗日根据地；在胶东创立以大泽山为中心的抗日根据地。计划上报中央后，毛泽东电复："这个战略计划很好，望照此去做。"

7月初，林浩率第四支队第一团、教导队和政治部到蒙阴县的坦埠，与廖容标、姚仲明带来的第三支队一个团会师。8月28日，郭洪涛率第四支队其他部队，到达沂水县岸堤，与林浩、廖容标所率部队会合。9月，边区省委在岸堤召开会议，研究开辟沂蒙山区抗日根据地问题，进一步确定在沂蒙山区建立根据地的方针。

此前，这一带中共地方党组织比较薄弱，沂蒙山区没有组织较大规模的武装起义，没有建立起共产党领导的地方武装和根据地。徐州会战之后，驻防此地的庞炳勋部第四十军团离开临沂，主要由石友三的第十军团、国民政府军事委员会别动总队第五纵队司令兼第十二专区专员秦启荣的游击部队和山东省第三专区专员兼保安司令张里元的保安部队控制。为开辟鲁中抗日根据地，边区省委继调廖容标、姚仲明率领的第三支队一个团到沂蒙后，又调第三支队第八团来此。10月，第八团和廖容标、姚仲明部合编为第四支队第四团。11月，八路军鲁东抗日游击队第八支队全军4000多人，在马保三的率领下分批南下，陆续到达沂、鲁山区。之后，进入沂水东北、安丘西南一带山区。

在边区省委的直接领导下，沂水、蒙阴等县先后成立了抗日群众团体。到1938年底，鲁中区先后建立健全了蒙阴、沂水、费县、新泰、莱芜、博山、淄

山东纵队向沂蒙山挺进

川、临费、泗水、安丘、临朐等县党的组织，所辖地区的区委、村支部以及农救会、青救会、妇救会、自卫团、儿童团等群众抗日团体也相继建立。还创办了省委机关报《大众日报》。

1938年11月底，黎玉、张经武率抗日军政大学、陕北公学毕业的学员和部分红军干部160余人，从延安来到边区省委驻地岸堤。12月27日，八路军山东纵队在沂水县王庄宣布成立，张经武任总指挥，黎玉任政委，王建安任副总指挥，江华任政治部主任，统一指挥除冀鲁边和鲁西地区以外的党领导的山东各地抗日部队，下辖第二至第九支队和挺进、南进支队共25个团，总兵力2.45万余人。

1939年2月，八路军总司令朱德、副总司令彭德怀发出整军计划的训令，其中规定山东纵队选定条件好的部队，整理三个基本团，作为山东的主力部队。另外，朱德还专门电示黎玉："山东纵队按正规军编制，以节省干部，节约经费，充实人数与加强战斗力，便于整理训练和隐蔽我之力量。"八路军山东纵队整编为七个支队零两个团，成为一支正规化的地方武装部队。

八路军第一一五师入鲁后与山东纵队并肩作战，逐步巩固和扩大了山东的抗日根据地。为统一指挥山东和苏北地区的八路军部队，八路军总部、中共中央北方局决定派徐向前、朱瑞去山东，组建八路军第一纵队。6月29日，徐向前率一批党政干部到达沂蒙山区的代庄，与中共山东分局、山东纵队指挥部会合。8月1日，八路军第一纵队在鲁中山区正式成立，徐向前任司令员，朱瑞任政治委员，统一指挥山东和苏北的八路军各部队。原苏鲁豫皖省委改为中共中央山东分局，由郭洪涛、徐向前、朱瑞、罗荣桓、黎玉、张经武、陈光、彭雪枫组成，郭洪涛任书记。同时，建立山东军政委员会，朱瑞任书记，徐向前、郭洪涛、罗荣桓、黎玉为委员。

政权问题是革命的根本问题，也是抗日民主根据地形成的主要标志。抗战初期，各地抗日武装建立后，未能迅速在抗日游击队控制的地区广泛建立抗日民主政权。部队的吃饭、穿衣、医药、装备供给都很困难，有时竟到断粮的地步。1939年6月初，中共山东分局接受过去忽视政权建设的教训，派出一批干部到各地组建县、乡抗日民主政权，但遭到了沈鸿烈、秦启荣等国民党地方顽固派的阻挠。

1939年2月，山东省主席沈鸿烈在鲁村召开全省军政会议，提出"统一划分防区""统一指挥""统一行动""军不干政""给养粮秣，统筹统支"等规定，

徐向前（前排左二）、朱瑞（前排左三）和八路军第一纵队领导合影

企图限制共产党武装在山东的发展。尤其是顽固"反共"的秦启荣，先后制造了太河惨案、雪野事件和淄河事件，不断制造军事摩擦。与此同时，日本侵略军加强了对其占领区的控制。沂蒙抗日根据地出现了敌、我、顽三角斗争的复杂局面。

针对日军第一次沂蒙山区大"扫荡"、国民党地方政权纷纷垮台的有利时机，山东分局下达了《关于恢复县区乡政权之指示》，要求在原政权机构被破坏地区，均要创建共产党领导的政权机构；县界应以地形及战争需要重新划分，不受旧行政县界限制。不久，鲁中区先后成立了淄川、莱芜、博山、沂水等县抗日民主政府。7月下旬，中共山东分局第一区党委在沂临边的青驼寺成立，同时成立了八路军山东第一军区，林浩任区党委书记兼第一军区政委，刘海涛任第一军区司令员。

10月25日凌晨，月光如水，秋风萧瑟，驻临朐的日伪军300余人，突然向沂蒙山根据地北大门五井镇发动了偷袭，企图消灭在此驻防的八路军山东纵队第一支队司令部。

清脆的枪声划破了深夜的寂静，日伪军从东门和北门同时发起了进攻。第一支队副司令员钱钧指挥一连悄悄向进攻北门的伪军侧后迂回夹击。腹背受敌的伪军，一时乱了阵脚，伪军大队长被击毙，伪警备副司令王德平受重伤，于是慌忙后撤，撇下日军逃跑了。

在东门进攻的日军，企图凭借优良的装备攻入城内。第一营官兵沉着应战，等敌人快要接近围墙时，机枪、步枪一齐开火，手榴弹像冰雹一样落入敌群，连续两次打退日军的进攻。日军退守到镇东南五百米处的制高点莲花山，凭借复杂地形负隅顽抗。

临朐县独立营迂回到背后切断了敌人的后路，第一连在李营长的带领下向山上冲去，阵地上枪声、喊杀声、爆炸声响成一片。赶来增援的第三连，从南北两面向莲花山东侧高地发起进攻，前后夹击敌人。第一连战士迅速接近山头，同敌人展开了激烈的肉搏战。经过一个多小时的激战，将来犯日军全部歼灭。共毙伤日伪军120余名，日军守备队长有田被击毙，缴获迫击炮2门、"九二"式重机枪1挺、轻机枪3挺等一批战利品。

1940年春，日军接连向沂蒙山区根据地发动进攻。3月，莒县、沂水、铜井等据点的日军300余人、伪军100多人，向山东纵队司令部驻地孙祖一带进犯。孙祖是沂南西南部的一个小镇，它北依荆山，南靠九子峰。两山之间，横贯着一条沙河，山道崎岖，地形复杂。八路军第一纵队司令员徐向前、政委朱瑞决心利用有利地形伏击来犯之敌，命令山东纵队第二支队司令员孙继先率部埋伏于孙祖两侧的荆山、九子峰高地隐蔽待敌，山纵警卫团及地方武装等配合作战。

3月16日拂晓，日军在抢劫了岱庄、太平一带之后，由铁谷出发，几百人的队伍像一条长蛇逶迤而行。当蛇头越过孙祖钻到九子峰下时，埋伏在九子峰上的第二支队第九连突然开火，打得日军措手不及，尸横枕藉。日军迅速收拢队伍，妄图从西南方向逃窜。第二支队一连从南山脚下迂回到敌后，二连迅速占领北面的小山，堵住了敌人退路。日军在走投无路的情况下，不得不再次抢夺九子峰。守卫在九子峰西端的九连战士沉着应战，先后打退了敌人的七次进攻。下午1时，敌人集中所有的兵力发起了更加疯狂的进攻，密集的炮弹不停地在阵地上爆炸，燃着山上的野草、枯树。日军借着浓烟烈火冲上山顶。九连战士们端起刺刀，与敌人展开肉搏。经过激烈战斗，日军节节败退。

战至黄昏，部队发起了总攻，第二支队战士兵分几路，冲向孙祖。日军见大势已去，慌忙向老巢铜井一带逃窜，但逃出不远，再次遭到八路军第一纵队警卫团的伏击，日军指挥官炮兵队长小林以下190余人被围歼。第二支队乘胜

山东纵队机枪手在孙祖伏击战阵地严阵以待

收复了铜井等敌伪外围据点。

进入1940年，沂蒙抗日根据地政权建设进展加快。2月16日，费县抗日民主政府成立。3月，中共临费县委建立；沂（水）、蒙（阴）、临（朐）、益（都）四县宪政促进会和沂水县参议会成立。6月10日，中共费北县委和费北行署成立。7月11日，蒙阴县抗日民主政府成立。10月，中共鲁中区党委成立，霍士廉任鲁中区党委书记。次年2月，建立了沂蒙专署，辖沂水、蒙阴、沂南、沂临边、费东五县，标志着沂蒙抗日根据地正式形成。

1940年7月26日，山东省国大代表复选大会，山东省民众总动员委员会成立大会，山东省工、农、青、妇、文化各界总会成立大会和山东省各界救国联合会成立大会的联合大会，在沂水南部青驼寺隆重开幕。大会历时一个月，选举产生了全省的民意机关——山东省临时参议会，进步人士范明枢当选为参议长，马保三当选为副参议长；选举产生了全省统一的政权机关——山东省战时工作推行委员会，中共山东分局书记黎玉当选为主任委员，山东国民党抗敌同志协会领导人李澄之当选为副主任，陈明当选为副主任兼秘书长；还选举产生了工、农、青、妇、文化各界抗日群众团体的负责人。

随后，战时工作推行委员会颁布了《山东省战时施政纲领》《保障人权条例》《减租减息条例》等一系列抗日民主法令和政策，推进了抗日武装和民主政权建设。

到 1940 年底，第一一五师发展到 7.6 万人，山东纵队发展到 5.4 万人。山东 108 个县中，有抗日民主政权的已达 79 个，同时还建立了 10 个专员公署和 2 个主任公署，辖有鲁中、鲁南、滨海、胶东、清河、湖西、鲁西和冀鲁边等根据地，人口约 1200 万，面积 3600 平方公里。全省统一的抗日民主政权的成立，标志着山东抗日根据地正式形成。

二、鲁南抗日根据地

1939 年 1 月，中共鲁南特委成立。在鲁南特委领导下，山东纵队及鲁南人民抗日武装初步开辟了抱犊崮山区东部及东南部活动基地。

1939 年 6 月 21 日，中共中央军委与八路军总部指示山东部队：鲁南在日军"扫荡"后，局面混乱，国民党军损失很大，应趁此机会将第一一五师师部、第六八六团和萧华纵队一部开赴鲁南，以巩固鲁南根据地，并派得力的党政机关干部任专员、县长、区长，建立我党领导下的抗日民主政权。根据这一指示，第一一五师主力陆续向鲁南挺进。由彭雄、周贯武、彭嘉庆率领的路东支队，从沂蒙山区的费县北部南进鲁南；由张仁初、刘西元率领的第六八六团，东越南阳湖，从邹县、滕县一带进入鲁南；8 月，师参谋处处长王秉璋、政治部副主任黄励率领师直属大队，从马家峪出发，于 9 月 1 日进入抱犊崮山区的大炉村。原在鲁南的山东纵队苏鲁人民抗日义勇军总队改编为苏鲁支队，归第一一五师建制。

10 月下旬，罗荣桓率第一一五师师部及津浦支队由鲁西到达鲁南。为巩固扩大鲁南根据地，罗荣桓提出了"以抱犊崮为中心，向北向西北连接大块山区，向南向东南发展大块平原"的战略构想。11 月 18 日，第一一五师一部在地方武装配合下，攻占了马头。第一一五师和地方党组织分别组成工作团，分赴邹、滕、峄、费和泗水县，协助各县委开展抗日斗争。与此同时，第一一五师后方司令部消灭了离大炉十余公里的孔庄杜若堂部土顽武装。12 月下旬，第一一五师于滕（县）费（县）公路的兑头沟伏击日军运输队，全歼日伪军 90 多人，并缴获大批军用物资。

1940 年 1 月 1 日，活动在运河两岸的几支地方武装组织起来，在临城成立了"八路军一一五师运河支队"，下设两个大队，1500 余人，孙伯龙、邵剑秋、胡大勋先后任支队长，朱道南、孙振华、纪华、郑平先后任政治委员。运河支队成立后，与微湖大队、铁道游击队团结协作，战斗在运河两岸、微山湖畔，机动灵活地开展游击战。

地处鲁南的枣庄，是盛产煤炭的能源重镇。日军为掠夺煤炭资源，派独立步兵营第一九四大队在此驻扎，经常骚扰附近根据地。为刺探日军情报，苏鲁支队选派第三中队一排排长洪振海和王志胜到枣庄，以开设"义合炭场"为掩护，建立了秘密情报站，经常到火车上劫取敌人的军用物资。1940年1月，"鲁南铁道队"正式成立，洪振海任队长，王志胜为副队长，杜季伟任政委。7月，和当地另外两支铁道队合编为"鲁南铁道大队"，队伍发展到150余人。铁道队以临城为中心，出没于微山湖畔和铁道线上，截军列、打洋行、扒火车、炸桥梁，多次护送刘少奇、陈毅、罗荣桓等领导穿越敌人封锁线，有力配合了鲁南根据地的建设和发展。

到1940年初，抱犊崮抗日根据地已扩展到东至苍山，东南至郯城马头，西至滕、邹边，北至梁邱一带的大片地区。1月底，郯城县抗日民主政府成立。

2月14日，第一一五师第六八六团和特务团、苏鲁支队、苏鲁豫支队第一大队发起白彦战斗。经两天两夜激战，摧毁白彦及周围据点，消灭孙鹤龄部1000多人。日军为夺回白彦，先后组织三次反攻，均被第一一五师击退。白彦争夺战，共歼日伪军800余人，解放了费县西部广大地区，为向天宝山区发展扫清了道路。2月16日，费县抗日民主政府成立。3月14日，临沂县抗日民主政府成立。

4月中旬，日军第十二军调集第三十二、第二十一师团和独立混成第六、第十旅团各一部共8000余人，分别由邹县、滕县、枣庄、峄县、临沂、费县等据点出动，对抱犊崮山区合围"扫荡"。4月21日，开始向中心区大炉一带推进，实施大合击。第一一五师将第七、第六八六团、东进支队、教导大队、苏鲁支队、峄县支队和运河支队等转移外线活动，袭扰抱犊崮四周敌人点线；师部率特务团、边联支队坚持内线，在抱犊崮山区东麓的大炉、车辋、埠阳一带与敌周旋，多次避开敌人合击。经二十多天苦战，迫敌于5月上旬结束"扫荡"，撤回原据点。在反"扫荡"中，八路军共作战30余次，毙伤日伪军2200余人，保卫了以抱犊崮为中心的鲁南抗日根据地。

1940年6月，中共鲁南区党委在天宝山区的油篓村正式成立，下辖第一、第三两个地委。一地委辖泗水、邹县、泰宁、曲阜县委或工委；三地委辖临沂、邳县县委和苍马、郯马、东海三个工委；费县工委和滕东、峄县县委由区党委直接领导。6月11日，鲁南参议会、鲁南专署宣告成立。9月，鲁南军政委员会和鲁南军区成立，标志着鲁南抗日根据地正式形成。

三、冀鲁边抗日根据地

冀鲁边抗日根据地，位于山东省北部、河北省东南部广大平原地区，东濒渤海，西靠津浦铁路，南枕胶济铁路，北至天津，是连接冀中根据地与鲁中根据地的重要战略区。

"七七"事变后，日本侵略军自北平、天津大举南下，冀鲁边区首当其冲。1937年7月15日，中共津南工委在盐山县发动武装起义，成立了华北民众抗日救国军。至1938年5月，队伍扩大到近2000人，先后建立了乐陵、庆云、南皮三县抗日民主政府，初步建立了西至南皮、东至庆云、北至盐山、南至乐陵的冀鲁边区根据地。并成立了冀鲁边特委和冀南第六督察专员公署，李启华任特委书记，杨靖远任专员兼第六军分区司令员。

中央军委和八路军总部对冀鲁边区的抗日斗争十分重视。1938年7月，八路军第一一五师第五支队和第一二九师津浦支队在曾国华和孙继先的率领下挺进冀鲁边区。9月27日，第一一五师政治部副主任兼第三四三旅政委萧华率第三四三旅机关部分人员百余人，抵达乐陵县城，组成了八路军东进抗日挺进纵队，萧华任纵队司令员兼政治委员，邓克明任参谋长，符竹庭任政治部主任，辖津浦支队、第五支队和第六支队，部队发展到1万余人。

共产党领导的抗日武装的迅猛发展，引起了国民党地方顽固派的恐慌。日军入侵山东后，鲁北地区先后拉起了几十股大大小小的地方抗日武装，山东省主席沈鸿烈将几股较大的地方武装整编为三个旅，委任惠民的刘景良为第五区行政督察专员兼保安司令，不断制造摩擦事件。又与河北省主席鹿钟麟密谋策划组织"冀鲁联防"，企图以软硬兼施的方式把挺进纵队赶出冀鲁边区。

为争取沈鸿烈共同抗日，1938年11月底，萧华带着一个骑兵班，偕同进步人士乐陵县长牟宜之亲赴惠民与沈鸿烈晤谈，共商抗日大计。山东省主席兼全省保安司令沈鸿烈，在鲁西一带遭到日军"扫荡"后，率部转移到鲁北惠民。

萧华17岁就开始先后担任少共国际师政委、红二师政委，当时年仅22岁，英气勃勃，被誉为"娃娃司令"。沈鸿烈亲自设宴招待，举杯对萧华说："萧司令青年英俊,颇有儒将风度。久闻大名,今日幸会,实觉荣幸。来,为萧司令诸事如意干杯!"

萧华不卑不亢地举起酒杯说:"久闻沈主席大名,今日专程来访,诚心共商抗日大计。我提议为国共两党团结抗日干杯!"

沈鸿烈拐弯抹角地刁难说:"共商抗日大计,不敢当。贵军防区在山西、河北一线,如今进入山东,此地贫瘠,军饷很难筹措,还须请往河北征粮派款为好。"

萧华义正词严地说:"沈主席,蒋委员长曾在庐山号令全国:'如果战端一开,那就是地无分南北,年无分老幼,无论何人,皆有守土抗战之责任。'山东沦陷,我军赶来抗战,沈主席理应协助。在这国难当头、民族危亡之际,我们应当建立统一战线,团结一致,共同抗日。"

沈鸿烈声色俱厉地说:"统一,是军令、政令统一于国民政府,而不是把各路人马统一在八路军麾下。目前有人借抗日之名,扩展地盘。听说贵军与地方部队不断发生摩擦,并吃掉了一些地方武装,是谁的命令?作何解释?"

萧华爽朗地说:"破坏抗战的汉奸、土匪武装,已成民族败类。我军为民除害,何言吃掉呢?至于与地方武装发生摩擦,责任不在我们。谁先打的第一枪,责任在谁?请沈主席细察之。"

沈鸿烈无言以对,只好吞吞吐吐地说:"乐陵是鄙人治下,还望萧司令不要染指乐陵政务,使省府为难。"

不久,沈鸿烈又亲自到乐陵,再次要求萧华带领八路军尽快撤离山东。萧华坚持有理、有利、有节的原则,毫不退让。沈鸿烈恼羞成怒,临走时命其部属将进步县长牟宜之裹挟上汽车,妄图强行带走,另派县长。当车队行到乐陵南关时,遇到上万名群众阻拦挽留。沈鸿烈

萧华(右)与第一一五师代师长陈光(左)

知众怒难犯，不得不把牟宜之留下，悻然离开乐陵。从此，挺进纵队在鲁北扎下了根。

武汉沦陷后，抗日战争进入相持阶段。日军停止了对正面战场的战略性进攻，集中重兵回师华北，开始对抗日根据地进行"扫荡"。从1939年1月起，日军第五师团、第二十七师团、第一一四师团各一部，共2万余兵力，分别由沧州、德州、济南三地出发，向盐山、庆云、乐陵一带抗日中心区进行"扫荡"合击。萧华率"挺纵"机关撤出乐陵城，与日军展开了平原游击战。

1月20日，日军在盐山县城集结了一个旅团和大量伪军，沿盐山、乐陵公路向"挺纵"第六支队驻地旧县镇扑来。第六支队采取"敌进我退"的作战方针，迅速撤离了旧县镇。日军扑空后随即南进。支队侦察员报告，第二天将有一中队日军200余人继续南犯，还有几十辆大车和物资，准备到旧县镇安据点。支队召开紧急会议，决定在盐山县韩集村打一场伏击战。

韩集北距盐山城15公里，南距旧县镇5公里，坐落在盐（山）乐（陵）公路边上。日军全部进入伏击圈后，第六支队指战员凭借坟地、树干做掩护，各种武器一齐开火，打得日军措手不及。从中午激战到太阳西沉，敌人的几次反扑都被击退。日军中队长西村恼羞成怒，亲自率领百余残兵在炮火掩护下向北攻击，企图突围。第六支队发起全线攻击，战士们跃上公路与敌展开白刃战，西村中队长在混战中被击毙，日军中队全军覆没，缴获步枪200余支、军用物品60余车。

1月26日，驻东光县城的日军联队长滕井带领200余名日军、100多名伪军，出动十几辆汽车，满载武器弹药和建筑材料，到灯明寺修建据点。"挺纵"侦知后，萧华司令员和第五支队队长曾国华率部从宁津出发，连夜冒雪急行军40余华里，赶到灯明寺附近。夜半时分，尖刀班悄悄摸进村子，干掉了敌人的哨兵，进入日伪军宿营的几家客店院墙，将大门打开。随后，第五支队战士紧跟着冲进去。刹那间，枪声、手榴弹爆炸声响成一片，日军还没清醒过来便已伤亡过半，伪军吓得抱头鼠窜。战士们越战越猛，滕井不敢恋战，带着残部，仓皇逃回东光城。夜袭灯明寺首战告捷。

几天后，滕井又带300多名日伪军和200多名民夫，再次占领了灯明寺。萧华得知后，决定二打灯明寺。第五支队趁夜悄悄摸进村子，首先将伪军住的院子包围起来猛烈射击。伪军乱作一团，死的死，伤的伤，剩下的当了俘虏。滕井指挥日军凭借高大房屋做掩护，拼命顽抗。萧华见敌人火力凶猛，一时难以攻下，遂撤出战斗，向灯明寺东南方向转移。刚出村不远，灯明寺突然火光冲天。原来日军在放火烧村子，企图引八路军回村救火时偷袭。萧华决定来个将计就计，三打灯明寺，遂带一部分人佯装回村救火，让参谋长邓克明带一连人埋伏在村外。

隐蔽在村外的滕井见八路军中计，带着日军从道沟里爬出，兵分两路杀进村。萧华迅速指挥战士们用密集的火力迎击敌人，邓克明带着一个连也呐喊着冲进村来，在日军背后猛烈开火。日军遭到前后夹击，伤亡惨重，慌忙逃回东光县城。

日军在韩集、灯明寺连遭打击，使驻德州的日军独立混成第七旅团长安田大佐十分恼火，他把德州附近日军集中起来，四处搜寻八路军"挺纵"主力，妄图报复。

4月1日，"挺纵"第五支队队长曾国华、政委王叙坤带领机关及所属五团1700余人，来到陵县大宗家村一带休整，被日军侦知。安田大佐调集德州、济南、沧州、商河、平原、禹城、临邑、济阳、宁津、吴桥、盐山、东光等地快速部队2000多步、骑兵，并配有战车、汽车，星夜朝大宗家杀奔而来，企图用重兵偷袭战术，歼灭八路军主力。当第五支队发现敌情时，已来不及转移。曾国华立即命令驻各村部队做好战斗准备，伺机突围。

日军分别向"挺纵"第五支队司令部和第五团团部驻地侯家和大宗家展开猛烈进攻。第五支队指战员，大部分参加过长征和平型关大捷，能攻善守，冒着敌人炮火，击退日军多次进攻。战斗进行得激烈、残酷，一度呈胶着状态。

在侯家村内，曾国华一面指挥部队反击，一面命令第一营主力抄敌后路，进攻敌骑兵。第一营战士在沙土岗掩护下，朝敌骑兵冲杀过去。战士们挺起刺刀，对付敌人的马刀，伺机再朝敌坐骑猛戳。平原旷野上，出现了罕见的步骑兵混战，人喊马叫，杀声震天。曾国华遂命村内防守的三面兵力并成一路，以骑兵连做前锋，杀开一条血路，突出重围。在树林里督战的安田大佐，急用旗语调动包围村子的部队前来增援。曾国华发现敌人的指挥所后，立即派骑兵袭击。安田上马逃跑，被手榴弹击中，当场毙命。

大宗家村内，第五团团部及附属部队同蜂拥而至的日军短兵相接，展开巷战，逐屋争夺，反复冲杀，终因寡不敌众，陷入包围之中。正在危急时刻，曾国华率部赶到，里应外合，杀退敌人，突出村外，转移到宁津县柴胡店休整。第五团政委曾庆红、政治处主任朱挺先等300余名干部战士在突围中牺牲。

1939年9月，八路军总部发出指示：萧华活动之冀鲁边地区粮食困难，敌之封锁严密，应以一部转入鲁西。萧华奉命率"挺纵"主力开往鲁西。留下两个营、两个县支队的兵力，在冀鲁边区军政委员会书记周贯五的领导下，继续坚持边区抗战。

四、清河抗日根据地

清河抗日根据地，位于小清河中下游地区。小清河发源于济南泉群，流经鲁北平原八县，从羊角沟进入渤海，流域面积1万余平方公里，是连接胶东、鲁中、冀鲁边根据地的渤海走廊。

1937年10月，中共鲁东工委成立，鹿省三任工委书记，先后组织发动黑铁山抗日武装起义和牛头镇起义，建立了山东人民抗日救国军第五军和八路军鲁东游击第七支队、第八支队、第九支队和第十支队，抗日烽火在小清河流域形成燎原之势。

1938年5月，中共山东省委决定，建立清河特委，霍士廉任书记，负责领导小清河流域十余县党的组织，创建清河区抗日根据地。6月16日，抗日救国第五军改编为八路军山东抗日游击第三支队，同年底改称八路军山东纵队第三支队，马耀南任司令员，霍士廉任政委，杨国夫任副司令员。下辖第七、八、九、十、十一团和特务团，共5000余人，成为清河地区抗日斗争的主力部队。

当时驻防鲁北地区的国民党地方抗日武装还有何思源的游击部队。何思源，山东菏泽人，曾留学美、德、法，历任中山大学教授、北伐军总司令部政治部副主任、山东省教育厅厅长。抗战爆发后，任山东省政府鲁北行署主任兼鲁北游击总指挥。鲁北行署辖四个专署27县，直属部队除海军陆战队和第三旅外，还收编了各县的地方武装，主要有驻寿光的张景月部保安第三师、驻惠民的刘景良部保安第四师、驻无棣的张子良部保安第六旅、驻博兴的周胜芳部保安第八旅、驻邹平的张景南部保安十一旅、驻广饶的李寰秋部保安十六旅、驻桓台的张景祺部保安二十四旅，共30个团4万余兵力。

1939年3月30日，第三支队南下受训干部和护送部队，途经博山太河时，遭到国民党地方武装第四游击纵队王尚志部伏击，造成2人当场死亡、20多人负伤、200余人被俘的"太河惨案"。4月上旬，八路军山东纵队总指挥张经武、副总指挥王建安亲自指挥，调集第三支队、第四支队和第一支队协同作战，向驻扎在太河地区的王尚志部发起反击，将王部赶出淄河流域，救出被俘人员，取得了反顽战斗的胜利。

6月6日，第三支队主力3000余人在进驻邹平县刘家井子一带时，遭到驻青城、邹平、张店、周村等地日伪军5000余人的包围。在杨国夫副司令员指挥下，接连打退了日军的四次进攻，毙伤日伪军800余人，血战竟日，黄昏时突出重围。7月21日，第三支队转移到桓台县牛旺庄，又遭日军三面包围。经昼夜激战，决定向东转移。马耀南率队先撤，杨国夫断后掩护。22日凌晨，当先头部队撤到牛旺庄东侧的大寨村时，突遭日军伏兵袭击。马耀南司令员重伤落马，壮烈殉国。

杨国夫率部进驻寿光北部的清水泊，建立了清水泊根据地。清水泊，方圆百里，泊内芦苇丛生，便于游击。1940年2月，第三支队兵分两路跨过小清河，进入广饶、博兴和高苑地区，控制了小清河与黄河之间的新区，开创了清河平原抗战的新局面。

1940年5月，清河地区国民参议会和清河行政专员公署成立，李人凤任专员。10月，中共清河区党委成立，景晓村任书记。第三支队整编为山东纵队第三旅，旅长许世友，政委刘其人，副旅长杨国夫，下辖3个团和1个特务营，全旅兵力5000余人。11月，组建八路军清河军区，杨国夫任司令员，景晓村兼政委，下设清东、清西两个军分区。至1940年底，先后建立了临淄、邹平、长山、高苑、蒲台、博兴、广饶、寿光、桓台等九县抗日民主政府和益北行政公署，清河平原抗日根据地正式形成。

1941年1月，第三旅进驻黄河入海口地区，开辟了垦区根据地。从此清河区部队的后勤机关、学校、医院、兵工厂、银行、报社等单位相继在垦区安营扎寨，成为清河区的大后方。

9月28日，清河区主力部队北渡黄河，攻克国民党地方武装占据的义和庄，控制了黄河三角洲地区，打通了与冀鲁边区根据地的联系，逐步形成了统一的渤海抗日根据地。

五、胶东抗日根据地

胶东抗日根据地位于胶莱河以东的山东半岛地区，三面环海，中部多山，群众基础较好。早在1935年11月，中共胶东特委就在文登、荣成、牟平和海阳一带举行过"一一·四"暴动，成立了"中国工农红军胶东游击队"。暴动失败后，第三大队大队长于得水带领余部 30 余人在昆嵛山坚持游击战，是北方仅存的两支红军武装之一。

1937 年 12 月，中共胶东特委在天福山举行抗日武装起义，成立了山东人民抗日救国第三军。先后在掖县、蓬莱、黄县建立了抗日民主政府，并成立了北海区行政督察专员公署，标志着以蓬、黄、掖为中心的北海抗日根据地基本形成。

1938 年 9 月，第三军改编为八路军山东人民抗日游击队第五支队。同年 12 月，第五支队整编为八路军山东纵队第五支队，高锦纯、吴克华分任正、副司令员，宋澄任政委，赵锡纯任参谋长，宋竹庭任政治部主任，辖 3 个旅 6 个团，共 7000 余人。同月，中共胶东区委成立，王文任区委书记。

根据中共苏鲁豫皖边区省委关于"胶东创立以大泽山为中心的根据地"的要求，中共胶东区委与第五支队司令部及军政干校、兵工厂等一起，由掖县城迁至平度、掖县交界的大泽山区，开辟西海抗日根据地。

大泽山位于胶东半岛西部，山脉呈东北西南走向，横跨平度、掖县，主峰海拔 736 米，周围 500 米以上的山峰有十几座，便于开展游击战。第五支队以

黎玉（前排左三）与山东纵队第五支队司令员高锦纯（前排左二）等同志合影

大泽山区为依托，不断在平、招、莱、掖各县打击进犯之敌。10月16日，伪军张步云部配合日军由平度向掖县进犯，第五支队第六十一团奉命在平度北部大青杨一带与伪军作战，毙伤伪军230余人，巩固了大泽山根据地。

1940年6月1日，日军从青岛、烟台、招远、掖县、潍县、平度等地，调集5000余人，在驻青岛日军独立混成第五旅团秋山肇少将旅团长指挥下，兵分多路对大泽山区平度、招远、莱阳、掖县及蓬黄山区抗日根据地，进行第一次大规模"扫荡"。

6月11日，第五支队第十四团的两个连在招远县西北部的灵山被日军包围，从上午7时激战到下午4时，战斗异常残酷激烈。第十四团指战员面对数倍的敌人，浴血奋战，但终因众寡悬殊，团政委张咨明、副团长张子良及200余名指战员壮烈牺牲。6月15日，第五支队第十三团、第十五团各一个营，在北海独立团和栖霞县大队配合下，在栖霞县雷山北麓设伏，袭击"扫荡"栖霞城的日伪军。战斗自下午3时激战至深夜，歼敌70余人。

7月6日，驻烟台日军绀野部及伪军一部，携带轻重机枪5挺、迫击炮2门，由福山出发，纠合驻蓬莱大辛店伪警备队200余人，兵分两路，联合向艾崮山区抗日根据地石门口一带进犯。第五支队第十三团在双山组织对日伪军进行反击战。第十三团第一营抢占双山高地，居高临下打乱了敌人的队形。日伪军在重机枪、迫击炮的掩护下，向双山阵地发起猛烈攻击。第一营指战员连续打退敌人七次冲锋，始终坚守着阵地。经八个小时的阵地争夺战和白刃战，毙伤日伪军60余人，击退了敌人的进犯，粉碎了日伪军第一次大"扫荡"。

9月18日，根据八路军总部指示，山东纵队进行了以整编和部队正规化建设为中心的第四期整军，所属部队整编为4个旅、3个支队、2个团，共5万余人。原第五支队整编为八路军山东纵队第五旅，胶东军区地方部队改编为第五支队。

10月17日，驻胶东日军抽调精锐部队300余人，装备大炮3门、轻重机枪10余挺，分别从平度县城与夏邱堡出动，对大泽山抗日根据地进行"扫荡"。23日，13团先后在独步山、两目山一线设伏，激战7小时，毙伤日伪军250余人，残敌夺路逃窜。12月初，日军独立混成旅团大队长大岛，指挥两个中队的日军和伪军300余人，到掖县郭家店设立据点，企图控制和分割大泽山根据地。12月5日，第十三团、第十四团在地方武装的配合下，向驻郭家店日伪军发动进攻。经五昼夜激战，将敌击溃，毙伤日伪军140余人，收复了郭家店，保卫

第十七章　山东抗日根据地　209

八路军战士在招远战斗中

了大泽山根据地。

1940年9月下旬，中共胶东区委决定成立中共西海地委，丛烈光任书记。同年11月，西海行政专员公署成立，胡亦农任专员，标志着以大泽山为中心的西海抗日根据地正式建成。

1940年8月，胶东军区和地方武装相互配合，从大泽山向南发展，开辟了平度、莱阳南部的抗日根据地。1940年12月，中共南海地委成立，刘宿贤任书记。同时，在开辟的新区建立抗日民主政权，成立了南海区行政联合办事处，李芸生任主任，巩固了南海区抗日根据地。

1941年1月8日，山东纵队第五旅第十四团和东海指挥部所属部队，向盘踞在昆嵛山区的郑维屏、王兴仁、丛镜月、丁庭、赵汉卿等国民党顽固派发起攻击，激战两昼夜，歼敌3000余人，一举攻占昆嵛山区，使文登、牟平两县根据地连成一片；并先后成立了文登、牟平县抗日民主政府。1941年2月，胶东军区第五支队司令员王彬、政委王文率第五支队一团东进昆嵛山区，建立了以昆嵛山为中心的东海抗日根据地。

昆嵛山是胶东半岛最大的山脉，峰峦绵延百余里，纵卧于牟平、文登两县交界处，主峰泰礴顶海拔923米，其中500米以上的山峰有25座，山口72处，是控制胶东半岛的战略要地之一。1942年2月，胶东区党委和胶东区行政联合办事处机关转移到昆嵛山区内。

3月，日伪军出动1000余人，采取报复性进攻，"铁壁合围"昆嵛山区，焚烧民房，屠杀群众。4月，日伪军3000余人，多路"扫荡"昆嵛山区，妄图消灭胶东主力和胶东区党政领导机关。胶东主力部队首先伺机冲出敌人合围，胶东区党委机关也在第五支队、地方武装掩护下安全突围，粉碎了日伪军的

"扫荡"合击。从此,昆嵛山区成为稳固的抗日根据地。

在胶东地区,除了日、伪武装占领着主要城市和交通线以外,国民党地方武装在力量对比上也占着极大优势。抗战爆发后,胶东国民党地方势力派打着抗日旗号,纷纷招兵买马,自立山头,拉起了大大小小二三十个地方游击武装,总兵力约5万人,分别占据着胶东的主要城镇;而胶东八路军仅有1万人,并且分隔在蓬莱、黄县、大泽山和昆嵛山区。抗战初期,这些国民党游击司令与八路军第五支队也曾合作过,成立了以第十三区特派员兼保安司令赵保原为总指挥的"鲁东抗日联军指挥部",击溃了日军和伪军张宗援、刘桂堂、张步云等部的几次进攻。1939年初,国民党掀起第一次"反共"高潮后,他们便由联共抗日,逐渐变为"限共"和"反共"。以赵保原、蔡晋康、张金铭等为首的顽固派退出"鲁东抗日联军",成立"抗八联军",不断制造摩擦事件。

1941年2月,山东分局和山东纵队指示第五旅、第五支队组织反击国民党顽固派战役,并派驻清河区的山东纵队第三旅旅长许世友率清河独立团开赴胶东参战。3月13日,许世友率部到达黄县。胶东区党委在黄县黄城阳村召开会议,成立了胶东反投降指挥部,许世友任指挥,决定采取集中兵力、避实击虚、

胶东军区司令员许世友在大会上讲话

出其不意、攻其不备的作战方针，首先攻打牙山。

牙山位于栖霞县东部，山脉呈东西走向，海拔 500 米以上的山峰有 18 座，主峰大牙海拔 805 米，雄踞于胶东半岛的中心，北控烟台，南瞰海莱平原，是联系胶东两大山系——昆嵛山和大泽山的纽带，战略地位非常重要。国民党军事委员会别动总队第四十四支队司令兼山东省第九区专员、保安司令蔡晋康部占领牙山地区，切断了东海、西海两区根据地的联系。

3 月 15 日夜，在许世友统一指挥下，西路第五旅、清河独立团与东路第五支队同时向牙山发起进攻。激战三日，歼敌 1800 余人，相继击溃蔡晋康部的教导团、军训处、专员公署和县政府。18 日黄昏，蔡晋康带伤率残部百余人南逃海阳。八路军乘胜追击，击溃赵保原部主力，胶东顽固派和投降派纷纷后撤。"抗大一分校"在校长聂凤智、政委廖海光带领下，奉命进驻牙山，巩固了牙山根据地，控制了胶东中心战略支点，使东西两个抗日根据地连成一片。

在胶东抗日游击战中，除八路军山东纵队第五旅、第五支队主力部队外，胶东抗日根据地军民还广泛开展了地方性、群众性的游击战。根据地普遍建立了县大队、区中队、武工队和民兵组织自卫团，利用联防战、破袭战、麻雀战、地雷战等战术灵活机动地打击敌人。其中，海阳县的地雷战曾威震敌胆。当地民兵先后创造发明了石雷、拉雷、绊雷、踏雷、夹子雷、梅花雷、钉子雷、头发丝雷、水雷、滚雷、真假子母雷、飞行爆炸雷等 30 余种地雷，在反"扫荡"中大显神威，炸得敌人不敢进村。涌现出赵疃、文山后、小滩等胶东特级模范爆炸村和于化虎、赵守福、孙玉敏等民兵英雄和"爆炸大王"。

胶东地区还盛产黄金，其中招远是中国第一个年产黄金万两县。为筹集抗战经费，胶东根据地军民同日军展开了激烈的黄金争夺战，分别经过"渤海走廊"和"滨海通道"，通过鲁南转送或直送延安，先后向党中央密送黄金 13 万余两，有力地支持了全国抗战。

六、滨海抗日根据地

鲁东南抗日武装起义后，在诸城、日照、莒县一带山区建立了滨海根据地，范围逐渐扩大到东临黄海，西界沂河，北起胶济铁路，南至陇海铁路，包括苏北赣榆、海州、东海等广大地区。

1938 年 7 月，八路军山东人民抗日游击第四支队第六大队改编为八路军山东人民抗日游击第二支队，由沂水开赴莒县岳家沟一带，创建鲁东南抗日根据地。8月，中共苏鲁豫皖边区省委决定建立鲁东南特委，景晓村任特委书记，统一鲁东南地区党的领导，积极建立抗日根据地。

到年底，莒县、日照、诸城相继建立了县委和基层党组织；第二支队发展到1000多人，成为开辟和建立鲁东南抗日根据地的一支基干武装。鲁东南特委和第二支队组织大批民运干部，分赴各地，组织群众抗日团体，并开办军政干部训练班，培训社会知识青年，使群众运动有很大发展，相继建立了自卫团、农救会、青救会、儿童团等群众组织。

1939年5月，鲁东南新任特委书记高克亭会见鲁苏战区第五十七军第一一一师师长常恩多，商讨双方互通情报、互相支持、共同抗日等问题。常恩多是东北军爱国将领，拥护联合抗日主张，随苏鲁战区部队入鲁后，在莒县南部的甲子山一带驻防。党组织派王维平、华诚一、张更生等到常恩多部工作，建立了该师中共地下工委。

6月1日，日军出动2万余人，对鲁中山区发动第一次大"扫荡"，同时"扫荡"鲁东南地区。11日，日军第二次占领莒县城，接着占领日照城，并打通了莒日公路和台潍公路，在枳沟、高泽、招贤、涛雒、两城等地设立了据点。鲁东南特委机关和警卫部队转移到莒县南部朱梅一带活动。为便于开展对敌斗争，特委决定撤销莒县县委，在莒日公路以南建立莒南县委，在公路北建立莒北县委。

9月，第二支队参加鲁中反"扫荡"任务完成后，奉命回师五莲山区，在石场大青山一带击退国民党莒县县长兼保安司令许树声部的进攻。接着又给诸城、日照的国民党顽固派以有力打击，开辟了诸（城）莒（县）公路以东、诸（城）日（照）公路以西、洪凝镇以南到莒（县）日（照）公路间的大片地区，五莲山区抗日根据地进一步扩大。

鲁东南特委成立后，经过一年的努力，相继建立了诸城、日照、莒南、赣榆、胶县等县委或工委，并建立26个区委。抗日武装除充实扩大第二支队外，还建立了日照、莒南县大队，诸城独立营及区乡武装。随着群众抗日团体的发展，至11月，鲁东南民众抗日总动员委员会成立。

1940年2月，中共山东一区党委书记林浩率区党委机关、第九支队来到滨海，传达了中央和第十八集团军总司令部的紧急指示：立即建立抗日民主政权，大量发展武装。3月，中共日照、莒县县委分别在张兰村、上涧村召开各阶层人士会议，罢免了顽固派县长，民主选举刘若鸿、谢辉为日照、莒县县长，成

山东纵队主力挺进鲁东南

立抗日民主政府,建立了地方政权。

日照、莒县民主政府成立不久,原诸城、日照、莒县等地国民党地方顽固派张步云、梁钟亭、张希贤、李延修等部联合向莒、日根据地进逼。由于敌我力量悬殊,莒日公路以北根据地逐渐缩小。加上党内"肃托"的严重错误,原诸城县委书记乔志一、宣传部部长刘力一、统战部部长王圣舆、诸北中心区委书记赵利民等10余名地方党组织领导人蒙冤被杀,致使地方党组织遭受很大损失。7月上旬,鲁东南特委机关撤到莒日公路以南,莒北县委及胶县工委、诸城工委南撤五莲山区。8月间,八路军山东纵队第九支队对日照顽固派李延修部进行反击,一举歼其大部,扩大了活动区。

1940年9月,江华、孙继先率领的津浦支队进入滨海,滨海区的所有部队统编为山东纵队第二旅,孙继先任旅长,江华任政委,刘海涛任副旅长。同年底,山纵二旅南下赣榆,横扫敌伪土顽,发动了两次讨顽战役。赣榆县政府及保安旅被击溃,使鲁东南地区的莒南、日照、临沂、赣榆连成一片。莒日临赣四县联合办事处在莒南成立,选举谢辉任办事处主任,鲁东南地区的政权工作逐步走向了统一。

1940年鲁中南地区发生干旱,到1941年春出现了严重春荒,很多地区百姓外出逃荒要饭,部队给养困难。3月上旬,罗荣桓率第一一五师师部和中共山东分局领导机关由鲁中转移到滨海区,在莒南大店一带驻扎下来。

随后,第一一五师教导二旅在曾国华旅长率领下挺进滨海。3月19日,在赣榆沿海发起了青口战役。经六天战斗，连克青口外围兴庄、海头、朱堵等8个敌伪据点，毙伤敌伪军1600余人，扩大了滨海抗日根据地。与此同时，山纵二旅又展开了争夺海岸线的战斗，将日照保安十六团李延修部打退至莒日公路以北地带，确保了莒日公路以南八路军控制的唯一出海口——赣榆柘汪，打通了滨海根据地与苏北、胶东根据地的海上联系。

1941年8月1日，滨海区召开各县代表大会，成立滨海区专员公署，选举谢辉为专员，标志着滨海抗日根据地正式建成。

同月，中共中央、中央军委决定：山东纵队归第一一五师首长指挥，山东纵队军政委员会和第一一五师军政委员会合组为山东军政委员会，罗荣桓任书记。第一一五师师部及山东党、政、军首脑机关设在滨海地区大店一带，从此滨海根据地成为山东革命斗争的中心根据地。

七、冀鲁豫抗日根据地

在山东战场上，除建立鲁中、鲁南、滨海、胶东、清河、冀鲁边六大抗日根据地外，在鲁西地区，还在山东、河北、河南三省交界区创建了一个东至津浦路，西至平汉路，北至石德路，南跨陇海路的根据地——冀鲁豫抗日根据地。

1937年11月，中共鲁西南工委成立，先后组织了泰西抗日武装起义和湖西抗日武装起义，成立了"山东西区人民抗敌自卫团"和"苏鲁人民抗日义勇队第二总队"。冀南、豫北一带的党组织也建立了游击队，初步打开了冀鲁豫边区的抗日局面。

1938年9月，八路军第一一五师第三四四旅副旅长杨得志率旅部100余人翻越太行山，越过平汉铁路封锁线，到达河南滑县，与先期到达的韩先楚的第六七九团会合后，在汤阴地区一举全歼了伪军扈全禄部，俘敌1400余人。经过一个多月的战斗，基本肃清了平汉路东、彰河以南、卫河西岸近百里的土顽武装，建立了安阳、汤阴、内黄等县的民主政权和地方武装黄河支队，开辟了新区根据地。

1939年2月，杨得志率第三四四旅独立团和特务团东渡黄河，开赴鲁西南地区，到达曹县西北桃园集、刘岗一带后，和地方武装黄河支队、冀鲁豫第五支队合编为八路军冀鲁豫支队，杨得志任司令员，崔田民任政治部主任，下辖5个大队，共4700余人。

第十七章　山东抗日根据地　215

1939年3月，冀鲁豫支队支队长杨得志（前排左二）与部分同志合影

4月25日，冀鲁豫支队集结第一、第二、第三大队的兵力，从曹县东南出发，远程奔袭日伪军据点金乡县城。26日午夜，各大队按计划发起攻击，迅速突入城内，大胆分割穿插。激战四小时，一度占领城关各交通要点。但因日伪军凭坚固工事死命顽抗，未能最后解决战斗。天将拂晓，杨得志下令撤出战斗。共毙伤日伪军150余名，俘伪军100余名。

6月下旬，驻曹县的日军司令河野率日伪军300余人，向驻在曹县东南的第二大队进犯。第二大队政委常玉清率主力第二、第三中队，抢占有利地形，正面迎击敌人的进攻；大队长覃健率第一中队向武楼方向侧击敌人。当敌向第二、第三中队进攻时，第一中队从侧后突然开火。日伪军遭受前后夹击，200余人被毙伤或俘虏，河野带30余人狼狈逃回县城。

冀鲁豫支队的一系列战斗，打开了鲁西南地区的抗日局面，也引起了敌人的注意。1939年下半年，日伪军采用"分进合击"战术，连续对冀鲁豫支队进行了三次大规模"扫荡"。杨得志指挥部队适时跳出合围圈，在敌人侧后频频出击，挫败了日军的"扫荡"。

1940年4月，八路军第二纵队主力在黄克诚率领下，由太行山区东进到冀鲁豫边区，同冀鲁豫支队会师合编，成立冀鲁豫军区。黄克诚任司令员，崔田民任政治委员，杨得志任第二纵队司令员。不久，黄克诚根据中央军委命令，率八路军第二纵队第三四四旅和新编第二旅开赴华中支援新四军。杨得志任冀

八路军战士在潘溪渡战斗中

鲁豫军区司令员，积极组织军民开展平原游击战，不断巩固和扩大抗日根据地。

到1940年底，冀鲁豫根据地向南发展到陇海路，西面、北面接连晋冀豫根据地，东面与山东根据地相邻。1941年1月，冀鲁豫边区行政主任公署成立，晁哲甫为主任，崔田民、贾心斋为副主任。至此，包括冀南、豫北、鲁西南地区的冀鲁豫抗日根据地初步形成。

1941年1月7日夜，鲁西军区司令员杨勇、政委苏振华率领八路军第一一五师教导三旅七团等部队，以围点打援、设伏围歼的战法，主动向郓城日伪军发起攻击。午夜，鲁西军区特务营首先对侯集据点发起围攻。8日上午，郓城出援日军向侯集方向开进。中午时分，日伪军越过潘溪渡，进入伏击区。日骑兵察觉八路军预伏部队后，慌忙撤退。第七团主力立即发起冲击，日伪军顿时陷于混乱。敌先头部队折返溃逃，第七团第二营战士随即跟踪追击，第三营战士迅速插向日伪军侧后断其退路，协同其他部队将日伪军分割包围。战至17时，除部分伪军溃散外，其余日伪军全部被歼。共歼日军少佐以下160余人，焚毁汽车4辆，缴获九二式步兵炮1门、重机枪2挺、轻机枪6挺、马步枪190余支，取得了潘溪渡平原歼灭战的胜利。

1941年3月，日军在华北推行第一次治安强化运动。4月12日，日军第三十五师团、独立混成第一旅团、骑兵第四旅团1万余兵力和伪军1万余人，在100多辆汽车、坦克配合下，兵分五路对濮阳、内黄、滑县交界处的沙区进行"铁壁合围"。杨得志率领纵队机关和主力一部隐藏在距敌不远的沙岗树林中，借着夜暗，从两股敌人之间穿插至范县西北的观城，跳出了敌人的包围圈。然后，采用围魏救赵战术，奔袭敌人后方清丰县城及周围据点，消灭日伪军700余人，打乱了敌人的部署，迫使日军不得不提前结束"扫荡"。

1941年7月，为了统一冀鲁豫平原抗日斗争力量，中共北方局、八路军总部决定，冀鲁豫边区和鲁西区合并为新的冀鲁豫边区，杨得志任军区司令员、杨勇任副司令员、苏振华任政委。1942年底，中共中央决定将湖西区划归冀鲁豫边区，黄敬任边区党委书记兼军区政委。冀鲁豫根据地进一步扩大，使鲁西、鲁西南、湖西三块根据地连成一片，形成东至津浦路，西至平汉路，北至石德路，南跨陇海路，由中共北方局和八路军总部直接领导的抗日根据地。

第十八章

南昌会战

武汉会战结束后,抗日战争进入相持阶段,中日双方都适时进行了战略调整。

一、战略调整

从"七七"事变到武汉沦陷,侵华日军采取速战速决的方针,付出几十万人伤亡的代价,占领了中国大片领土,但并未达到征服中国的目的。相反,由于战区的扩大和战线的延长,日本兵力不足、资源匮乏、财政困难的弱点开始暴露出来。到1938年10月,日本陆军共有兵力34个师团,投入中国战场的就有32个师团;在财政支出的100亿日元中,军费支出就高达80亿日元,军需生产也难以为继,人力、物力、财力的消耗都已达到了空前的程度。

在这种情况下,日军大本营不得不调整对华侵略政策。在1938年11月制定的《战争指导方针》和12月制定的《对中国事变处理方案》决定:放弃速战速决战略,改取持久作战战略,在基本上"不扩大占领地域"的原则下,以局部有限攻势、战略轰炸和切断中国国际补给线,来打击国民政府的抗战意志;并以有力部队击歼后方游击部队,以保持占领区的治安;运用中国的人力及资源"以华制华""以战养战",维持对中国的占领。

在这一侵华策略下,日本对国民党政权加紧了诱降活动,将原定实施军事进攻为主、政治诱降为辅的方针改为军事进攻和政治诱降并重的政策。

11月3日,日本政府首相近卫发表第二次声明,宣称"帝国所期求者即建设确保东亚永久和平的新秩序。这次征战之最后目的,亦在于此。此种新秩序的建设,应以日满华三国合作,在政治、经济、文化等各方面建立连环互助的关系为根本,希望在东亚确立国际正义,实现共同防共,创造新文化,实现经济的结合。这就是有助于东亚之安定和促进世界进步的方法。帝国所希望于中国的，就是分担这种建设东亚新秩序的责任。帝国希望中国国民善于理解我国的真意，愿与帝国协作。固然，如果国民政府抛弃以前的一贯政策，更换人事组织，取得新生的成果，参加新秩序的建设，我方并不予以拒绝"。并威胁说，"如该政府坚持抗日容共政策，则帝国决不收兵，一直打到它崩溃为止"，改变了第一次近卫声明"今后不以国民政府为对手"的立场。

在日本的诱降下，国民党内部发生了严重分化。1938年12月18日，国民党副总裁、国防最高委员会副主席汪精卫率领陶希圣、周佛海、高宗武、陈璧君等人悄悄潜离重庆，飞赴河内。12月29日，汪精卫在香港的《南华日报》上发表"艳电"《和平建议》，主张与日本睦邻友好、共同防共，公开叛国投敌，被国民党中央开除党籍，撤销一切职务，成为中华民族历史上的罪人。

针对日本战略方针的调整，国民政府也在战略方针上做了相应调整。1938年11月25日，军事委员会在南岳衡山召开军事会议，检讨了抗战以来的得失，重申了持久作战的方针。蒋介石在南岳会议上做了讲话，把抗战过程设想为两个时期：自"七七"事变到武汉失守为第一期抗战，此后为第二期抗战。并强调"第二期抗战，就是我们转守为攻，转败为胜的时期"。会议确定了第二期抗战的指导方针为："连续发动有限度之攻势与反击，以牵制消耗敌人。策应敌后方之游击部队，加强敌后方之控制与袭扰，化敌后方为前方，迫敌局于前线，阻止其全面统治与物资掠夺，粉碎其'以华制华''以战养战'之企图。"

国民党军队的300多名高级将领参加了会议。中共中央代表、国民政府军事委员会政治部副主任周恩来和第十八集团军参谋长叶剑英也参加了军事会议，对新的战略方针发表了重要意见，强调了游击战的战略作用。

抗战以来，共产党领导的八路军和新四军深入敌后，开辟了华北和华中敌后战场，先后建立了晋察冀、晋冀鲁豫、晋西北、山东、皖南、苏南等十多块抗日根据地，积极开展游击战争，有力地配合了正面战场的作战。在刚刚闭幕的中共六届六中全会上，毛泽东指出："抗日战争中国共两党的分工，就目前和一般的条件说来，国民党担任正面的正规战，共产党担任敌后的游击战，是必须的，恰当的，是互相需要、互相配合、互相协助的。"

蒋介石也开始认识到了游击战争的重要性，采纳了中共领导人的意见和建议，并决定在南岳举办游击干部训练班，要求中共派员讲授课程。中共中央派出了以叶剑英为首的教授团到训练班执教。蒋介石亲自兼训练班主任，白崇禧、陈诚兼副主任，汤恩伯为教育长，叶剑英为副教育长，教学工作实际上主要由叶剑英主持。周恩来被聘为国际问题讲师，并向学员作了《中日战争之政略与战略问题》的长篇报告，深受学员欢迎，课堂内外挤满了听众。南岳游击干部训练班共办了三期，为大力开展游击战争培训了骨干。

在南岳军事会议上，根据相持阶段的敌我态势和新的作战方针，军事委员会还重新划分了八大战区，调整了兵力部署。正面战场的八个战区分别是：

第一战区，司令长官卫立煌，防区为河南及皖北一部，兵力十三个师另两个旅。

第二战区，司令长官阎锡山，防区为山西及陕西一部，兵力三十七个师、十四个步兵旅、三个骑兵旅。

第三战区，司令长官顾祝同，防区为苏南、皖南、赣东及浙江、福建，兵力二十二个师另两个旅。

第四战区，司令长官张发奎，防区为广东、广西，兵力十八个师、两个步兵旅。

第五战区，司令长官李宗仁，辖区为皖西、鄂北、豫南，兵力三十五个师另一个骑兵旅。

第八战区，司令长官朱绍良，辖区为甘肃、宁夏、青海，兵力十个师、九个步兵旅、四个骑兵旅。

第九战区，司令长官陈诚，辖区为赣西北、鄂南及湖南，兵力五十二个师及游击部队。

第十战区，司令长官蒋鼎文，辖区陕西，兵力十个师、一个步兵旅、一个骑兵旅。

另外还新设了鲁苏和冀察两个敌后战区：鲁苏战区，总司令于学忠，辖区为山东及苏北，兵力七个师及游击部队；冀察战区，总司令鹿钟麟，辖区为河北、察哈尔，兵力六个师及河北地方武装等。

第一、第二、第三、第四、第五战区也分别开辟了豫东游击区、山西游击区、浙西游击区、海南游击区和豫鄂皖边游击区。

南岳会议以后，军事委员会对各战区的部队分三期进行了轮流整训，战斗力得到了一定提高。

1939年1月21日至30日，中国国民党五届五中全会在重庆举行。蒋介石在会上作了《以事实证明敌国必败我国必胜》的开幕词和《唤醒党魂发扬党德与巩固党基》的演讲，在回顾了抗战得失和面临的新形势后表示："我们一定要持久抗战，奋斗到底，不但使敌人过去'速战速决'的目的不能达到，而且要使他现在'速和速结'的狡谋成为粉碎。这就是我们今日唯一的方略，这就是敌之失败，也就是我国胜利的基础。"针对日本的诱降，蒋介石指出："我们目前如果妄想妥协，希求侥幸的和平，就无异自投罗网、自取灭亡。"

国民党五届五中全会的主要方针仍是坚持继续抗战和联共抗战，在提高全民族的抗战信心和反对投降方面是有积极作用的；但是在国共两党关系的处理上制定了"溶共""防共""限共"的方针，唯恐中国共产党领导的武装力量在抗战中坐大会危及国民党将来的统治，以致不断造成后来的"反共"摩擦事件和震惊中外的皖南事变。在中国共产党有理、有利、有节的斗争下，连续击退了国民党顽固派的两次"反共"高潮，维护了抗日民族统一战线和团结抗日的大局。

五届五中全会还决定设立国防最高委员会，为抗战期间党、政、军最高领导机关，蒋介石为委员长。

日本的政治诱降谋略失败后，又开始了军事上的进攻。

二、南昌失陷

武汉会战结束后，中国军队仍有近百万大军陈兵于武汉周围。长江以北，是李宗仁指挥的第五战区，有6个集团军35个师的兵力；长江以南，是薛岳的第九战区，有8个集团军52个师，此外还有若干特种部队和地方游击部队，形成了对武汉地区的包围态势。

日军大本营和"华中派遣军"为巩固对武汉地区的占领，派冈村宁次的第十一军驻守武汉，并加强了第十一军的力量，将第二军的第十三、第十六师团划归第十一军，使第十一军兵力扩大到7个师团另两个独立混成旅团，近20万人马。为解除武汉周围中国军队的威胁，冈村宁次决定采取"以攻为守、先发制人、各个击破"的方针，发动南昌作战，以巩固沿江战略基地、确保长江中下游航道的安全。

南昌是江西省会，位于赣江与鄱阳湖之间，浙赣铁路与南浔铁路在此交会，向塘公路与京湘公路在此衔接，战略地位非常重要。武汉会战时，日军就企图占领南昌，但由于中国军队的顽强阻击，第一〇一、一〇六师团攻击受挫，被阻止于修水北岸。中国空军以南昌机场为基地，经常袭击在长江中航行的日军舰艇，对武汉日军的后方补给交通线威胁很大。日军攻占武汉后，首先决定进攻南昌。

1939年2月6日，日军"华中派遣军"向第十一军下达了《对南昌作战要领》，指示"攻占南昌的目的，在于割断浙赣铁路、切断江南的安徽省及浙江省方面敌之主要联络线"；并命令在湖北的第十六师团和在杭州的第二十二师团在南昌作战开始前，先在汉水方面和钱塘江方面佯攻，以牵制和迷惑中国军队。

第十一军司令官冈村宁次决定亲自指挥第六、第一〇一、第一〇六、第一一六师团以及野战重炮第六旅团和战车第五大队12万兵力会攻南昌，并仍以整补后的第一〇一师团和第一〇六师团为主攻部队。这个决定遭到了"中国派遣军"司令部和大本营的反对，可是刚愎自用的冈村宁次决心采用哀兵必胜之计，给这两支败军一个立功赎罪的机会，以雪南浔路和万家岭战败之耻。

为增强进攻能力，冈村宁次还改变了将野战重炮和战车配属各师团分散使用的方法，在战争史上首次使用了坦克集团战术，将第十一军各师团的135辆坦克和300余门火炮集中起来，由司令部统一指挥，用于一举突破守军防线，为大部队进军开路。另外，冈村还指定第三飞行团第四十五战队专为战车集团提供空中支持，初步形成了大规模地空协同作战的现代化立体战争模式。

南昌属第九战区防区，战区司令长官是陈诚，因其兼任军事委员会政治部部长，由副司令长官薛岳代理。所属部队有罗卓英的第十九集团军、汤恩伯的第三十一集团军、龙云的第一集团军、杨森的第二十七集团军、王陵基的第三十集团军、商震的第二十集团军、樊崧甫的湘鄂赣边区游击部队，以及战区直属第七十四军，负责守卫湘、赣两省主战场。

担任赣北防御任务的是罗卓英的第十九集团军和王陵基的第三十集团军。第十九集团军第七十、第四十九、第七十九、第三十二军及预五师负责防守南昌地区，部队以鄱阳湖为依托，沿修水一线展开。第三十集团军的第七十二、第七十三、第七十八军负责武宁方面的守备。第十九集团军总司令罗卓英任第九战区前敌总指挥。

3月18日凌晨，驻守湖口的日军第一一六师团村井支队和第一〇一师团一部，乘20余艘汽艇和浅水炮舰从星子悄悄出发，偷偷穿越鄱阳湖，沿赣江溯流而上，首先向吴城发起进攻。

吴城位于鄱阳湖西岸，赣江和修水在此汇流入湖，是扼守赣江、鄱阳湖的战略要地，也是江南四大名镇之一。在此据守的是第三十二军宋肯堂部第一四一师和第一四二师。日军的偷袭被守军发现后遭到迎头痛击，一举被击沉汽艇7艘，激战四天，仍未能突破守军阵地。

23日晨，日军在水上飞机和浅水炮舰的掩护下，分三路围攻吴城，并不断投射燃烧弹和毒气弹，大火和毒气弥漫在鄱阳湖上空，吴城名镇从此变成一片废墟，守军伤亡惨重。24日，守军被迫撤出吴城，节节转移后撤，日军第一〇三联队联队长饭野大佐在追击途中被击毙。

与此同时，日军第一〇一、第一〇六师团主力在野战重炮第六旅团以及战车第七联队与战车第五大队135辆坦克和装甲车的配合下，沿南浔路向修水北岸推进，分别占领进攻出发地域。

江南三月，正是草长莺飞的季节，然而在美丽的修水河两岸却布满了战争的阴霾。连日暴雨，幕阜山脉的洪水倾流而下，将修水河南岸守军的前沿工事大部分淹没。

3月20日下午4时半，在冈村宁次的亲自指挥下，日军发起了闪电式攻击，首先集中第六炮兵旅团和第一〇六师团炮兵联队的230多门火炮向修水南岸阵地进行了长达两个多小时的地毯式轰击，其中夹杂毒气弹3000余发，守军阵地工事全被摧毁。紧接着，日军野战毒气队又在12公里进攻正面上施放了中型毒气筒1.5万个，淡黄色毒雾顺风而下，飘向修水河对岸的守军阵地。守军阵地2公里纵深内完全被毒气笼罩，守军没有防毒面具，只能用湿毛巾堵住口鼻，在此防守的王铁汉部第一〇五师和王凌云部第七十六师多数官兵中毒。

黄昏时分，日军第一〇六师团的突破大队戴上防毒面具开始强渡修水，守军已多数失去作战能力，日军如入无人之境。第一〇六师团、第一〇一师团乘机由虬津和涂家埠强渡修水，突破守军前沿阵地，在此守卫的第七十六师第四五六团三个营官兵几乎全部牺牲。日军抢占观音山阵地制高点凤栖山，并乘夜连续突击，掩护工兵架设浮桥。

21日晨，日军130多辆坦克在第三飞行师团轰炸机战队配合下冲过浮桥，一齐轰鸣着向守军阵地碾来，然后沿南浔路西侧快速向南昌迂回奔袭。守军血肉之躯无法阻挡日军机械化部队的滚滚铁流，日军装甲部队长驱直入。22日，攻占安义；23日，占领奉新。26日，战车部队即到达南昌城西赣江大桥。

日军第一〇六师团装甲车大队紧随战车集团之后，23日进占安义，26日由曾家渡过赣江，从南面迂回南昌，切断了浙赣铁路。第一〇一师团主力经万家埠、璜溪迂回至南昌西南之生米街，于26日渡过赣江，向南昌突击；其第

日军毒气部队正在施放毒气　　　　　日军坦克集团快速向南昌奔袭

一〇一旅团沿南浔铁路南进，于26日到达南昌城北赣江北岸。

3月27日，日军第一〇一师团及战车集团南北合击南昌。第十九集团军主力全部部署在修水南岸，回援速度追不上日军机械化部队，南昌城内只有保安部队防守，经激烈巷战，伤亡甚众，被迫向进贤撤退。第七十九军参谋长王禹九为掩护部队突围阵亡。南昌为日军占领。

三、反攻南昌

在日军主力沿南浔路进攻南昌的同时，为掩护主力侧翼，稻叶四郎的第六师团主力向武宁方面守军开始了攻击。

武宁位于修水河北岸、南浔铁路以西约80公里处，背靠幕阜山，是第九战区赣北防线的左翼要点。第三十集团军第七十二、第七十八军与湘鄂赣边挺进军第八、第七十三军在此据守，第三十集团军总司令王陵基任总指挥。

3月20日，日军第六师团由箬溪沿修水北岸向西攻击，遭到彭位仁的第七十三军和李玉堂的第八军坚决抵抗，进展缓慢。21日下午，第六师团在飞机、火炮掩护下，强渡修水，向武宁进攻。守军利用山地节节抗击，但因连日苦战，伤亡较大。第十五师汪之斌部第八十九团在日军的疯狂进攻下，奋战不退，全团伤亡殆尽。第七十七师柳际明部第四五九团第一营在激战后只剩20余人，营长黎北正牺牲；第四五九团第三营立即投入逆袭，白刃冲杀后只剩不足一个连。日军第六师团集中兵力猛攻，激战至29日，守军被迫撤至修水南岸，武宁被日军占领。

日军占领南昌后，国民政府军事委员会决定乘日军立足未稳时举行反攻，

1939年3月中旬，日军向南昌发动进攻

    同时令各战区发动"春季攻势"，袭扰、牵制日军。令第三战区的第三十二集团军协助第九战区反攻南昌，由第十九集团军总司令罗卓英统一指挥。

    4月21日，中国军队开始反攻。卢汉的第一集团军进攻奉新，罗卓英的第十九集团军进攻大城、生米街，俞济时的第七十四军进攻高安。激战至26日，第十九集团军攻克大城、生米街等据点，日军退守奉新、西山万寿宫一带，双方呈胶着状态。

    进攻高安的第七十四军，原由浙江保安队、山东北洋军与中央军第一师合编而成，几乎参加过每一次会战。其中第五十一师师长王耀武及多数官兵都是山东汉子，能征善战，敢打硬仗，为第七十四军赢得了"王牌军"称号。第五十一师的军歌唱道："我们在战斗中成长，我们在炮火中相从。我们死守过罗店，保卫过首都，驰援过徐海，大战过兰封。南浔路显精忠，张古山血染红。国家的武力，民族的先锋！"武汉会战后，第七十四军成为军委总预备军，这次专门从湖南赶来，负责进攻高安。据守高安的日军第一〇一师团第一〇三联队和第一五七联队拼命抵抗，两军混战四天，仍呈胶着状态。

    25日晨，俞济时军长派施中诚部第五十七师第三四二团从敌后侧袭，日军顿时阵脚大乱，第五十一师乘胜猛进。26日午夜，第五十一师第三〇五团张灵甫部第三营攻占高安西翼门，第三〇二团第二营超越突进，一举攻占高安城北制高点，掩护后续部队进攻，王耀武师长亲赴火线指挥攻城。午夜时分，第五十一师主力攻进高安城，与日军展开激烈巷战，日军施放大量毒瓦斯，但仍然挡不住第五十一师的凌厉攻势，只好突围逃跑。4月26日，第七十四军收复高安。

第三战区前来增援的第三十二集团军，以第二十九军第十六、第七十九师、预备第五师及预备第十师一部，于4月23日渡过抚河进攻南昌。激战至26日，攻克市汊街。第一〇一师团长伊东政喜急电冈村宁次求援，冈村宁次派九江的海军陆战队一个旅团，乘船由赣江直抵南昌。

4月27日，日军集中第一〇一师团主力实施反击，在猛烈炮火及航空兵火力支援下，双方在南昌东南、南部郊区展开血战，反复争夺阵地。第三十二集团军总司令上官云相亲自到前方督战。5月2日，柏辉章的第一〇二师收复向塘，何平的第十六师一度攻占沙潭埠，但在日援军反击下，得而复失。上官云相遂将刘雨卿的第二十六师投入战斗。

5月4日，中国军队再度发起进攻。战至5日黄昏，曾戛初的预五师攻至南昌城外围阵地。第一五五团占领火车站。第七十八旅王克俊旅长率部冲入南昌机场，机场内的日军飞机慌忙纷纷起飞，来不及起飞的3架飞机被击毁。

6日凌晨，日军第一〇六师团主力在航空兵、炮兵、战车支援下，从南昌城外夹击赶来增援的第二十九军先头部队。第二十九军直属部队及第七十九师被日军分割包围，陈安宝军长下令部队冲破敌人的阻截，但数次冲击均未成功，部队伤亡惨重。激战至午后4时，战斗呈白热化，日军抢占桐树庙西北高地，直接威胁着第七十九师的安危。陈安宝军长亲自督令身边仅有的特务排向日军发起反攻，夺回了敌人占据的高地。5时左右，日军突破左翼龙里张阵地，两军展开白刃格斗，双方陷入混战状态。陈安宝军长立即率领身边仅有的卫队到左翼督战，不幸遭到敌机轰炸扫射，陈安宝将军身中数弹，壮烈殉国。第二十六师师长刘雨卿亦负重伤，第二十九军官兵伤亡近5000人，被迫连夜突围。

由于日军援军不断增加，并向中国军队发起反击，5月9日，蒋介石下令停止进攻南昌，南昌会战结束。

南昌会战，是抗日战争进入相持阶段后中日军队的首次交锋，中国军队伤亡官兵51378人，毙伤日军1.3万余人。

第十九章

桂南会战

南宁是桂越国际通道上的一个战略重地。抗战开始后，中国政府同法属越南总督府达成协议，开辟了由越南海防、河内经滇越铁路、桂越公路通往云南、广西的国际运输线，进口战略物资。日军占领广州、海口、汕头等华南沿海主要港口城市后，滇越铁路和桂越公路便成为中国由海外运进军事物资的主要通道。

1939年10月14日，日军大本营下达了切断南宁公路补给线的命令。10月19日，"中国派遣军"司令部向驻守广东的第二十一军下达作战命令。令第二十一军"协同海军在钦州以南地区强行敌前登陆，首先迅速进入钦州及防城附近，然后攻占南宁附近各要地。主要切断敌人通向南宁的联络补给干线，并使其成为海军向内陆进行航空作战的基地"。

驻守广东地区的日军第二十一军司令官安藤利吉中将，遂调集第五师团、台湾混成旅团和海军第五舰队、海军第三联合航空队3万余人、飞机100余架、航空母舰2艘、舰船70余艘组成参战兵力。为隐蔽作战意图，第二十一军司令部命令所有参战部队在海南岛最南端的三亚地区秘密集结。

担负两广防御任务的是张发奎的第四战区部队，共有8个军18个师，但大部集结于广东，在桂南只有第十六集团军夏威部第四十六军、第三十一军共6个师6万余兵力，分布在由南宁至广东新会约800公里的防线上。其中何宣的第四十六军部署于南宁至钦县、北海、廉江地区，保护中越交通线；韦云淞的第三十一军部署于桂平、电白以东一直到阳江、新会地区。

一、南宁失守

11月13日，日军第五师团、台湾混成旅团乘坐70余艘运兵船，在海军第五舰队50多艘战斗舰艇编队保护下，从三亚港浩浩荡荡地起航。

15日晨，日军第九旅团乘暴风骤雨之际，在钦州湾的企沙悄悄登陆。次日拂晓，第二十一旅团在钦县以西的黄屋屯登陆。16日黄昏，台湾旅团在钦县以南的黎头咀登陆。在此防守的第四十六军新编第十九师黄固部两个团，抵敌不住，不断败退。16日下午，日军占领防城；17日占领钦县，然后越过十万大山，兵分三路向南宁攻击前进。22日傍晚，日军进抵南宁城郊邕江南岸。

日军在桂南沿海登陆后，蒋介石立即召见正在重庆参加国民党五届六中全会的桂林行营主任白崇禧，令他立即返回广西指挥作战。白崇禧是桂系著名将领，因足智多谋，素有"小诸葛"之称，曾先后在蒋桂战争和蒋冯阎战争中与李宗仁拥兵反蒋。抗战爆发后，调军事委员会任副总参谋长，提出"以游击战配合正规战，积小胜为大胜，以空间换时间"的战略思想，为蒋介石采纳。武汉会战后，兼桂林行营主任，负责指挥长江以南第三战区、第四战区、第九战区的对日作战。

白崇禧当天从重庆飞回桂林，在迁江设立行营指挥所，命令第十六集团军固守南宁，并向蒋介石请求调杜聿明的第五军前来增援。

第十六集团军司令夏威奉令调整部署，以第一三五、第一七〇师担任南宁和邕江北岸守备，以第一七五师、新十九师在邕钦路两侧袭击日军后方补给线，以第一三一、第一八八师在昆仑关以北为预备队。军事委员会急调位于湖南衡山的第五军乘火车向南宁驰援，同时电令第三十六军、第九十九军向宜山、柳州集中，增援桂南。

23日拂晓，日军在炮兵、航空兵掩护下强渡邕江。守军第一三五师顽强抵抗，连续打退了日军二十多次冲击，但终因势单力薄，挡不住优势日军的强大攻势。日军主力渡江后，第九旅团和第二十一旅团分别从东、西两面夹攻南宁，守军被迫北撤。24日，日军占领南宁。

11月25日，前来增援的第五军第二〇〇师先头部队第六〇〇团在南宁城郊二塘附近与敌遭遇，双方展开激战。日军在飞机、重炮与装甲车的掩护下，向守军发动多次猛攻。第六〇〇团官兵在邵一之团长指挥下，沉着应战，击退了敌人一次又一次的进攻，阵地失而复得多次。次日拂晓，日军派出部队向守军侧后迂回。邵团长亲率步兵一连，向敌迂回部队反击，不幸中弹牺牲。副团长文模负重伤，团附吴其升牺牲，官兵伤亡达三分之一以上，被迫趁夜后撤至大高峰隘附近阵地。

日军乘胜继续向北推进。南宁以北群山连绵，通往内地的公路有两条，一条向北经高峰隘通往武鸣，一条向东北经昆仑关通往宾阳。12月1日，日军攻占高峰隘。4日，攻占昆仑关。然后，及川源七的第九旅团西进，21日攻陷龙州，截断了桂越国际交通线。

日军攻占南宁，直接威胁到西南大后方的安全。蒋介石决心收复南宁，12月8日，下达了"攻略昆仑关而后收复南宁"的决定，并派陈诚和李济深来桂林协助白崇禧作战。军事委员会紧急从湖南、江西、广东、贵州各地抽调5个集团军14个师15万兵力、100余架飞机向广西增援，命令在桂林行营主任白崇禧指挥下，向南宁日军发起反攻。

白崇禧将部队兵分三路：以第三十八集团军总司令徐庭瑶指挥第五军、第九十九军为北路军，担任昆仑关正面攻击；以第二十六集团军总司令蔡廷锴指挥第四十六军、第六十六军为东路军，在邕钦路两侧袭击日军后方交通线；以第十六集团军总司令夏威指挥第三十一军为西路军，向高峰隘方面攻击，牵制日军，并以一部进至四塘附近，阻止南宁日军向昆仑关增援，以配合北路军主力作战。

二、昆仑关大捷

昆仑关位于南宁东北50公里处，海拔600米左右，两边是连绵起伏的群山，蜿蜒起伏的宾宁公路从中间穿过，是从南宁通往内地的必经之道，雄关险要，易守难攻，自古便是兵家必争之地。

日军占领昆仑关后，派骑兵第五联队和步兵第二十一联队第三大队在此把守，在关口周围的高地上星罗棋布地修筑起许多据点式堡垒工事，外围设有数道铁丝网，并以各种轻重武器编成严密火网，构成拱卫昆仑关的强固防线。

担任昆仑关主攻任务的是杜聿明的第五军。第五军是中国第一支机械化部队，全部是德式装备，辖3个步兵师、1个坦克团、1个重炮团和1个工兵团，原驻防衡山以北地区，担任保卫南岳衡山的任务。接到紧急增援广西的命令后，立即乘火车赶到广西永福，然后向迁江一带集结，白崇禧把主攻昆仑关的重任交给了第五军。

12月10日，第五军军长杜聿明召开团长以上军事会议，制定了"关门打虎"的攻坚战术，令郑洞国的荣誉第一师、戴安澜的第二〇〇师担任正面主攻昆仑关，军直属重炮团、战车团、装甲兵搜索团、工兵团，协助主攻部队作

战；以邱清泉的新编第二十二师为右翼迂回部队，由小路绕过昆仑关，攻占五塘、六塘，打击南宁之援军；第二〇〇师副师长彭璧生率两个补充团担任左翼迂回支队，绕甘棠、长安攻击七塘、八塘，侧击昆仑关之外，堵住其退路并阻击援军。

邱清泉的第二十二师战车部队，连夜越过思陇重重大山，隐蔽穿插进昆仑关南面五塘地区的密林之中，对昆仑关之敌形成包围。

18日凌晨，杜聿明军长一声令下，第五军重炮团和各师山炮营集中火力向日军阵地猛烈轰击。连续炮轰40分钟后，郑洞国的荣誉第一师在战车掩护下，首先向昆仑关发起进攻，迅速突破敌前沿阵地，与日军在各据点展开激烈争夺，当天攻占了昆仑关附近的金龙山、仙女山、老毛岭、万福村、罗塘和411高地。戴安澜的第二〇〇师也攻占了653、600两个高地，日军退守昆仑关核心阵地。

驻守昆仑关的日军是第五师团的骑兵联队和第二十一联队第三大队。第五师团就是原来的板垣师团，是日军第一流的重机械化装备部队，屡任侵华急先锋，号称"钢军"。武汉会战后，第五师团由华北调往东北，准备北进对苏作战。这次，又奉命从关东军调出来作为桂南作战的主力部队。现任师团长今村均中将，抗战前曾在白崇禧的桂系部队担任军事顾问，对广西情况非常熟悉。日军占领南宁后，安藤利吉司令官宣布：所有驻桂日军组成邕钦兵团，由第五师团长今村均中将指挥。

昆仑关开战后，今村师团长急令三木吉之助大佐率第二十一联队主力分乘40辆军车由南宁前往增援，沿途受到中国军队的节节阻击。日军在突破五塘守军阻击阵地后，直奔九塘而来，突然遭到埋伏在九塘公路两边树林里的邱清泉的新二十二师战车部队的伏击。守军首先集中炮火将六塘至七塘的桥梁全部轰塌，切断了日军的退路。随后，邱清泉指挥战车部队向被围之敌发动猛烈攻击，坦克车队狂吼着冲出树林，向拥挤在公路上的日军车队横冲直撞。日军顿时溃不成军，不得不把车辆与重武器丢弃在公路上，急忙向两旁山地隐蔽。公路上丢下累累尸体和各式车辆 40 余台。这时昆仑关上的日军突然发动反击，前来接应步兵第二十一联队。三木吉之助联队长率领第一大队冲破阻击，与昆仑关守军会合；第二大队和联队炮兵在六塘和七塘附近陷入中国军队包围之中。

12 月 19 日，日军出动上百架飞机狂轰滥炸，据守昆仑关之敌得到增援后，不断向中国军队反扑，重新夺回了几个阵地。中国空军也出动 100 多架飞机配合地面部队作战，向日军阵地轰炸扫射。荣誉第一师第三团向昆仑关东北制高点 653 高地连续发动多次冲锋，日军据险死守，并不断发动逆袭，双方激战甚烈，伤亡较大。荣誉第一师第三团连长杨朝宣、排长杨明率突击队，携带刺刀、手榴弹冒死突入敌阵，与敌短兵相接，展开白刃搏斗，将 200 多守敌全部歼灭，控制了这个制高点。激战至午后，郑洞国的荣誉第一师一度攻克昆仑关。日军在大批飞机掩护下，进行疯狂反攻，守军伤亡 2000 余人，昆仑关得而复失。

20 日，戴安澜的第二〇〇师接替伤亡较大的荣誉第一师，在战车连和重炮团支援下，继续猛攻昆仑关，不断向日军发起冲击。战车连曾一度突入昆仑关，步兵也从东、西、北三面逼近守关之敌，但日军在空军配合下拼命反扑，顽抗不退。激战两日，终于将昆仑关、九塘、八塘附近的日军分割包围起来，但关口始终未能攻克。

昆仑关战役开始前，日军于 12 月 12 日派飞机轰炸了蒋介石的故乡溪口。蒋介石的故居"报文堂""文昌阁"等建筑在轰炸中被毁；蒋介石母亲的坟墓被炸，元配夫人毛福梅不幸罹难。国恨家仇促使蒋介石下决心打好这一仗，他对桂南会战进展缓慢极为不满，下令给桂林行营主任白崇禧："前方各部队与炮兵等，如有不积极努力进攻，或不能如限期达成任务者，应即以畏敌论罪，就地处置可也。"

23 日，荣誉第一师第二团又向昆仑关西北的制高点罗塘高地发起争夺战。罗塘高地是昆仑关西北的天然屏障，也是日军的一个重要支撑点。日军在阵地上构筑了坚固的堡垒工事，并在前沿设置了三道铁丝网，第二十一联队的一个加强中队 200 余人，配备轻重机枪 10 余挺、迫击炮数门，在这里死守，激战一天仍未能攻克。天黑以后，第二团团长汪波挑选一营官兵组成突击队，在猛烈炮火配合下，以排为单位梯次冲锋，前仆后继，突入敌阵，与敌展开激烈肉搏，将守敌全部击毙，突击队也伤亡巨大，一营官兵仅剩数十人。

昆仑关鏖战正急。今村师团长再派第二十一旅团长中村正雄率第四十二联队第一、第三大队及第二十一联队的第二大队增援昆仑关，在五塘附近遭到邱清泉新二十二师的伏击，死伤惨重。日军在飞机支援下，向六塘发动了疯狂突击，为了对付中国战车部队，动用了很多反坦克的战防炮和速射炮，并出动大批敢死队，身抱炸药包爆破守军坦克，新二十二师的坦克部队遭受了很大损失，但是坚守住了六塘阵地，整整激战两天，日军第四十二联队被困在六塘附近一直不能前进。中村旅团长只好留下一个大队在六塘担任掩护，亲自率领其他两个大队，转向七塘西面山地，绕路而进，在九塘附近又遭到荣一师第三团的袭击，中村正雄少将被当场击毙。

今村又调驻防钦州的台湾混成旅团林义雄的第一联队、渡边信吉的第二联队增援昆仑关，在邕钦路上被东路守军冯璜的第一七五师阻击。其中渡边联队在陆屋遭遇第五二四团阻截，激战三日不能通过，渡边大佐被击毙，残部逃回钦县。23日，今村急令奔袭龙州、镇南关的第九旅团主力放弃龙州，乘坐100多辆汽车返回驰援昆仑关，在邕龙路西长圩一带被西路军贺维珍部第一三一师和魏镇部第一八八师截击，在飞机掩护下，苦战三日，方得以突围。

12月25日，台湾混成旅团的第二批援军第二联队，在渡边信吉联队长带领下进至七塘，接着于28日打通了八塘、九塘之间的联系。白崇禧决定集中兵力围点打援，命令第六十六军和作为总预备队的两个师，围攻八塘以南的敌援军，六塘以北的日军5个大队处于中国军队10余个师的包围攻击之中。28日，杜聿明重新部署第五军全部兵力加紧攻关。

29日凌晨，第五军在炮兵、装甲车协同下向昆仑关之敌发起全面进攻，第二〇〇师、荣誉第一师、新二十二师、第一五九师与陈明仁的预备第二师全部投入进攻。荣一师第三团担负强攻昆仑关北界首高地的任务，全团官兵不顾敌机在头上轰炸和日军密集火力网的扫射，组织爆破手，以集束手榴弹塞进敌人的地堡，逐次消灭顽敌。该团9个步兵连，7个连长伤亡，但界首仍未攻克。

当晚，郑庭笈团长组织了一支敢死队，利用夜色掩护，悄悄爬上山去，在敌人阵地前沿附近潜伏起来。次日拂晓，第五军重炮团再度向界首高地猛烈轰击，日军工事基本被摧毁。炮击刚停，敢死队员便迅猛地跃入日军阵地，用手榴弹摧毁敌人的火力点，与日军展开肉搏战。激战三小时，将守敌全歼，攻克了日军最后一个制高点。至30日，昆仑关周围的敌据点基本肃清。

31日拂晓，杜聿明下令第五军向昆仑关发起最后冲击。战至11时，关内日军全部肃清，中国军队胜利收复昆仑关，取得了昆仑关大捷。

第五军战士向昆仑关阵地发起冲击

昆仑关战役是中国军队第一次攻坚战,几乎全歼日军第二十一旅团,毙伤日军4000余人,其中击毙第二十一旅团长中村正雄少将和第四十二联队长坂田元一大佐、第二十一联队副联队长生田滕一以及第一大队长杵平作、第二大队长官本得、第三大队长森本宫等官佐,俘获日兵102名,缴获山野炮22门、战防炮10门、轻重机枪182挺、步枪2000余支。中国军队也牺牲巨大,仅第五军就伤亡达16600余人,是武汉失守以来取得的一次重大胜利。被日军战史称为"通观中国事变以来全部时期,这是陆军最为暗淡的年代"。中村正雄旅团长在临死前的日记上写道:"帝国皇军第五师团第十二旅团,在日俄战争中获得了'钢军'的称号,那是因为我们的顽强战胜了俄国人的顽强。但是,在昆仑关,我应该承认,我遇到了一支比俄国更强的军队。"

三、宾阳战役

昆仑关日军告急后,日军第二十一军司令官安藤利吉急忙命令正在进攻第四战区司令部驻地韶关的第十八师团和近卫混成旅团立即撤到黄埔港登船,增援桂南作战。

1940年1月10日,日军第二十一军制定《宾阳会战指导方案》,命令第五

昆仑关大捷

师团、台湾混成旅团向昆仑关、思陇突进，第十八师团和近卫混成旅团分别从甘棠、那河向宾阳迂回，切断昆仑关一带中国军队的退路。

1月13日，久纳诚一的第十八师团和樱田武的近卫混成旅团从钦州湾登陆。22日前后，近卫混成旅团进至七塘附近集结，第十八师团到达南宁附近集结，桂南日军兵力增至7万人左右。日军大本营又从关东军调来两个飞行中队前来参战，战机增加到100多架。

昆仑关大捷后，为收复南宁，国民政府军事委员会也向桂南前线增调了第二、第六、第六十四军和新编第三十三师共8个师的部队，使参战兵力增加到15万人。并将部队沿郁江两岸分为南北两路，夏威任南路兵团总司令，吴奇伟任北路兵团总司令。1月28日，蒋介石又命令第四战区司令长官张发奎指挥桂南方面作战，军委会政治部部长陈诚到桂南协助。

28日晨，日军的100多架飞机直接从南宁机场和游弋在北部湾的航空母舰上起飞，控制了战区的制空权，向守军阵地狂轰滥炸。日军第五师团主力和台湾混成旅团在四塘、五塘间展开，向昆仑关及其两侧的中国军队发起全面进攻；第十八师团和近卫混成旅团悄悄从昆仑关以东向中国军队侧后迂回。

担任昆仑关正面防御的中国军队是第三十八集团军傅仲芳部第九十九军主力和姚纯部第三十六军一部，两军凭借有利地形和既设阵地奋勇抗击，激战四天，打退了日军的多次进攻，日军始终未能突破昆仑关防线。

1月30日，日军第十八师团和近卫混成旅团已迂回到甘棠附近，对中国军队侧后构成威胁。桂林行营和第四战区急令第四十六军、第六十四军、第六十六军各一部向甘棠及其以北地区集结。但各部队尚未到达指定位置，2月1日，日军即在甘棠先机发动进攻。日军陆海军航空兵出动飞机75架，对宾阳实施集中轰炸，轰炸了正在往甘棠开进的中国军队和武陵、太桥的公路桥梁，袭击了驻扎宾阳的第三十八集团军司令部，致使守军指挥通讯一时中断，各部队行动陷于混乱。第十八师团和近卫混成旅团乘势北进，2月2日，宾阳陷落。

日军占领宾阳后，直接威胁到昆仑关翼侧的安全，守军面临被切断退路、遭受南北夹击的危险。2月2日，第四战区命令第三十七、第三十八集团军各部弃守昆仑关，主动向上林和大览方向撤退。第二军副军长兼第九师师长郑作民中将在撤退时中炮身亡。

2月3日，日军再次占领昆仑关，并进占上林、武鸣。但由于战线过长、兵力分散、补给困难，为免遭中国军队袭击，第二十一军司令官安藤利吉下令收缩兵力，退出宾阳、上林、甘棠、武鸣、昆仑关等地。2月13日，日军全部撤至南宁。中国军队乘机跟进，先后收复宾阳、上林、甘棠、武鸣、昆仑关等地。

2月9日，日军大本营为适应华南作战需要，撤销第二十一军战斗序列，组成"华南方面军"，由安藤利吉任司令官，统一指挥广东、广西两方面的作战。直辖部队有第十八、第三十八、第一〇四、第一〇六师团。在南宁另设第二十二军，由久纳诚一任司令官，下辖第五师团、近卫混成旅团和台湾混成旅团，隶属于"华南方面军"序列。

2月22日，蒋介石在柳州召开军事会议，总结冬季攻势作战和桂南会战的经验教训。日军得到情报后，于23日下午，派出20多架轰炸机轰炸蒋介石住地。蒋介石听到飞机的轰鸣声，急忙躲进后山上的防空洞。20多架日机连续两轮向防空洞上方投弹，炸弹在防空洞周围不断爆炸，炸伤12名卫士，蒋介石安然脱险。

蒋介石对桂南会战先胜后败极为不满，柳州会议结束时，宣布了此次会战的奖惩名单：第三十五集团军总司令邓龙光、第四十六军军长何宣、第七十六师师长王凌云各记功一次；桂林行营主任白崇禧以督率部队不力降级，撤销桂林行营主任职务；军事委员会政治部部长陈诚以指导无方降级，由一级上将降为二级上将；第三十七集团军总司令叶肇被扣押法办；第三十八集团军总司令徐庭瑶、第三十六军军长姚纯、第六十六军军长陈骥、第九十九军军长傅仲芳、第四十九师师长李精一、第一六〇师师长宋士台等将领被撤职查办。

1940年5月，纳粹德国向法国发动大规模进攻。法国政府投降，无力顾及远东事务。日本乘机占领越南河内、海防、谅山等战略要点，在桂南的驻军逐渐减少。第四战区部队趁机发动进攻，10月28日克服龙州，30日收复南宁，到11月底，日军全部退出广西。

第二十章

五原大捷

第二次世界大战爆发后，英、法对德宣战，美国也公开表示反对日本的"大东亚新秩序"，结束了中国长期孤军抗战的局面，给蒋介石以极大的鼓舞。1939年10月29日，国民政府在南岳召开第二次军事会议，蒋介石明确提出："我们今后的战略运用和官兵心理，一定要彻底转变过来，要开始反守为攻，转静为动，积极采取攻势。"会后，军事委员会按照"在持久战略下采取转守为攻"的方针，决定对日军发动一次大规模的"冬季攻势"。

一、冬季攻势

从1939年底至1940年春，中国军队在华北、华东、华中、华南的广大地区，向日军展开了大规模的攻势作战。

在华东战场，第三战区各部在司令长官顾祝同的指挥下，从12月12日开始，分别从长江沿岸、南昌和杭州三个方面发起进攻。第三十二集团军曾两度攻入南昌市区；第十集团军于12月13日晚，分别攻入杭州、富阳、余杭各城，给驻防日军以一定打击。战区主力第十八军、第二十五军、第八十六军、第二十一军、第五十八军共14个师的兵力，于12月16日，从荻港至贵池约100公里的战线上向日军展开全面进攻，攻克日军据点多处。17日，在大通、荻港之间突破第一一六师团防线，到达长江沿岸，布放水雷，炮击日舰，一度切断长江航运。

在华中战场，第一战区在司令长官卫立煌指挥下，于12月上旬在豫东和豫北两个方向发起了主动攻击。在豫东方面，第三集团军豫皖边区游击部队切断了开封至兰封间的铁路、公路。12月17日，第八十一师向开封发动袭击，一度突入开封城内，烧毁日军第三十五师团所部一个指挥部和仓库。21日，骑兵第二军一度攻入商丘，焚毁日军机场的油库，并击溃由砀山增援的日军骑兵部队。在豫北方面，12月6日，新编第五军、第四十七军、第九军部队攻至安阳附近，破坏了平汉铁路交通设施，使平汉线交通大动脉一度中断。1940年1月1日，第九军第四十七师一度攻入泌阳，歼灭日军第三十五师团一部。

在华中战场，第五战区战事最为激烈，在司令长官李宗仁的指挥下，第五战区部队向驻守长江北岸的日军发动了积极攻势。第二集团军的四个师及鄂豫边区游击总队向信阳地区的日军第三师团发动进攻；第二十二集团军的6个师及第一游击纵队向随县、应山一带的日军发动攻击；第三十一集团军向广水、花园一带进攻，击毁日军战车10余辆，歼敌一部。第三十三集团军、第二十九集团军及鄂中游击队约15个师的兵力，向驻守钟祥、京山、皂市的日军第十三师团发动进攻，包围了许多据点，切断了日军的交通联络线。战斗持续40余天，大小出击960余次，毙伤日军8000余人。

第九战区也于12月12日开始，向长江南岸的日军发动攻势，先后克复通山、阳新、靖安等据点和汀泗桥、羊楼洞车站，一度切断日军铁路、公路交通。

整个冬季攻势至1940年2月间结束，给予日军以沉重打击。日军战史承认："这次冬季攻势的规模及其战斗意志远远超过我方的预想，尤其是第三、五、九战区的反攻极为激烈。"日本防卫厅战史研究所在《中国事变陆军作战》中记载："到了12月12日，四周敌人一齐向集团军的所有正面出击而来，其规模之大还是未曾有过的。经过40天的时间，一直到1月20日左右，两军仍然不见胜负。在此期间，我第一线部队几乎都成了一个个孤立的部队，在敌重兵包围中孤军作战，缺粮少弹，伤亡很大。"

在华南战场取得昆仑关大捷的同时，在华北战场，第八战区的部队也先后取得了奇袭包头和"五原大捷"的胜利。

二、奇袭包头

包头位于绥远东部，北靠阴山，南临黄河，东接呼和浩特，西连河套平原，是平绥铁路的终点，也是控制塞外的战略要地。日军万余兵力在这里长年驻扎，在城内外构筑了坚固的防御工事。

在绥西驻守的是傅作义的第三十五军。太原会战后，傅作义被任命为第八战区副司令长官，兼绥远省主席，辖董其武的第一〇一师、孙兰峰的新三十一师、袁庆荣的新三十二师和门炳岳的骑兵第七师、井得泉的骑兵新三师，以及部分地方部队和游击部队，司令部设在五原。为配合华中主战场的冬季攻势，傅作义决定发起包头战役，以牵制华北日军。

1939年12月15日，傅作义下达了攻打包头的战斗令。命令以第三十五军主力、五临警备旅奇袭包头；绥远游击军潜伏在包头北面山地，待机进占包头；骑兵第六师在萨拉齐、呼和浩特间破坏铁路，阻敌西进；新编第六旅在大佘太、包头间，阻敌东援；第八十一军沿乌镇、乌梁素海、西山嘴之线布防，守备河套地区。

12月19日夜，攻城主力部队孙兰峰师的三个团和马逢辰的警备旅，以急行军穿过渺无人烟的茫茫沙漠，冒着零下30多摄氏度的塞外寒风，悄悄进至包头以北的黄草洼集结。先头部队发现敌人毫无防备，趁机越过结冰的城壕，架上云梯，奋勇登城，一举全歼守卫西北门的日军，打开城门，迎接后续部队入城。两军遂展开巷战，激战至天明，城内大部被中国军队占领。

傅作义（1895—1974），山西临猗人。1918年毕业于保定陆军军官学校，曾参加过辛亥革命和北伐。1931年任第三十五军军长兼绥远省主席，先后率部参加长城抗战和绥远抗战，取得百灵庙大捷。抗战爆发后，历任第七集团军总司令兼第三十五军军长、第八战区副司令长官、第十二战区司令长官，率部参加过南口战役、平型关战役、忻口战役和太原保卫战，是著名的抗日爱国将领

由于先头部队提前一天发动进攻，后续部队未能及时赶来，致使日军得以集结兵力，负隅顽抗。天明后，日军在坦克掩护下，向进城部队展开反扑，两军展开艰苦的拉锯战。傅作义亲临城外黄草洼指挥战斗，并命令董其武的第一〇一师和袁庆荣的新三十二师火速增援。

董其武率部向包头进发时，先后歼灭从安北和固阳赶来增援的日军骑兵第十三团大部和骑兵第十四团一部，但也迟滞了增援速度，当抵达城郊时，黄草洼阵地已被日军攻占。于是两军在黄草洼展开激烈争夺战，傅作义亲临前线督战。战场上杀声震天，硝烟弥漫。此时，袁庆荣的新三十二师也赶来投入战斗，向黄草洼之敌展开围歼，激战一天，一举全歼城外日军。

12月21日晚，城内两军已鏖战三天四夜，日军仍负隅顽抗。傅作义得知日军第二十六师团、独立混成第二旅团等骑兵部队已分别从大同、呼和浩特和

第三十五军开赴绥远抗战前线

张家口等地赶来增援，于是指挥部队向五原方向成功撤退。

包头战役，一举消灭日伪军3000余人，毙敌联队长小村一男大佐以下军官20余人，俘获伪军数百名，击毁敌汽车200余辆、坦克3辆，炸毁军火库1座，达到了奇袭包头和牵制日军南调的目的。

三、五原大捷

五原位于塞北河套平原，北依狼山，南濒黄河，沃野千里，为绥西重镇，也是大西北的重要屏障，第八战区副司令长官部就设在这里。

包头日军遭受奇袭后，日军驻蒙军司令官冈部直三郎恼羞成怒，决定从平绥、同蒲路沿线抽调3万余兵力，汽车1000余辆，坦克数十辆，以及伪蒙军、伪绥军各三个师，由第二十六师团长黑田重德中将指挥，向河套地区发动大举进攻，企图摧毁第三十五军绥西根据地。

1940年1月27日，日伪军分三路向绥西进犯。左路由小岛率骑兵集团、第二混成旅团及伪"绥西自治联军"三个师，从乌拉山南麓西进五原；中路由黑田师团长亲率第二十六师团经固阳、大佘太，从乌拉山北麓南犯后套；右路由伪蒙骑兵三个师，从黄河南岸北上进犯两狼山、太阳庙。

傅作义制定了以运动战、游击战相结合的战术相机歼敌的作战方针和军事部署，以第八十一军和骑兵第六师等部分别在乌镇和西山嘴地区阻击日军，第

攻占日本特务机关

三十五军主力集结在五原地区，准备随时机动歼敌。

2月1日，沿乌拉山南麓进犯的日伪军首先遇到门炳岳部骑兵第七师的阻击，激战终日，守军转移至杨高明圪旦侧击日军。日军沿狼山南麓包头至五原的公路继续西进，在黑石虎至三女店地区又遭到孙兰峰部第三十一师的伏击，激战昼夜，日军伤亡惨重，守军转移进狼山脱离战斗。

由乌拉山北麓入侵的日军第二十六师团，在飞机、坦克掩护下，突破守军第八十一军第三十五师和第三十五军第一〇一师阵地，激战至黄昏，日军侵占乌镇和乌不浪口。守军转移至折桂乡，日军又尾随追来，遭到第一〇一师的顽强阻击，双方均伤亡惨重，守军趁夜脱离战斗。另一路日军也在四牛头圪旦一带遭到新编第三十二师的伏击，双方血战肉搏四小时，守军奉命连夜向西转移。

2月3日，日军攻占五原。然后分南北两路继续进犯临河、陕坝，企图消灭第三十五军主力。傅作义率第三十五军以机动灵活的战术，与日军展开了游击战，先后毙伤日伪军2100余人，粉碎了敌人捕捉主力、速战速决的意图。

冈部直三郎司令官找寻不到傅作义的主力部队决战，被迫将由华北调集的侵绥兵力撤回原防地，留下绥西警备司令水川伊夫中将率1个联队、4个伪蒙师驻守五原，企图久踞河套地区。

此时，傅作义的第三十五军剩余不足万人，部队转战于戈壁沙漠之中，给养困难，南、北、西三面都是不毛之地，东面富庶的河套地区又有强敌驻守。蒋介石认为绥西局势已无可挽回，命令傅作义到兰州代理第八战区司令长官职务，部队后撤，被傅作义回电拒绝。傅作义表示"将不离兵，兵不离土；将不离兵兵有主，兵不离土土能存。不惜任何牺牲，坚决与敌周旋到底"。

2月26日夜，傅作义在临河县南沙窝中的亚马赖村召开了团以上干部会议，分析了敌我形势，毅然做出收复五原的决定。

3月20日夜，反攻五原的炮声打响了。新三十一师师长孙兰峰为攻城总指挥，与新三十二师同时奇袭五原新旧两城。

进攻新城的突击队，穿着敌人的服装，秘密渡过义和渠，穿过十大股，犹如神兵天降，夺取了城门，800多名敢死队队员像猛虎一样冲锋陷阵，用"掏心战术"突进城内。主力部队随后攻入，分割围歼敌人。经过激烈的争夺，攻占了日伪军精心构筑的大部据点，但敌司令部凭借钢筋水泥工事，垂死挣扎，拒不投降，妄图守点待援。

傅作义不顾日军12架飞机的狂轰滥炸，亲临前线指挥。新三十一师副师长王雷震，冒着弹雨，身先士卒；全体官兵，前仆后继。终于攻占了敌人的最后据点，全歼守敌。日军联队长大桥大佐、特务机关长桑原中佐被当场击毙。水川中将及伪军司令王英，狼狈逃窜，在乌梁素海被游击部队击毙。3月22日，五原新城光复。

进攻五原旧城的新三十二师，遇到了顽强抵抗，双方伤亡惨重，师长袁庆荣负伤，营长赵春江、张步清阵亡，全营仅余7名官兵，犹冒敌炮火，奋战到底，战况极为惨烈。在董其武的第一〇一师增援下，守敌被全部击溃。3月21日，克复五原旧城。

在攻城的同时，日军骑兵集团主力和第二十六师一部增援部队乘100多辆汽车、坦克，急匆匆从包头赶来。在乌加河边，遇到董其武的第一〇一师打援部队的顽强阻击。第一〇一师迎着日军十几架飞机和几十门大炮的猛烈轰炸，消灭了乌加河守桥之敌，破坏了敌人赖以通过汽车、坦克的三座大桥。傅作义采用古老的水攻战术，利用春分期间黄河解冻的天然良机，炸开乌拉壕大堤，滔滔黄河水淹没了交通要道，使日军机械化部队的汽车、坦克陷入滚滚洪流包围之中，寸步难行。

日军公路受阻，又企图乘船渡河。据守毛庵子渡口的全体官兵，以血肉之躯，奋力拼搏，坚守三天三夜，接连数次击退日伪军用橡皮船强渡乌加河的尝试，将日伪援军阻滞于乌加河北岸，保障了主攻部队胜利攻克五原，歼灭顽敌。

五原战役速战速决，仅用三天时间取得大捷，收复五原。中国军队以牺牲1100人的代价，歼灭日伪军4600余人，击毙皇族水川伊夫中将及大桥大佐、桑原中佐，日本朝野为之哗然，中国军民为之振奋。傅作义被授予"青天白日勋章"。

第二十一章

枣宜会战

中国军队发动的冬季攻势，给日军以有力打击，使日本政府感到中国军队仍保持着很强的抗战意志和作战能力。为实施报复性还击，日军在对国民政府进行政治诱降的同时，也加强了军事迫降的力度，决定发动宜昌作战。

1940年2月25日，日军第十一军制定了《会战指导方针》，作战目的是"拟在雨季到来之前，在汉水两岸地区将敌第五战区的主力击败，通过作战的胜利，进一步削弱蒋军，并为推动对华政治、谋略的进展作出贡献"。其作战目标分两个阶段，第一期以枣阳为前进目标，第二期以侵占宜昌为目标，因此这次战役被称为枣宜会战。

4月7日，冈村宁次又制定了《第十一集团军作战计划大纲》，命令长江以北的所有师团及江南主力部队，在4月下旬前，务必隐蔽地集结于信阳、随县及安陆一带。4月10日，日本大本营批准了宜昌作战计划，并任命原关东军第七师团长园部和一郎接替冈村宁次任第十一军司令官，负责指挥此次作战。

园部司令官上任后，悄悄调集第三、第十三、第三十九师团及第三十三、第三十四、第四十、第四十六师团各一部以及第十四、第十八、第一〇一旅团和野战重炮兵第六旅团准备参战。另外，还有第三飞行团、海军"中国方面舰队"第一遣华舰队及第二联合航空队100余架飞机协同作战，参战总兵力近20万人，成为武汉会战以来日军在正面战场发动的规模最大的一次战役。

日军军舰在上海至汉口之间的频繁往来和第五战区正面之敌的明显增多，引起了国民政府军事委员会和第五战区司令部的高度警觉。4月10日，蒋介石致电第五战区司令长官李宗仁："对敌进犯沙、宜，应迅即预行部署，准备先发制敌。"

4月13日，军事委员会副总参谋长白崇禧前来第五战区视察，在老河口与第五战区高级将领研究敌情，判断"敌似将以主力由襄花公路方面攻击，企图全歼我襄河以东地区野战军，并相机攻击沙市、宜昌"。

为阻止日军进犯，第五战区司令长官李宗仁确定将部队分为左、中、右3个集团军，采取分路挺进敌后袭击日军、主力向两翼外线转移、相机与日军决战的方针，调集6个集团军56个师兵力参战。具体部署是，江防军司令郭忏指挥第二十六、第七十五、第九十四军，第一二八师和第六、第七游击纵队，依托襄河、东荆河右岸阵地，阻止日军渡河。右集团军总司令张自忠指挥第二十九集团军、第三十三集团军、第五十五军，以一部固守襄河两岸阵地，以主力控制于长寿店以北，伺机击破进犯日军。中央集团军总司令黄琪翔指挥第十一集团军、第四十五军、第一二七师和第一游击纵队，在高城至随县以西阻击日军。左集团军总司令孙连仲指挥第二集团军及鄂东游击队等部，对信阳行牵制攻击，准备向襄花路作战。机动兵团总司令汤恩伯指挥第三十一集团军，集结于枣阳东北地区待机。预备兵团总司令孙震指挥第二十二集团军，暂置于双沟。第二十一集团军兼大别山游击军总司令李品仙指挥所部对沿江日军据点和交通线进行袭击，威胁日军后方。

一、枣阳作战

第十一军司令官园部和一郎为隐蔽作战企图，重演了"声东击西"的故伎。4月下旬，先在九江附近进行"扫荡"作战，并以海军向鄱阳湖、洞庭湖实施佯攻，以航空兵对湘、赣两省进行轰炸，做出进攻第九战区的架势，以转移中国军队的注意力。待主力部队悄悄集结完毕后，按照预定计划，向第五战区发起了进攻。

1940年5月1日，右翼日军第三师团和第四十师团石本支队，率先从信阳及其以北地区沿桐柏山北麓向西发起进攻。5月2日，左翼日军第十三师团在20余辆坦克、40余架飞机的掩护下，从钟祥沿汉水东岸北上，直指枣阳。5月4日，中路日军第三十九师团和第六师团池田支队从随县西进，向第五战区中央集团军正面实施突击。三路日军采用两翼迂回、中间突破的战法，企图将第五战区主力围歼于枣阳地区。

中国守军第二、第十一、第三十一、第三十三集团军先后在唐河、田家集、枣阳、高城等地区分别与三路日军展开激战。5月3日，第三十三集团军襄河东岸长寿店阵地被日军第十三师团占领。4日，北路日军第三师团攻占河南泌阳，中路日军第六、第三十九师团在随县突破第五战区中央集团军的防御。7

日，第三师团占领唐河，第十三师团进至王集，第三十九师团进抵随阳店，对枣阳构成合围之势。

第五战区司令长官李宗仁遂改变战略部署，令第五战区主力部队在日军包围圈尚未合拢之时及时转向外线作战。第八十四军第一七三师负责掩护主力部队转移，遭优势日军围攻。钟毅师长亲率部队冲锋突围，双方短兵相接，伤亡惨重，大部分官兵壮烈牺牲。激战昼夜，钟师长身边只剩下一个卫士排，自己也胸负重伤，血染前襟。他毅然下令士兵分散突围，然后把笔记本、作战资料等机要物品埋在阵地的芦苇根下，从容地举起左轮手枪，自戕殉国。

5月8日，日军占领枣阳，但并未实现围歼第五战区主力的作战企图。此时，第五战区部队已跳出日军包围圈，并对日军进行了反包围。

5月10日，蒋介石致电李宗仁，命令第五战区各部队"应乘敌态势不利、退却困难之好机，以全力围攻捕捉歼灭之于战场附近，尔后即向应城、花园之线追击"。第五战区随即部署对日军展开反攻，命令第二、第三十一集团军及第九十二军由北向南，第二十九、第三十三集团军由南向北，第三十九、第七十五军由西向东，从北、西、南三面对日军进行包围夹击。

5月12日，北线的汤恩伯第三十一集团军从南阳地区急速南下，与孙连仲部第二集团军一起将日军第三师团包围于樊城附近，从东、南、北三面向敌展开进攻，将日军分割为数段。日军兵站线被切断，粮弹补给困难，陷入苦战之中。第二十九旅团向第三师团长山胁正隆紧急求援："敌之战斗意志极其旺盛。按目前情况看，平安返回甚难，望乞增援一个大队。"

山胁师团长也向园部和一郎司令官告急："四周都是中国军队，向我攻击甚

枣宜会战中的守军炮兵阵地

是猛烈，望火速增派援军、补给粮秣。"

苦战至 15 日正午，第三师团方在第十一军战车团协同下突出重围，向枣阳以南退缩。第三十一集团军及第九十二、第九十六军跟踪追击，先后克复唐河、泌阳、明港、唐县等地，16 日，克复枣阳。

二、上将殉国

在南线，第五战区右翼兵团沿汉水两岸布防，主要是防守左翼日军渡河西进或北上。战前，右翼兵团总指挥兼第三十三集团军司令张自忠就亲笔写信告谕第五十九军官兵："看最近情况，敌人或要再来碰一下钉子。只要敌来犯，兄即到河东与弟等共同去牺牲，国家到了如此地步，除我等为其死，毫无其他办法。更相信，只要我等能本此决心，我们的国家及我五千年历史之民族，决不致亡于区区三岛倭奴之手。为国家民族死之决心，海不清，石不烂，决不半点改变！愿与诸弟共勉之。"

日军第十三师团突破右翼兵团长寿店防线北进后，坐镇河西快活铺总部的张自忠不顾众人劝阻，于 5 月 7 日亲率第三十三集团军总部特务营和右翼兵团预备队第七十四师连夜渡过襄河，奔赴河东前线督战。临走前给第三十三集团军副总司令冯治安留下一封绝命书："仰之我弟如晤：因为战区全面战事之关系及本身之责任，均须过河与敌一拼。现已决定于今晚往襄河东岸进发。到河东后，能如与三十八师、一七九师取得联络，即率两部与马师不顾一切向北进之敌死拼；设若与一七九师、三十八师取不上联络，即带马之三个团奔着我们最终之目标往北迈进。无论作好作坏，一定求良心得到安慰。以后或暂别或永离，不得而知。专此布达。小兄张自忠手启。"

5 月 8 日，张自忠冒雨率第七十四师向北进之敌追击，并命黄维纲的第三十八师向新街之敌攻击，令刘振三的第一八〇师、张德顺的骑兵第九师向双沟方向追击，令何基沣的第一七九师截击马集、清水桥间敌人的后续部队。

9 日晨，先头部队第四四〇团在方家集与黄龙垱之间的二郎庙与敌人接战，张自忠率第七十四师主力赶到，将敌击退。日军当即调转兵力，分三路反扑，双方激战昼夜。第七十四师官兵在张自忠的激励下奋勇杀敌，与敌人肉搏争夺十余次，终于将日军击败，残敌向东溃退。10 日晨，张自忠率领第三十八师、第七十四师追抵峪山、黄龙垱一带，又向双沟、吕堰镇之敌发动攻击，毙敌甚众，逐步控制了河东局势，切断了日军的退路。

右翼兵团五个师的追击行动，给日军后路构成了重大威胁，引起第十一集团军司令官园部和一郎对这方面的注意。他立即拿起电话，命令第十三师团田中静一师团长和第三十九师团村上启作师团长："在我大日本皇军此次宜昌作战中，中国军队中的张自忠和他的第三十三集团军，已成为我们取得宜昌作战胜利的最大阻碍。张自忠已给我们制造了太多的麻烦，使我们一次又一次遭受到巨大的损失。我命令你们，立即改变作战计划，暂时停止向北推进，转而向南，令你们两师团的兵力，全力消灭中国军队中的张自忠部，不得有违。"

5月11日，日军第十三师团和第三十九师团分别由双沟、张家集和枣阳、琚家湾一带调头南下，集中力量攻击张自忠部，园部司令官亲自指挥，并加派集团军直辖坦克部队快速向南冲击。

张自忠直接指挥的右翼兵团河东部队虽然有五个师的番号，但编制都不足员，五师兵力相加仅两万余人，只相当于日军一个师团，武器、装备相差更远。第一七九师、第一八〇师几天来被日军分割，一直各自为战；骑兵第九师名为骑兵，实际无马，并且多是新兵，无战斗经验；第三十八师战斗力最强，但要独当一面；跟在张自忠身边的只有第七十四师三个团和总部特务营，不足3000人。经过几天激战，各部队都已疲惫不堪。

但第五战区长官部和军事委员会都误信了敌人将要退却的假情报，对战局判断过于乐观，接连发来命令，"敌人已经退却，务猛力截击，勿使窜回"，"敌第十三师团企图南窜，该总司令应即率部向南截击"。

张自忠虽然明知敌强我弱的局势，但也毫不迟疑地执行上级的命令，立即调整部署，率部掉头向南追击。

13日凌晨，张自忠率第三十八师和第七十四师星夜在梅家高庙一带追上了第十三师团一部，在滂沱大雨中与敌展开激战，歼灭日军1400余人。13日晚，何基沣部第一七九师在欧集家袭击日军一支辎重部队，取得较大胜利，但师部在田家集附近受敌阻击；刘振三部第一八〇师在黄龙垱附近也受到日军围攻，多处阵地被敌突破。

正当第三十八师、第七十四师和骑九师在琚家湾以南与日军第十三师团主力激战时，日军第三十九师团主力5000余人乘隙由峪山东侧南下。为截击这股敌人，并接应第一七九和第一八〇师，张自忠把部队分为左右两个纵队：左路由第三十八师师长黄维纲指挥，先带第三十八师接应第一七九师，然后向新街、田家集一线追击；右路由张自忠亲自指挥，先令第七十四师接应第一八〇师到方家集集中，然后沿襄河东岸向南追击。

由于部队一直处于不断快速行进之中，从5月13日以后，张自忠与外围联络的有线电报、有线电话均告中断，只有全部依赖无线电通讯。不幸的是，张自忠总部所用无线电密码已被日军通讯部队破译，第三十三集团军上述动向均为日军洞悉。园部和一郎立即命令日军第十三师团、第三十九师团分路向方家集、新街奔袭，同时调第四十师团长天谷直次郎，带领四个营驰援枣阳，合力夹击张自忠部。

14日凌晨，张自忠率领总部及警卫团到达方家集附近，与先行赶到的日军第三十九师团发生遭遇战。张自忠亲自登上方家集东北高地，指挥工兵连爆破日军火力点，然后令第四四〇团发起攻击，迅速占领了方家集。

方家集四周虽有土围子，却是个弹丸之地难以据守。张自忠将指挥部设在镇外一个高地上，指挥第四四〇团与随后赶来的第七十四师主力与日军反复争夺方家集外围高地。日军以十几门大炮和10余架飞机向守军阵地狂轰滥炸，疯狂扫射，掩护步兵一次又一次进攻。双方血战肉搏终日，伤亡均在千人以上。第七十四师团长李颜嘴，团附刘泽膏，营长郭猷荫、文魁等均负重伤。方家集被炮火夷为废墟。

此时，随行幕僚皆劝张自忠往河西后方转移。一直跟随张自忠的手枪营营长杜兰喆含泪哭谏，直讲得涕泗横流，泣不成声。张自忠动情地说："你的建议是对的，但我有我的想法，日本人之所以敢如此猖狂，不是他们不怕死，而是我们中国人太怕死了。如果我们不怕死，他们怎么敢为所欲为？所以，我想以自己的行动和生命激励人民战胜日本。我死则国生，我生则国死！我死了，总司令有人当，怕什么？"

张自忠也意识到了正面敌情已十分严重，他与参谋长李文田及苏联顾问分析、研究了战场形势，认为日军主力不断向西南推进，襄河河防空虚，影响到整个战区形势和总部的安全。为牵制敌人西进，他毅然决定留在河东，继续与日军周旋。

15日下午，张自忠率总部警卫团和特务营到达距南瓜店以北一里处的小村庄沟沿里。南瓜店位于宜城县新街乡西北，东通新街，西达王集，北临襄樊，南连宜城，与宜城、王集两渡口鼎足而立，是一个战术要点，可以防御日军渡河西进。

日军通讯部队根据电台以不同频率向各师发报的情况，判断张自忠的第三十三集团军总部就在沟沿里附近。园部司令官立即通知第三十九师团村上启作师团长，连夜从方家集、南营向南瓜店合围。

16日拂晓，村上师团长调集五六千人及20多门大炮，在20多架飞机的配合下，向第三十三集团军司令部发起了进攻。张自忠随身可战之兵仅1500余人，手枪营又缺少重武器，不到中午，弹药已几乎耗尽。日军仍强攻不断，一次比一次凶狠，两军往复冲杀，阵地四次失而复得，战斗异常惨烈。日军从东、西、南三面以猛烈炮火轰击司令部不到一平方公里的阵地，炸得土石飞溅，阵地变成一片火海，硝烟弥漫，张自忠依然在疾呼督战。警卫营营长杜兰喆身负重伤，代营长洪进田牺牲；四个连长，两个阵亡，两个负重伤，士兵已所剩无几。第七十四师第四四三、四四四团已死伤大半，残部数百人仍顽强抗击日军。

午后，天空下起沥沥细雨，战斗在凄风苦雨中进行，雨落在地上变成了鲜红色。日军的包围圈越来越小，已逼近陈家湾指挥所，炮弹如暴雨倾泻，张自忠仍镇定自若，从容指挥战斗。突然，一颗炮弹在指挥所附近爆炸，弹片炸伤了张自忠的右肩，紧接着一颗流弹又击穿他的左臂，鲜血染红了军装。

随行人员再次劝张自忠撤离，他坚定地说："我奉命追截敌人，岂能自行退却！今天有我无敌，有敌无我，一定要血战到底！"

张自忠又转身对旁边的李文田参谋长说："现在战况恶化，我们为祖国牺牲是理所当然，总不能让朋友在此流血，你派人陪同苏联顾问下去吧。"随后指定参军李致远带领文职人员撤离战场。张自忠将指挥所撤至杏仁山。

下午1时许，日军调集大批山炮，在距离杏仁山1500米的山头上，对准指挥所疯狂轰击。炮弹如雨点般落下，张自忠身边的卫士和副官皆中弹身亡，张自忠右腿被炸伤，裤腿、袜子均被血湿透。但他仍坚持不下火线，对救护他的官兵说："我力战而死，自问对国家、对民族、对长官可告无愧，良心平安！"

炮火过后，日军发起了最后攻击，第七十四师与特务营弹尽力竭，伤亡殆尽。大批日军端着刺刀吼叫着冲上来。张自忠猛地从血泊中站起身来，端起一支冲锋枪，向敌人射去。这时日军的枪声响了，张自忠头部中弹，右胸洞穿。一名日本兵趁机冲过来，用刺刀向张自忠猛然刺去。张自忠高大的身躯轰然倒地，殷红的鲜血随着雨水染红了大地，一代名将，壮烈殉国。

日军战地记录《二三一联队史》记载了张自忠战死疆场的最后一幕："第四分队的藤冈一等兵，是冲锋队伍中的一把尖刀，他端着刺刀向敌最高指挥官模样的大身材军官冲去，此人从血泊中猛然站起，眼睛死死盯住藤冈。当冲到距这个大身材军官只有不到三米的距离时，藤冈一等兵从他射来的眼光中，感到有一种说不出的威严，竟不由自主地愣在原地。这时背后响起了枪声，第三中队长堂野军曹射出了一颗子弹，命中了这个军官的头部。他的脸上微微出现了难受的表情。与此同时，藤冈一等兵像是被枪声惊醒，也狠起心来，倾全身之力，举起刺刀，向高大的身躯深深扎去。在这一刺之下，这个高大的身躯再也支持不住，像山体倒塌似的，轰然倒地。"

张自忠（1891—1940），山东临清人。1911年考入天津法政学堂。1916年入冯玉祥部当兵，从排长一直升至第二十八师师长兼潼关警备司令。1933年率部参加长城抗战，1935年任张家口警备司令兼察哈尔省主席。1936年任天津市市长兼第三十八师师长。抗战爆发后，历任第五十九军军长、第二十七军团军团长、第三十三集团军总司令，1939年加上将衔。曾率部参加徐州会战、武汉会战、随枣会战和枣宜会战，1940年5月壮烈牺牲

张自忠倒下后，南瓜店一带枪声骤停，硝烟弥漫的战场上，立即寂静下来。日军从张自忠身旁的手提箱中，翻出了"第一号伤员证章"，还从胸兜中掏出一支派克金笔，上面刻着"张自忠"三字。堂野中队长和士兵们大为震惊，不禁倒退几步，啪地立正，恭恭敬敬地向遗体行了军礼。村上师团长命人从附近的木匠铺赶制了一口棺材，将遗体庄重收殓，全体肃然敬礼，然后葬于陈家祠堂后面的土坡上。坟头立一墓碑，上书"支那大将张自忠之墓"。

张自忠将军是抗战爆发以来为国捐躯的最高指挥官，也是第二次世界大战反法西斯阵营中战死沙场的最高级将领，不仅赢得了全国人民的尊重，就连日军武汉广播电台也钦佩地报道："张总司令以临危不惊、泰然自若之态度与堂堂大将风度，从容而死，实在不愧为军民共仰之伟丈夫。我皇军第三十九师团官兵在荒凉的战场上，对壮烈战死的绝代勇将，奉上了最虔诚的崇敬的默祷，并将遗骸庄重收殓入棺。"

5月23日，宜昌十万民众不顾日军飞机在头顶上盘旋轰炸，秩序井然地含泪护送张自忠的灵柩上船运往重庆，沿江民众自发地聚集江边挥泪祭奠。28日，

灵柩运抵重庆朝天门码头,蒋介石亲率冯玉祥、何应钦、孔祥熙、宋子文、孙科、于右任、张群等军政要员登船祭奠,抚棺大恸。重庆各界为张自忠举行了盛大的国葬。延安各界也举行千人追悼大会,毛泽东、周恩来分别题写了"尽忠报国""为国捐躯"的挽词。

张自忠牺牲后,日军第十三、第三十九师团乘机北上,与集结在枣阳地区的第三师团会合,大举反扑。第五战区部队被迫向白河以西转移。日军跟踪追击,第十三师团进至第五战区司令部驻地老河口以东,第三十九师团进至襄樊。

21日凌晨,第三十九师团在偷渡白河时遭西岸中国军队猛烈伏击,联队长神崎哲次郎等300余人被击毙。当日晚,第十一军司令官园部和一郎下令各师团停止追击,枣阳地区作战至此结束。

三、宜昌战斗

宜昌位于长江三峡峡口,是武汉和重庆间最大的内河港口,上控巴蜀,下引荆襄,素有"川鄂咽喉"之称,是战时陪都重庆的重要门户和沟通大江南北各战区的后勤补给枢纽,战略位置非常重要。

日军占领枣阳后,损失惨重,已无意再战,但园部司令官担心完不成既定作战计划会降低集团军统帅的权威,决心继续实施第二阶段宜昌作战。5月25日,第十一军下达了准备西渡汉水进攻宜昌的命令,以6个汽车中队紧急调运1000多吨军需品到前线,于5月30日完成了作战准备。"中国派遣军"又从第十三军第二十二师团抽调3个步兵大队、1个山炮大队增援第十一军。

5月31日傍晚,日军第三十九师团率先发起渡河作战,向汉水西岸连续炮轰一个半小时,然后从宜城以北的王集强渡汉水。当夜,丰岛房太郎的第三师团在襄阳东南也开始渡河,6月1日,占领襄阳。两个师团随即并列向南攻击前进,6月3日,突破守军第三十三集团军防御后,第三师团占领南漳,第三十九师团占领宜城。

军事委员会和第五战区原估计此次会战不过是一年前随枣会战的翻版,日军不会以有限的兵力贸然长途进攻宜昌,因而在第一阶段作战时将担任河西守备的第三十三集团军和江防军主力大部调往河东,以致河西兵力空虚,宜昌防御兵力很少。及至发现日军西渡汉水后,军事委员会方于6月1日召开紧急会议,仓促调整部署,决定将第五战区部队分为左、右两兵团。左兵团由战区司令长官李宗仁指挥孙连仲部第二集团军、孙震部第二十二集团军、汤恩伯部第三十一集团军和刘汝明部第六十八军，负责攻击襄花路、京钟路及汉宜路日军后方；右兵团由军事委员会政治部部长陈诚指挥冯治安部第三十三集团军、王赞绪部第二十九集团军和江防军，以确保宜昌为主要任务。

6月3日，陈诚到达宜昌后，命令第三十三集团军逐次抵抗从南漳、宜城南下的日军；江防军一部在汉水以西阻止从旧口渡河的日军，主力部队控制于当阳附近主阵地，与第三十三集团军协同作战；令第二十九集团军向钟祥出击，切断日军后方交通。并将正在四川整训的嫡系部队第十八军紧急船运到宜昌担任守备。

4日夜，日军第十三师团、池田支队、汉水支队分别从钟祥以南的旧口、沙洋附近强渡汉水，突破守军防线后便一路挺进，与第三、第三十九师团对荆门、当阳形成南北夹击之势。第三十三集团军和江防军逐次抵抗，双方激战至8日，日军池田支队突破江防军第二十六军的阻击，先后占领沙市、荆州，然后沿宜沙公路进逼宜昌。

6月8日，第十八军才赶到宜昌，仓促部署防御，以第十八师守城，以第一九九师配置于外围，以第十一师守当阳。6月9日，日军第三、第三十九师团从东北面，第十三师团从南面围攻当阳。激战至黄昏，守军第十一师被迫放弃当阳，向宜昌退却。两路日军兵临城下，以优势兵力对宜昌形成包围之势。

11日拂晓，日军在100多架飞机的配合下，向宜昌发起全面进攻。在猛烈炮火轰击后，战车部队的200多辆坦克迅速突进，三个师团的兵力连续发动攻击。至10时许，第十八师右翼阵地被日军突破，日军趁势占领飞机场，将外围部队与守城部队分割开来。守军兵力单薄，腹背受敌，挡不住日军的猛烈攻势。激战至12日16时，日军攻占宜昌。

日军第三、第三十九师团由襄阳南下时，第五战区左兵团第二、第三十一集团军尾随其后，先后收复襄阳、宜城，16日，进至当阳、荆门以北地区，将当阳、荆门交通截断，并向荆门之敌发起猛攻。右兵团也调整部署，第十八军和江防部队向宜昌外围沙石、十里铺等要地不断反击，在镇境山一带展开激战，双方伤亡都很惨重。

日军占领宜昌后，第十一军司令官园部和一郎认为作战目的已达，下令将宜昌的军事设施破坏一空，于6月17日撤回汉水东岸。中国军队趁机跟进，17日收复宜昌。

日军飞机对重庆进行战略轰炸

　　日军占领宜昌的同时，6月14日德国军队占领法国首都巴黎，刺激了日本大本营再度燃起迅速解决中国战事的野心。6月16日，陆军参谋部命令第十一军重占宜昌，作为轰炸重庆的战略基地。

　　6月17日，第十一集团军在撤退途中接到大本营确保宜昌的命令后，又突然回兵，于18日再次攻占宜昌。此后，中日双方在宜昌、江陵、随县、信阳一线长期对峙，枣宜会战遂告结束。

　　枣宜会战期间，日军还对重庆、宜昌等城市进行了战略轰炸。宜昌陷落后，日军在宜昌建立了空军前进基地，为迫使国民政府屈服，加强了对中国政治中心的战略、政略轰炸。从1940年5月18日到9月4日，日军先后出动飞机4500多架次，对重庆和成都等城市进行了大规模空袭，共投弹27000余枚达3000余吨，中国空军及防空部队击毁日机400余架。

　　日本在加强军事迫降的同时，也在暗中加紧了政治诱降的新攻势。从1940年3月开始，中日双方代表先后在香港和澳门举行了两轮秘密会谈。蒋介石一方面利用与日本的谈判，压英、美、苏给予更多的军援；另一方面，又利用英、美、苏的支持，向日本讨价还价，不断提高谈判的砝码。至1940年9月，日本不得不停止"桐工作"计划，对中国政府的政治诱降攻势最终破产。

第二十二章

百团大战

1940年夏，日本乘德国军队在欧洲战场迅猛推进，英、美无暇东顾之机，积极准备实行"南进"政策，加紧对国民政府施行军事压力和政治诱降活动。同时，加强对华北敌后抗日根据地的"肃正讨伐"，推行以"铁路为柱，公路为链，碉堡为锁"的"囚笼政策"，企图摧毁华北抗日根据地，巩固占领区，使中国成为其"南进"的后方基地。

为粉碎日军的"囚笼政策"，争取华北战局的有利发展，并影响全国的抗战局势，八路军前方指挥部决定趁青纱帐季节，向华北日军占领的交通线和据点发动一次大规模的进攻战役。因八路军参战部队达105个团20余万兵力，故称"百团大战"。

一、正太战役

百团大战经历了三个阶段，第一阶段主要是以破袭正太铁路为重点。

正太铁路，东起河北正定，西到山西太原，全长243公里，横贯太行山脉，联结平汉、同蒲二线，是华北日军的重要战略运输线。日军在正太铁路沿线派驻了独立混成第四旅团全部，独立混成第八、第九旅团各一部重兵。沿线大小城镇、车站和桥梁隧道附近，均筑有坚固据点，各以数十至数百人的兵力担任守备。铁路两侧20里左右，均构有一线外围据点，还经常派装甲车轧道巡逻，自诩是一条"钢铁封锁线"。

1940年7月22日，由八路军总司令朱德、副总司令彭德怀、副参谋长左权联名签署的破击正太铁路的《战役预备命令》，由八路军总部下发到晋察冀军区、第一二〇师及第一二九师，同时上报中共中央及中央军委。8月8日，正式下达《战役行动命令》，规定晋察冀军区破击正太铁路石家庄至阳泉段；第一二九师破击正太铁路阳泉至榆次段；第一二〇师破击忻县以北的同蒲铁路和汾离公路。要求各部在破击交通线的同时,相机收复日军占领的一些据点。

8月20日晚8时整,八路军副总司令彭德怀一声令下,一颗颗红色攻击信号弹腾空而起,划破了寂静的夜空。刹那间,在华北5000里交通线上,八路军20余万兵力全线出击,扑向日军控制的车站和据点,枪声、爆炸声响彻华北,威震中外的"百团大战"打响了。

晋察冀军区在聂荣臻司令员指挥下,以18个步兵团、1个骑兵团又两个骑兵营、5个游击支队,在部分炮兵和工兵配合下,组成左、中、右三个纵队,于8月20日夜,分别向正太铁路东段日军独立混成第八旅大部和独立混成第四旅一部展开攻击。经数小时激战,右纵队攻入晋冀交界的要隘娘子关,歼敌一部。而后,破坏了娘子关以东的桥梁和通信线路。向娘子关至微水段进攻的中央纵队,在杨成武指挥下,连克蔡庄、地都、北峪、南峪等日军据点,并破坏桥梁两座。攻击井陉煤矿的中央纵队一部,在矿工支援下,破坏了煤矿的主要设施。23日,因石家庄方向的日军西援,加上连日降雨,河水泛滥,严重妨碍作战行动,晋察冀军区部队遂转移兵力,实施对铁路、桥梁、隧道的全面破击。

中国军队攻占娘子关

第一二九师在师长刘伯承、政委邓小平指挥下,以8个团、8个独立营的兵力,组成左翼破击队、右翼破击队和中央纵队,亦于8月20日夜对正太铁路西段日军独立混成第四旅大部和独立混成第九旅一部展开攻击;另以两个团会同平定、辽县、榆社等地方武装,分别对平辽、榆辽公路进行破击,并牵制各点守敌,保障主力侧后的安全。左翼队一部进攻芦家庄,连克碉堡4座,歼日军80余人;右翼队一部攻击桑掌和铁炉沟等据点,歼日军130余人。21日,该师为阻止日军从侧背攻击破路部队,令预备队一部抢占阳泉西南4公里处的狮垴山高地。从23日起,阳泉日军在飞机支援下,并使用化学武器,不断向狮垴山猛攻,第三八五旅政治部主任卢仁灿身负重伤。第一二九师阻击部队英勇奋战,坚守六昼夜,歼灭日军400余人,保障了破击部队翼侧的安全。经数日作战,第一二九师控制了正太铁路西段除阳泉、寿阳以外的大部分据点及火车站,严重破坏了该段的路轨、桥梁、隧道,使正太铁路西段陷于瘫痪。

与此同时,第一二〇师在师长贺龙、政委关向应指挥下,以20个团的兵力破击同蒲铁路北段和铁路以西一些主要公路,并攻占阳方口、康家会、丰润村等据点,歼灭日伪军800余人,切断了同蒲铁路北段和忻县至静乐、汾阳至离石等公路。

为配合正太铁路和同蒲铁路北段的破击战,第一二九师和晋察冀军区还令所属部队出动50多个团的兵力,在游击队和民兵的配合下,对平汉、平绥、北宁、同蒲、白晋、津浦、德石等铁路线和一些主要公路,以及日军占领的许多据点,进行了广泛的破击和袭击。

百团大战打响的次日,刘伯承、聂荣臻、贺龙、吕正操等人便陆续致电八路军总部,报告战绩。彭德怀、左权看到一份份奏捷的电报后,脸上不时地露出笑容。为了尽快向中央军委和国民政府军事委员会报告此次战役的进展情况,彭德怀要求八路军总部司令部在8月22日中午前,务必查清正太全线和其他各路参战部队的兵力和战斗情况。

第二天午饭后,彭德怀、左权走进作战室,听取战况汇报。八路军总部作战科科长王政柱根据统计的结果向彭、左汇报参战兵力:"正太线三十个团,平汉线十五个团,同蒲线十二个团,津浦线四个团……共计一百零五个团。"

左权听完汇报后脱口而出:"好!这是百团大战,作战科再仔细把数字查对一下。"彭德怀接口说道:"不管是一百多少个团,干脆就把这次战役叫作百团大战好了。"于是,彭德怀和左权一起拟电,将此次战役正式定名为"百团大战"。

8月25日后，日军开始组织反击，先后从白晋铁路、同蒲铁路南段抽调第三十六、第三十七、第四十一师团各一部，配合独立混成第四、第九旅向第一二九师反击；从冀中、冀南抽调约5000人的兵力，配合独立混成第八旅向晋察冀军区部队反击。阳泉日军在26日攻占狮垴山后，也乘势向西追击，29日在坡头、桑掌、测石附近突破第三八五旅第七六九团阻击，使八路军伤亡200余人，第三八五旅旅长陈锡联、政委谢富治、参谋长曾绍山先后负伤，新十旅第二十九团副团长吴子彦牺牲。面对急转直下的战局，刘伯承师长急令部队后撤，掩护部队受到了很大损失。9月2日，日军合击正太铁路南侧的安丰、马坊地区的第一二九师。该师以4个团的兵力英勇抗击，毙伤日军200余人。9月6日，第一二九师第三八六旅和决死队第一纵队各两个团，在陈赓旅长指挥下，于榆社西北双峰地区包围日军第三十六师团永野大队，击毙永野中佐以下400余人，打破了日军的合击。

晋察冀军区为策应第一二九师作战，以4个团向正太铁路北侧盂县地区的日军出击，迫使正太铁路南侧的日军北援。同时，第一二〇师对同蒲铁路忻县至太原段的破击，也有力地牵制了日军对正太铁路的增援。

经过二十天的战斗，正太战役预定计划基本完成。八路军各部进行大小战斗265次，攻克娘子关等日军据点91座，毙伤日伪军6000余人。正太铁路线的路轨、桥梁、隧道、车站等均被破坏，平汉、同蒲、石德、北宁铁路以及主要公路也被切断，致使华北日军各交通线一度陷于瘫痪。

9月4日，蒋介石通电嘉奖十八集团军："贵部窥此良机，断然出击，予敌甚大打击，特电嘉勉。除电饬其他各战区积极出击，以策应贵军作战外，仍希速饬所部，积极行动，勿予敌喘息机会，彻底断绝其交通为要！"第一战区司令长官卫立煌、第二战区司令长官阎锡山也先后致电八路军总部对正太战役的胜利表示祝贺，并令绥远、山西、河南所属部队乘机发起晋城作战、绥远作战以牵制当面之敌，配合了八路军作战。

9月10日，八路军总部为休整部队，准备再战，命令各部结束第一阶段的作战。

二、涞灵战役

百团大战胜利的消息传到延安，毛泽东立即给彭德怀来电说：百团大战真是令人兴奋，像这样的战斗是否还可以组织一两次？9月10日，中央书记处在《关于击敌和友的军事行动总方针的指示》中要求八路军、新四军要"仿照华北百团战役先例，在山东及华中，组织一次至几次有计划的大规模的对敌进攻行动。在华北则应扩大百团战役行动"，"给予二百万友军及国民党大后方与敌占区内千百万人民以良好之影响，给予敌人向重庆等地进攻计划以延缓的作用"。

为进一步扩大战果，9月16日，八路军总部发出第二阶段作战命令，要求各部队继续破坏日军交通线，摧毁深入抗日根据地内的日伪军据点。具体部署是：晋察冀军区主力破击涞灵公路，并夺取涞源、灵丘两县城；第一二九师重点破击榆辽公路，收复榆社、辽县两县城；第一二〇师主力对同蒲铁路北段宁武至轩岗段进行彻底破坏，再次切断同蒲铁路北段的交通。

涞源、灵丘地区位于山西、河北交界处，是日军打入晋察冀根据地的一个钉子。9月中旬，由于第八战区副司令长官傅作义发起绥远作战，驻蒙军主力西援绥西，在该地区的日军仅为第二独立混成旅团和第二十六师团各一部，1500余人，另有伪军1000余人。为拔掉这个钉子，晋察冀军区乘机发动了涞灵战役。

9月17日，晋察冀军区司令员兼政委聂荣臻和军区参谋长聂鹤亭、副参谋长唐延杰发出《军区作战命令》，进行了具体部署：以第一、二、三、五、二十五5个团及游击第一、三支队，一军分区特务营，军区骑兵团1个营，共约1.5万人组成右翼队，夺取涞源及附近据点，而后转移攻势于灵丘外围，夺取灵丘；以第六团、二十六团及察绥游击支队，共5000余人组成左翼队，配合右翼队攻取灵丘及其附近据点；其他部队负责阻击打援和牵制日军。

9月22日22时，由杨成武指挥的右翼队首先向涞源及其附近据点发起进攻。经一夜激战，攻占涞源东、西、南关及附近几个据点，日军退入城内固守。由于日军防守严密，攻击部队兵力分散，伤亡很大，被迫于次日退出城关。

23日，杨成武改变部署，先集中主力扫清城外据点，再行攻城。命令第二团在第一团第三营及炮兵配合下，攻克涞源以东10公里的重要据点三甲村；第三团攻打城东北的东团堡据点。

当晚黄昏时分，第一团第三营在暮色掩护下悄悄地离开涞源城，涉过拒马河，快速赶到三甲村，和第二团一起将三甲村的日军团团围住。第一团第三营副营长张英辉带领三个连包围了一座筑有碉堡的小山，利用铡刀劈开了铁丝网，战士们朝一个碉堡猛扔手榴弹，把碉堡炸开了一个口子。三甲村的日军凭借碉堡负隅顽抗，主攻部队发动猛烈攻击，经通宵激战，守备三甲村的150余名日军全部被歼，另外还生俘了50多名伪军。

东团堡据点位于涞源城东北，日军的防守十分坚固，在据点的外围挖了深深的壕沟，壕沟里面有4尺高的铁丝网，铁丝网内是6尺高的土围墙，围墙的四个角各有一个大碉堡，中央还有一个上下三层可控制整个村庄的大碉堡，形成了环形工事，日军独立混成第二旅团士官教导大队170人在此据守。

攻打东团堡的任务交给了著名的"老三团"。第三团团长邱蔚带着一营长赖庆尧、二营长郭延林、三营长陈宗坤和侦察参谋上山仔细勘察地形，并当场决定了作战部署：第一营攻打上庄据点，切断东团堡与中庄的联系；第二营在东团堡的东面和南面担任助攻；第三营在东团堡西面及西南面实施主攻，九连为突击队。

八路军战士在涞灵战役中

战斗首先在外围据点打响。担任主攻任务的第三营趁着夜幕，在当地民兵的带领下开到东团堡附近的馒头山。战士们匍匐前进，铰开铁丝网，悄悄向山上的碉堡逼近。正在碉堡内酣睡的日军来不及还击，就被手榴弹炸了个血肉横飞。陈宗坤营长大喊一声"冲啊"，担任突击队的九连在炮火和机枪的掩护下，向东团堡发起了猛攻，其他连队随后跟进，一齐向东团堡勇猛冲击。敌人用探照灯照射着冲击路线，使用各种火器集中射击，并与冲在前边的战士展开白刃格斗，厮杀声和刺刀的撞击声响彻夜空。经一夜激战，拂晓前，九连攻占了东团堡西南角的炮楼，打开了突破口，后续部队乘势冲入村里。日军凭借碉堡、房舍死守，不断组织反冲锋，并突然施放毒气，冲在前面的战士全都中了毒，不得不暂时撤出阵地，第二、第三营未能占领村庄。攻占上庄的第一营夺取了日军的堡垒，打退了日军的五六次反冲击，但因伤亡过重，只好后撤。

23日晚，经过重新调整部署后，邱蔚带领第二营、第三营再一次向东团堡发起攻击。当战士们抵近碉堡时，日军见轻重机枪挡不住八路军的凌厉攻势，便又施放毒气，战士们虽然戴上了口罩，但仍有300多人中毒。一夜之间，八路军指战员接连发起了六次冲锋，占领了东团堡外围全部据点。残敌集结在村西南角的一座地主大院里，依仗碉堡连环的核心工事顽抗待援。

24日黎明，40多名日军向第三营九连扑过来，九连依托攻占的小碉堡，沉着应战，待敌人进至四五十米处时，突然开火，给日军以很大杀伤并将其击退。三排还趁机抢占了大院西南角的一个暗堡，直接威胁敌坚守的主堡。井田大队长狗急跳墙，赤膊上阵，亲率数十名日军举着战刀向九连一排冲来，该排战士全部壮烈牺牲。

当晚8时，三团对日军的核心堡垒发起了总攻。第二营第七连用炸药包炸开大院东门，并占领围墙东南角的碉堡。第三营第九连、第十二连乘机突破围墙，相继占领西南角和西北角的两个碉堡。第十二连攻击的碉堡3丈多高，40多名战士冒着敌人的炮火，抬着连接起来的大梯子在火力的掩护下奋勇前冲。梯子一靠碉堡，班长王国庆就背着一捆手榴弹，旋风般地踏着梯子往上蹿。就在他向窗口塞手榴弹之时，不幸被敌人子弹打中，人挂在梯子上牺牲了。第十二连指导员黄禄不顾一切地冲到碉堡前，爬上梯子，把一捆手榴弹塞进了碉堡，"轰隆"一声巨响，碉堡被炸塌了，鬼子被炸成了肉泥。经一夜血战，三团攻克了7个碉堡，但损失也很惨重，剩下的兵力不到一个营了。

东团堡残敌27人退守到大院东北角的一个碉堡负隅顽抗，三团集中兵力进攻，但日军拒不投降，直至弹尽粮绝。日军见突围无望，在井田大佐的指挥下，把机枪、掷弹筒和衣服都浇上汽油点燃，集体投火自焚。

战至26日，右翼队相继攻克了金家井、北石佛、桃花堡等13个据点，但插箭岭、涞源县城等关键据点却久攻未克，战局处于胶着状态。28日中午，由张家口出动救援之日伪军3000余人到达涞源。右翼队遂放弃攻击涞源，向南撤退，转战灵丘。

10月2日，晋察冀军区下达涞灵战役第二期作战命令：由邓华率左翼队及右翼队之第一团、第二团进攻灵丘，攻击日期定于8日。驻守灵丘的日军第二十六师团独立步兵第十二联队长坂本吉太郎获得第二团从涞源西进的情报后，不禁心中暗喜，急忙下令第二大队长从灵丘、枪风岭、南坡头等据点抽调兵力消灭这股八路军。8日拂晓，第二团与250名日军在平型关以北10公里处的太安岭发生遭遇战，激战到黄昏，第二团跳出合击圈，突围转移。

邓华看到日军合击第二团、难以援助其他据点这一有利战机，当即命令第一团第一营攻取南坡头据点，第六团第一营攻取枪风岭据点，第二十六团一部攻取黄台寺据点，并亲自坐镇第一团指挥所指挥战斗。当晚23时，第一团第一营首先向南坡头日军发起攻击，并以迅猛的动作接近敌人的堡垒，与敌展开搏斗。激战到9日凌晨，守敌大部被歼，残敌10余人乘夜黑逃窜。同时，第六团第一营攻克枪风岭，歼守敌大部；第二十六团一度攻入灵丘、广灵间的黄台寺。当日，坂吉联队长组织部队向枪风岭、南坡头反击，又将其夺了回去。

涞灵战役持续十八天，晋察冀军区以伤亡1419人的代价，毙伤日伪军1000余人，俘日军49人、伪军237人，缴获各种枪支290多支。

10月10日，根据涞源、广灵日军1300余人南援和灵丘方面战况不利等情况，晋察冀军区决定中止涞灵战役，部队撤回根据地。

三、榆辽战役

榆辽公路西起榆社，东至辽县，全长45公里，是日军深入太行根据地的重要交通线，沿线设立了榆社、沿壁、王景、管头、铺上、小岭底、石匣、辽县等八个据点，由独立混成第四旅第十三大队分兵守备。

9月22日，第一二九师师长刘伯承、政委邓小平在宋家庄指挥部下达了榆辽战役的作战命令，决定以突然袭击手段消灭榆社至小岭底的敌人，收复据点，摧毁公路,并乘势向辽县进展,相机收复辽县。具体部署是:以第三八六旅第七七二团、第十六团,决死第一纵队第二十五团、第三十八团为左翼集团,由陈赓指挥,攻取榆社、沿壁、王景三据点;以第三八五旅、新编第二十一旅第三十二团为右翼集团,由陈锡联指挥,主力攻取榆辽公路东段管头、铺上、红崖头、关帝垴、小岭底等据点,一部扼守辽县以西之狼牙山,阻击辽县可能西援之敌;以新编第十旅为平辽支队,主力在和辽公路上破路袭敌,牵制、阻击昔阳、和顺出犯之敌,配合第三八五旅攻取辽县;以太岳军区第十七团、第五十七团组成沁北支队,积极破袭白晋路沁县至分水岭段,配合主力作战;其余部队继续执行同蒲、平汉、德石等铁路的破击任务,钳制日军抽调兵力增援榆辽地区。

左翼部队接到师部命令后,第三八六旅旅长陈赓决定亲自指挥第一纵队第二十五、第三十八团攻取沿壁和王景据点;由参谋长周希汉指挥第三八六旅第七七二团和第十六团主力攻取榆社城。23日23时部队发起攻击,至24日,第一纵队率先攻克沿壁、王景据点,然后移师增援榆社。

榆社城是日军突入太行根据地的最前沿据点,由独立混成第四旅团第十三大队的藤本中队220余人据守。藤本中队素以剽悍善战著称,以榆社中学及文庙等坚固建筑为中心,构筑了大小碉堡8个,配备有山炮和轻、重机枪。经过两天三夜连续4次强攻,榆社城终于解放,守敌全部被歼。第三八六旅伤亡官兵也达200余人,陈赓也在战斗中负伤。

由第三八五旅旅长陈锡联指挥的右翼部队,具体作战部署是:第十三团第一、第二营攻打管头村,第三营攻打铺上村,第十四团第一营攻打小岭底。同时,将扼守狼牙山,阻击可能由辽县向西增援之敌的任务交给了第三八五旅主力部队第七六九团。

9月23日午夜,右翼部队发起攻击。至24日,攻克小岭底、铺上等据点;但第十三团主力攻打管头村的战斗却进展不顺。

管头村是榆辽公路东段的最大据点,由板津大队第一中队主力100人担任守备,配有山炮1门、迫击炮1门、重机枪2挺、轻机枪4挺。山上筑有工事,山下修有碉堡,形成交叉火力网,山势陡峭,易守难攻。

23日24时,第十三团以4个连兵力附山炮1门、迫击炮4门,开始向管头村守敌发起第一次攻击。双方激战至天明,第十三团只攻占了敌人的哨所阵地,之后便呈胶着对峙状态,难以前进一步。第十三团团长陶国清下令暂停攻击，重新调整了部署，派出一部兵力对山上的日军据点进行佯攻，吸引敌人火力，而将预备队的重火器加强给正面攻击的第一营，以加大集中火力的力度。

次日黄昏，第一、二营同时从东南、西南两个方向对管头村发起了第二次进攻。经一夜激战，尽管有一个连夺取了村北的一座小碉堡，但仍没能取得大的进展。25日黄昏，部队又发起了第三次攻击。参加这次攻击的，除第十三团主力外，第七六九团的3个连也加强过来，同时还带来平射炮、机关炮各1门，迫击炮2门。然而，由于日军不断地向阵地前施放毒气，攻击部队难以接近，虽经一夜苦战，仍未能拿下管头村据点。接连三天的强攻行动，攻击部队伤亡较大。

刘伯承师长听了陈锡联的战况汇报后，提出一个新的作战计划，命令以一小股兵力继续围攻管头村据点，而集中兵力乘势攻取石匣、五里垴、文峰塔据点，并将进攻的重点放在石匣，引诱辽县城里的敌人出兵增援，歼敌于运动之中，以减小下一步攻打辽县城的阻力。

陈锡联将攻打石匣的重任交给了第七六九团，而将阻击辽县日军西进的任务转交给已到达辽县西侧的第三十二团和第十四团。第七六九团经一昼夜激战，将石匣据点攻克。

9月28日，左翼部队按原计划在陈赓的率领下开到距石匣不远的马厩村，准备同右翼部队一起，于当晚合攻辽县城。战斗还未发起，传来八路军总部的紧急命令：暂停攻击辽县城，限29日晨部队退回讲堂镇一带待命。

原来，管头村的日军在第十三团连续多日围攻下，已经弹尽粮绝，接二连三地用无线电求援。八路军总部侦知了这一消息，驻武乡的日军独立混成第四旅团第十二大队600余人，经王村、榆社东进，企图援救管头之敌。根据总部的指示，刘伯承、邓小平决定改变原定攻击辽县的计划，转而集中左翼部队的第七七二、第二十五、第三十八团和右翼部队的第七六九、第十四团，在红崖头、关帝垴地区设伏，消灭由武乡东援之敌，以一部兵力牵制由和顺南援的日军。同时，要求第十三团加紧攻击管头村日军，以吸引增援日军急进。

9月29日夜，第十三团第一营对管头村日军发起了第四次攻击。主攻部队一营乘工兵引爆地雷之际，从三面向敌发起猛攻，很快占领据点内的马房，接着战士们向据点内密集投掷手榴弹，打得日军嗷嗷乱叫。到午夜12点，第十三团完全占领了管头村据点，80余名日军除14人逃跑外，其余全被歼灭。

与此同时，左、右两翼部队奉命向红崖头、关帝垴地区运动阻击东进的援敌。30日晨，左翼部队赶到红崖头以南山地，右翼部队尚未到达预伏阵地。此时，从武乡东援的日军第十二大队600名援兵，正在通过预伏地带向东开进，其先头部队在榆社以东与陈锡联率领的右翼部队遭遇，双方立即展开激战。已进入伏击圈的左翼队三个团当机立断，迅速向日军侧翼及尾部发起猛攻。日军见四面被围，赶紧抢占附近山头固守待援。

左、右两翼部队同时向日军阵地发动猛攻，双方反复冲杀，多次肉搏。日军8架轰炸机飞来狂轰滥炸。战斗一直持续了两天一夜，逐渐将日军压缩到两三个山头上，日军伤亡惨重，进攻部队也付出了较大代价。

日军指挥部一面命令红崖头的部队固守待援，一面令武乡、和顺的部队火速增援。10月1日黄昏，辽县西援之敌500余人突破新编第二十一旅第三十二团所设狼牙山阻击阵地，直逼左集团指挥所，左集团被迫撤出战斗。同日，由和顺南援之敌1000余人也击退新编十旅之阻击，攻占寒王镇，与第三八五旅一部展开激战。

鉴于战局严重恶化，八路军总部急令各部撤出战斗。至此，历时9天的榆辽战役结束，共歼日军近千人。

第一二九师所属冀南、太行、太岳各军区部队，根据师部指示对榆辽战役进行了积极配合，先后破击了邯郸至安阳段平汉线、介休和霍县附近同蒲线以及德石、白晋等铁路、邯济公路，打击了深入根据地内各据点日军，不仅有效策应了第一二九师主力的作战行动，还迟滞了日军南援晋城，支持了第一战区部队在晋东南和晋南地区的作战。

第一二〇师为配合涞灵、榆辽地区的作战，对同蒲铁路北段进行了新的破击，再度切断了该线交通。晋察冀军区所属冀中军区部队，配合发起了任（丘）河（间）大（城）肃（宁）战役，攻克据点20余处，歼灭日伪军1500余人，破坏公路150公里。第二阶段作战，八路军攻克日伪军据点多处，平毁了部分封锁沟、墙，打击了伪政权组织，进一步扩大了抗日根据地。

四、血战关家垴

日军遭到八路军连续两个阶段大规模进攻作战的打击后，深感八路军对其威胁的严重性。为稳定局势，巩固占领区，便调集重兵对华北各抗日根据地进行大规模残酷的报复性"扫荡"，采取了见人就杀、见屋就烧、见粮就抢的"三光"政策，企图毁灭抗日根据地。10月19日，八路军总部下达反"扫荡"作战命令，要求各部队与地方党政机关和广大群众密切配合，广泛开展游击战，坚决消灭进犯之敌，粉碎日军的"扫荡"。

根据八路军总部的命令和指示精神，第一二九师、第一二〇师、晋察冀军区部队，发扬连续作战的作风，自1940年10月至次年1月，在太行、太岳、平西、北岳和晋西北等敌后抗日根据地展开了反"扫荡"作战。其中关家垴战斗是最惨烈的一场恶战。

10月20日，日军第三十六师团和独立混成第一、第四、第九旅团各一部及伪军约1万人，由潞城、武安、武乡和辽县等地分多路出发，"扫荡"清漳河东西地区，重点指向中共中央北方局、八路军总部机关及第一二九师师直、晋冀豫边区党政机关所在地的麻田、左会间地区及涉县、偏城一带。

第三十六师团一部3000余人由潞城出动，当晚击退决死第一纵队沿途之截击，窜抵黎城，21日又进占东阳关、狼庄，并继续向西井镇推进。独立混成第四旅团一部1300余人由武乡出动后，当晚即突破第三八六旅防线，攻占蟠龙；21日中午又向蟠龙东北进犯。第三八六旅与决死第一纵队一部在温庄、南垴、漆树烹与敌激战两昼夜，伤亡惨重，决死第一纵队第二十五团团长凌则之在战斗中牺牲。24日上午，日军突破第三八六旅阵地，进至曹尔河。同日黄昏，进占蟠龙、黎城之敌合击西井镇。第三八六旅力战不支，伤亡300余人，只得再度后撤。

25日，日军第三十六师团冈崎大队500余人，在大队长冈崎谦受中佐指挥下，突然向黄崖洞进犯，企图摧毁八路军水窑兵工厂。黄崖洞地处太行山脊山西黎城县的深谷中，四面险峰环抱，八路军总部的水窑兵工厂就设在此处，具备年产5000余支步枪和大量子弹、手榴弹的生产能力。

26日，冈崎大队突破第三八五旅第十四团一部的阻截后，进抵黄崖洞兵工厂。彭德怀闻听勃然大怒，决心消灭冈崎大队。

29日，冈崎大队544人，辎重民夫400余人，经左会进至蟠龙以东，准备返回武乡。当天下午1时，八路军总部电令第一二九师集中主力歼灭该敌。第三八六旅第七七二团奉命在关家垴附近阻截冈崎大队。冈崎大队长察觉形势不妙，立即停止前进，迅速抢占易守难攻的险隘关家垴。第一二九师第三八五旅、三八六旅、新编十旅和决死第一纵队两个团连夜包围了关家垴。

关家垴地处山西武乡县蟠龙镇八路军总部驻地砖壁村北13里，是群山环抱中的一个山冈，山顶是一块方圆几百平方米的平地。北面是悬崖峭壁，东西两侧坡度较陡，仅有南坡较平缓，有一条不足一米宽的小路可以出入。南坡上住着几十户关姓人家，沿山壁修建了一孔连一孔的窑洞。南坡的对面是一个更高的山冈峰垴顶，与关家垴互为犄角，可以用火力控制关家垴的唯一通路。冈崎率部占领关家垴后，连夜构筑工事，并派出一个中队抢先占领了峰垴顶。

29日下午，彭德怀从黎城指挥所马不停蹄地赶到蟠龙镇石门村，亲自坐镇指挥。当晚召集第一二九师的师、旅干部战前会议，当场下达作战命令：第三八五旅和新十旅为右纵队，归刘伯承、邓小平指挥，占领关家垴西北和西面阵地，堵死日军西逃之路；第三八六旅与决死第一纵队第三十八团、第二十五团归陈赓指挥，占领关家垴南面及东南面阵地；总部特务团，由彭德怀亲自指挥，控制关家垴东北面阵地；总部炮兵团三营及特务团山炮连距关家垴东南1000米处占领阵地，提供火力支援；10月30日凌晨4时发起攻击。

30日凌晨4时，指挥所发出了总攻信号，参战部队向关家垴和峰垴顶同时发起攻击。总部炮兵团首先集中所有山炮及迫击炮，猛轰敌前沿阵地，清除了日军在前沿阵地设置的地雷和各种障碍物，为步兵冲击开辟了道路。随后，第三八五旅第七六九团从西北、总部特务团从东北、第三八六旅第七七二团从东南、决死第一纵队第二十五团由南面分别扑向关家垴和峰垴顶。但日军用数挺机枪封锁了唯一通往垴顶的羊肠小道，攻击部队遭到严重杀伤。

从正面主攻的第三八六旅第七七二团，由于仰攻地形不利，战斗打得异常残酷。战士们一次又一次地攻击，一个台阶一个台阶往上爬，反复与日军短兵相接，伤亡极大。战至中午，第七七二团第一营第一连只剩下3人；第三连只剩下指导员和2名伤员；第四连只剩下10余人。当第一营被兄弟部队换下来时，最后只剩下6个人。

从西北方向进攻关家垴的第三八五旅第七六九团也进展不顺。这一面是个20余米高的陡崖，快到崖顶的地方，有一个凸出来的壕坎，上面又是一条30多米长的斜坡，一直通到关家垴山顶日军的前沿阵地。攻击前，第七六九团突击部队曾借助攀登工具和陡崖上的野藤爬到壕坎处，但被日军发觉，并用火力封锁了斜坡。突击部队被日军火力压制无法行动，后续部队困在后面无法投入战斗。

进攻峰垴顶的决死第一纵队第三十八团乘夜冲上峰垴顶，双方在前沿阵地展开了激烈的争夺战。一时间，战士们的喊杀声，拼刺刀的撞击声，日军临死前的惨叫声，连成一片。经过两个多小时的激烈战斗，终于在天亮时抢占了峰垴顶。但天亮后，一个中队的日军乘第三十八团调整部署时突然发起猛烈反击，阵地又被日军夺了回去。陈赓重新组织3个营的兵力反攻峰垴顶，连续攻击四次，仍未能把失去的阵地夺回来。

上午9时左右，飞来几架日军飞机，对关家垴周围进行狂轰滥炸。由于关家垴地方狭小，进攻部队兵力密集无处躲藏，一颗颗航空炸弹在密集的人群中爆炸，造成很大伤亡，不得不暂停进攻。

陈赓见一个个战士倒下，心如刀绞。他摇通了总部的电话，焦急地对彭德怀说："彭老总，此处地形对我十分不利，建议把冈崎大队放下山来，另选有利地形打伏击。"

彭德怀的指挥所就设在关家垴1000余米外的一孔破窑洞中。他不时地用望远镜观察着战况，心急如焚。接到陈赓的电话后，毫不犹豫地说："不行，一旦放走日军，就很难再打着他了，必须在此将其消灭！"

"这样打下去，代价太大了！现在拼了，以后怎么办？"陈赓想继续说服彭德怀。

彭德怀态度坚决地命令道："就是拼光了，也要拿下关家垴！"

下午4点，在总部的统一指挥下，第二次总攻开始。第七七二团、第十六团、第三十八团、第二十五团各以一个营连续向关家垴发动了18次冲锋，终于攻占了日军第一道防线。但是也付出了惊人的代价，第十六团参加进攻的一个营仅存18人，团长谢家庆光荣牺牲。与此同时，在西面担负助攻任务的新十旅也遭受很大损失，旅长范子侠负伤。

战至31日晨，关家垴仍未攻下，而武乡、辽县之日军2500余人已经出动，试图围歼第一二九师主力。形势危急！刘伯承坐不住了，他再次接通了彭德怀的电话："彭总，这种攻坚无益，可否暂时撤围，再寻战机？部队伤亡严重……"

彭德怀说："冈崎大队所剩人马已不多，我们不能给敌人喘息的机会，应该一鼓作气坚决消灭！"

刘伯承回道："我的彭老总，这样打我们赔不起呀！"

彭德怀坚持说："我的老兄，敌人援兵正在逼近，一旦放虎下山，立刻就会得到援兵的接应。"

"那就以后再收拾他！关家垴的地形对我不利，我军伤亡太大了！这一仗，我不同意再打！"刘伯承直言相劝。

彭德怀气恼地吼道："拿不下关家垴，就撤销第一二九师的番号，杀头不论大小！"

刘伯承只得遵命调整部署，重新组织进攻。当日下午，参战部队向日军发起第三次总攻，总部炮兵阵地的迫击炮连续不断地向日军占据的主阵地轰击。第七六九团从山地挖通的暗道中突然冲向关家垴山顶，占领了制高点。同时，总部特务连和第七七二团第一连组成的突击队在前面开路，决死第一纵队第二十五团、第十六团等部队随后攻上关家垴。经过激烈的肉搏，日军一部被歼，残敌退到了半山腰村子里的窑洞中，拼死抵抗。直至深夜，日军仍顽强地据守在窑洞中。

11月1日，从武乡、辽县出动的1500多人的日军增援部队，在10余架飞机的掩护下，已逼近关家垴；黎城等地的数千名日军机动部队也在向关家垴靠拢。第三八五旅和新编第十旅已与增援的日军交上了火。八路军腹背受敌，彭德怀无奈下令撤出战斗。关家垴残敌在援军接应下，遗尸280余具，仓皇撤走。

关家垴围歼战，激战两昼夜，八路军以伤亡600余人的代价，毙伤冈崎大队长以下日军400余人，冈崎大队大部被歼灭，缴获机枪和步枪60余支。日军在精神上受到了很大创击，小股部队再也不敢轻易出动。11月14日，日军"扫荡"部队退出太行根据地。

11月17日，日军第三十七师团一部约7000人又开始"扫荡"太岳区，沿途烧、杀、抢、掠，沁县被害群众达5000余人，房屋被毁三四万间，根据地遭到很大破坏。太岳军区司令员陈赓将主力编成沁东、沁西两个支队，在游击队和民兵的配合下，活动于沁河两岸，寻机打击日军，至27日，歼日军近300人，迫使日军于12月5日撤退。

从11月9日起，日军第一一○师团等部万余人"扫荡"北岳根据地，并占领了晋察冀军区领导机关所在地阜平。聂荣臻领导北岳区军民，以内外线相配合，广泛开展游击战，连续伏击、袭击日军后方交通线，迫使日军大部撤退。阜平、王快的日军则筑堡修路，企图长期占领。12月3日至27日，晋察冀军区以4个团的兵力发起阜王战役，向阜平、王快的日军发动进攻，歼敌500余人，迫使日军全部撤出北岳抗日根据地。

12月中旬，日军抽调第三十七师团、第四十一师团及第三十六师团各一部约2万人的兵力，对晋西北抗日根据地进行"扫荡"，至23日，占领了除保德、河曲以外的所有县城和大部集镇。贺龙指挥第一二〇师部队和晋西北地区群众实行空室清野,坚持"区不离区,县不离县"的游击战。同时,集中部分主力部队,破击日军后方交通线,攻击日军修路部队和运输队,共歼日伪军2500余人,迫使日军于1941年1月下旬全部撤出晋西北抗日根据地。

百团大战,从1940年8月20日的破击战开始,至1941年1月24日反"扫荡"结束,历时五个多月,是八路军发动的一次规模最大、持续时间最长的战略性战役。根据八路军总司令部公布的战绩,在这次战役中,八路军共进行大小战斗1824次,毙伤日军20645人、伪军5155人,俘虏日军281人、伪军18407人,破坏铁路474公里、公路1500余公里、桥梁和隧道260多处,缴获各种炮53门、各种枪5800余支。八路军也付出了巨大牺牲,伤亡1.7万余人。百团大战严重地破坏了日军在华北的主要交通线,收复了被日军占领的部分地区,沉重打击了日军的"囚笼政策",有力配合了正面战场作战,进一步鼓舞了全国人民抗战胜利的信心,粉碎了国民党顽固派对八路军"游而不击"的污蔑,提高了中国共产党和八路军的声威,在中国抗日战争史上写下了光辉的一页。

第二十三章

华中敌后战场

日军侵占武汉、广州后，广大华中、华南地区沦为敌后。中国共产党六届六中全会确定了"巩固华北，发展华中"的战略方针，并决定撤销长江局，设立中原局和南方局，刘少奇任中原局书记，周恩来兼南方局书记。1939年2月，周恩来到达安徽泾县云岭新四军军部，与新四军领导人商定了"向北发展，向东作战，向南巩固"的战略方针。新四军立即全面展开，开辟和扩大了华中抗日根据地，将华中抗日游击战争推向新的发展阶段。

一、东进北上

1939年初，新四军第一支队在巩固苏南抗日根据地的同时，积极实行东进北上战略。以第二团在丹阳游击纵队配合下，北上挺进扬中，将该地伪军消灭；以丹阳纵队第三、第四支队各一部北渡长江，进至大桥、嘶马、吴家桥一带，控制了通扬运河以南沿江地区。同时，主动与国民党苏鲁皖边游击军李明扬、李长江取得联系，建立合作抗日统战关系。

4月初，陈毅命令第六团准备东进江南东路地区。5月5日拂晓，第六团由常州附近越过京沪铁路，在戴溪桥地区与"江南抗日义勇军"会合，成立"江抗"指挥部，梅光迪任指挥，叶飞任副指挥，以"江抗"名义继续东进。5月下旬，"江抗"在无锡东北的黄土塘与日伪军600余人遭遇，歼敌百余人，取得东进途中首战胜利。6月24日夜，"江抗"袭击苏州附近的日军重要据点浒墅关车站，经一小时战斗，全歼该地日军50余人和伪军一个中队，炸毁铁桥1座，使京沪铁路停运三天。随后乘胜东进，进入常熟境内阳澄湖畔。

7月，"江抗"以一个团的兵力越过京沪铁路，进入青浦，与当地游击队会合。7月23日，上海日伪军一部到青浦"扫荡"，"江抗"击退日伪军后，跟踪追击，乘天黑冲进上海虹桥机场，当即击毁敌机4架，使京沪线上日军大为震

新四军在苏南与日伪军作战

惊。"江抗"在东路地区连战皆捷，大大鼓舞了群众的抗日热情，大批青年踊跃参军，"江抗"遂扩编为第二、第三、第五路。此后，"江抗"与中共上海党组织领导的常熟、嘉定、青浦等地抗日游击队配合，共同开辟了苏（州）常（熟）太（仓）和澄（江阴）锡（无锡）虞（常熟）游击根据地。随后，"江抗"奉命西撤，留下部分地方武装，继续坚持当地斗争。

11月7日，第一、第二支队领导机关合并，成立新四军江南指挥部，陈毅、粟裕分任正、副指挥，统一领导在苏南的新四军部队和地方武装。同时，成立苏皖区党委，统一领导苏皖、苏南、苏北三个特委。"江抗"第二路到扬中后，与丹阳游击纵队合编为新四军挺进纵队，北渡长江进至扬州、泰州地区开展抗日游击战争。此外，第四团主力与"挺纵"一部合编为苏皖支队，向扬州、仪征、天长、六合地区发展。

二、皖南抗战

1938年12月，在皖南坚持抗战的第三支队由青弋江防区奉调铜陵、繁昌沿江地区。第一支队第一团、第二支队第三团也先后由苏南敌后调回皖南，归新四军军部直接指挥。到1940年秋，在皖南又陆续组建了新一团、新三团，军部特务营也扩大为特务团。

日军为维护长江交通，不断对皖南进行"扫荡"。1939年1月至2月，繁昌两失两克。5月20日至23日，日军1000余人第三次进犯繁昌，第三支队和第一团毙伤日军300余人，将日军击退，新四军伤亡100余人。11月8日至23日，日军2000余人第四次进犯繁昌，新四军毙伤日军450余人，将敌击退，伤亡营长以下115人。12月21至22日，日军1000余人第五次进犯繁昌，再次被击退。

1940年4月，日军调集第十五、第十七、第一一六师团各一部共1万余人，对国民党军防守的青弋江地区及新四军防守的南陵、繁昌地区大举"扫荡"。4月24日，日军一路5000余人由湾陵、黄墓渡攻占南陵，而后以2000余人沿青（阳）南（陵）公路向西南方向前进，企图迂回青阳。26日，新四军第一团在父子岭伏击该敌，经八小时激战，毙伤日军370人，新四军伤亡84人。

日军另一路约4000人，由繁昌以北的三山镇、横山、峨桥等地于4月24日开始向繁昌及其以南地区攻击前进。新四军第三支队第五团先后在马家坝、繁昌以南的九郎庙以机动防御，迟滞敌人前进，毙伤日军140余人。26日该敌向何家湾前进，新四军第三团与敌遭遇，先敌抢占苏家林、何家湾有利地形，阻击敌军，经九小时激战，毙伤日军300余人，迫敌转向木镇前进。5月3日，第五团第一营在铁门闩伏击由繁昌向中分前进的日军运输队，毙伤日军60余人。

在4月23日至5月3日的反"扫荡"中，新四军进行战斗10余次，毙伤敌军近1000人。

1940年10月4日，日军又以第十五、第一一六师团部队为基干附伪军一部，共1万余人，由大通、铜陵、荻港、湾沚出动，向皖南进行第二次大规模"扫荡"。7日黎明，日军5000余人攻陷南陵以南三里店，接着开始向新四军军部驻地云岭外围的田方、草鞋店、吕山发动猛烈攻击。新四军第三支队及第一、第三团，在叶挺军长亲自指挥下，经一昼夜激战，毙伤日军数百人，击退其进攻。日军遭打击后，8日经枫坑东渡青弋江，占据了国民党军第五十二师驻守的泾县城，新四军跟踪追击，围攻泾县，9日晨夺回该城。

三、皖东抗日根据地

为加强对江北新四军部队的领导，促进新四军第四支队东进，1938年11月，新四军参谋长张云逸率军部特务营由皖南到达江北无为地区。随即与豫鄂皖边游击总司令、安徽省主席廖磊建立了抗日统战关系，并将庐江、无为地区中共党组织领导的游击队统一整编为新四军江北游击纵队，由孙仲德任纵队司令员，黄岩任政治委员，担负皖中地区的抗战任务。

1938年12月，第四支队第七团越过淮南路，进入合肥青龙厂及定远一带；1939年3月，第四支队司、政机关及特务营，也先后进至淮南路东。

5月6日，叶挺到达庐江县东汤池，成立了新四军江北指挥部，张云逸兼指挥，徐海东任副指挥，赖传珠任参谋长，邓子恢兼政治部主任。接着，整编了部队，第四支队由徐海东兼司令员，郑位三任政治委员，辖第七、第九、第十四团。以第八团为基础扩编为新四军第五支队，罗炳辉任司令员，郭述申任政治委员，辖第八、第十、第十五团。

江北指挥部成立后，以第四支队活动于淮南路以东、津浦路以西的定远、合肥、滁县、全椒等地，开辟了以定远东南藕塘为中心的津浦路西抗日根据地。8月2日夜，日伪军500余人分由滁县腰铺、全椒出动，3日拂晓前包围了宿营于张二房的国民党滁县常备壮丁队，第四支队第九团一部主动出击，毙伤日伪军40多人，击退了日伪军，救出滁县常备壮丁队，增进了统一战线内部的团结。

8月下旬，第五支队第八、第十五团挺进津浦路东，第十团于10月也进入津浦路东，开辟了以来安县半塔集为中心的津浦路东抗日根据地。9月3日，日军侵占来安县城，第五支队将其收复。11月21日，日军再次侵占来安，第五支队展开围攻，毙伤日伪军200余人，于23日再次收复来安。

12月19日，日军从南京、明光、蚌埠等处调集5000余人，开始"扫荡"津浦路西藕塘以南的周家岗、大马厂、古河等地，至21日，陆续占领上述各地。周家岗至复兴集一带皆为山地，便于开展游击战，江北指挥部决心采取灵活战术打击敌人并歼其一部。21日至23日，第四支队第七、第九团与敌激战三天，毙伤日伪军160余人，追敌退回全椒，取得了进军皖东后第一次反"扫荡"的胜利。

1940年1月4日，中共中央决定将江北前敌委员会改成皖东军政委员会，由郑位三任书记。中原局撤销了中共苏皖省委，成立津浦路东省委和津浦路西省委。经过短短三四个月，至1940年3月，第四、第五支队由7000余人扩大到1.5万余人，地方游击队发展到5000余人。

第四、第五支队在皖东的迅猛发展，引起了国民党的恐慌。1939年11月21日，国民政府电令新四军江北部队调到江南，此后蒋介石、顾祝同一再催逼，并指使国民党顽军进攻第四支队；同时，苏北韩德勤部准备进攻津浦路东第五支队。1940年3月，国民党地方顽固派武装颜仁毅等部袭击驻定远县大桥镇的新四军江北指挥部，被第四、第五支队击溃并歼灭一部。

3月21日，韩德勤乘新四军第五支队主力在路西活动，集中第八十九军第一一七师两个团、独六旅3个团、盱眙县常备旅秦庆霖部等约1万人，围攻路东第五支队驻地半塔集地区留守部队和机关。中原局决定半塔集部队固守待援，江北指挥部率第五支队、苏皖支队东援，并调挺进纵队主力一部西援。从21日至28日，半塔集部队打退优势兵力的连续进攻，顽强地守住了阵地，为增援部队机动争取了宝贵的时间。顽军见半塔集久攻不下，东西援军又未能阻止，形势不利，当即撤退。29日，新四军分四路出击，经王店集、莲塘战斗，将进犯顽军击溃，并跟踪追击，直至三河南岸。至4月8日，顽军全部退往淮河北岸宝应、淮安地区。

8月，第五支队与八路军第五纵队共同开辟了淮（阴）宝（应）区，使皖东、淮海两区打通了联系。中原局抓住有利时机，迅速在皖东建立抗日民主政权，先后建立了定远、滁县、凤阳、来安、嘉山、天长、盱眙、仪征、六合、高邮、宝应等县抗日民主政府。

皖东抗日根据地的巩固，特别是新四军与八路军会合，引起日军极大不安。8月下旬，日伪军万余人部署于津浦路东抗日根据地周围的来安、六合、天长、高邮、明光、五河、八斗岭等据点，9月初开始对路东"扫荡"，企图包围半塔集、大田郢江北指挥部，歼灭新四军，摧毁路东抗日民主政权。

新四军江北指挥部以第十四团，独立第一、第二团等部，以游击战与日军周旋，第五支队主力和八路军第五纵队第五团在外线积极袭击敌人。从9月5日至17日，与日伪军作战65次，毙伤敌近600人，迫敌撤返原防，巩固了皖东根据地。

四、豫皖苏边根据地

1938年11月下旬，彭雪枫率新四军游击支队进入睢杞太地区后，连续取得对日伪作战的胜利，初步打开了豫东局面，支队进一步扩大。1939年初，游击支队主力由豫东东进商丘、亳县、永城地区。这时日伪军正三路合击国民党军驻守的亳县，并已侵占亳县东北的芦家庙。2月8日，游击支队第二营到达芦家庙附近，9日凌晨配合友军合击芦家庙之敌，经三小时战斗，毙伤伪军200余人，俘伪军参谋长以下100余人，残敌逃回坞墙。

5月,彭雪枫留第一团坚持在永城、亳县、商丘、夏邑地区继续斗争,率第二、第三团进军淮河以北、津浦路以西的淮上地区。豫皖苏边区将永城地区的鲁雨亭部改编为游击支队第一总队,随即建立了永城、夏邑、萧县、宿县、亳县五县抗日民主政权。

1939年9月,游击支队主力由淮上回师涡阳、蒙城、宿县边之曹市集附近整训。接着,支队主力开赴永城、涡阳、萧县三角地带,以团为单位,分区开展地方工作,组织地方武装。

1939年底,游击支队改称新四军第六支队,彭雪枫任司令员兼政治委员,所辖部队除第一、第二、第三团及第一总队外,新增由地方武装改编的第二、第三总队,共1.2万余人。此后第六支队大力进行根据地的扩大和巩固工作,抽调干部充实永、夏、萧、宿、亳五县政权,建立"豫皖苏边区联防委员会"作为边区的最高行政机构;以主力部队北上商丘、宁陵和砀(山)南等地开辟新区,成立了砀南县政权,发展和扩大地方武装,先后成立永城、萧县、宿县3个独立团。

1940年3月中旬,日伪军2000余人"扫荡"永、萧地区,遭遇失败。4月1日,日伪军又集中3000余人,对永城东北地区进行反复"扫荡"。第一总队及第三总队一部与敌激战终日,毙伤日伪军300余人,挫败了敌人的进攻,但第一总队也付出了重大代价,总队长鲁雨亭以下200余人牺牲。在连续打破日伪军的"扫荡"后,豫皖苏边抗日根据地进一步巩固。

彭雪枫率新四军第四师骑兵团转战豫皖苏

五、豫鄂边根据地

豫鄂边区地处武汉外围，平汉铁路纵贯南北，桐柏山、大别山横亘东西，是中原的战略要地。这里原是土地革命时期的鄂豫皖革命老区，具有优良的革命传统。武汉沦陷后，豫鄂边区地方党组织发动群众，先后创建了"信阳挺进队""应城县抗日游击队""湖北抗日游击大队""鄂东抗日游击挺进队"等抗日武装，为豫鄂边区抗日游击根据地的创建打下了基础。

1939年1月，中共中央中原局成立，中原局书记刘少奇从延安到达中原局所在地河南确山竹沟，立即组织力量向豫鄂边区敌后挺进。1月17日，中共河南省委军事部长李先念率新四军独立游击大队160余人由竹沟南下，1月下旬到达四望山，与信阳挺进队会合。然后向平汉路东信（阳）罗（山）边挺进，在灵山冲大寺口与新四军第六游击大队会合。4月继续向鄂中挺进，在青山口与湖北抗日游击大队会合，一同开抵平汉路西安陆赵家棚地区。

随后，中共豫鄂边区党委组织委员陈少敏率领竹沟留守处一个中队和信阳挺进队两个中队，到达鄂中安陆赵家棚与李先念部会合。鄂中区党委军事部长陶铸亦率领应山县两个中队前来会合。为统一指挥，上述3支部队合编为新四军挺进团。

6月上旬，李先念、陈少敏率挺进团第一大队到达京山县大山头与鄂中区党委会合。6月中旬，鄂中区党委书记陈少敏在养马畈主持召开扩大会议，根据中原局的指示，决定统一整编豫南、鄂中党领导的抗日武装，成立新四军豫鄂独立游击支队，由李先念任司令员，陈少敏兼政治委员（后由陶铸代理政委），下辖5个团队和1个挺进团队。

支队建立后，在平汉路两侧开展机动灵活的游击战。8月14日，日军第三师团一部400余人向豫南朱堂店进攻。豫鄂独立游击支队第二团队，以一个大队节节抵抗，诱敌向罗山方向深入，以主力配置于朱堂店西南，相机出击。日军进攻受挫后，第二团队主力立即向敌翼侧出击，毙伤敌80余人，首战告捷，击退了日军的进攻。随后又袭击了信罗公路五里店敌据点，迫使伪军1个中队投降。

10月13日，罗店、贾店日伪军300余人，以隐秘动作向驻京山县新街的新四军独立游击支队进行偷袭。驻该地第一团队以部分兵力正面阻击敌人，以主力向敌两侧发起攻击。两翼伪军被击溃，中路日军孤立，遂仓皇撤退。第一团队乘胜追击，将敌包围压缩于黄家台祠堂边的洼地，连续猛攻。黄昏后，日军数路赶来解救，残敌焚毁大批尸体后突围。

10月31日，第二团队一部在襄（阳）花（园）公路之同兴店，伏击由安陆开往花园之敌骑兵300余人，毙伤敌100余人。第四团队进击长江埠附近伪军吕华奎部，歼其一个中队。第五、第六团队各一部，在石板河以南截击由皂市调赴京山的日军500余人，毙伤其一部。敌屡遭打击，图谋报复。12月5日，日伪军1500余人，闪击豫鄂边区领导机关驻地——京山马家冲。边区领导亲自指挥部队阻击，在毙伤日伪军70余人后，当晚胜利突围。

11月16日，遵照中共中央和中原局的指示，豫南、鄂中、鄂东区党和军队负责人在四望山召开会议，讨论边区党和军队的统一领导和指挥问题，决定撤销豫鄂边、鄂豫皖、鄂中三个区党委，成立新的豫鄂边区党委，由郑位三为书记，陈少敏为副书记，李先念为军事部部长，陶铸为统战部部长；由豫鄂边区党委统一领导三个地区的党组织和武装，并将三个地区的武装统一编为新四军豫鄂挺进纵队，由李先念任司令员。

1940年2月中旬，李先念率第二、第四、第五团队，分东西两路南渡襄河，进攻汉阳侏儒山伪军汪步青部，毙伤营长以下100余人，对武汉日军造成极大震动，盘踞武汉三镇的日军慌忙戒严三天。

5月初，日军向枣（阳）宜（昌）地区发动进攻，为配合正面战场作战，豫鄂挺进纵队各部分别袭击黄陂、随县、孝感、安陆、应山、应城、京山等县境内的据点20余处，并在群众配合下，破坏小河溪至夏店、花园至东阳岗、花园至应山、安陆至巡店等公路五六十公里，收割电线5000余公斤，有力地钳制了日军的进攻。5月17日，川军第一二五师一个团被日军包围于安陆以北之李家冲。纵队第七团队闻讯主动驰援，向日军发起攻击，使友军得以安全突围。

1940年9月1日，豫鄂边区第一次军政民代表会议召开，按照"三三制"原则，选举成立了边区最高行政领导机关——豫鄂边行政联合办事处，许子威任主任。到1940年底，豫鄂边区扩大到19个县的范围，先后建立了9个县的抗日民主政权，部队发展到1.5万余人，豫鄂边区抗日游击根据地基本形成。

六、黄桥决战

苏北抗日根据地，地处江苏北部，主要包括淮（阴）海（州）、盐（城）阜

（宁）等地区，此地东濒黄海，北接山东，是联结华北八路军和南方新四军的重要枢纽，具有重要的战略地位。

1939年11月，中共中央书记处在给中原局的电报中指出："整个江北的新四军应从安庆、合肥、怀远、永城、夏邑之线起，广泛猛烈地向东发展，一直发展到海边，不到海边决不应停止。一切有敌人而无国民党军队的区域，均应坚决地尽量地但是有计划有步骤地去发展。"根据中央指示精神，中原局书记刘少奇率领中原局机关到达淮南新四军江北指挥部，先后主持召开了三次中原局会议，研究了华中发展的战略方向问题，确定向东发展，开辟苏北抗日根据地。

江北新四军的迅猛发展，引起了国民党顽固派的恐慌。1940年春，第三战区司令部强令江北新四军南调。3月初开始，国民党顽军先后进攻皖东津浦路西和津浦路东新四军。刘少奇连电请示中共中央调八路军南下支援。3月16日，毛泽东致电彭德怀："提议调三四四旅至陇海、淮河之间，协助彭雪枫创立根据地，并策应胡服，将来再调一部深入苏北，使八路军、新四军打成一片。"

5月下旬，八路军第二纵队政委黄克诚率第一一五师第三四四旅和新编第二旅1.2万余人，从鲁西南定陶出发，经曹县、砀山跨过陇海铁路，于6月下旬到达涡阳县新兴集与新四军第六支队彭雪枫部会合。随后，八路军苏鲁豫支队也南越陇海铁路抵达泗县。

遵照中央军委和中原局指示，先后成立八路军第四纵队和第五纵队，彭雪枫任第四纵队司令员兼政治委员，辖第五、第六旅共9个团1.7万人，留在豫皖苏地区担负对西防御任务；黄克诚任第五纵队司令员兼政治委员，辖第一支队、第二支队、第三支队共9个团约2万人，担任东进淮海任务，配合新四军北上，开辟苏北根据地。

8月初，黄克诚率第五纵队主力东渡运河，挺进苏北沭阳、宿迁、淮阴、涟水、东海等地，初步开辟了淮（阴）海（州）抗日根据地。

当江北八路军南下之时，江南新四军也开始北上。

7月初，陈毅、粟裕先后渡江北上，率领新六团、第二团到达塘头，与挺进纵队、苏皖支队会师。7月下旬，遵照中共中央指示，江南指挥部改称苏北指挥部，陈毅、粟裕分任正、副指挥，下辖第一、第二、第三纵队，共7000余人。

7月25日，新四军由江都挥师东进，借道通过鲁苏战区第二游击区正、副总指挥李明扬和李长江的防线，并和"二李"建立了统一战线。28日，东进部队击溃由通扬运河沿线南下拦袭的税警总团陈泰运部两个团。为了争取陈泰运，新四军归还了税警总团的被俘人员和枪支，得到了陈泰运在韩德勤与新四军的摩擦中保持中立的保证，然后兵进黄桥。

黄桥地处泰兴，南扼长江天险，北接苏中平原，战略地位比较重要。7月29日，新四军一举歼灭拦袭东进的黄桥土顽保安第四旅何克谦部两个团2000余人，进驻黄桥、古溪等地。随后，进入如皋、如西地区。先后建立了泰兴、泰县、靖江、如皋等县的抗日民主政权和南通、泰兴临时行政委员会，初步建立起以黄桥为中心的抗日根据地。

9月3日，江苏省主席兼鲁苏战区副总司令韩德勤率部分左、右两路由海安、姜堰一线南下。左路军由第八十九军第一一七师（欠第一旅）、独六旅、保一旅组成，右路军由"二李"、陈泰运等部组成。9月5日，左路军攻占营溪。6日，新四军开始反击，击溃保安第一旅两个团，夺回营溪。韩军各部撤回姜堰、海安一线。

9月13日，新四军向姜堰发起攻击。面对姜堰外围的电网防御，新四军以自行车内胎裹住马刀柄，斩开电网，打开突破口，经过一天激战，打掉36个碉堡，攻占姜堰，歼灭韩军千余人，缴获大量武器弹药和军用物资。

新四军攻占姜堰后，大力开展统战工作。根据毛泽东关于"发展进步势力，争取中间势力，孤立顽固势力"的策略思想，陈毅认为驻在泰州地区的李明扬、李长江和驻在曲塘的税警总团的陈泰运等地方武装，具有一定的民族意识和抗日要求，是可以争取的中间势力。为了做"二李"的工作，陈毅曾三下泰州，向"二李"宣传抗日主张，达成互不侵犯的协定。然后电函韩德勤，呼吁停止内战，一致抗日，还请地方士绅从中调停。同时邀请各界人士召开"联合抗日座谈会"，"二李"、陈泰运都派了代表，但韩

新四军东进黄桥

德勤拒绝出席，向会议发来电报，提出："新四军如有合作诚意，应首先退出姜堰。"9月27日，陈毅在姜堰军民代表会议上宣布：愿意退出姜堰。但韩德勤得寸进尺，又要求新四军必须立即撤出姜堰，经黄桥开回江南。陈毅当即表示：退到黄桥，决不再退，省韩进攻，只有自卫。

9月30日，新四军如约退出姜堰，交由李明扬、李长江部接防。韩德勤恼羞成怒，当天下达进攻黄桥的命令，以第八十九军和独六旅为中路军，经营溪、古溪和祖师庙，从北面、东面进攻黄桥；以"二李"、陈泰运部为右路军，以5个保安旅为左路军，分别从西面、南面进攻黄桥，总兵力达26个团3万余人，由第八十九军军长李守维统一指挥，企图聚歼新四军部队于黄桥地区。

韩部中路军11个团，1.5万余人；新四军只有9个团，共7000人。陈毅决定集中兵力，采取诱敌深入、各个击破的战法，分割围歼中路军。粟裕亲临黄桥前线指挥，令第三纵队守黄桥，第一、第二纵队集结于黄桥西北地区隐蔽待机，作为突击力量。

10月4日下午，韩先头部队独立第六旅由古溪南下，进至高桥地区，企图袭击黄桥侧背。第一纵队适时勇猛出击，一举将该旅分割包围于高桥地区。战至黄昏，独立六旅大部被歼，其第十七团向古溪方向逃窜。

5日拂晓，韩部主力第八十九军第三十三师由分界直扑黄桥东北前沿阵地，实施猛烈炮击，防御工事大部被毁，第三纵队伤亡很大。顽军以3个团兵力发起总攻，其中一部突入东门，情况危急。粟裕把"前指"包括炊事员在内的全体人员组织起来，编成突击队，亲自带队跑步冲往东门。这时，奉命增援的江南部队一个主力营已进到黄桥附近。粟裕振臂高呼："同志们，江南增援部队过来了！"部队立即士气大振，在第三纵队司令员陶勇和纵队参谋长张震东的率领下向敌人扑去，终于夺回了东门。

上午8时，新四军第二纵队经八字桥插到分界，切断了第八十九军退路，协同第一、第三纵队形成三面夹击，将第八十九军主力分割包围于黄桥东北地区。激战竟日，至晚上9时，将该军主力第三十三师及第一一七师大部歼灭，第八十九军残部溃退营溪。

10月6日晨，新四军追至营溪，再歼顽军一部。7日黄昏，乘胜占领海安。随后北上，连下富安、安丰，10日攻占东台。韩德勤率残部千余人溃退省政府驻地兴化，左、右两路敌军亦随之撤退。

中共中央为顾全国共合作抗日大局，确定采取完全自卫的立场对付摩擦，

八路军第五纵队和新四军于苏北胜利会师，图为黄克诚（中）与梁兴初（左二）、张爱萍（左四）、韦国清（左五）会师后合影

在苏北的方针是：韩不攻陈，黄不攻韩；韩若攻陈，黄必攻韩。韩军进攻黄桥后，黄克诚率八路军第五纵队5个团由涟水东进，强渡盐河，日夜兼程南下，先后击溃顽军保安第二、第八旅各一部，进占阜宁、东沟、益林，直下盐城。10月14日，与新四军先头部队在东台以北的白驹镇胜利会师。陈毅欣然赋诗："十年征战几人回，又见同侪并马归。江淮河汉今属谁？红旗十月满天飞。"

黄桥战役，共歼顽军1.1万余人，第八十九军军长李守维、独立第六旅旅长翁达阵亡，第三十三师师长孙启人、第九十九旅旅长苗瑞林以下600余军官被俘，缴获长短枪3800余支，轻、重机枪189挺，山炮3门，迫击炮59门及大量军用物资，韩德勤部主力第八十九军、独六旅几乎全军覆没。

两军会师后，基本控制了陇海路以南、长江以北、津浦路以东、黄海以西纵横数百里的苏北地区。苏北指挥部召开了有共产党员、国民党员、无党派民主人士、工、农、青、妇、绅、商、学、军等各界人士参加的苏北抗敌和平会议及苏北临时参议会，团结各阶层共同抗日，并按"三三制"原则成立了苏北行政委员会及县区政权，苏北抗日根据地初步形成，华北八路军和华东新四军联成了一片。

通过这次会议，苏北的中间势力团结在新四军周围，韩顽进一步被孤立。陈毅给中共中央发去《关于苏北统战工作的经过与主要经验》的报告，汇报了自挺进苏北开始与"二李"等中间势力既联合又斗争的过程。中央向全军转发了陈毅的报告，并说："中央及军委完全同意陈毅同志的统战方针及统战工作，为使各部队团以上干部深切研究统战策略，破除其狭隘而不开展，顾小利而忘大义，称英雄而少办法的观点，特将陈毅报发转告你们作具体教育材料。"

10月下旬，刘少奇率中原局机关到达苏北阜宁东沟，与黄克诚会合。为统一对华中八路军和新四军的领导，按照中共中央的指示，11月17日，华中新四军、八路军总指挥部在苏北海安成立，叶挺任总指挥，刘少奇任政治委员，陈毅任副总指挥。在叶挺未过江前，由陈毅代理总指挥。随后，华中总指挥部迁到盐城，盐阜地区成为华中抗战指挥机关所在地，苏北成为华中最大的一块抗日根据地。

第二十四章

皖南事变

1940年下半年,国民党顽固派将"反共"重心从华北转向华中,掀起第二次"反共"高潮,发动了震惊中外的皖南事变。

一、战云密布

1940年6月,在击退国民党顽固派掀起的第一次"反共"高潮后,为维护团结抗日的局面,力争国共长期合作,中共中央派周恩来、叶剑英为代表,在重庆同国民党代表何应钦、白崇禧举行谈判。谈判的主要内容是:承认陕甘宁边区问题;八路军、新四军扩编问题;作战区域的划分问题。并向国民党代表递交了《中共关于解决目前危机,加强团结抗战的提案》,建议明令划定延安等二十三个县为陕甘宁边区,组织边区政府;扩编八路军为三个军九个师,增编新四军至七个支队,规定八路军作战区域。

7月,国民党召开五届七中全会,常委会讨论了中共的有关提案。会后,蒋介石指派何应钦、白崇禧同周恩来、叶剑英谈话,谈判八路军和新四军的作战地域问题,并于16日拟定书面文件,21日以"国民政府提示案"的名义递交中共代表周恩来。主要内容是:

(一)划定陕甘宁边区范围为十八个县,并改称陕北行政区,暂隶行政院,归陕西省政府指导。

(二)将冀察战区取消,其河北、察哈尔两省及山东省黄河以北地区并入第二战区,仍以阎锡山为司令长官,以朱德为副司令长官,秉承军事委员会命令,指挥作战。

(三)八路军及新四军于奉令一个月内全部开到前条规定地区之内。

(四)八路军准扩为三个军六个师,五个补充团,新四军准编为两个师。此外所有纵队、支队及其他一切游击队,一律限期收缩,不准自由成立抗日部队。

7月27日，周恩来返回延安。中共中央召开会议，听取了周恩来的报告并进行讨论。8月25日，周恩来从延安返回重庆，先后与蒋介石、白崇禧和何应钦会谈。9月初，又向国民党提出关于调整作战区域及游击部队办法：一、扩大第二战区至山东全省及绥远一部；二、按八路军、新四军及各地游击部队全数发饷；三、各游击队留在各战区划定作战界线，分头击敌。但蒋介石仍坚持八路军、新四军开至黄河以北，否则其他问题都不能解决。国共谈判陷入僵局。

10月19日，蒋介石指示何应钦、白崇禧以国民政府军事委员会参谋总长和副参谋总长的名义，向八路军总司令朱德、副总司令彭德怀、新四军军长叶挺发出"皓（19日）电"，强令八路军、新四军于电到一个月内，全部开到黄河以北的冀察地区。与此同时，又密令顾祝同、汤恩伯、李品仙、韩德勤等部准备进攻新四军，内战危险空前严重。

面对局势的严重危机，中共中央从顾全抗战大局出发，以国家、民族利益为重，及时提出挽救危局的方针和对策。10月25日，毛泽东在致周恩来等人的电报中指出：要稳健地对付国民党顽固派正在发动的"反共"高潮，军事上要采取防卫立场，政治上要强调团结抗日，并要准备对付最黑暗的局面。

11月9日，中国共产党以八路军总司令朱德、副总司令彭德怀、新四军军长叶挺、副军长项英的名义发出"佳（9日）电"，答复何、白"皓电"。电文历陈八路军、新四军四年多来坚持团结抗战，抵抗强大日军，收复大片国土的事实，驳斥"皓电"中种种诬蔑不实之词；婉言拒绝其强令华中新四军、八路军全部集中黄河以北的无理要求。同时申明，为顾全抗战大局，相忍为国，挽救危亡，决定新四军皖南部队"遵令北移"，但须宽限时日。

中共中央十分关注孤悬皖南的新四军军部及所属部队的安危。对于皖南新四军发展方向，中共中央一再指出，新四军江南部队应向北发展，皖南部队除留一小部坚持外，军部率主力渡江北上皖北；如无法直接从皖南渡江，则东移苏南，与苏南新四军会合，在苏南发展，或待机北渡到苏北，开辟苏北。

皖南新四军遵照中央关于北移的指示，也进行了一些必要的准备。"佳电"发出的第二天，叶挺就前往上饶会见顾祝同，交涉北移路线、军需补给和保证北移安全问题；同时，还多次派小部队到长江铜陵至繁昌地段沿岸了解情况，筹集船只，为渡江北移做准备。在江北的新四军参谋长兼江北指挥部指挥张云逸也派部队到无为一带沿江地区侦察，布置接应皖南部队北移的准备工作。

此时苏北形势遽然紧张。曹甸战役打响后，参谋总长何应钦在韩德勤的告急电报上批示："可令汤恩伯东进，但仍恐不济急。故对在江南之新四军不准由镇江北渡，或另予规定路线，以免该部直接参加对韩德勤部之攻击。若江北异军竟敢攻击兴化，则第三战区应将江南新四军立予解决。"

12月3日，蒋介石借机致电叶挺："新四军应在繁昌、铜陵渡过长江，在无为附近集中，然后按规定路线北上。"12月8日，又以何应钦、白崇禧名义发出"齐（8日）电"，声称"军令法纪之尊严，必须坚决维持"，要求黄河以南的八路军、新四军"迅即遵令"，"悉数调赴河北"。9日，蒋介石发出"佳电"："前令第十八集团军及新四军各部，展期开到黄河以北作战。兹再分别地区，宽展时期。凡在长江以南之新四军，全部限于本年十二月三十一日开到长江以北地区，明年一月三十日以前开到黄河以北地区作战。"

12月10日，蒋介石又向顾祝同发出特急电报：（一）不准其由镇江北渡，只准其原地北渡，或由该长官另行规定路线亦可。（二）该战区对江南"匪部"，应按照前定计划，妥为部署并准备。如发现江北"匪伪"竟敢进攻兴化，或至期限（本年12月31日止）该军仍不遵令北渡，应立即将其解决，勿再宽容！

第三战区司令长官顾祝同接到蒋介石的密电后，立即召开高级军事会议，拟定进攻计划，决定调集7个师8万余兵力，由第三战区副总司令兼第三十二集团军总司令上官云相为"前敌总指挥"，准备围歼新四军皖南部队。

12月25日，蒋介石在重庆约见周恩来，还假惺惺地说："抗战四年，现在是有利时机，胜利已有希望，我难道愿意内战吗？愿意弄坍台吗？现在八路、新四还不都是我的部下？我为什么要自相残杀？就是民国十六年，我们何尝不觉得痛心？内战时，一面在打，一面也很难过。"

接着又以威胁的口吻说："如果非留在江北免调不可，大家都是革命的，冲突决难避免，我敢断言，你们必失败。如能调到河北，你们做法一定会影响全国，将来必成功。""只要你们说出一条北上的路，我可担保绝对不会妨碍你们通过。只要你们肯开过河北，我担保至一月底，绝不进兵。"

12月28日，项英主持召开中央军委新四军分会会议，讨论北移路线，请叶挺列席。

项英强调说："蒋介石已下令，不准我们向东；如果硬要走，他们可以借口抗命打我们。"

新四军副参谋长周子昆转身问作战科科长李志高："这几天敌情有什么变化？"

李志高汇报说："敌情方面没有什么变化，北面是鬼子，东面有二十五师和一〇八师,南面茂林、旌德一带未发现敌情,只有四十师一个营兵力在星潭。"

"那就走这条路,"项英腾地站了起来,大声喊道,"既然向东不让走,向北不能走,那么我们就应该向南走,绕道茂林、旌德,向苏南转移。"项英坚定地说着。

接着,项英便拍板说:"我看,先让大家安心过个新年,元月 2 日、3 日做出发准备,铜陵、繁昌前线各部队秘密集中到云岭地区,元月 4 日正式出发,各部队由原地南进。"项英不仅是中央军委新四军分会书记,还是中共中央东南局书记,曾历任中央军委主席、中华苏维埃中央政府副主席、中央政治局委员、中央书记处书记,在新四军内位高权尊,具有最后决定权。

12 月 29 日,上官云相在皖南宁国召开作战会议,确定进攻部署:以第五十二、第一〇八师为右翼军,展开于南陵、泾县之线;以第四十、第一一四师、新编第七师为左翼军,展开于茂林、钱家桥之线,构成东南西三面包围,而后向北推进,将新四军皖南部队压缩至长江边相机歼灭。同时,以第七十九师于太平、石埭之间,以第六十二师于榔桥、三溪镇之间,占领阵地,阻止皖南部队南进;以第八十八师、忠义救国军和第二游击区部队于苏皖边郎溪地区,阻止皖南部队东进。并限定以上各部必须于 12 月 31 日前秘密完成作战准备。

各路将领一齐起立宣誓:牢记委座旨训,一网打尽,生擒叶、项。

皖南上空战云密布,云岭周围暗藏杀机。

二、皖南事变

1941 年 1 月 4 日晚,新四军皖南部队共 9000 余人,编成 3 个纵队由云岭出发,先向东南行进,绕道茂林,准备经旌德、宁国、郎溪,沿天目山麓进至苏南根据地,而后待机北渡,向江北转移。

由于连日大雨,皖南部队行动受阻,至 5 日下午才到达茂林地区。7 日,在星潭附近即遭顽军第四十师拦击。叶挺决定进攻星潭,但项英对此犹豫不决,召开的紧急会议持续了七个小时,最终决定原路退回里潭仓,错过了突围战机。8 日,被迫改向西南濂岭、高岭方向行动,又遭顽军第七十九师阻击,不能前进。遂又改向西北茂林方向突围。

此时,第三战区新编第七师、第一一四师已占领云岭、茂林等地,第四十师和第一一四师加紧从东、西两个方向对皖南部队发动进攻。叶挺指挥部队顽强抵抗，激战一日，终将顽军击退，皖南部队转移至茂林以东5公里处的石井坑，准备整顿队伍继续突围，又遭第四十、第五十二、第一〇八、第一一四师等部的围攻。

黄昏时分，叶挺决定甩开茂林之敌，带领教导总队、新三团及军直机关，向石井坑大康王方向开进，想从丁家渡之间渡过青弋江至孤峰，从铜陵、繁昌之间北渡。但转移途中，不断遭敌袭击，混战不止，一夜间只走了20余里，叶挺率部进入方圆不过数里的石井坑。

同日，磅山失守。第一纵队数百人在傅秋涛、江渭清等率领下，先后突围，但到达泾县、宁国、旌德交界的山区老虎坪一带后，又被国民党部队重兵打散。第三纵队特务团被迫撤离濂岭，向高坦退却；第五团从高岭向东流山方向转移。

经过收容整顿，部队还有5000人左右。时任中共中央东南局副书记的饶漱石对叶挺建议说："叶军长，你毕竟是蒋介石任命的军长，如果现在与蒋、顾谈判，也许能解救全军于危难之中。"

叶挺坚定地说："蒋介石与我旧怨甚多，志不同则道不合，与他谈判，决不可能！"

经再三考虑，叶、饶二人向中共中央连发两电。请党中央以周恩来名义，速向蒋、顾交涉，立即制止向皖南进攻，并按照原议保证新四军安全移防江北及释放一切被俘人员。

12日，中共中央电告周恩来："新四军全军东进，行至太平、泾县间之茂林，被国民党军队重重包围已六天，突不出去"，"望向国民党提出严重交涉，即日撤围，放我东进北上，并向各方面呼吁，**证明国民党有意破裂**。"

周恩来立即向蒋介石、何应钦、**白崇禧**、**顾祝同**等分别提出严重抗议。要蒋立即下令国民党部队撤围，给北上的新四军让路。蒋介石表面上答应下令查处，但背地里却令顾祝同加紧围攻，务期"一网打尽，生擒叶项"。

12日，国民党顽军五个师对被围的新四军部队实施向心合击，整营整团地向新四军阵地轮番进攻。新四军战士在猛烈的炮火下顽强抵抗，鲜血染红了阵地。有的阵地被敌突破，双方展开肉搏战。在国民党大军的强烈攻势下，新四军东流山及其以北高地失守。接着，白山等阵地和军部南北各高地相继失守。顽军步步逼近，石井坑最终失守。

叶挺指挥部队边打边撤，退到了狮形山，并召开团以上干部紧急会议，决定立即分散突围。叶挺、饶漱石等为一路，项英、袁国平、周子昆等为一路。

其他各部队向四面八方分散突围，总的目标一个是苏南，一个是江北无为。

1月13日夜，被围困的皖南新四军，冒着枪林弹雨，开始了分散突围。叶挺率教导总队及军部工作人员，一路激战，连夜翻过火云尖，拂晓抵达大康附近的西坑。手枪队向第一〇八师第六四四团阵地进行多次猛攻，但终未能冲出坑口。

饶漱石再次提议说："叶军长，你和顾祝同、上官云相都是老朋友。是否可以去和一〇八师师长戎纪五谈一谈，看看有没有转圜的余地，也许能解救全军于危难之中。"

叶挺、顾祝同和上官云相，都是当年保定军校第六期的同学，现在成了战场上刀兵相见的敌人。叶挺为难地说："我现在是败军之将，根本没有谈判的条件，我是坚决不去的。大革命失败后，我离开党已经十年，这是个惨痛的教训，我是深刻记取的。"

饶漱石说："中央来电中曾有注意与包围部队长官谈判的指示，这不是你个人之事，也是为了全军的安危。"

叶挺知道此去凶多吉少，很有可能被扣押，但饶漱石是中共中央东南局副书记，为了全体将士的安危，他毅然表示："如果是党决定派我去，我就服从。"

叶挺派人带着他的名片下山去找第一〇八师联系。傍晚，山下来了一排人，为首的自称是第一〇八师副官处主任，一边走一边喊："我是一〇八师的，奉师长之命请叶军长下山谈判。"

叶挺一行来到第一〇八师师部谈判被扣，被送到宁国上官云相指挥部。上官云相和顾祝同先后劝降未果，最后将叶挺送上囚车，押往李村监狱。

战至14日，皖南新四军9000余人，除2000多人分散突围外，其余大部牺牲或被俘。东南局副书记饶漱石化装脱险，副军长项英与副参谋长周子昆突围后被随从副官刘厚总杀害，政治部主任袁国平突围时牺牲。

三、击退逆流

1月17日晚，国民党中央通讯社发布国民政府军事委员会的通电和发言人谈话，悍然宣布新四军"抗命叛变"，着将该军番号撤销，军长叶挺革职，"交军法审判，依法惩治"，并停发八路军和新四军军饷，把第二次"反共"高潮推到了顶点。

周恩来得知后,立刻打电话给何应钦,义愤填膺地痛斥说:"你们的行为,使亲者痛,仇者快,你们做了日寇想做而做不到的事,你何应钦是中华民族的千古罪人!"随后,又乘车到国民党谈判代表张冲处,当面提出质问和抗议。并连夜题词:"为江南死国难者致哀!""千古奇冤,江南一叶,同室操戈,相煎何急?!"刊登在次日出版的《新华日报》上,在重庆广为散发,轰动了整个山城和国统区。

皖南事变爆发后,全国上下一致反对内战,要求团结抗日。在毛泽东主持下,中共中央政治局接连举行紧急会议,分析了国内外形势和共产国际的意见。为了维护国家民族的利益,中共中央决定:仍以抗日大局为重,坚持又联合又斗争,以斗争求团结的政策,在军事上严守自卫,在政治上坚决反击,进行有理、有利、有节的斗争。

1月18日,中共中央发言人发表谈话,强烈要求:严惩阴谋消灭新四军皖南部队之罪魁祸首;释放所有被俘之新四军将士,保障叶军长等军政干部之生命安全;抚恤新四军皖南部队死伤将士及家属;停止华中数十万大军之"剿共"战争;平毁西北之"反共"封锁线;停止全国各地残杀逮捕共产党员及爱国人士的犯罪举动,释放一切爱国的政治犯;肃清何应钦等一切亲日分子;反对一切破坏抗战、破坏团结之阴谋计划;严整抗日阵容,坚持抗日到底。

1月20日,中共中央军委发布重建新四军的命令,任命陈毅为代理军长,刘少奇为政治委员,张云逸为副军长,赖传珠为参谋长,邓子恢为政治部主任。25日,新四军军部在苏北盐城重新成立。根据中央军委命令,将中国共产党领导的陇海铁路以南的部队统一编为新四军,以苏中地区部队编为第一师,粟裕任师长,刘炎任政治委员;以淮南地区部队编为第二师,张云逸兼师长,郑位三任政治委员;以盐阜、皖东北地区部队编为第三师,黄克诚任师长兼政治委员;以淮北豫皖苏边区部队编为第四师,彭雪枫任师长兼政治委员;以鄂豫边区部队编为第五师,李先念任师长兼政治委员;以苏南地区部队编为第六师,谭震林任师长兼政治委员;以皖中和原皖南地区部队编为第七师,张鼎丞任师长,曾希圣任政治委员。全军共7个师和1个独立旅,计9万余人。

中国共产党正确处理皖南事变善后的严正立场和合理主张,获得了全国人民、各民主党派、海外侨胞和国际进步势力的广泛同情和热情支持。国民党中央委员宋庆龄、何香凝、柳亚子及老国民党员彭泽民等在香港发起抗议运动,三次写信给蒋介石,反对"围剿"新四军,要求撤销"剿共"部署,**解决联共**

方案，发展各抗日实力，保障各抗日党派。各民主党派著名人士黄炎培、左舜生、章伯钧、沈钧儒、邹韬奋、梁漱溟、张君劢等表示，坚决反对内战，坚持团结抗日，并准备发起成立民主联合运动，抵抗国民党的压迫。海外侨胞联合会及著名人士陈嘉庚、司徒美堂等分别通电全国，谴责蒋介石倒行逆施，要求制止内战，反对枪口对内。

在国际上，皖南事变也引起了强烈反响。事变前，日本与德国、意大利在柏林签约，结成军事同盟。为了抗衡法西斯军事同盟，苏、美采取了赞助中国抗战，利用中国牵制日本南进和北上的策略。12月2日，美国国会通过议案，给国民政府1亿美元贷款。苏联也宣布大量援华，一次就给中国提供了250架飞机、300门大炮、500辆汽车的装备物资。事变爆发后，苏联提出了抗议，英、美也不赞成中国内战。美国总统罗斯福的代表居里会见蒋介石时正式声明：美国在国共纠纷未解决前，无法大量援华，中美间的经济、财政等各问题不可能有任何进展。至此，蒋介石在政治上陷入内外交困、空前孤立的境地。

第二届国民参政会预定3月1日开幕，蒋介石为了摆脱政治上的孤立，千方百计要求中国共产党参政员出席会议。2月14日，根据周恩来的建议，中共中央决定，以共产党参政员毛泽东、王明、秦邦宪、林伯渠、吴玉章、董必武、邓颖超7人的名义致函国民参政会，将中共中央军委发言人提出的"善后办法12条"正式送上，要求讨论，"以期恢复国共团结，重整抗日阵容，坚持对敌抗战"。否则，中共参政员将不出席参政会。

18日，周恩来将7参政员公函送交参政会秘书长王世杰，同时将公函副本抄送各党派和有关参政员。王世杰接到公函十分紧张，立即与张冲商谈。张冲接连数次找周恩来，希望中共能撤回公函，出席参政会。2月25日，张冲再次找到周恩来，提出种种方案，恳请中共参政员出席会议。周恩来斩钉截铁地驳回张冲要求，"非十二条有满意解决并办理完毕确有保证之后，决不出席参政会"。

3月1日，第二届国民参政会第一次会议在重庆开幕。清晨，张冲又奉命请董必武、邓颖超出席，遭到谢绝。3月2日，根据中共中央指示，周恩来致函张冲转蒋介石，提出"临时解决办法12条"，并说："倘能蒙诸采纳，并获有明确保证，则敝党参政员届时必能报到出席。"虽然临时解决办法最终仍未被接受，但是，中国共产党这种坚持原则的坚定立场和主张，得到了各民主党派和国内外广大进步势力的同情与支持，使蒋介石在政治上又一次遭到严重打击。

3月8日，蒋介石在参政会上发表演说，表示"决不忍再见所谓'剿共'的军事,更不忍以后再闻有此种'剿共'之不祥名词,留于中国历史之中",保证"以后亦决无'剿共'的军事,这是本人可负责声明而向贵会保证的"。接着,参政会选举中共参政员董必武为参政会常驻委员,作为国民党在政治上的一点让步。

3月14日,蒋介石约见周恩来,宋美龄也在座,意在缓和对立气氛。谈话一开始,他就向周恩来表示:"两月多未见面,由于事忙,参政会前,因不便未见,现在开完会,情形和缓了,可以谈谈。"

周恩来将新四军事件和近来各地政治压迫的状况说了一遍。蒋介石对新四军事件有意置而不答,对各地的政治压迫则推说:这是底下人做的,不明白他的意旨。周恩来提到防地、扩军问题。蒋介石没有直接回答,但也没有再提八路军、新四军开往黄河北岸的事,而是含糊其词地说:"只要听命令,一切都好说。军队多点,饷要多点,好说。"

皖南事变后,通过同国民党有理、有利、有节的斗争,大大提高了中国共产党在全国人民中的威望和影响。至此,国民党顽固派第二次"反共"高潮被击退,国共合作抗战的局面得到维护,华中抗日根据地得到了进一步发展和壮大。

第二十五章

鲁苏战区敌后抗战

武汉会战结束后,抗日战争进入相持阶段,国民政府在战略方针上做了相应调整。1938年11月,国民政府军事委员会在南岳衡山召开军事会议,检讨了抗战以来的得失,重新调整了八大战区,决定在敌后增设鲁苏、冀察两个游击战区,深入敌后开展游击战争。

一、挺进敌后

鲁苏战区辖山东及苏北地区,于学忠为战区总司令,山东省主席沈鸿烈和江苏省主席韩德勤兼副总司令,参谋长王静轩,政治部主任周复,游击总司令沈鸿烈。主要兵力包括第五十一军、第五十七军和第八十九军六个师的正规部队及20余万地方游击纵队和保安部队。

于学忠是东北军著名将领,"西安事变"后,奉张学良手谕,全权负责东北军。抗战爆发后,奉命率部守卫山东海防,先后任第三集团军副总司令、总司令,率部参加徐州会战、武汉会战,屡立战功,晋升为一级上将。鲁苏战区成立后,蒋介石在南昌高级将领会议上,征询谁愿到山东敌后打游击时,众将领互相观望,无一应者。蒋介石将目光转向于学忠,于学忠站起来主动请缨说:"我是山东人,我去!"

1939年3月,于学忠率部从大别山区出发,挥师北上,一路突破日军的围追堵截,越过陇海铁路和津浦铁路封锁线,于4月初陆续进入鲁南,将部队集结于沂蒙山区和鲁东南山区。第五十一军主要驻防在蒙阴、沂水、安丘一带鲁中山区,第五十七军主要驻防在诸(城)日(照)莒(县)山区和苏鲁交界地区。设战区总司令部于沂水上高湖。

当时,山东省政府驻地设在沂水东里店。东里店位于沂河上游河畔,依山傍水,是沂山、鲁山交会处丛山环抱的一个古镇。1938年底,沈鸿烈率省政府

于学忠（1890—1964），山东蓬莱人。1914年毕业于北洋武卫左军速成随营学堂，历任北洋陆军第十八混成旅旅长、第二十六师师长、第八军军长，东北军第一军军长、平津卫戍司令，国民革命军第五十一军军长，第三集团军副总司令、总司令，河北省主席、甘肃省主席，陆军上将

机关及直属保安部队从鲁北转战到这里，省政府机关驻地就建在镇北凤凰崮的山坡上。中共山东分局和八路军山东纵队指挥部也设在附近的王庄。

沈鸿烈，毕业于日本海军学校，曾任东北海防舰队中将司令、青岛市市长。韩复榘被枪决后，继任山东省政府主席兼国民党山东省党部主任委员、全省保安司令。山东沦陷后，很快在敌后恢复重建了国民党地方政权，实行战时体制，把全省划分为鲁东、鲁北、鲁西三个省政府行署和十四个行政专员督察公署。对地方部队进行了整编，专署编保安旅，县编保安团，至1938年底，全省地方抗日武装已编成3个保安师、35个保安旅，共19万余人。党、政、军权集于一身的沈鸿烈，并不情愿接受鲁苏战区节制。

山东省政府驻地与鲁苏战区司令部驻地相去不远，但作为鲁苏战区副总司令的沈鸿烈，不肯先去拜见于学忠，而于学忠亦未去省府拜会沈鸿烈。过了几天，沈鸿烈决定在第五十七军军部和于学忠相会。

于学忠率第五十一军军长牟中珩到第五十七军缪澂流军部与沈鸿烈相见。寒暄之后，沈鸿烈令其参谋处长宁春霖拿出地图，强行划定两军的布防要图，其用意主要是为了保护其省府，于学忠及两军长均不同意。沈鸿烈比于学忠年长八岁，也是东北军的老将，他倚老卖老地对于学忠说："兄弟，我比你大几岁，你要听我的。"于学忠仍不同意，最后不欢而散。

随后不久，山东省政府在东里店举行盛大集会，欢迎于学忠的到来。沈鸿烈在大会致辞中说："我们欢迎于学忠司令率第五十一、五十七军来山东抗日，这不但使山东添了生力军，我省政府也添了生力军，我已电请中央，保荐于总司令兼省府委员，刻下中央已经批准，我们大家来拍手欢迎！"

台下省府人员一齐鼓掌。沈鸿烈如此先斩后奏，是想把于学忠置于其指挥之下。于学忠对此甚感不快，会后提出不兼省府委员。沈鸿烈说："为了军政配合，老弟必须兼任此职。"

于学忠生气地说："你这等于侮辱我。"因为鲁苏战区司令长官，在职权上可节制所属地区党政军务，位在省主席之上，二人由此产生芥蒂。

4月初，于学忠在上高湖召开鲁苏战区高级将领会议，共商抗日事宜。八路军山东纵队司令员张经武也参加了会议。会议决定把山东划分为三个游击区。津浦铁路以西，划为鲁西游击区，以沈鸿烈兼任鲁西游击区指挥官。津浦铁路以东，划为鲁东游击区，以第五十一军军长牟中珩兼任鲁东游击区指挥官。沂蒙公路以南，划为鲁南游击区，以第五十七军军长缪澂流兼任鲁南游击区指挥官。

会议还部署改编分散于各地的游击部队，将吴化文的新编第四师划归战区直属部队，除各行政区地方保安部队归省保安司令沈鸿烈指挥外，其余编成战区直辖的10个游击纵队，每纵队兵力相当一个旅，共约10万人。各纵队情况如下：第一游击纵队司令员张里元；第二游击纵队司令员厉文礼；第三游击纵队司令员秦启荣；第四游击纵队司令员王尚志；第五游击纵队司令员丁绰庭；第六游击纵队司令员秦玉堂；第七游击纵队司令员蔡晋康；第八游击纵队司令员周侗；第九游击纵队司令员王洪九；第十游击纵队司令员申从周。另有4个独立游击支队，包括八路军山东地方部队名义上也隶属于鲁苏战区。

初到山东，于学忠便以战区名义大规模收编原属沈鸿烈管辖的地方部队，引起沈鸿烈不满。在对待共产党八路军的问题上，两人也持不同态度。起初，沈鸿烈与共产党领导的抗日武装也曾合作过，还任命过共产党员担任蓬莱、黄县、掖县等县抗日民主政府的县长。随着共产党武装的迅速扩大和八路军第一一五师的入鲁，沈鸿烈开始担心共产党武装争抢他地盘。国民党五届五中全会确定"溶共、防共、限共"的方针后，沈鸿烈在鲁村召集了全省军政联席会议，提出了"统一划分防区、统一行政事权、统一粮秣征收"的"三统"方案，企图设法限制共产党领导的武装力量在山东的发展，由"联共""限共""防共"开始走向"反共"。

太河事件发生后，八路军山东纵队对"反共"顽固派进行反击，将王尚志部赶出淄河流域。沈鸿烈请于学忠助其一臂之力，却被于学忠顶了回去："八路军山东纵队还归我战区指挥，共同抗战，我怎么能打共产党？！"于、沈矛盾由此加深。

二、合作抗战

于学忠率鲁苏战区部队到达鲁南后，引起了驻鲁日军的注意，被视为心腹大患，企图趁其立足未稳之际加以剿除。当时，驻山东日军主要是"华北方面军"第十二军，兵力部署是：第一一四师团驻济南，第五师团驻鲁东，第二十一师团驻徐州，第三十二师团驻兖州，独立混成第五旅团驻青岛，独立混成第六旅团驻鲁南，独立混成第十六旅团驻泰安。另外，还有方面军直辖第三十五师团和第一一〇师团驻鲁西，独立混成第七旅团驻冀鲁边。

1939年6月，日军第十二军司令官尾高龟藏中将，调集第五、第二十一、第三十二、第一一四师团和第五独立混成旅团各一部2万余人，分别从临沂、平邑、新泰、莱芜、临朐、安丘、诸城附近同时行动，向莒县、沂水附近分进合围，逐渐压缩包围圈，对鲁中山区发动了第一次大扫荡，进击目标是国、共两党首脑机关及其主力部队，主要目标是鲁苏战区总部和山东省政府驻地东里店一带。战区司令部决定：在不放弃根据地的原则下，化整为零，不打硬仗，以团为单位，避免决战，避实击虚，在划定活动地区与敌人打游击。

6月7日清晨，10余架日式轰炸机自西北飞临东里店上空，突然俯冲下来，向村中轮番轰炸。顿时硝烟四起，省政府驻地顷刻化作一片火海，百姓纷纷涌向村外，惊慌四逃。第二批敌机又飞来，歪斜着机翼，投下一排排炸弹，然后俯冲至数十米高度，用机关枪朝着人群疯狂扫射，当场炸死300余人，4000多间房屋化为灰烬。

省府机关人员和护卫部队大多跑散，沈鸿烈拼命向附近防空掩体跑去。一架飞机俯冲下来，开着机枪扫射，沈鸿烈就地滚入路边沟内。一颗炸弹落下，在不远处爆炸，掀起一团硝烟尘土。沈鸿烈从泥土里爬起来，被卫兵找到，把他背起来奔入防空洞中躲避空袭。

6月8日傍晚，日军"扫荡"部队向东里店直奔而来，沈鸿烈舍弃辎重，连夜率省机关匆忙北撤，向驻防穆陵关一带的新四师吴化文部靠拢。此时驻守蒋峪的新四师第二团已与企图南下攻占穆陵关的日军接上了火。穆陵关位于沂山东麓沂水、临朐交界处，是鲁北平原通往沂蒙山区的重要关隘，自古就是兵家必争之地。新四师官兵凭险据守，接连打退了日军数次进攻，200多名官兵壮烈牺牲。

沈鸿烈见随行人员有数百之众，目标太大，不易突围，便要求机关人员疏散转移。随行只带省保安司令部参谋处长宁春霖、电务室主任谢云祥等一行五六十人，在警卫连护卫下，连夜逃到沂山西麓的一个山坳中。喘息未定，突然周围响起了密集的枪声，敌人向山坳猛扑而来，沈鸿烈一行陷入了日军的四面合围之中。

警卫连佯装向西突围引开敌人，掩护沈鸿烈他们向北突围。沿途又遭日军堵截，随行人员和护卫部队被冲散。行至钻天崮一带，沈鸿烈身边只剩下了宁春霖和副官夏云飞等4人。绝望至极，沈鸿烈欲拔枪自尽，幸被副官发现将枪夺下。吴化文得到消息，速调一个营前来接应，掩护沈鸿烈转移到临朐西部的吕匣店子安营扎寨，重建省政府。

敌机在轰炸东里店省政府驻地后，又接着飞往鲁苏战区总部驻地上高湖、山东纵队指挥部驻地王庄进行了轰炸。于学忠率鲁苏战区总部机关紧急转移，经迂回穿插，跳出日军包围圈，向沂水东部的第一一三师防地靠拢。

八路军山东纵队指挥部设在沂水王庄，离鲁苏战区司令部驻地上高湖仅十余里。敌机轰炸王庄后，山东纵队主力部队迅速跳出日军包围圈，转移到外线机动作战；山东分局、山东纵队指挥部率领特务团等少量部队转战于沂水、蒙阴一带山区。

鲁苏战区第五十一军军部及直属部队也主要活动于沂鲁山区一带。第五十一军军长牟中珩率军部与日军周旋时，与山东分局、山东纵队在葫芦峪夜间相遇，山东纵队主动让出村西头房子供其休息。天亮后，村东头发现敌情。牟中珩见正在抵抗日军进攻的山东纵队特务团和分局警卫排连一挺机枪也没有，便派出第五十一军特务营两个连接防，激战两小时，击退日军。接着侦察员回来报告：日军援兵正分两路向葫芦峪进犯。牟中珩让参谋处长徐维齐和作战科长张子镇前往山东纵队，研究突围路线。决定第五十一军向西转移，山东纵队向北转移。并借给一个排，带两挺机枪，掩护山东分局和山东纵队机关转移到蒙阴县坡里。

第五十一军主力第一一四师在中将师长方叔洪指挥下，分拒莱芜、蒙阴、鲁村三面之敌，历经大小战斗10余次，数次突破日军包围，主力部队转移到外线作战。6月23日，方叔洪率师部特务连、工兵营、通讯营及第六八〇团由下高村向东南方向转移，到达冯家场一带宿营，发现日军一部约300人到达太平官庄。方叔洪遂令第六八〇团前往包抄，并亲自到前线督战。激战两日，敌伤亡惨重。25日晨，日军增援部队赶到，集中火力向第一一四师指挥部射击，并包围了直属部队。方叔洪指挥将士与数倍日军展开激烈战斗，浴血奋战三个多小时，人员伤亡过半，方叔洪头部、腰部多处中弹，壮烈殉国。

按照战区部署，第五十七军主要活动于诸城、莒县、日照一带山区及苏、鲁交界地区。6月9日，南部之敌攻占大店、河阳、坦埠、南麻一线。第一一一师师长常恩多指挥第三三一旅阻敌前进，激战一整天，率部撤往甲子山区。日军紧追不舍，在黄墩附近将第一一一师一部合围。常恩多命令少校参谋王大伦率第六六六团第二营侦察前进，于黑夜从日军结合部缝隙钻出，安全突围。此后，部队在日莒公路两侧来回活动，多次跳出日军合围圈，拖得日军追击部队疲于奔命。终于在莒县东九里坡丘陵地带设伏成功，击毁日军汽车12辆，毙伤日军100余人。随后不久，又在莒南王家庄子，歼灭日军第六混成旅团喜早支队200余人。

日军这次大扫荡，历时一个多月，给鲁中南根据地造成很大破坏。扫荡一结束，八路军山东纵队迅速建立根据地，先后在淄川、莱芜、博山、沂水等县边区建立抗日民主政府。第一一五师主力也由鲁西挺进鲁南抱犊崮地区，先后建立了郯城、费县、临沂等县抗日民主政权。

8月1日，根据中央军委和八路军总部决定，八路军第一纵队在鲁中山区成立，徐向前任司令员，朱瑞任政治委员，统一指挥山东和苏北的八路军各部队。8月10日，《大众日报》刊登了徐向前、朱瑞就职通电，表示：在总司令于、副总司令沈韩诸公领导下，追随各友军之后，为坚持抗战，坚持统一战线奋斗到底。

上任不久，徐向前亲自到鲁苏战区司令部驻地会见于学忠，商谈合作抗战和建立政权问题。于学忠热情地接待了徐向前，会谈是友好的，但他不赞成八路军搞政权。于学忠说："你们抗日，就不要搞地方政权了，八路军是军队，不能搞政权。你们也搞政权，我这个省政府怎么搞哇！"

徐向前说："我们是抗日的军队，要搞抗日根据地，就得建立政权，发动群众。有了政权，有了群众，才好打日本鬼子。"

于学忠说："你们不搞政权，也可以抗战呀！"

徐向前说："我们的部队抗战得吃饭，没有自己的政权就没饭吃。我们不搞政权怎么办？"

经徐向前反复解释，最后于学忠勉为其难地说："建立政权要合乎法律，各级政府要由省政府委任，不经过我们任命，不能算数。"

会谈进行了两个多小时，对合作抗战达成初步共识；对建立政权问题虽然未能达成一致意见，但实际上于学忠是睁一只眼闭一只眼。双方还互派了代表，通过电台保持联系。

八路军的快速发展和根据地政权的建立，令山东省主席沈鸿烈极度不快和不安。沈鸿烈一面电告蒋介石，指责八路军破坏行政系统；一面纵容地方顽固派攻击八路军，造成双方冲突不断。8月上旬，"反共"顽固派秦启荣率部突袭驻莱芜雪野的山东纵队第四支队后方机关，制造了20余人伤亡的"雪野事件"。8月中旬，又率部围攻驻淄河流域的山纵第三、四支队，制造了"淄河事件"。在鲁西、鲁南、胶东等地也发生了不同程度的冲突。

在这些摩擦中，于学忠基本采取了中立态度。他悄悄对部下说："我们在鲁苏战区采取的策略是：既不红，也不蓝，三条道路走中间，取中立立场，团结友军，不打内战，坚决抗日救国。"

中共山东分局对于学忠和沈鸿烈采取了区别对待的原则，制定了"争取于学忠、孤立沈鸿烈、打击秦启荣"的方针。8月上旬，八路军山东纵队一部经吴化文防区蒙阴附近开往博山。沈鸿烈命吴化文及秦启荣部，佯装不知何支部队进行截击。八路军山纵第一、第四支队借此猛烈还击，在莱芜歼秦启荣部一个营，在蒙阴歼吴化文部300余人，吴化文部退至鲁村一带，沈鸿烈向于学忠求援，遭到拒绝，驻防在附近的第五十一军按兵不动。8月10日，沈鸿烈的省府根据地鲁村被八路军占领。沈鸿烈又气又恨，电告蒋介石，说于学忠有通共嫌疑，二人矛盾进一步加深。

1940年9月22日，鲁苏战区第五十七军发生"九二二锄奸事件"。中共特别党员、第一一一师师长常恩多和第三三三旅旅长万毅发动兵变，捉拿与日军代表达成互不侵犯协议的第五十七军军长缪澂流，并发表通电，缪澂流侥幸逃脱。沈鸿烈指责常恩多叛变，要求于学忠下令讨伐，遭到拒绝。

蒋介石电令于学忠，将缪澂流以通敌罪撤职查办，同时撤去常恩多师长职务。于学忠据理力保，并呈请第五十七军军长遗缺，以第一一二师师长霍守义升任，常恩多任副军长兼第一一一师师长，蒋介石迟迟没有答复。至11月，蒋介石给于学忠发来电报：该师长不识大体，意气用事，虽云忠党爱国，但已难辞犯上误国之咎，着从轻免予处分。并以军政部名义命令，撤销第五十七军番号，两师归战区直接指挥。

1941年夏，于学忠在给战区干训班讲课途中遭人袭击。刺客投出手榴弹后，向八路军防区跑去。于学忠立即卧倒，手部受轻伤，一名参谋被炸伤。八路军将刺客抓获后，为防止造成误会，将其交到鲁苏战区司令部。

刺客原来是第五十七军第一一二师第六六七团在"九二二锄奸事件"中保护缪澂流逃走的第一营营长韩子嘉，被撤职后一直怀恨在心。据韩子嘉交代，是他的同乡——省党部委员李子庾，持沈鸿烈的亲笔信令其充当刺客，并案涉省保安司令部参谋处长宁春霖。战区军法处一再传李、宁到庭对质，沈鸿烈不令前往。于学忠据此向蒋介石控告沈鸿烈，二人关系日趋恶化。

1941年秋，沈鸿烈离鲁赴渝，调任国民政府农林部部长。第五十一军军长牟中珩继任山东省政府主席，范予遂任国民党山东省党部主任委员。

三、圈里突围

日军发动第一次鲁中山区大扫荡之后，于学忠率战区司令部转移到沂水东北部的圈里。圈里位于沂山东麓，背依太平山，西靠穆陵关，古老的齐长城围着周围蜿蜒起伏的龙山、凤凰山、虎眉山、唐王山、石门顶山峦转了一个圈，故名圈里。自此沂（水）安（丘）莒（县）边山区，成为鲁苏战区的中心和主战场。

1942年2月5日，日军秘密调集胶济线、津浦线、陇海线及台潍公路等地驻军第一、第二十、第二十一、第三十二师团和第五、第六、第十独立混成旅团共10万多兵力，以及28架战机，在"华北方面军"司令官冈村宁次亲自指挥下，分别从昌乐、安丘、莒县、诸城、益都、临沂、沂水等地同时出击，突然对鲁苏战区总部驻地圈里和省政府驻地昌匣店子发动"铁壁合围"大"扫荡"，企图一举歼灭鲁苏战区司令部和省政府机关。

此时鲁苏战区总部附近的兵力，有总部直辖特务团及驻防该区的第一一三师部队3个团7000余人。另外，还有驻莒县的张里元部挺进第一纵队和驻安丘的厉文礼部挺进第二纵队地方武装8000余人。得到日军来犯紧急报告后，于学忠决定率战区总部和第一一三师主力转移到外线机动，命令省政府率吴化文的新四师和暂一师留内线作战，内外夹击来犯日军。

2月7日拂晓，日军先头突击部队到达安丘厉文礼部防区，突然发动袭击，驻守地方部队一击即溃。日军从安丘西南山区南逯、贾孟一带快速穿插，穿过青石胡同山道，直扑圈里战区司令部。第一一三师所属部队奋力阻击，但未能抵挡住日军的疯狂进攻。当天下午，3000 多日军到达天晴旺的东山。鲁苏战区干训团警卫连奉命冲上东山迎击敌人，掩护非战斗人员转移。该连冒着弹雨冲上山头，枪炮齐发，与日军展开了激烈战斗。虽然敌众我寡，相差悬殊，但全连战士宁死不退，拼命抵抗日军的进攻，第一排战士全部阵亡。干训团在天晴旺盖的大片新房子，被日军误认为是战区总司令部，成为日军集中攻击的目标。日军飞机每 4 架一批，轮番对天晴旺轰炸扫射，炸起的尘土、石块纷飞如雨，硝烟蔽日。

驻许家庄等村的战区总司令部、党政分会、政治部等机关，趁着天黑突围转移，连夜冒雪行军，到达莒县北源河村北。天刚放亮，日军追兵赶来，负责断后的特务团第三连在山顶部署阻击敌人。不久，便与日军交火，枪炮声响成一片，两架敌机飞临阵地低空扫射，被特务团高射机枪击落一架。阻击战打得异常激烈，双方各有百余人伤亡。特务连坚守山头两个多小时，掩护行军队伍越过台潍公路，顺利到达了第五十七军第一一一师防区，战区总部移驻莒南李家彩，跳出了日军包围圈。

冈村宁次指挥大部队赶到圈里一带，结果扑了个空，便气急败坏地杀人放火，焚毁了鲁苏战区《阵中报》社和兵工厂，放火烧了 30 多个村庄，然后集中兵力围攻山东省政府驻地吕匣店子。

山东省政府主席牟中珩率省府人员分路突围，在沂蒙山区与敌周旋，在大崮顶一带被日军包围。新四师师长吴化文，收到牟中珩发来的紧急求救电报后，率部赶往大崮顶，与日军激战一日，将牟中珩一行救出。新四师复被两万日军包围，压缩在鲁山地区一狭小地带，交战数日，伤亡 5000 余人，吴化文率部突围，转移到鲁山山区。

四、第一一一师起义

第一一一师发生"九二二锄奸事件"后，于学忠对相关人员并未处理。圈里战役后，鲁苏战区总部转移到鲁东南莒（县）日（照）山区，在第一一一师防区李家彩一带驻扎下来。

1942 年 3 月，鲁苏战区司令部接到军事委员会政治部发来的密电："奉总裁谕，万毅通敌叛国，着即就地秘密处决，具报。"

战区总部机要科由少将政务处长郭维城分管。郭维城从复旦大学毕业后进入东北军，曾担任张学良的机要秘书、战区秘书主任，早在1933年就已秘密加入共产党。看到这份电报后，他亲自呈送于学忠。

于学忠看过密电，思虑良久，突然问郭维城："你去调查'九二二'事件，万毅并无通敌之节，怎么又要处决呢？"

郭维城回答："万毅确无通敌之嫌，倒是有功之臣。万毅平素作战勇敢，屡立战功，杀了他于抗战不利。"

于学忠听后默不作声，郭维城便继续说道："万毅是张汉卿将军的爱将，不明不白地秘密处决，将来怎么向汉卿将军交代？"于学忠仍旧一言不发，于是郭维城进一步建议，"战区总部现在第一一一师防区，为防不测，还是听听第一一一师师长常恩多的意见为好。"

于学忠沉思了一会儿，对郭维城说："好，让王静轩去见常师长。"

郭维城从于学忠处出来，匆忙写了一张便条，命令警卫员刘鸿宾骑马火速送到纸坊第一一一师师部，亲自交给常恩多，然后才通知战区总参谋长王静轩。

等到王静轩参谋长来征求意见，常恩多一听就火冒三丈，坚决反对杀害万毅，横眉怒目地说："这不是处置万毅，这是处置杀敌锄奸的每一个有功的人员！"他还态度强硬地说："万毅没有罪！如果总司令一定要这样办，那就先解散第一一一师，再杀我常恩多！"

王静轩见常恩多态度坚决，怒火未息，随即返回战区总部。于学忠听了汇报，权衡利害后复电重庆："电悉。万毅在抗战期间作战勇敢，屡建功勋，并无通敌之嫌，所令碍难执行。"

7月中旬，战区政治部又收到蒋介石严令电报："万毅通敌叛国，确有实据，着令秘密处决；否则以违令治罪。"

于学忠再次复电："万毅抗敌坚决，屡立战功，何云通敌？如犯军法，应公开审判，明正典刑。秘密处决，碍难执行。"

战区政治部中将主任周复毕业于黄埔军校第三期，曾任黄埔军校政治部秘书，是蒋介石的嫡系，兼任战区国民党党部书记长，实际上是派来监控东北军的。他见于学忠屡次抗命不遵，便来责问于学忠："为什么违抗委员长命令，不处决万毅呢？"

于学忠回答："我一生没有秘密处决一人，万毅无罪。如果有罪也应当军法会审，明正典刑，为什么要秘密处决呢？"

周复肯定地说："他是共产党，也是国民党员，党内可以秘密处决！"

于学忠严肃地说："现在是国共合作抗战时期，共产党不犯死罪！我不能明欺宪典，暗弃国法！"

周复也寸步不让："不执行委座的命令，就是不忠于总裁，不忠于党国！"

对于周复的掣肘，于学忠早就心怀不满。两人争执不下，于学忠愤怒地把茶杯往地上一摔，扬起胳膊指着周复大吼："你给我滚出去！我是长官，我应该做主。要秘密处决，就先处决我好了！"周复见于学忠发火，便赶紧退了出去。

由于于学忠的坚持，蒋介石鞭长莫及，只好回电同意将万毅交军法分监部审讯。万毅被押送至战区总部驻地受审，初定罪名是：通敌，参与西安事变，"奸党"嫌疑。万毅据理申辩无效后，意识到了处境的危险，于当夜翻墙逃出，跑去八路军防区，找寻中共山东分局。

蒋介石又经过周复给第五十一军军长牟中珩发来一封密电，内容为：查五十一军——四师参谋长解如川（解方）、一一三师上校团长王协一是共产党分子，着就押交鲁苏战区总政治部主任周复处理……

牟中珩不敢擅作主张，随即带上电报前往战区总部请示于学忠。于学忠看完电报后说："我们一个也不交给他，解除兵权应付一下。你给蒋介石复电说：王协一调师部附员服务，解如川准予请长假，令其自行他谋。"

解如川，吉林辽源人，1930年毕业于日本陆军士官学校，回国后参加东北军，历任第五十一军上校参谋科长、第三三七旅副旅长、第一一四师少将参谋长，1936年秘密加入共产党，担任中共第五十一军工委负责人。解如川得到消息后，迅即离开前往延安，改名解方，先后担任中央军委情报部局长、第一二〇师第三五八旅参谋长等职。

自从万毅事件以来，郭维城时常以于学忠的名义前去探望患肺结核久治不愈的常恩多，不久两人便互知了对方地下党身份，数度密商部队起义及营救万毅事宜。

西安事变后，中共东北军工作委员会秘密成立第五十一军工委，两个师建立特委，7个团建立总支或支部，发展地下党员300余人。第一一一师地下党员张苏平、刘祖荫看到常恩多病情严重，担心常恩多病危后，部队难以掌控，也找到郭维城，提出要想办法营救万毅，协助掌握部队，并表示一定会尽全力配合支持郭维城。

8月1日，军医官宣布常恩多病已不治，停止用药。全师陷入惶惑状态，常恩多决定去世之前组织部队起义。他派人通知郭维城，说有要事相谈。郭维城来到常恩多病床前，常恩多命人拿来纸笔，斜身躺在病床上，给第一一一师将士写下最后一道手令："务要追随郭维城，贯彻张汉卿公主张，达到杀敌锄奸之大欲。本师官兵须知。"将具体起义之事交于郭维城。

郭维城因为在第一一一师根底不深，遂到战区总部找被关押的万毅，希望接他出来一起掌控部队。不料万毅已乘人不备，越墙逃走。得到消息后，郭维城急忙赶到第一一一师师部，协助常恩多发动起义，宣布加入八路军。于学忠得到密报后，连夜冒雨从李家彩驻地转移到五莲山区。

8月4日，郭维城等以"东北抗日挺进军"的名义，向全国发布了起义通电，提出四项主张：一、拥护革命的三民主义，拥护蒋委员长抗战到底，反对投降派破坏、瓦解东北军；二、实行抗战建国纲领和张学良、杨虎城在西安事变时提出的八大主张；三、反对内战，联合一切抗日部队一致对外；四、坚持"九二二"杀敌锄奸精神。

8月4日凌晨，八路军山东分局闻讯召开了紧急会议，研究应对"八三"事变的政策。罗荣桓提议，派万毅和以前从这支部队撤出的地下党员王维平立即到第一一一师去，与事变领导人一起稳定队伍。万毅等冒雨赶去柳沟与起义部队会合。

8月6日到7日，起义部队中部分队伍发生哗变，起义部队被迫于8日凌晨撤离原驻防地——甲子山区，向南转移到八路军滨海根据地。剩余队伍包括第三三三旅旅部，第六六二团、六六五团、六六六团、总部特务团一部分，官兵2700余人。

8月9日，常恩多师长病故，鉴于当时的复杂形势，起义部队决定暂时秘不发丧。万毅回到第一一一师后，遵照中共山东分局指示，对起义部队进行整编，停止使用"东北抗日挺进军"番号，仍称第一一一师，万毅为师长，郭维城为副师长兼政治部主任，王维平为政治部副主任，于文清为参谋长。后来，这支部队又经调整，改为八路军滨海支队。

五、唐王山战役

日军乘鲁苏战区内乱之机，迅速调集驻在胶济铁路沿线的独立第五混成旅团和第六混成旅团1.5万余兵力，在驻诸城一带的伪军张步云部5000余人配合下，发动了意在捕捉于学忠的第三次鲁中作战。

8月12日晚，大批日伪军突然对战区司令部驻地石场进行偷袭合围，此时战区总部作战兵力只有600余人，于学忠率部突围脱险，冲出敌人包围圈，冒雨转移至甲子山区。第六七七团与敌激战竟日，完成掩护任务后撤离。于学忠率战区总部人员北上，由诸、莒边区，转移到沂水、安丘一带的第一一三师防区。

鲁苏战区总部刚刚进入唐王山一带，日军大部队就追击而至，组织了所谓的第四次鲁中作战。"华北方面军"司令官冈村宁次亲自指挥，除了独立第五、第六两个混成旅团及张步云一部2万余兵力外，还调来了配有100多门大炮的竹林大炮联队和10余架飞机助战。

8月20日凌晨，日军首先以炮击拉开了拂晓攻击战，驻防在安丘谭家秋峪一带的第一一三师各部，听到炮响，立即投入战斗。第一一三师司令部及机关非战斗人员紧急疏散。战区总部由郭家秋峪转移到唐王山下，于学忠率总部人员登上了唐王山顶。

日军从东、南、西三面开炮，敌机轮番飞临阵地投弹扫射，一时山上山下，炮火连天，硝烟弥漫，于学忠冒着炮火在山顶坐镇指挥。第一一三师第六七八团在唐王山、虎眉山作战，第六七四团驻守擂鼓山。这三座山，由西到东横亘20余里，三点排成一线。作战部队利用熟悉的地形，凭借险要的山势，居高临下，与强敌进行着激烈战斗。

日军的炮火密集，射到唐王山阵地的炮弹每分钟达80多发，顿时弹如雨下，血肉横飞。于学忠被炮弹炸伤了胳膊，包扎后将受伤的右臂吊在胸前，依旧端坐在青石上，临阵指挥。下午3点，第五十一军军长周毓英、第一一三师师长韩子乾、参谋长张少舫也登上了唐王山。

日军一次又一次发起进攻，一次次被打了下去。日伪军狂叫着"活捉于学忠"的口号，攻势越来越猛烈。坚守唐王山南麓小高地之第六七八团机枪一连一排只剩4个人；守卫对崮山阵地的第六七八团二营损失过半，营长马福庸阵亡。

于学忠见敌我对比过于悬殊，久守不利，遂决定突围。他拿起望远镜，向东北望去，发现对面山上隐隐约约有村民在放羊，判断东北方向没有敌人。于是，他果断命令各部于下午5时放弃唐王山阵地，向东北方向撤退；第六七四团和第六七八团坚守至下午7时，以掩护部队转移。

当部队坚守至下午4时，于学忠发现西南山口被日军攻入，遂命令特务团一营二连前去阻击。二连连长高喊着："同志们，有种的跟我冲上去！"战士们跟着连长扑向日军，将敌人打了下去。

下午5时整，总部和师部开始向东北方向撤离。日军发现后，调集各处大炮，齐向东北部山口密集轰炸，战区大部分人员冒着炮火冲了出去。于学忠在突围时右腿被炸伤，副官黄起军背着于学忠冲出了敌人包围圈。

8月21日晨，日军重新调整部署，准备对唐王山发起总攻。但等爬上唐王山时，却不见第五十一军踪影。日军便对附近地区展开了疯狂"扫荡"，企图找到战区总部和第五十一军主力藏身之处。28日拂晓，4000多名日军在费南石河一带包围了第一一三师第六七四团。经激烈战斗，第六七四团成功突围，为掩护主力撤退，七连连长吴金贵在身中数弹的情况下，仍率全连官兵与敌巷战肉搏，直至全连阵亡。

到8月30日，日军捕捉不到战区总部及部队主力，只好撤回出发地，第四次鲁中作战结束。此役，消灭日军500余人，战区将士伤亡1000多人。其中，战区总司令于学忠身负重伤，战区中将参谋长王静轩膝盖骨被打穿，战区中将副官长陈策睾丸被打掉，第一一三师少将副师长潘国屏胳膊被打断，战区少将军务处长兼总部高参张庆澍阵亡。

六、血战城顶山

1943年1月，鲁苏战区新编第四师师长吴化文公开投靠汪精卫，在济南晋见日本"华北方面军"司令官冈村宁次，所部新四师及保安一师改编为"和平建国军第三方面军"，吴化文任总司令。

吴化文投敌前，防区在沂蒙山区北部一带，与鲁苏战区总部、第五十一军军部和省政府驻地相距不远。事发后，日军进至悦庄、南麻、鲁村一带吴化文的原防区，直接威胁着战区总部和省政府的安全。战区总部机关紧急向莒日边区转移，战区政治部主任周复率政治部、党政分会、干训团转入安丘城顶山第一一三师防区。省政府机关失去了西部外围防护屏障，直接暴露在日军面前，被迫转移到沂山西麓的九山一带。

1943年1月下旬，日军便迫不及待地驱赶刚刚投降的吴化文部一起对鲁苏战区主力部队发起围攻。在驻山东日军第十二军司令官土桥一次中将指挥下，调集青岛、潍县、张店、济南和临沂等地的独立第五混成旅团、第六混成旅团、第七混成旅团各一部连同吴化文的"和平建国军第三方面军"共2.5万余兵力，发动了拉网式大"扫荡"，主要进攻目标是第一一三师驻地城顶山一带。

城顶山，位于安丘西南山区，因齐长城从山顶穿过而得名；因山麓南坡建有公冶长书院，当地又称书院山。主峰海拔429米，山顶较为平坦，四周山势险要，是把守沂蒙山区的东大门。第一一三师司令部驻在城顶山西南的王家沟，所属第六七七团和第六七八团部队，分别驻防安丘、莒县、沂水三县。战区军政分会、干训团和政治部驻城顶山西麓董家宅。另有厉文礼的鲁苏战区挺进第二纵队司令部及特务团等，驻防于山北崔巴峪一带，总兵力不足万人。

2月17日，日伪军开始对第一一三师进行合围。驻防在附近各村的厉文礼部，在花石涧南山稍作抵抗，即被日军击溃。日军的包围圈越来越小，第一一三师及厉文礼部在城顶山外围的驻军，边打边撤。第一一三师各部从四周向城顶山集中，挺进第二纵队退往司令部驻地崔巴峪，整个城顶山周围地区被日伪军围成了一个铁桶。

日军首先向崔巴峪发起炮击，将驻守的厉部一个营炸得溃不成军。日军随即发起冲锋，迅速占领司令部北边的霹雳尖高地，旋即调转炮口，猛轰崔巴峪村西南部的紫草山阵地，困守沟底司令部的厉部官兵面临灭顶之灾。眼看紫草山不保，厉文礼率部弃守崔巴峪，撤向城顶山。鲁苏战区政治部、第一一三师师部等，也被驱赶、压制在城顶山上。

2月20日凌晨，日军以飞机、大炮开始了对城顶山的狂轰滥炸，守军阵地上顿时土石纷飞，硝烟弥漫。炮击过后，装备精良的日军喊叫着从四面蜂拥而上，顿时山上山下，枪声大作，杀声震天。日军的机枪、步枪、迫击炮弹雨点般射向守军阵地，守军居高临下，枪弹、手榴弹也密集地飞向敌群。

山顶临时指挥部内，战区政治部主任周复、第一一三师师长韩子乾、师参谋长张少舫、挺进第二纵队司令厉文礼等，密切观察着战况，随时调兵遣将，指挥全体将士，打退了敌人数次进攻。第一一三师及厉文礼部，已有较大伤亡。战斗越来越激烈，已进入白热化。局部阵地一度被攻破，出现肉搏战，双方死伤人员，尸骸枕藉。第六七八团防守的阵地要塞，成为日军重点攻击的目标。日军集中火力，向该阵地疯狂扫射，团长刘斌中弹牺牲。

日军兵力强大，志在全歼第一一三师主力。战至黄昏，周复同韩子乾、张少舫、厉文礼紧急协商后，决定分兵突围。吴化文熟悉当地山势地形，具有山地游击战经验，在各个山头点燃火堆，虚悬旗帜，故作疑兵，令人摸不透虚实。而在山沟要道布置多层伏兵，构成方圆百余里的伏击圈。

周复率800余人乘夜向东北突围，冲出日军第一道包围圈。次日黎明，行至城顶山东北张家溜一带，遭到日军第五、第六旅团两路左右夹击。仓促间，周复率部抢占了张家溜西南的山顶，据险死守，部队伤亡逾半。战至中午，周复下令集中火力突围。他拔出手枪，亲自率敢死队队员数十人向山下冲杀。冲至半山腰，与日军展开肉搏，周复不幸胸部中弹，血流如注，壮烈殉国。

各路部队分头突围后，第一一三师少将参谋长张少舫指挥少数残兵继续留守城顶山进行抵抗，以吸引日军，掩护战区政治部和其他部队突围。战至21日下午，日军对城顶山发起总攻，守军弹尽粮绝，张少舫组织剩余将士向山西突围。行至城顶山西麓一个小山坡上，被大队日军包围，遂与日军短兵相接，展开白刃厮杀。张少舫腿部被日军刺刀刺穿，警卫员前来救护，被日军刺死。张少舫举枪自尽，血洒疆场。第一一三师师长韩子乾、挺进第二纵队司令厉文礼等被俘，其余将士多在与日军的拼杀中身亡。

经城顶山之战和董家峪之战，第一一三师损失惨重，战区总部被迫几经转移，于5月下旬抵达蒙阴坡里。日军又以独立混成第七旅团和吴化文的6个团为主力，兵分两路，发动了对战区总部的跟踪追击，战区总部被迫避于八路军根据地。

为保护总部安全，于学忠令第一一四师第六八三团从沂源马头崮南下，迅速向战区总部靠拢。当第六八三团行至蒙阴贾庄时，遭到日伪军万余人阻击。第六八三团边打边走，晚上刚到达茶局峪村，即被跟踪追击的日伪军包围。第六八三团乘夜突围，抢占村西三宝山制高点，准备据险迎敌。

翌日拂晓，日伪军集中兵力向三宝山发起强大攻势。第六八三团全体官兵同仇敌忾，连续三次打退了日伪军的大规模进攻。中午，日军调来3架飞机配合攻山，轮番对山顶阵地进行狂轰滥炸。因山顶没有防空掩体，致使守军伤亡惨重。下午4时许，拼杀了一天的第六八三团弹药耗尽，敌蜂拥而上，官兵们便用刺刀与日军展开肉搏，最后伤亡殆尽。团长张本枝和二营营长自尽殉国。

山东军区八路军积极配合作战，以伤亡一个连的代价，配合战区部队，杀出一条血路，掩护战区总部冲出合围圈。随后，战区总部转移到诸城南部九仙山一带。

鲁苏战区敌后抗战五年，大小战斗452次，部队损失惨重，仅少将以上高级将领就有8名阵亡、7名负伤，几乎失去了战斗力。1943年7月，鲁苏战区奉命南撤阜阳整训，于学忠率第五十一军残部出鲁。此后，共产党领导的抗日武装成为山东战场的主力军。

第二十六章

上高会战

武汉会战之后，日军不得不改变速战速决的方针，实行所谓"持久战略"。开始将大批侵华日军从正面战场转到敌后战场，在华北推行"肃正建设计划"，企图消灭中国共产党领导的敌后抗日武装，以巩固占领区的安全。

1941年3月，日本"中国派遣军"总司令部决定将驻防江西安义地区的第三十三师团调往华北"扫荡"，并在调动之前对驻上高地区的第十九集团军发动一次进攻，以巩固华中战略要地南昌外围。日军第十一军司令官园部和一郎先后调集第三十三、第三十四师团及独立混成第二十旅团6.5万余兵力、40余辆战车，以及空军第三飞行团和海军航空队150余架飞机，分南、北、中三路秘密集结，企图对上高实行分进合击，一举消灭第十九集团军主力。

一、诱敌深入

上高位于锦江上游，北靠九岭山，南倚武功山，西边是连绵的罗霄山脉，东面是平坦的鄱阳平原，扼湘赣公路要冲，为赣西重镇。第十九集团军司令部和王耀武的第七十四军在此驻守。

3月初，第九战区已侦知日军独立混成第二十旅团从上海运抵南昌，并发现南昌周围日军开始集结，判明日军近期有发动进攻之可能。第九战区副司令长官兼第十九集团军总司令罗卓英即决定采取诱敌至预设战场而歼灭的方针，在赣西北设置了三道防线，第一线阵地设在靖安、奉新和高邮一带；第二线阵地设在陶家、南岭和高安一线；第三线阵地设在上富、棠浦、官桥、泗溪一线。拟以第一、第二线阵地逐次抵抗消耗日军，待诱敌深入至第三线阵地时，再集中兵力围歼。具体部署是，将王耀武的第七十四军置于中路为决战兵团，将李觉的第七十军和刘多荃的第四十九军置于左、右两翼为诱敌兵团，第三十集团军的第七十二军和第七十八军作为机动部队，总兵力约11个师9.5万人，罗卓英担任总指挥。

1941年3月12日，日军开始分三路集结。北路为樱井省三的第三十三师团一部，约1.5万兵力，集结在安义一带；中路为大贺茂的第三十四师团，约2万人马，集结在西山万寿宫周围；南路是池田直三的第二十旅团，8000余人，集结在向塘镇附近。14日傍晚，各部集结完毕。园部司令官的作战企图是：以中路突破为主，北、南两路侧翼包抄，最后在上高附近歼灭第十九集团军主力，并夺取上高及周围县城，巩固南昌外围。

15日凌晨，北路日军第三十三师团率先由安义向奉新进犯，担任第一线防卫的左翼守军第七十军在奉新城东西设防，凭借潦河两侧高地抵抗，在日军飞机和炮兵的猛烈轰击下，主动放弃奉新，做离心退却，诱敌至下观、苦竹坳一带山地。第三十三师团跟踪追击，遭到李觉的第七十军和韩全朴的第七十二军的围攻。激战两日，第三十三师团伤亡惨重，被歼2000余人，急忙于19日突围，退守奉新。

南路日军独立混成第二十旅团主力组成以荒木正二为首的赣江支队，在9架飞机的掩护下，于3月15日中午开始沿赣江溯流而上，16日强渡锦江，南进至曲江一带，与第七十四军第五十一师一个营在仙姑岭、梅山激战一昼夜。第五十一师诱敌至脊岭、猪头山决战，血战一天一夜，歼灭日军1600余人。第五十一师官兵也伤亡很大，樊逢春连长率领全连与敌展开肉搏，最后全部牺牲。

3月19日，南路日军派出200多人的先头部队企图偷渡赣江，进犯樟树镇，正当汽艇渡至江心时，遭到右翼守军第四十九军第二十六师第七十七团山炮营的伏击，船只翻没江心，日军纷纷落水，尸体顺江漂流。

赣江支队不敢乘船而上，只好绕道兰家桥、张家山，企图渡过陈家坊偷袭临江。刘广济的第二十六师先头部队已于18日午后奉命赶到张家山、崇真观一线，抢占有利地形阻击敌人，连续击退日军多次进攻。血战一天，消灭日军4000余人、战马30余匹。池田直三旅团长只好率残部乘夜北渡锦江，与中路日军会合。至此，日军企图包围上高之左右两翼已全被斩断。

担任主攻的中路日军第三十四师团，在大贺茂师团长的率领下，以20辆装甲车为先导，于3月16日从南昌出发，沿湘赣公路向西突击，当日占领祥符观、莲花山，继向高安进犯。17日晚，守军第七十军第一〇七师主动放弃高安。18日，第三十四师团突过高安，向上高方向进击。

驻守上高的是王耀武的第七十四军。王耀武素以善于带兵、敢打硬仗著称，几乎逢战必打，使第七十四军成为一支抗日劲旅。根据美国"援华法案"，蒋介石开始用美式装备武装中央军精锐部队，第一、第二、第五、第七十四军成为首选的四个军，战前刚刚换发了全副美式装备。装备水平不仅在国军中无与伦比，就连日军也难以匹敌。因此，罗卓英令第七十四军担负上高决战的重任。

王耀武根据敌情变化，及时调整了部署，令余程万的第五十七师以龙王岭、杨公圩、黄蜂岭为前沿阵地，坚守砍头岭、索子山、下漕港等主阵地；廖龄奇的第五十八师防守桥头、官桥街、棠铺、黄家铺一线阵地；李天霞的第五十一师暂时布防于泉港街、钩水岭、石头街一线，以防池田独立旅继续从锦江南岸迂回偷袭。

王耀武（1903—1968），山东泰安人。黄埔军校第三期毕业。1926年参加北伐，历任国民革命军第一师排长、连长、营长、团长，第三路军第一旅旅长、第五十一师师长。抗战爆发后，先后率部参加淞沪会战、南京保卫战、徐州会战、武汉会战、南昌会战和长沙会战，1940年任第七十四军中将军长

3月19日，大贺茂的第三十四师团不顾南北两路日军的败退，仍贸然孤军深入，向杨公圩、龙王岭一带的第五十七师前沿阵地发起了进攻。在此防守的是第五十七师的补充团，在团长方军的带领下，连续打退了日军的多次冲锋。日军飞机赶来助战，对龙王岭阵地进行超低空轰炸、扫射，并扔下了大量的凝固汽油弹，整个龙王岭瞬间变成了火焰山。

与此同时，廖龄奇的第五十八师也与第三十四师团主力激战于官桥街一带。大贺茂一边指挥部分日军在第五十八师正面作战，一边分兵向两翼山头迂回包抄。王耀武一看形势严峻，速令第五十八师、第五十七师退至泗水一线。

3月22日，在30多架飞机轮番轰炸掩护下，大贺茂率第三十四师团主力用锥形突击法向第七十四军主阵地官桥、泗溪发起猛烈进攻。守军拼死抵抗，两军展开激烈的拉锯战，主阵地失而复得，三次易手。日军一度突进到上高东北约1.5公里的三角山，逼近上高县城及锦江大桥。第七十四军固守石拱桥、下陂桥之线，战斗空前惨烈，一日间双方伤亡均在4000人以上，尤其是云头山

日军向中国军队阵地发起进攻

和白茅山成为两军争夺的要点。

云头山是上高东北面的最高峰,与西北面的白茅山互为犄角,共同构成上高城的天然屏障。身材瘦小的大贺茂挥舞着战刀,亲自指挥第三十四师团主力向云头山发起疯狂进攻。守军第五十七师指挥所被炸成了一片废墟,余程万师长亲自操起马克沁姆重机枪向敌人猛烈扫射,极大地鼓舞了全师官兵,轻伤员坚持不下火线,伙夫、通讯员、担架员也都上阵助战,连续打退了日军的多次进攻,坚守住了云头山阵地。

23日,大贺茂以步兵第二一六联队牵制云头山守军,而以骑兵第三十四联队、炮兵第三十四联队及第二一七、第二一八两个步兵联队全力向下陂桥、白茅山第五十八师阵地杀来。日军首先出动上百架飞机,反复狂炸下陂桥阵地和白茅山阵地,连续投弹1700余枚,阵地血肉横飞,守军伤亡惨重,在此防守的第五十八师第一七二团剩余不足200人,团长明灿牺牲,白茅山阵地陷落敌手。王耀武命令廖龄奇师长不惜一切代价夺回白茅山阵地。

24日凌晨,第五十八师副师长张灵甫亲自率领敢死队,提着清一色的美式汤姆轻机枪,不顾日军施放霉烂性芥子毒气的袭击,齐声呐喊着向山顶冲来。

前面的倒下去，后边的又冲上来，接连经过七次肉搏，终于夺回了白茅山阵地。张灵甫也被炸伤了一条腿，从此成为瘸腿将军。

南路日军池田独立旅北渡锦江与第三十四师团主力会合后，22日深夜，又由锦江北岸向南强渡，以千余人绕攻蜡烛山，主力直扑石头街、华阳墟一带，企图沿锦江南岸偷袭上高后背，与北岸之敌夹攻上高。

守军右翼第五十一师野补团闻讯后，以每小时7.5公里的急行军跑步前进，冒着敌机在头顶上不断盘旋轰炸的危险，先敌一步赶到华阳，给日军以迎头痛击，一举毙敌500余人。日军得到增援后又继续猛扑，守军浴血奋战，鏖战两个多小时，又歼敌400余人，终于坚守住了华阳。

3月23日，第五十一师收复石头街，挫败了日军围攻上高的企图。

二、上高大捷

在第七十四军与大贺茂师团上高鏖战的同时，罗卓英令左翼部队第七十军、第七十二军迅速包抄南下，分别占领日军背后的官桥街和水口圩，前锋直插日军第三十四师团毕家指挥部；右翼第四十九军也渡至锦江北岸日军侧后，对大贺茂师团构成合围之势，并逐渐压缩包围圈，与正面第七十四军协同，展开围攻。

大贺茂师团长发现部队已陷入中国军队的重围，一面向汉口第十一军司令部紧急求援，一面率残部拼命突围。为了打开镜山突破口，出动50多架飞机狂轰滥炸。镜山方圆几十里的山头，树木都炸成了秃桩，到处是残肢断臂，尸横遍野，血流成渠。

第十一军司令官园部和一郎接到第三十四师团被围困的电报后，赶紧派参谋长木下偕同作战参谋等人飞赴南昌，组织救援；命令第三十三师团紧急驰援，接应第三十四师团突围，并从九江调兵2000人火速南下解危。守军主动放开北翼，让第三十三师团和第三十四师团会合后，再度以重兵包围。

3月26日，罗卓英命令第十九集团军部队全线展开反攻，第五十七师攻敌左翼，第五十八师攻敌右翼，新十五师和第一〇七师南北夹击，将日军紧紧包围在南北直径不足5公里的包围圈内，不断做向心攻击。27日黄昏，日军全力突围，狼狈溃逃，第四十九军、第七十军分两路对日军实施侧后追击，日军伤亡惨重，仅运送伤员的担架队伍就长达七八公里，战场遗尸3000余具。

中国军队在阻击日军

　　3月28日，第七十四军主力进攻官桥街，激战至下午，将日军600余人全部歼灭，重伤日军第三十四师团参谋长岩永少将，收复官桥街。31日克复高安，截断了日军东逃归路。

　　4月1日，日军在飞机掩护下突围，向斜桥方向逃窜。正逢连日大雨，道路泥泞，日军重炮无法行动，只得将炮毁弃路旁，炮兵第八中队被全歼。中国军队乘胜追击，收复了沿途城镇，双方恢复战前态势。

　　日军第三十四师团参谋长樱井德太郎大佐兵败逃回驻地后羞愧自杀；第十一军司令官园部和一郎因战败被大本营免职，由陆军省次官阿南惟几接任。

　　上高会战，历时二十六天，中国军队以伤亡20533人的代价，毙伤日军12052人，缴获大炮18门、机枪96挺、步枪2000余支，击溃日军第三十四师团和独立混成第二十旅团，取得了上高保卫战的胜利，被参谋总长何应钦称为"开战以来最精彩之作战"，国民政府颁给第七十四军最高奖旗——"飞虎旗"一面，王耀武也被授予最高勋章"青天白日勋章"一枚，第七十四军从此获得"抗日铁军"的称号。

第二十七章

晋南会战

中条山位于山西南部，横亘黄河北岸，呈东北西南走向，绵延三百余里，西接吕梁山脉，东连太行山脉，横跨豫、晋、陕三角地带，是扼守晋南豫北和潼关的天然屏障。

太原会战后，第一战区的部队分散在晋南山区敌后坚持游击战，建立了以中条山为依托的敌后抗日根据地，连续粉碎了日军的11次"扫荡"，既取得了"望原大捷"和"六六战役"的胜利，也上演了新兵团"八百壮士"在日军逼近许八坡悬崖时集体跳入黄河自杀的悲壮一幕。

1941年5月，日军为消灭中条山地区的中国军队，消除对华北"治安区"的威胁，先后从苏北、豫东、赣北、晋西等地抽调第二十一、第三十三师团，第九、第十六混成旅团及骑兵第四旅团、空军第三飞行集团，会同原驻中条山周围的第一军所部第三十五、第三十六、第三十七、第四十一师团共10余万兵力，在"华北方面军"司令官多田骏指挥下，发动中原会战，企图以双重包围和反复"扫荡"，将中国第一战区部队主力歼灭。

第一战区在黄河以北共有11个军，多是地方杂牌部队，其中4个军驻守太行、太岳山区，7个军驻守中条山区。具体部署是：第八十军孔令恂部守备中条山西侧，第五集团军曾万钟部守备垣曲、桑池以西地区，第十四集团军刘茂恩部守备中条山北侧，第九军裴昌会部守备中条山东南侧，总兵力共16个师15万人，由第一战区司令长官卫立煌任总指挥。

1941年5月6日，日军航空兵首先发动攻击，连续两天轰炸西安、咸阳、潼关、郑州等地，并炸毁陇海铁路。5月7日傍晚，10万日军一齐出动，在100多架飞机、500多门山炮的配合下，兵分四路，从东、西、南、北四面"以钳形并配、中央突破之方式"向中条山地区发动全面进攻。

一、中条山南部的战斗

中条山南部地区，主要指黄河以北、中条山东南、沁水以西的狭长地域，由裴昌会的第九军驻守。

5月7日下午，日军田中久一中将指挥的第二十一师团从河南沁阳、博爱出发，原田雄吉中将指挥的第三十五师团及骑兵第四旅团从温县出发，在数十架飞机、百余辆战车的配合下，率先向孟县、济源的守军第九军各部发起攻击。激战至8日晨，日军第三十五师团突破王晋部第五十四师阵地占领孟县，然后分兵北上与第二十一师团合击济源，当夜攻占济源。

第一战区司令长官卫立煌命令第九军"以主力于封门口北既设阵地，拒止沁、济之敌西犯，以一小部对敌侧击"。裴昌会军长部署新编第二十四师主力、第五十四师一部守封门口一线，第四十七师和第五十四师独立第四旅在孤山一线游击。

封门口系日军西进必经之要隘，守军据险抵抗，日军久攻不下，9日，再次增兵发动猛烈进攻。双方激战至10日晨，封门口阵地被日军突破，第九军遂向西转移至济垣大道南北地区阻击日军。

此时，西路日军第四十一师团已于8日晚攻陷垣曲县城后，分兵独立混成第十六旅团南下进攻邵源，黄河河防空虚。卫立煌急令第九军主力由关阳渡口撤至黄河南岸担任河防，留一部兵力迟滞日军，掩护第十四集团军后方。

第九军直属部队及第五十四师乘夜渡过黄河。第二天拂晓，日军出动100多架飞机轰炸封锁官阳渡口，渡口船只全被炸毁，守军伤亡惨重。第四十七师及新编第二十四师无法南渡，不得已退至王屋、邵源公路以北山地游击。

12日晨，日军第二十一师团主力沿封门口西进至邵源附近，与由垣曲东进之日军第四十一师团一部会合，完成了对守军第十四集团军的内线包围，随后北向横河镇突进，与第三十三师团夹击第十四集团军。第三十五师团则沿黄河北岸向西突进，占领并封锁了黄河北岸各渡口，堵住了第十四集团军南撤的后路。

二、中条山北部的战斗

中条山北部地区是曾万钟的第五集团军和刘茂恩的第十四集团军的接合部，日军的战略企图在于迅速攻占横岭关至垣曲大道，直取垣曲县城，对第五集团军和第十四集团军分割包围，各个歼灭。

5月7日黄昏前后，日军清水规矩中将指挥的第四十一师团及池之上贤吉少将指挥的独立混成第九旅团，3万余人，在航空兵掩护下，以中央突破之闪电战术，由横岭关方面向横垣大道两侧猛攻。驻守横岭关东北侧的赵世铃部第四十三军、西南侧的高桂滋部第十七军同时遭受日军重兵打击。

激战至8日拂晓，第四十三军十八坪阵地被日军突破。军长赵世铃下令放弃阵地，撤向望仙庄一线；第十七军虽依靠工事和有利地形进行了有力抵抗，终因左右两翼被敌突破，不得不退出防线。

进攻中条山的日军正在沿山路前进

日军在突破守军防线后，兵分两路：一路沿桑池、杜村河南下；一路沿亳清河南下，直取垣曲县城。8日黄昏，在伞兵部队配合下，日军迅速占领黄河岸边的垣曲县城，截断了守军与黄河南岸的联系，把中条山守军分割成东西两部。

5月10日，北路日军兵分两路，一路向东，于12日晨攻克邵源，与济源西进日军会合；一路向西，于11日进至五福涧，与西路日军会合。至此，日军的内层包围圈完全形成，守军黄河沿线的补给线和退路全被截断。

三、中条山东部的战斗

中条山东部守军为第十四集团军刘茂恩部所属第九十三军、第十五军和第四十三军。

5月7日晚，樱井省三中将指挥的第三十三师团一部及独立混成第四旅团，从阳城出发，向董封镇守军第九十八军发起进攻。武士敏军长率领所部拼死抵抗，在董封至南岭一线上与敌展开激战，多次击退日军进攻。王村一战，击溃日军2000人，毙敌滨田大佐以下700余人。

第一战区的部队正在与进犯中条山的日军进行战斗

8日拂晓，日军突破左翼第四十三军十八盘阵地，继续向南突进，10日，进至煤坪；13日，攻陷董封。第十四集团军各部撤至横河镇东南地区。

此时，北路日军已占领垣曲、邵源，第十四集团军腹背受敌，补给中断。第一战区司令部命令该部向沁翼公路以北转移。第十四集团军总司令刘茂恩部署第九十三军第十师一部在阳城附近游击，第九十八军一部在董封以南游击，第十五军一部在横河镇附近游击，掩护主力部队分路向北突围。日军对突围部队层层拦截，并多次施放毒气，战斗异常激烈，守军伤亡惨重。

至20日前后，第九十三军第十师和第九十八军、第十五军一部在太岳山区八路军和太行山区第二十七军策应下，突破日军的包围和截击，进入沁水以北地区。第四十三军被日军包围于云雾山区，突围后向西北转移。

第十四集团军指挥部及担任掩护的部队因受日军阻截，未能突围北进，辗转游击于中条山区达半月之久，直到5月底才乘夜突过日军封锁线，与主力会合。

四、中条山西部的战斗

西线是日军的主攻方向。守军为孔令恂的第八十军第一六五师和新编第二十七师，唐淮源的第三军第七师和第十二师，以及直属第五集团司令部指挥的公秉藩部第三十四师。

5月7日晚，安达二十三的第三十七师团主力、井关仞的第三十六师团一部、若松平治的独立混成第十六旅团，2.5万余人，自闻喜、夏县向东进犯。

8日凌晨，日军突破张店镇以东第二十七师防线，切断了第三军和第八十军的联系，并沿黄河北岸向东突进，第二十七师和第一六五师退至曹家川、太寨一带二线阵地。乘隙而进的敌挺进纵队于当晚占据茅津渡附近的尖坪、南沟等渡口。

日军在进行大兵团正面作战的同时，还运用游击战术进行偷袭，组织一批批的便衣武装，化装成国民党军队或老百姓，在汉奸的引导下，沿疏于防范的山间小路，直接穿插攻击各部指挥中枢，制造恐怖和混乱。还组织特种部队和挺进纵队，直接空降或突袭各战略要点，夺取渡口和山隘要地。不到三天的时间，日军就抢占了黄河北面各渡口，切断了山内守军的补给和退路。

5月9日，日军一部已迫近第五集团军总司令部所在地马村。第一战区司令长官卫立煌电示：本部已派兵两个团，在五福涧以北高地占领桥头堡阵地，并征集渡船10余只。不得已时，各军应逐次南移，在五福涧渡河。但日军独立混成第十六旅团的先头部队已于9日上午进至五福涧。由河南岸派来的第十四军第八十五师两个团与日军激战至10日晨，被迫放弃桥头堡阵地，退回黄河南岸。此时退守太寨的第八十军已与日军苦战二日，伤亡惨重。第八十军奉命南渡，新编第二十七师掩护主力渡河，师长王竣、副师长梁希贤、参谋长陈文祀牺牲。

与此同时，夏县日军先头部队7000余人分三股南向进犯唐淮源第三军阵地。8日拂晓，日军攻占中条山交通要道泗交村。然后，一路向西北奔袭第七师师部驻地王家河，一路向东南奔袭第三军军部唐回。王家河遭日军重兵包围，师长李世龙率部突围；唐回被日军地面部队与空降兵协同占领。

第一战区和第五集团军为保存力量，下令第三军向西北、第十七军向西，以团为单位分散突围。两军各有4个团突破日军封锁线，到达吕梁山区。第三军军长唐淮源率部撤退途中，遭到日军阻截。12日，在尖山陷入日军的四面包围之中。在三次突围失败的情况下，唐淮源军长自戕殉国。同日，第三军第十二师在突围至胡家峪后遭日军截击，师长寸性奇胸部中弹，身负重伤，仍率部苦战。13日，寸部亦陷日军重围，寸性奇师长二次负伤，右腿被敌炮炸断，亦拔枪自尽。

日军在完成第一阶段分割包围的作战任务后，随即转入第二阶段的作战，对中条山区的零散部队反复搜索，先由南向北，再由北向南，来回进行梳篦式"扫荡"，留在山区游击的守军大部被歼。

应卫立煌和蒋介石之要求，八路军积极配合作战，开展大规模游击战和交通破袭战，牵制了外围日军，掩护了国民党军队的撤退。直到6月中旬，第十四集团军总部及第十五军军部才脱险渡过黄河，会战结束。

中条山突围，中国军队指挥混乱，损失惨重，据日军战报，守军伤亡、被俘达7万余人，被蒋介石称为"抗战史上最大之耻辱"。

第二十八章

长沙会战

长沙是湖南省会，位于湘江下游，洞庭湖南端，扼粤汉铁路要冲。武汉、南昌失守后，长沙的战略地位显得更加重要，成为屏障西南大后方的战略要地。从1939年9月至1941年底，日军先后三次进攻长沙。

一、第一次长沙会战

1939年9月1日，德国大军入侵波兰，第二次世界大战全面爆发。日本政府为配合汪精卫伪政权出笼和实施南进计划，也加快了对中国的进攻步伐。9月4日，日军大本营在南京成立了"中国派遣军"总司令部，西尾寿造大将任总司令官，板垣征四郎任总参谋长，统一指挥在华日军。9月12日，西尾寿造总司令批准了冈村宁次进攻长沙的《江南作战计划》。

9月13日，冈村宁次下达作战命令，调集第六、第三十三、第一〇六师团及第三、第十三、第一〇一师团各一部约10万兵力，在陆军航空兵团第三飞行团100余架飞机、海军第十三炮艇队及第十一陆战队的120余艘舰艇配合下，发动"湘赣会战"，采用"分进合击，正面突破、两翼包抄"的战术，分别从赣西、鄂南、湘北三个方向会攻长沙。

为隐蔽主攻方向，迷惑中国军队，冈村宁次命令左翼第一〇六师团，于9月15日率先开始进攻，由江西奉新西进；命右翼第五旅团，从洞庭湖乘船南下，于9月23日拂晓在营田登陆；令第六、第三十三师团主力分别从岳阳、通城出发，于9月23日拂晓在新墙河一线发起进攻，向汨水上游平江地区攻击前进，以歼灭该地区守军主力。

守卫该地区的是第九战区的部队，陈诚兼司令长官，薛岳任代司令长官兼湖南省主席，司令部设于长沙。共辖7个集团军47个师24万余兵力，守卫着湘江至赣江之间的防线。

薛岳（1896—1998），广东乐昌人。毕业于保定军校第六期。历任孙中山大总统府警卫团营长、北伐军第一师师长、第五军军长、第六路军总指挥、贵州省主席。抗战爆发后，历任第十九集团军总司令、第三战区前敌总指挥、第一战区前敌总指挥、第九战区第一兵团总司令、第九战区司令长官兼湖南省主席

湘北地形群山环绕，河流纵横，西面是浩浩汤汤的洞庭湖和湘江，东面是连绵不断的幕阜山、九岭山和横亘在湘赣边界的罗霄山脉，中间有新墙河、汨罗河、捞刀河、浏阳河四条大河横卧挡道，形成天然屏障。

第九战区代司令长官薛岳根据地势部署兵力。具体部署是：第二十集团军商震部六个师，守备长江右岸及洞庭湖北岸；第十五集团军关麟征部八个师，守备新墙河南岸至汨罗江南岸；第二十七集团军杨森部四个师，在咸宁、崇阳至修水间游击；第三十集团军王陵基部四个师，守备蒲田桥至德安以西地区；樊松甫部湘鄂赣边区挺进军，在通山、大冶、瑞安、九江间游击；第一集团军卢汉部四个师，在奉新至高安间守备；第十九集团军罗卓英部四个师，在上高沿锦江一线布防。

薛岳根据各方情报，发现日军主力正向湘北方面集结，判断日军将南犯长沙，遂拟定了以主力"在湘北方面利用逐次抵抗，引诱敌于长沙以北地区，捕捉而歼灭之"的战役方针，并积极备战。在湘北方面，沿新墙河、汨罗河、浏阳河构筑了数道防线；在粤汉路两侧，阵地纵深配置达30余公里，号称为"伯陵防线"，还在幕阜山和湘江西岸构筑了侧面阵地。在赣北方面，也指示各集团军至少构筑三线阵地，将部队纵深梯次配备，准备逐次抵抗、消耗日军后，适时转入反击，予以歼灭。并广泛发动民众破坏公路、铁路，使日军机械化部队难以发挥效力。

（一）赣北作战

9月14日夜，中井良太郎的第一〇六师团首先由奉新、靖安一线西犯，向守军第六十军发起进攻。15日，第一〇一师团的第一〇二旅团向高安守军第三十二军和第五十八军进行攻击。激战至16日，守军阵地被突破，第六十军

和第五十八军分别向宜丰、凌江口等地转移；第三十二军转移至锦江右岸之灰埠、袁浦之线。17 日，日军攻占上富、村前街。18 日，日军第一〇二旅团和第一〇六师团由东、北两面夹击高安，守军第三十二军抗击一天后奉命撤出，向高安以西和锦江右岸转移，日军第一〇二旅团进占高安。

9 月 21 日，薛岳令第七十四军和第三十二军向高安之敌发起反攻，与日军展开激烈争夺。22 日，守军克复高安，进占马形山、赵家山之线，日军第一〇二旅团由高安向东北方向退却。第一〇六师团主力继续向西进犯，突破守军第一八三师和第十五师阵地，24 日，占领横街、甘坊，并继续向修水方向西进。

9 月 25 日，第九战区第六十、第七十四军向甘坊一带日军进行围攻，日军陷入苦战包围之中，直到 30 日才突出重围，向后撤退。守军进驻甘坊、横街，切断了西进日军的退路。

10 月 6 日，卢汉的第一集团军和王陵基的第三十集团军奉命围攻日军第一〇六师团，进占沙窝里、九仙汤、上富、冶城等地。冈村宁次急令第三十三师团从长寿街折回修水，接应第一〇六师团。在第三十三师团接应下，第一〇六师团从三都、修水撤退。中国军队乘胜追击，先后克复罗坊、会埠、三都、修水。10 月 13 日，东路日军退回武宁、靖安、奉新，赣北战场恢复战前态势。

（二）鄂南作战

9 月 21 日，日军第三十三师团从湖北通城出发，向关麟征的第十五集团军发起攻击。23 日，突破守军阵地，进占麦市、桃树港，继向汨罗江上游进犯。企图楔入渣津，切断第九战区湘北、赣北间主要联络线，然后向平江地区进攻，协同进攻湘北的日军夹击第十五集团军。但在福石岭地区，遭到第二十七集团军第二十军杨汉域部和第十五集团军第七十九军夏楚中部的顽强阻击，多次进攻被击退，损伤惨重。

战至 27 日，日军屡攻福石岭不下，遂以主力绕福石岭以西向南突进，先后攻占龙门厂、朱溪厂。至 30 日，日军攻占南楼岭、平江，进抵长寿街。

在白沙岭阻击战中，第二十七集团军第一三四师杨干才部打死一个日军指挥官，日军突然像发了疯似的前来抢夺那个指挥官的尸体。守军组织猛烈火力打退日军的连续冲锋，将尸体抢了过来，从日军指挥官的图囊里，缴获了第

第九战区的部队正在阻击敌人

三十三师团的作战任务区分和标图，得知日军第三十三师团将从南岭攻白沙岭，再攻龙门镇，然后直下长沙，助攻长沙城。

第二十七集团军本来是由西向东布防，重点防备阻击南昌方向来犯之敌。集团军司令杨森获得这个情报后，及时调整了部署，调动集团军主力围攻第三十三师团，阻敌南下，打破了日军围歼第十五集团军于汨罗江畔和会攻长沙的计划。

杨汉域的第二十军和夏楚中的第七十九军奉命在献钟、南楼岭、桃树港一带夹攻日军，主力向朱溪厂、龙门厂日军背后追击。10月1日，第二十军收复龙门厂后，向长寿街日军侧击；第七十九军克复桃树港、麦市、献钟、嘉义后，对第三十三师团进行攻击。

湘鄂边区挺进军李玉堂部第八军也奉命兼程南下，协同第二十、第七十九军围攻日军第三十三师团。冈村宁次急令正向长沙突进的奈良支队回攻平江，增援第三十三师团。两军在三眼桥会合后奉命北撤，奈良支队向通城退却。第三十三师团向赣北的修水、三都转进，接应第一〇六师团，遭到守军第八、第七十八军夹击，6日向通城方向退却。第十五集团军尾随追击，先后收复平江、南江桥、安定桥、长乐街等地。

11日，日军第三十三师团和奈良支队退回通城，双方恢复战前态势。

（三）湘北作战

湘北为日军进攻主要方向，由关麟征的第十五集团军防御。其中张耀明的第五十二军担任新墙河至长安桥一线守备，夏楚中的第七十九军担任长安桥至麦市一线守备，陈沛的第三十七军担任汨罗江南岸二线守备。

9月18日，日军主力第六师团及奈良支队从岳阳出发，开始向新墙河北岸第五十二军的警戒阵地发起攻击，为渡河扫清障碍。守军赵公武部第二师胡春华营坚守金龙山、斗篷山阵地三昼夜，除7名负重伤的士兵退出阵地外，其余自营长以下官兵全部阵亡。

20日晨，日军集中一个旅团的兵力和大部炮火，又向雷公山、草鞋岭阵地发起进攻。激战三天，守军伤亡过半。守卫草鞋岭的史思华营长接到覃异之师长的电话："如无法支持，不得已时可向东靠。"史营长坚定地回答："军人没有不得已的时候！"全营官兵坚守不退，直至全部壮烈牺牲。22日晚，北岸守军奉命退至新墙河南岸。

23日拂晓，日军第六师团及奈良支队在猛烈炮火和毒气支援下强渡新墙河。血战至午，守军第二师第十二团全部壮烈牺牲，阵地被突破，第五十二军退守新墙河东南高地。

上村支队则悄悄从洞庭湖乘船南下，在汨罗江口的土星港、营田附近登陆，

守军正在硝烟弥漫的战场上与日军激战

第九战区部队阻击沿洞庭湖南下的日军

从左翼对第十五集团军形成南北夹击之势，企图切断汨罗江以北守军的退路。已经占领麦市的第三十三师团也企图南下，从东面包抄湘北的守军。第十五集团军依据新墙河、汨罗江阵地逐次抗击，予日军以重创后，25日奉命撤至汨罗江南岸二线阵地。日军跟踪前进，一部伪装难民，偷渡汨罗江，袭占新市。

26日，日军在飞机、炮火支援下，向汨罗江南岸猛攻，守军坚守阵地，顽强抵抗。激战竟日，双方均遭受重大伤亡，形成对峙。这时候，日军前锋距第九战区司令部驻地长沙只有30余公里了。

当战况出现紧张局势后，蒋介石告知薛岳，在适当时机可以弃守长沙。薛岳权衡战场态势，决心在长沙与敌决战。陈诚和白崇禧亲自赶到长沙，将蒋介石意图告知薛岳。白崇禧也主张放弃长沙。薛岳坚定地说："我九战区几十万大军驻在湘北，长沙不守，军队职责何在？我已下定决心，第九战区誓与长沙共存亡！"

军委会多次电令薛岳退出长沙，薛岳仍然不听。在陈诚的建议下，蒋介石最终同意了在长沙附近决战的主张，并电令薛岳："准备以六个师兵力，位置长沙附近，并亲自指挥，乘敌突入长沙之际，侧击而歼灭之。"

薛岳遂根据蒋介石电令，在长沙附近部署重兵围歼日军，命令彭位仁的第七十三军占领金井、福临铺以东地区，对南进之敌形成侧击；张耀明的第五十二军占领长沙以东阵地，协同第七十三军夹击进至长沙附近之敌；张德能的第五十九师预伏于长沙东南地区，鲁道源的第十一师配置于岳麓山至乔口地区；第七十七军一部于新市附近牵制敌军，主力转移至株洲附近；欧震的第四军主力占领湘潭；夏楚中的第七十九军埋伏在幕阜山敌后，对日军布好了口袋阵。

9月27日，日军分路南进，沿途不断受到守军的侧击和伏击。上村支队在三姐桥一带遭到柳际明部第七十七师伏击，无法前进；第六师团一部在福临铺遭到第一九五师伏击，另一部在石门痕遭到第一九五师的伏击，均受重创。30日上午，日军先头部队在捞刀河上架设浮桥，准备渡河南进。当大队人马行进到桥中间时，遭到第六十师和第一九五师的猛烈扫射，日军伤亡惨重，遂在北岸停止不前。

至9月底，日军主力已进至捞刀河北岸永安、金井、青山一线，逼近长沙。但此时日军已疲惫不堪，无力进攻。薛岳吸取南昌会战失败的教训，组织几十万当地老百姓，把新墙河至捞刀河之间的公路挖断，将沿途桥梁全部炸毁。日军的后勤补给线几乎被卡断，只能靠空运救济，补给困难。

冈村宁次亲自乘坐飞机，在空中侦察了战场形势，发现中国军队增援部队正源源不断地补充而来，在长沙周围严阵以待；后方幕阜山、九岭山中，还埋伏着第九战区数万大军，伺机出击，于是无奈地决定放弃进攻长沙的计划。10月1日，下令撤退。

同一天，薛岳被正式任命为第九战区司令长官，立即下令第九战区的部队全线追击，先后收复上杉、汨罗、新市。上村支队遭到第五十四军新编第二十三师袭击后，由营田登船从洞庭湖逃回岳阳；第六师团退向岳阳；第三十三师团撤回通城。8日，日军全部退回新墙河以北。至10月16日，双方恢复战前态势，湘北作战结束。

第一次长沙会战，中国军队伤亡3万余人，毙伤日军2万余人，取得了保卫长沙的胜利。日军集中兵力10万之众，劳师南征，未能达到歼灭第九战区主力的作战目的，在欧洲战场德国军队势如破竹的情况下，长沙之战也引起了国际社会应有的关注。美联社、合众国际社、塔斯社、《泰晤士报》等国际知名媒体组织联合战地记者团，纷纷赴湘北战场实地采访报道，扩大了中国在反法西斯战争中的影响。

二、第二次长沙会战

1941年6月，苏德战争爆发，日本南进政策占了上风。为了迅速解决中国战事，以抽调兵力发动太平洋战争，并解除第九战区对武汉地区的威胁，日军"中国派遣军"司令部决定调集第三、第四、第六、第四十四师团，第三十三师团、第十三师团各一部和第十四、第十八独立混成旅团，以及两个重炮联队、两个飞行团180余架飞机，30多艘兵舰和200多艘汽艇，共12万兵力，在第十一军司令官阿南惟几指挥下，发动代号为"加号作战"的第二次长沙会战。

上高会战结束后，园部和一郎因战败被免去第十一军司令官职务，大本营陆军部次长阿南惟几中将接任司令官。阿南惟几属狂热效忠天皇的少壮派军官，曾任裕仁天皇的侍从武官，深受天皇和宫内女眷的青睐，上任不久，就决定攻占长沙，以报答天皇隆恩。鉴于冈村宁次在第一次长沙会战中采用"分进合击"战术，兵力分散，被中国军队击破的教训，阿南惟几这次改用"中间突破"的雷击战术，集中兵力从湘北进攻，企图在长沙以北地区消灭第九战区主力部队。

（一）大云山战斗

大云山位于新墙河北岸，海拔960米，是第九战区的前沿阵地。第一次长沙会战后，第九战区与日军隔新墙河对峙。阿南惟几为准备实施"加号作战"，掩护其主力向岳阳、临湘一带秘密集中并占领渡河地带，命令原在岳阳地区担任守备的第六师团对大云山进行"扫荡"，解除这一侧后威胁。

9月7日晨，神田正种的第六师团第二十三、第四十五联队在10架飞机的掩护下，从忠坊向大云山北侧雁岭、詹家桥展开进攻，遭到守军阻击后向东南迂回；其第十三联队向大云山西侧八百市进攻，与欧震的第四军柏辉章部第一〇二师发生激战。第一〇二师采用"死守活打"的战术与敌周旋，激战至午，两军仍处于胶着状态。午后，日军集中轻快部队，用大炮掩护，猛攻鸡婆岭、草鞋岭之线，宋家坳阵地被突破。战至黄昏，白羊田、八百市、甘田一带也被敌占据，大云山陷于日军包围之中。

8日晨，日军集中兵力围攻大云山，守军终因兵力、火力处于劣势，堵击无效，大云山制高点沦于敌手。

第二十七集团军总司令杨森命令孙渡的第五十八军协同第四军作战，重新夺回大云山。9日午夜，守军以第四军、第五十八军之新十师、新十一师，第

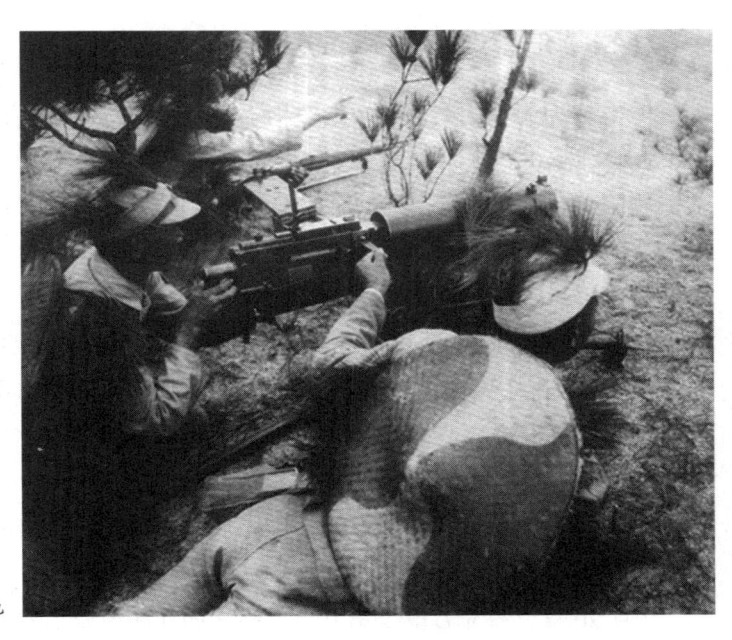

守军在草鞋岭的机枪阵地

二十军第一三三师从三面截击、侧击日军，日军主力退据五龙桥、白羊田附近。10日清晨，鲁道源的新十师向大云山发起进攻，战至下午，再度收复大云山阵地。

11日拂晓，第二十七集团军新十师、第五十九师、第一〇二师、第六十师各部合力会攻日军第十三联队。天亮后，新十师在八仙桥、五龙桥、石塘坳一线首先向日军发起猛攻，致使困守石塘坳之敌不得不向甘田撤退，又遭第五十九师、第一〇二师围攻。在日军第四十师团重松支队的增援下，第十三联队溃退至西塘、港口地区。

12日，第五十八军军长孙渡指挥新十师力攻甘田之敌，第四军军长欧震率部扫荡困据在港口附近的敌人。刚从赣北开来的荒木支队赶来增援，在空军飞行团的协同下猛烈反扑，双方伤亡甚重。战至15日，双方在港口、甘田、白羊田一带成对峙之势。

此时，第九战区司令长官薛岳发现日军已有4个师团的兵力集结于湘北，判断日军有向长沙发动大规模进攻的迹象，遂令第二十七集团军主力向新墙河以南转移，大云山战斗至此结束。

（二）汨罗江战斗

9月18日拂晓，日军44个大队十万大军，从新墙河以北20公里宽的正面上发起全线攻击，在300多门大炮和50多架飞机的轮番轰炸掩护下强渡新墙河。

刚刚从新墙河北岸撤回的第四军各师仓促进入阵地应战，顶不住日军第三、第四、第六师团优势兵力的集中攻击，激战数小时，第一线阵地被日军突破，随后转入第二线阵地，继续抵抗。

日军第三、第四师团及早渊支队沿粤汉铁路两侧地区迅速向南突进，平野支队则从洞庭湖乘舰艇溯湘江南下至青山附近登陆，与主力协同，向守军第九十九军展开进攻。至16时，第四军第二线阵地又被日军突破。军长欧震遂令各师逐次掩护，向关王桥以东山地转移。

19日，日军第三、第四、第六师团快速向南突进，傍晚分别到达汨罗江北岸的石头铺、长乐街附近。

9月20日，蒋介石电令第九战区固守湘江两岸及汨罗江南各既设阵地，加强抵抗，保持主力于外翼，力求攻击敌之侧背；同时命令第三、第五战区乘虚向当面敌人攻击，以策应第九战区作战；令第六战区向荆州、宜昌地区日军积极袭击，相机收复宜昌。

第九战区司令长官薛岳根据军委指示和在汨罗江两岸与日军决战的预定计划，命令陈沛的第三十七军守备浯口至骆公桥之线，傅仲芳的第九十九军守备骆公桥以西至湘阴之线，坚决阻击日军。随后，又命令杨森的第二十七集团军各部向汨罗江以北日军侧背的长乐街、磨刀石、归义、新市等地攻击，萧之楚的第二十六军由金井向瓮江推进，李玉堂的第十军向高桥、金井一带开进，共同围攻日军。

但第九战区司令部发给各军的电报均被日军情报部门破译，第十一军司令官阿南惟几立即改变原定部署，令第十、第四师团逐次转向浯口、瓮江东侧地区，令第四十师团、第六师团从东面山地迂回，对守军第二十七、第二十六、第十军形成合围态势。

20日，日军第三、第四、第六师团及早渊支队分别从骆公桥、新市、磨刀石、浯口等地强渡汨罗江，突破第三十七军前进阵地。日军第四十师团荒木支队在击退第四军的侧击后，主力转向新官桥、瓮江以东地区，经平江迂回南进。

9月22日，日军在航空兵支援下向第三十七军主阵地发起攻击。激战三天，至 24 日，日军第三、第四师团突破守军主阵地，将第九十五师、第一四〇师包围。第三十七军奉命向麻林市突围转移。刚刚到达战场的第二十六军也遭日军第六、第三师团主力和荒木支队的包围，伤亡较大，面临被分割围歼的危险，连夜向金井东南地区转移。

这时，从衡阳北上的第十军已到达指定战场，奉命在高桥、金井、福临铺一线占领阵地。24 日上午，日军第三师团、第六师团在航空兵支援下，分别向第十军的预备第十师、第一九〇师发起攻击。25 日，日军第四师团、早渊支队也赶来，开始向第十军第三师展开进攻。战至 26 日，第十军各师阵地先后被日军突破，福临铺、金井、栗桥失陷，第一九〇师师长朱岳负重伤，副师长赖侍湘少将阵亡，第十军奉命向捞刀河以南转移。

日军第三、第四、第六、第四十师团及早渊支队和荒木支队乘势追击前进，陆续进抵捞刀河北岸，迫近长沙。

（三）长沙之战

汨罗江防线被突破后，第九战区对长沙近郊作战准备不足，长沙市区防御空虚。军事委员会急忙从第六、第七战区调来第七十九军、暂编第二军赶来增援。

9 月 25 日，薛岳电令第七十九军守备捞刀河南北地区，暂编第二军守卫长沙；命令王耀武的第七十四军从江西兼程赶来，向黄花市前进，在夏家塘、春华山、赤石河之线占领阵地，迎击南进日军。

但这一电报又被日军特种情报部门破译。阿南惟几司令官认为：第七十四军是中国最精锐的王牌部队，第十一军吃过他不少苦头，万家岭一战，第一一六师团几乎全军覆没，上高会战第三十四师团又差点重蹈覆辙，这次一定要捕捉而消灭之。欣喜若狂的阿南惟几立即调整部署，令第三、第四师团向捞刀河以南突进；令第四十师团在"扫荡"金井附近地区后南下；解除第六师团原定占领平江的任务，改向捞刀河谷推进，集中优势兵力拦击第七十四军。

25 日中午，第七十四军先头部队第五十七师以急行军赶到捞刀河北岸的春华山，发现春华山已被日军抢先占据，随即占领南岸天鹅山。日军立即向天鹅山展开进攻，激战彻夜，至 26 日晨，日军被击退。第五十七师乘机反击，夺回春华山，掩护第七十四军主力集结。日军乘第七十四军尚未集中完毕之际突然发动袭击，守军奋勇还击，苦战至天黑，敌锋稍挫。第七十四军趁夜进袭，主力进至捞刀河以南地区。

27日拂晓，日军主力部队以骑兵为先导，在20余架飞机的掩护下，自长平公路猛扑过来，向余程万的第五十七师正面连续猛攻，遭到第五十七师顽强抗击；日军又投入第四师团一部攻击第五十七师左翼。第五十七师步兵指挥官李汉卿亲率军预备队及一个团，自春华山北向东主动出击，与敌展开激烈拼杀，杀声震动四野，李汉卿少将及其部队1000余人均壮烈牺牲。

与此同时，廖龄奇的第五十八师在春华山、夏家塘一线，李天霞的第五十一师在伍家渡、杨家滩之线，也与日军第六、第三、第四师团发生激战，给日军以相当杀伤，但自身也损失严重，第五十七师伤亡近3000人，第五十八师伤亡4000余人，全军陷于苦战之中。

第七十四军面对日军4个师团的围攻，仍坚守不退。战至黄昏，日军突破第五十一师阵地，连夜袭击第七十四军军部，卫士排全部战死，王耀武率两名卫士突围。第七十四军奉令撤出战斗，向浏阳河南岸转移。日军紧追不舍，强渡捞刀河后直趋长沙。

9月27日晨，刚刚从广东赶来增援的暂编第二军第九十八师在长沙以北三窑堂、白茅铺一线与日军早渊支队遭遇，立即投入战斗。日军在航空兵火力支援下，连续突击，战斗至晚，突破第九十八师第一线阵地，逼近长沙。28日，早渊支队攻破第九十八师第二线阵地，突进长沙。刚刚从常德到达岳麓山增援的第七十九军暂编第六师奉命进入长沙城，与日军展开巷战。

至9月30日，日军第四师团也到达长沙，第三师团一部曾突入株洲，第六师团和第四十师团仍在浏阳河沿线与守军激战。此时，第六战区的部队已对宜昌守敌发起了围攻，宜昌形势岌岌可危。由于战线延长，日军补给出现困难，运送粮草的50多辆装甲车被守军全部击毁，护卫装甲车的一千多名日军也遭全军覆灭，后勤运输线多处被截断。

10月1日，阿南惟畿宣布第十一军作战目的已达，下令撤军。当天午后，长沙附近日军开始撤退。

薛岳当即命令暂编第二军、第七十九军向当面日军跟踪追击，第七十八军向新市、长乐街之敌追击；令第二十六军、第七十四军清扫浏阳河、捞刀河两岸战场；命令其他各军沿途截击、侧击北撤日军，给日军以有力杀伤。

至10月9日，日军全部退回新墙河以北，双方恢复战前态势。

第二次长沙会战历时三十三天，中国军队伤亡5万余人，毙伤日军2万余人，尤其是宜昌作战是正面战场主动发起的进攻战役，歼敌7000余人，给日军以沉重打击。

三、第三次长沙会战

1941年12月7日，日本偷袭珍珠港，太平洋战争正式爆发。12月8日，日军第二十三军从广州进攻香港。12月9日，中国政府正式对日本、德国和意大利宣战，并令第四战区部队从侧背打击第二十三军的后路，策应香港英军作战，同时急调第四军和暂编第二军从长沙南下增援。

日本大本营为策应香港的作战行动，命令第十一军向湘南进攻，牵制第九战区部队南下。第十一军司令官阿南惟几于12月下旬，迅速调集第三、第六、第四十、第三十四师团及独立混成第九、第十四旅团共10余万兵力，在第一飞行团50多架飞机配合下，分别从湘北和赣北发动攻势，扬言"要到长沙过新年"。

第二次长沙会战后，第九战区司令长官薛岳召开军事会议，总结提出了"天炉战法"新战术，即利用新墙河、汨罗江、捞刀河天然屏障，设置纵深伏击阵地，逐次抵抗消耗日军，以"尾击、邀击、侧击、夹击"战术诱敌深入，在浏阳河附近择机决战，将日军围歼在这一"天然熔炉"之内。

（一）天炉战法

1941年12月24日夜，日军第四十、第六、第三师团分左、中、右三路，先后强渡新墙河，遇到杨森第二十七集团军第一三三、第一三四师和新十师、新十一师的节节阻击。激战至晚，日军分别进至黄沙街、三江口、关王桥一带。守卫傅家冲、洪桥两据点的第三九八团第二、第三营依托工事顽强抗击，曾数次击退日军的冲击，终因兵力悬殊，第二营营长王超奎和第三营副营长吕海群及所属官兵全部壮烈牺牲。

26日，天降大雪，日军不顾天气寒冷，冒雪向汨罗江北岸地区突进，在攻占关王桥、三江口、大荆街等主要据点后继续向南攻击前进。当日晚，右翼第三师团进至汨罗江北岸的归义，中路第六师团进至新市，左翼第四十师团进至长乐街。

27日晨，薛岳令杨汉域的第二十军和孙渡的第五十八军让开正面，向东南山区撤退，待机反击；令陈沛的第三十七军和傅仲芳的第九十九军加强汨罗江南岸的防守，逐次抵抗日军。当日中午，日军第三师团的骑兵联队首先从归义附近渡过汨罗江，突破第九十九军第九十二师阵地，进至栗桥以北，掩护主力渡江。第六师团及第四十师团在突破第三十七军汨罗江北的前进阵地后，傍晚时分先头部队先后在兰市河和长乐附近强渡汨罗江，占领了滩头阵地，但在第三十七军的坚强阻击下，进展缓慢。

8日，丰岛房太郎的第三师团主力全部进至汨罗江南，突破第九十九军第九十九师阵地后，沿粤汉铁路两侧，向南突进，黄昏前后进至金鸡山、大娘桥等地。神田正种的第六师团及青木成一的第四十师团遭到纵深阵地内依托既设工事顽强防守的第三十七军的阻击，仍然在原地进展不动。阿南惟畿遂下令第三师团向左迂回，企图包围、歼灭陈沛的第三十七军。

丰岛第三师团连夜东进，于30日晚，进至福临铺、麻林附近，完成了对第三十七军的包围。薛岳急令第三十七军向金井以东的山区撤退，转至外线相机反击；同时命令第二线兵团第七十三军、第七十四军、第四军分别从鄂、桂、粤开至长沙战场，保持着外线挺进的有利态势。

12月25日，日本"华南方面军"第二十三军占领香港，第十一军牵制第九战区部队南下的任务已经完成。日军原计划在汨水两岸击歼中国军队第二十军和第三十七军后结束作战，但阿南惟畿没想到进军如此顺利，骄狂地认为中国军队不堪一击，面对伸手可及的长沙，就此退兵实在于心不甘。不待"中国派遣军"总司令官批准和军部参谋们的反对，阿南惟畿独断下令继续向长沙追击，自动钻入了第九战区的圈套之中。

（二）长沙大捷

第九战区司令长官薛岳在12月27日的长沙防务会议上，制定了"天炉战法"的作战方案，给日军布下了口袋阵，决心聚重兵在长沙附近与敌决战。命令李玉堂的第十军死守长沙，彭位仁的第七十三军固守岳麓山，从正面缠住敌人；令杨森的第二十七集团军各部重新占据长沙以北原有阵地，截断日军退路；令罗卓英的第十九集团军、王陵基的第三十集团军分别从东北和西北方面迅速向长沙包围前进。同时，二线兵团也正源源不断地向主战场开来。

为了打好这一仗，薛岳还下达了严格的作战纪律，通令各部："第三次长沙会战关系国家存亡，国际局势之巨。本会战职有必死决心，必胜信念。为捕拿战机，歼灭敌人，获得伟大战果计，经规定下列三事，分电各部遵办：（一）各集团军总司令、军长、师长务确实掌握部队，亲往前线指挥，俾能适时捕拿战机，歼灭敌人。（二）职如战死，即以罗副长官代行职务，按预定之计划围歼敌人；总司令、军、师、团、营、连长如战死，即以副主官或次级资深主官代行职务。（三）各总司令、军、师、团、营、连长倘有作战不力、贻误战机者，即按革命军连坐法议处，决不姑宽。"

太平洋战争爆发后，中国的抗战已经成为世界反法西斯战争的一个重要组成部分。12月30日，美国总统罗斯福致电蒋介石，建议组织中国战区，推举蒋介石为中国战区最高统帅，负责指挥中国、越南和泰国盟军共同作战。长沙之战，关系国际观瞻。蒋介石十分重视此次战役的胜败，亲临南岳督战，并电示第九战区司令长官薛岳："敌似有沿铁道线逐步推进攻占长沙之企图。我应以第二线兵团距离于战场较远地区，保持外线有利态势，以确保机动之自由，使敌先攻长沙，乘其攻击顿挫，同时集举各方全力，一举向敌围击，以主动地位把握决战为要。"

12月30日晚，薛岳向蒋介石报告"我军已按照既定计划围歼此敌"。

12月31日，日军第三师团到达浏阳河北岸，第六师团进至麻林以南，第四十师团亦接近永安，已完全进入预定包围圈中。薛岳下令各集团军于1942年1月1日子夜开始攻击，限1月4日到达第一次攻击指定地点；并向第十军下达死令："命令你军固守长沙，务求成功，望严令全体官兵认真作战，不得退缩，擅行后退者杀无赦。"

防守长沙市区的部队为李玉堂的第十军。具体部署是：周庆祥的第三师防守长沙南部，朱岳的第一九○师防守长沙北郊，方先觉的预十师防守长沙东南，孔荷宠的暂编五十四师防守湘江东岸城厢一带。第七十三军及战区直辖炮兵团驻守湘江西岸的岳麓山高地。薛岳将战区长官部指挥所也搬至岳麓山爱晚亭附近，居高临下，就近指挥和督促各部作战。

1942年1月1日拂晓，丰岛第三师团强渡浏阳河，首先向长沙东南的预十师阵地发起猛烈进攻。激战至16时，一线阵地被日军突破，守军第二十九团第一营伤亡殆尽，团长陈新善、团附曾友文牺牲。当晚，日军先头部队攻占军储库、邹家山附近阵地，丰岛命令以擅长夜袭闻名的加藤大队参加战斗，乘势突入至白沙岭一带。

阿南惟畿见先锋部队已经突入城内，迫不及待地向总部汇报第十一军已攻克长沙。日本国内报纸也连夜发布号外，宣布这一重大捷报，作为对天皇的新年献礼。

令阿南惟畿想不到的是，此时岳麓山上守军两个炮兵团的四五十门山炮和150毫米重型榴弹炮一齐发出轰隆隆的怒吼，炮弹像长了眼睛一样准确无误地落在早已测量好的日军阵地上，炸得日军像无头苍蝇一样四处躲藏，尸横遍野。

方先觉师长连夜指挥预十师发起反击，迅速收复了军储库、邬家山阵地，并包围了白沙岭日军第二大队。加藤大队长令其第五、第八两个中队冒死突进，遭到守军迫击炮的集中射击，死伤惨重。第三十团团长陈希尧亲自指挥所部用密集火力将残敌压迫到白沙岭仓库院内，团团围住，然后将汽油泼到房上，把敌人烧成灰烬。加藤大队长和副官桥本光义被当场击毙。守军从加藤身上搜出了作战命令和阵中日记等重要文件，薛岳据此获悉第三师团的进犯企图和弹尽援绝、孤注一掷的内情，禁不住拍案大喜："一纸虽轻，胜似机枪万挺！"

此时处于外线的各集团军正从三面向长沙推进中。薛岳立即将敌情通报各部队，并令各集团军按预定计划快速向长沙日军合围。不料，这一电报又被日军情报部门破译，此时阿南惟畿已是骑虎难下，急令第三师团加紧进攻，企图在第九战区形成包围以前攻占长沙。

预十师官兵在长沙城内与日军展开巷战

1月2日拂晓，日军出动飞机20余架，飞临长沙上空，对守军阵地施行狂轰滥炸，掩护第三师团主力再度发起进攻。岳麓山上的高射炮和高射机枪也向敌机猛射，迫使敌机不敢低飞和俯冲，不少炸弹落入湘江之中，溅起冲天水柱。双方地面部队在长沙东门、南门外地区展开了逐街逐屋的争夺战。日军工兵第三联队逐次爆破守军的堡垒群，并猛攻第一九〇师四方塘、南元宫一线阵地。守军顽强抗击，打退了日军的多次进攻。

进攻东门的石井联队，组织100多人的敢死队扑向浏阳门。第三师师长周庆祥亲自站在城墙上指挥反击，最后两军短兵相接，展开激烈的白刃搏杀，日军敢死队队员全被消灭。

守备南门外修械所高地的预十师第二十八团，坚守阵地两昼夜，战至仅剩58人，在团长葛先才带领下，仍坚守不退，终于保住了阵地。第三十团还以一部兵力秘密机动至南门外侧击日军第六十八联队，将其第七中队击歼大半，中队长丸山信一以下军官全被打死。

经过两日激战，日军第三师团伤亡惨重，已无力组织强有力的攻击，被迫转入守势作战。

阿南惟畿见第三师团攻击受挫，遂于2日夜令神田第六师团从长沙东北郊投入战斗，同时令在金井地区的第四十师团迅速进至春华山一带，对东部山区警戒，保障两进攻师团的后方安全。

第六师团的到来，使长沙地区的敌人骤然增加了两万余人，而守城部队剩下不足万人。2日晚，蒋介石亲自致电第十军官兵鼓励士气："此次长沙会战之成败，全视我第十军之能否长期固守长沙，以待友军围歼敌人……敌人悬军深入，后方断绝，同时我主力正向敌人四面围击，我第十军如能抱定与长沙共存亡之决心，必能摧破强敌，获得无上光荣。"

1月3日晨，日军第三师团和第六师团从南、北、东三面同时发动攻击，第六师团进攻北门至东门间阵地，第三师团进攻东门至南门间阵地。两军终日处于激烈的战斗之中，在济阳门北大马路，展开激烈巷战；新军路短兵相接，白刃肉搏达四次之多。南元宫守军与鬼头大队浴血奋战，几至同归于尽。东瓜山守军连续击退第六十八联队横田大队的数次进攻，击毙横田大队长以下数百人。

丰岛房太郎像输红了眼的赌徒，下令第三师团的主攻部队向修械所、黄土岭等处猛攻，双方反复冲杀十一次之多，形成激烈拉锯战。为了夺回阵地，守军组织了几十支敢死队，敢死队队员身绑炸药，趁着日军还没站稳阵地之时，在机枪掩护下，向着敌人多的地方冲去，然后拉响炸药包，与日军同归于尽，漫山遍野尽是敌我不分的断肢残臂。激战终日，除第六师团第二十三联队曾一度由城北向西突至湘江岸边外，其余日军全被击退。

1月4日，日军对长沙发起了最后一次疯狂进攻，并出动大批空军助战，但在守军的顽强抗击下，仍毫无进展，始终没有突破黄兴路、八角亭以南核心阵地。

由于孤军深入，日军补给线被切断，粮弹供应不继，只能靠空投补给。在守军密集空中火力网的封锁下，敌机不敢低空飞行，不少空投降落伞随风落入守军阵地，有的竟被炮火击毁于空中，漫天飘落，守军士气为之大振。

日军在弹药行将耗尽的情况下，只好按丰岛的命令进行肉搏。一队队日兵端着刺刀，冒着刺骨的寒风，袒胸赤臂，轮番猛冲。守军严阵以待，诱敌进入火力网后，始以炽烈的机枪扫射，并投掷集束手榴弹轰炸，日军狼奔豕突，死伤枕藉。这时岳麓山上的守军重炮也发挥了极大的杀伤效果，进入市区的日军遭到炮火的猛烈轰击，伤亡惨重。

与此同时，中国军队外围兵团已分别到达指定位置，形成了对日军的合围态势，并对日军展开了全线反击。为免遭第九战区大军围歼，阿南惟几不得不于4日晚仓皇下令撤退。日本新闻发布攻陷长沙的快报，成为一个国际笑谈。

（三）乘胜追击

日军突然撤退后，薛岳立即调整部署，命令原准备在长沙合围的各部队改变任务，转为堵截和追击日军。令第十九集团军司令罗卓英为追击军总司令，指挥第二十六、第四、第七十三军从正面追歼败逃之敌；第二十七集团军司令杨森为堵击军总司令，指挥第二十军、第五十八军在象鼻桥、福临铺、栗桥一线自北向南堵击北溃之敌；第三十集团军司令王陵基为东方截击军总司令，指挥第三十七军、第七十八军在枫林港以北、长乐以南地区，自东向西截击北溃之敌；第九十九军军长傅仲芳为西方截击军司令，指挥第九十九军及第一四〇师，在石子铺以北、新市以南地区，自西向东截击北溃之敌。

5日凌晨，日军第三师团撤退到东山时遭到第七十九军的堵击和第四军的侧击，部队陷于混乱，死伤甚众，被迫沿浏阳河南岸向磨盘洲退却，企图从来时的浮桥过河，又遭到北岸第七十九军密集火力的堵击，第十八联队长石井信被当场击毙,死伤 500 余人,被迫改道与第六师团会合,6 日凌晨退至浏阳河北岸。第四军、第七十九军及第二十六军紧追不舍,不断向日军发起进攻。日军两个师团并列向北退却,沿途又不断遭中国军队截击、侧击。

1 月 8 日,日军第三、第六师团由捞刀河北岸退至福临铺、影珠山地区时,遭到守军第七十三、第二十、第五十八、第三十七军的拦截阻击和第四、第二十六、第七十八军的追击,第三、第六师团被中国十万大军包围。此时,中国空军出动 9 架轰炸机,向被围之敌进行轮番轰炸,日军困兽犹斗,四面挨打,死伤惨重,遗尸遍野。

为接应第三、第六师团撤退,阿南惟畿急调池上贤吉的独立混成第九旅团火速南下解围,又被中国军队包围于花门楼、古华山地区,激战至 9 日,几乎全军覆没,大队长山崎茂被击毙。

青木成一的第四十师团由金井向春华山退却时,沿途也遭到第三十七军的顽强阻击,第二三六联队被围歼,脱逃人马不足 20 人,第二大队长水泽辉雄、第五中队长三宅善识、第六中队长关田生吉被打死。

1 月 10 日,第六师团在福临铺一带被守军第二十军和第五十八军分割包围,遭到猛烈围攻。日军第一飞行团虽然出动全部飞机支援,仍无法突出重围。阿南惟畿急令第三师团、第四十师团接应第六师团,集中兵力向北突围撤退。直到 12 日,第六师团及第三师团主力才陆续突出拦截线,退至汨罗江北岸,南岸残留日军遭中国守军扫荡围歼。

第九战区部队正在长沙追击日军

至1月16日，日军退回到新墙河以北原防地，双方恢复战前态势。

第三次长沙会战，以中国军队大获全胜而告终。据第九战区战报统计，此次会战，中国军队伤亡官兵29217名，毙伤日军56944人，击毙第三联队长片冈大佐、第十三联队长友成敏、第十八联队长土屋镜次、第三十四联队长木原大佐、第四十联队长森川启宇等以下军官108名，俘虏日军中队长松野荣吉以下官兵139人，打死军马1766匹，缴获步骑枪1122支、轻重机枪114挺、山炮11门、无线电台9架及大批军用物资。

这次长沙会战是在盟军战场接连失利的情况下进行的。太平洋战争爆发后，盟军战场一败涂地。1941年12月25日，香港英军向日军投降；1942年1月2日，日军第十四军攻占美军防守的菲律宾首府马尼拉；1月11日，日军第二十五军攻占英军防守的马来亚首府吉隆坡。日军所到之处，势如破竹，像一阵狂飙席卷东南亚战场。只有中国战场取得了长沙大捷。

苏、美、英、法等国外记者到长沙进行了战地采访，引起了国际上的强烈反响。英国《泰晤士报》发表评论："十二月七日以来，同盟军唯一决定性之胜利系华军之长沙大捷。"美国陆军参谋长马歇尔来电祝贺，海军部长诺克斯发表《告中国人民书》，指出这是所有同盟国家的共同胜利。蒋介石也高兴地评价"此次长沙会战，实为'七七'事变以来最确实而得意之作"。并向薛岳颁发了国民政府最高勋章——青天白日勋章，美国总统罗斯福也向薛岳授予了独立勋章。

第二十九章

浙赣会战

1942年4月2日夜，美国的"大黄蜂号"航空母舰从旧金山起航，悄悄向太平洋西岸驶来。18日拂晓，杜立特上校率领美国特别飞行中队16架B-25轰炸机从航空母舰上起飞，两小时以后飞临日本上空，突然轰炸了东京、名古屋、大阪、神户等地，然后飞到中国上空，在浙江一带的机场降落。

日本本土第一次遭到美机空袭，引起了朝野的极大震惊。为防止中、美空军利用浙江一带丽水、衢县和玉山等地的前进机场继续对日本实施轰炸，大本营当即决定发动浙江作战，摧毁浙赣线上的中美空军基地及主要交通线。

日本"中国派遣军"总司令官畑俊六大将根据大本营的命令，决定由驻上海的第十三军、驻汉口的第十一军和海军第一遣华舰队约80个大队10余万兵力参加这次作战。他们的具体部署是：第十三军司令官泽田茂指挥第十五、第二十二、第三十二、第七十、第一一六等5个师团和4个混成旅团及奈良支队，从奉化、绍兴、萧山、余杭一线攻击浙赣铁路东段；第十一军司令官阿南惟畿指挥第三、第三十四两个师团和竹原、平野、今井、井平4个支队从南昌附近攻击浙赣铁路西段，企图实施东西夹击，打通浙赣铁路线，摧毁浙赣走廊地区的空军机场。

浙赣铁路是一条连接第三战区和第九战区的东西交通大动脉，东起浙江杭州，与沪杭甬铁路相交，经诸暨、江山，进入江西，在贵溪与贵南铁路接轨，再往西穿过鄱阳平原，接南浔铁路，经萍乡进入湖南株洲，与粤汉铁路接轨。沿线建有许多空军基地，战略地位极为重要。

驻守浙赣地区的是第三战区的部队，辖4个集团军33个师约30万兵力。第三战区司令长官顾祝同根据敌情进行了部署，令李觉的第二十五集团军担任浙南作战；王敬久的第十集团军担任钱塘江以南的作战及金华、兰溪的守备；上官云相的第三十二集团军担任钱塘江北岸的作战；刘广济的第一〇〇军担任浙赣路西段的作战；唐式遵的第二十三集团军担任宁国、贵池和都昌一线的守备；丁治磐的第二十六军和王耀武的第七十四军准备在衢州决战。同时，第九战区司令长官薛岳派出3个军东进，策应第三战区作战。

一、金华、兰溪战斗

5月14日，日军第一飞行团开始空袭丽水、衢州、玉山等地机场，海军第一遣华舰队也分别从温州湾和鄱阳湖开始行动。东线日军第十三军5个师团在东起奉化、西至富阳约150公里的战线上，分五路沿浙赣铁路两侧向西南发起进攻。

14日夜，内田孝行的第七十师团率先从奉化、溪口地区开始行动，向永康方向进攻；大城户三治的第二十二师团于15日晨从上虞沿曹娥江南下，向东阳方向进攻；河野旅团从绍兴向义乌方向进攻；酒井直次的第十五师团从萧山向浦江方向进攻；武内俊二郎的第一一六师团及原田旅团于16日晨从富阳出发，沿富春江西岸向建德方向进攻；第三十三师团于17日从富阳出发，在第一一六师团后方跟进。

17日晨，日军第十三军司令官泽田茂亲自率军部指挥所人员乘大型汽艇从杭州溯浦阳江向临浦前进，行至义桥附近，突然"轰隆"一声，汽艇触雷沉没，指挥所人员死伤数十人，泽田茂侥幸从水中爬出，遂将指挥所停留于义桥附近。各路日军在进攻途中也先后遭到守军第二十五集团军暂编第九军、第八十八军和预备第五师等部在新昌、安华、新登一线和东阳、义乌、浦江、桐庐一线的节节抵抗，至24日分别到达金华、兰溪外围地区，第二十二师团迂回武义东北，切断守军退路，形成三面包围的态势。

25日拂晓，日军第七十师团及第二十二师团、河野旅团一部在20余架飞机掩护下，开始向金华外围第七十九师阵地进攻，激战两日，防守外围阵地的第七十九师第二三五团和挺进第一纵队被迫向金华西北阵地转移。

5月27日，日军发起全面进攻，数十架日机在城垣上空轮番轰炸，并在东关附近投掷毒气弹多枚，守军核心阵地工事全被摧毁。28日晨，日军突入城内，与守军展开巷战。激战竟日，终因伤亡过重，第七十九师官兵被迫于黄昏时分向北山突围，金华被日军攻占。

进攻兰溪的日军第十五师团第六十联队在30余架飞机的掩护下，也于25日拂晓向兰溪外围第六十三师阵地展开进攻。第六十三师官兵依托既设阵地顽强抵抗，与日军形成对峙。

27日晨，第十五师团师团长酒井直次中将亲自率主力向兰溪增援。为阻止日军的进攻，第二十一军第一四六师师长石昭益派代理营长黄土伟率领工兵营沿途设置地雷阵。酒井师团长骑着高头大马率领部队耀武扬威地开来，当行进到兰溪城北的三岔口时，突然"轰隆"一声巨响，酒井的坐骑踩上了地雷，酒井直次师团长被炸得血肉横飞，当即毙命。随行日军也陷入地雷阵，伤亡惨重。日军遂疯狂报复，向兰溪发起猛烈攻击。激战两日，第六十三师外围阵地全被攻占，兰溪城陷入混战。

由于大城户师团及谷川旅团从金华以南迂回突进，27日先后攻陷汤溪、龙游，金华和兰溪背后受敌。28日，守军第六十三师被迫向城东白石塘一带转移，兰溪遂被日军占领。

二、衢州战斗

金华、兰溪失陷后，日军继续向龙游一带集结，准备进攻衢州。第三战区司令长官顾祝同将战区指挥所转移至武夷山上，决心在衢州与日军决战，命令莫与硕的第八十六军固守衢州，吸引日军；令第十集团军司令王敬久指挥王铁汉的第四十九军、王耀武的第七十四军，担任衢州以南地区的作战；令第三十二集团军司令上官云相指挥张文清的第二十五军、丁治磐的第二十六军，担任衢州以北地区的作战；同时，命令撤退到浙赣线两侧山地的守军开展游击战，扰乱日军后方，企图实施南北夹击，在衢州一带围歼日军。

6月3日拂晓，日军第三十二师团、第一一六师团从衢江以北，河野旅团、第十五师团、第二十二师团从衢江以南，同时对衢州发起全线攻击。担任衢江以南防守的张灵甫的第五十八师、方日英的第四十师及陈颐鼎的第六十七师分别与日军第二十二师团、第十五师团及河野旅团展开激战，战至傍晚，先后撤至乌溪江西岸防守。

担任衢江以北防守的第十六师阵地亦被日军第三十二师团攻占，师长曹振铎率残部退入城中，日军第三十二师团进抵衢江北岸。当夜，雷电轰鸣，大雨倾盆，江水暴涨，日军乘橡皮舟潜渡乌溪江，多数被守军炮火击中，只有一艘完整地渡过河来，被第六十七师全部消灭。

6月5日，日军第十五师团在航空兵掩护下，集中兵力猛攻衢州南郊阵地，

日军兵临衢州城下

激战至午，突破六马桥阵地，守军第六十七师退守衢州南关。日军第二十二师团突破乌溪江，进至江山港南岸；第三十二师团攻占西镇，进至常山港以南地区，衢州城已处于日军的四面包围之中。第八十六军军长莫与硕见日军兵临城下，竟以收容溃散部队为借口，出城向江山方向逃走，衢州守军由副军长兼第六十七师师长陈颐鼎接替指挥。

此时，西线日军第十一军为策应第十三军在衢州的作战，于5月31日夜从南昌附近渡过抚河，向第三战区西部第一〇〇军防线发动进攻。6月3日，攻占进贤，并逼近临川，第三战区部队面临被日军东西夹攻的危险。蒋介石为保存军力，决定改变原来的作战计划，于4日电令第三战区避免在衢州决战。顾祝同根据敌情变化和军事委员会的指示，下令各部迅速向衢州以西铁路两侧山区转移。

6月6日，衢州城外各军接到指示后交互掩护，逐渐脱离与日军接触，向指定的位置转移。城内守军因通信器材被日军的飞机、大炮击毁，与主力部队失去联系，仍依托城防工事冒雨苦战。血战至晚，日军第十五师团攻占南门及新开门，河野旅团攻占东北门、北门及西北角城墙，第八十六军官兵仍坚守不退。

第十集团军司令王敬久派人趁夜从衢江游水进入城中，通知第八十六军向枫林港突围。在第六十四团第二营掩护下，陈颐鼎副军长率领守城部队乘夜突围。第二营官兵为掩护主力撤退，拼死抵抗，营长宋汉武牺牲。激战至7日拂晓，在第六十四团团长谢士炎率领下，第二营残部100余人从东门突围，衢州为日军占领。

三、上饶、广丰战斗

日军占领衢州后，没有达到消灭第三战区主力的目的，泽田茂下令第十三军主力继续追击。顾祝同决定集中兵力防守峡口、广丰、上饶地区，令第十集团军以一部兵力留置江山以南地区逐次抵抗，主力转移至峡口、广丰一线阵地；令第三十二集团军以第二十六军一部防守玉山，主力转移到上饶至江村一线信江南岸阵地；令第二十五集团军的第八十八军、暂编第九军担任敌后的袭扰及破坏交通线的任务。

未等第三战区各部队调整完毕，日军主力乘势继续追击。6月10日，日军第二十二师团首先发动追击，沿江山港南岸及铁路两侧向西急进，11日中午占领江山。12日，第三十二师团占领玉山。14日，第二十二师团占领广丰，第三十二师团占领了原第三战区长官司令部所在地上饶。

6月15日，第三战区遵照军事委员会的电令，下达了准备反攻的命令。16日，日军第十五师团向第七十四军与第四十九军接合部的尖山、五峰山阵地发起进攻。激战至17日，经反复争夺，第七十四军击退了日军的进攻。

18日清晨，日军第十五师团再次向第七十四军阵地发动进攻，多次冲锋均被击退。战斗至16时，第七十四军按照战区规定的时间发起反攻，18时攻占徐家山、庙山底。日军退至王家坂、杉溪之线。19日拂晓，第四十九军亦发起反攻，先后攻占王家坂及杉溪。20日，日军第十五师团集中兵力在第一飞行团支援下实施反击。经两日激战，日军攻占了五峰山、虎头背等阵地，第七十四军、第四十九军退至此线之南，再次转为守势。

第三十二集团军也于6月20日发起反攻，第二十六军向北推进至信江南岸，第四十四师一部渡过信江进攻日军，一度击退三江桥、象鼻山的日军。23日以后，两军形成对峙态势。

四、浙赣西线战斗

西线日军第十一军司令官阿南惟畿，为策应东线第十三军作战，自5月上旬起即令各参战部队向南昌集中；同时令第六师团主力在岳阳方面进行佯攻，以牵制第九战区部队，掩护主力集中。第三师团、第三十四师团及第四十师团、第六十八师团、第六师团各一部于5月31日在南昌以南地区展开，完成了进攻准备。阿南惟畿亲率指挥所到达南昌，下令于31日夜开始攻击。

5月31日夜，日军第十一军开始行动，分三路进攻进贤及临川。第三战区防守浙赣路西段的是刘广济的第一〇〇军及江西地方保安部队，兵力相对空虚。大贺茂的第三十四师团从谢埠附近乘工兵舟秘密渡过抚河后沿浙赣路东进。守军第七十五师一触即溃，3日，大贺师团占领进贤。

高桥多贺二的第三师团渡过抚河后，沿东岸南进，于3日午到达临川以北的云山。今井支队及井手支队从万舍街附近并列南下，击退当面的江西保安第一团和第九团后分别到达集贤峰及三江口，3日下午到达临川以西的展坪。4日晨，第三师团向临川发起进攻，驻守临川的只有江西保安团守备部队，防守力量薄弱。

军事委员会急调第九战区第七十九军夏楚中部、第四军欧震部从湖南兼程驰往临川，参加赣东会战。6月3日下午，第七十九军暂编第六师赵季平部进至展坪，与日军今井支队展开遭遇战，双方相峙于展坪附近。4日夜，第七十九军第九十八师先头部队第二九四团进入临川城西部，与突入临川城东部的日军第三师团进行激烈巷战。5日拂晓，日军在6架飞机支援下向第二九四团发动猛攻。守军因伤亡过大，被迫退至城外，临川被日军占领。

阿南惟畿司令官发现第九战区的第七十九军等部已进至临川地区，为解除右翼威胁，急令第三十四师团主力由进贤南下，企图从新余渡过抚河，与第三师团及竹原支队在抚河以西地区围歼第七十九军。同时令岩永支队继续沿浙赣路向东进攻。

6月6日，高桥第三师团及今井支队分别从临川、桐源向展坪暂编第六师阵地及第九十八师长里店阵地进攻。激战终日，第九十八师退守秋溪；暂六师被日军包围，伤亡惨重，残部仅剩1000余人趁夜向乐安突围。同日，第三十四师团及竹原支队亦在水口庙、杜家园一带将第四军先头部队新编第十一师梁得奎部包围，激战两日，新十一师趁夜突围。

第二十九章 浙赣会战

浙赣会战中的守军阵地

6月7日，日军第三师团攻占宜黄、崇仁，第七十九军退守南城，日军跟踪追击。第七十九军军长夏楚中令第一九四师守卫南城，掩护军部及主力撤退。6月10日，日军第三师团分两路从西、南两个方向包围南城，展开猛攻。激战至11日晚，日军迫近城垣。第一九四师师长郭礼伯弃城逃走，余部各自突围。防守北门的第五八二团被日军包围，官兵1500余人大部牺牲。6月12日，南城为日军占领。第七十九军和第四军先后向磨盘山、狮子山、乐安附近山地转移。

由进贤沿浙赣铁路东进的岩永支队，6日傍晚击退第七十五师占领东乡。11日，攻占余江。然后配合第三十四师团主力进攻鹰潭。6月15日，日军在第二十九独立飞行队配合下向鹰潭发起进攻。守军第一〇〇军在日军优势兵力和炮兵、航空兵联合猛攻下，力战不支，纷纷溃退。16日，鹰潭为日军占领。

6月24日，"中国派遣军"司令官畑俊六根据大本营指示，命令第十三、第十一两军，各以部分兵力东西对进，实施打通浙赣线作战。日军第二十二师团谷津支队，于6月30日晨从上饶出发，沿浙赣路西进。第三十四师团的岩永支队于6月30日从贵溪出发，沿浙赣路东进。7月1日，两个支队在横峰会合，完成了打通浙赣线的任务。

在日军第十三军主力西进的同时，小薗江邦雄旅团从龙游出发南下，在海军陆战队配合下，先后攻陷了丽水、青田、温州等地。随后，日军在长达六百多公里的沿浙赣线地区大肆破坏机场，拆迁铁路，掠夺物资。

8月19日，日军各部奉令撤退，除第二十二师团留守金华、武义，第七十师团留守新昌和奉化外，其余部队在9月底前全部撤回原驻地。第三战区部队随后跟进，先后收复临川、鹰潭、上饶、江山、衢州、丽水、温州等失地。

浙赣会战历时三个多月，日军虽然实现了预期作战目的，但也付出了惨重代价。据日军战史记载，日军死伤17148人，其中包括第十五师团师团长酒井直次中将，失去战马2600多匹。中国军民也损失巨大，死伤51035人。不但大批财物被掠夺一空，尤其令人发指的是，日军在撤退前后，竟在衢州地区使用了灭绝人性的细菌武器。8月25日，日本细菌战首犯石井四郎亲自率领七三一细菌部队120余人到达衢州部署细菌战，一方面利用飞机往中国军队阵地及防区空投带有鼠疫菌的跳蚤，另一方面派细菌战部队随同地面部队一边撤退，一边往沿途居民水井、水塘投放霍乱、鼠疫、伤寒、炭疽等病菌，造成沿途传染病暴发流行，成千上万的无辜百姓死于非命。

第三十章

反"扫荡"

百团大战后,华北日军开始强化"治安"措施,大力推行"肃正建设三年计划"和"治安强化运动"。将华北地区划分为"治安区"(日伪占区)、"准治安区"(抗日游击区)和"未治安区"(抗日根据地)。针对三种不同的地区采取不同的措施,在"治安区"以"清乡"为主,加强伪政权统治;在"准治安区",以"蚕食"为主,不断"扫荡"抗日力量;对"未治安区",实行野蛮的"三光"政策,使抗日根据地难以坚持。从1941年开始,日军先后推行了五次"治安强化运动",进行了九次万人以上的大"扫荡"。

一、狼牙山五壮士

1941年8月,新任"华北方面军"司令官冈村宁次大将,指挥"方面军"直辖第一军、第十二军、驻蒙军各部5个师团6万余兵力,分为甲、乙、丙三个进攻兵团,开始对晋察冀边区进行大"扫荡"。晋察冀军区司令员聂荣臻根据敌情变化,发布了反"扫荡"作战训令和政治工作指示,要求各部队做好应敌准备。

8月14日至9月4日,日军进行第一期作战,对抗日根据地实行铁壁合围。首先以甲兵团"扫荡"八路军平北抗日根据地古北口、密云地区,以乙、丙两兵团"扫荡"冀中抗日根据地深泽、安平、无极、安国等地区。从8月23日开始,兵分十路,分进合击,对主要目标北岳、平西区进行大"扫荡"。日军进攻兵团和封锁兵团一部向中共晋察冀分局等机关驻地陈家院、陈庄地区,晋察冀军区机关驻地蛟潭庄、湾子里、六亩园地区进行围攻。聂荣臻率晋察冀边区党政军机关向阜平地区转移,主力部队向平汉、正太铁路和进攻之敌的侧后转移,摆脱了日军第一次围攻。

8月31日,日军甲兵团6000余人合击平西区党政军机关所在地蓬头、小峰口地区，由于平西区党政军机关已于前一天晚上转移，日军再次扑空。冈村宁次恼羞成怒，亲自指挥日军乙、丙两兵团等部5万余人向晋察冀边区党政军机关所在地阜平地区进行铁壁合围。

9月1日，晋察冀边区党政军机关、学校七八千人被合围于阜平以北以雷堡为中心东西约25公里、南北约35公里的狭窄地区内，处境十分危急。一份向八路军总部和延安报告危急情况的急电，从雷堡村发了出去。但未等得到回电，4架敌机就顺着沙河突然低空飞临雷堡村，俯冲投下一颗颗炸弹。军区通信营教导员当场牺牲，党政机关干部们也有一些伤亡。

聂荣臻从司令部几部电台的电键声中，悟出了暴露目标的原因，立刻命令电台停止跟外界联系，并想出了一个将计就计的办法。为迷惑敌人，当日黄昏，聂荣臻派侦察科科长罗文坊带一个小分队和一部电台，到雷堡以东的台峪一带，仍以"军区呼号"不断与各方联系，故意暴露目标，引敌上钩。2日下午，日军果然分兵7000余人向台峪合击。聂荣臻率晋察冀领导机关乘机于当晚西进40公里，转移到常家渠一带隐蔽，跳出了日军的包围圈。

从9月4日开始，日军转入第二期作战，对抗日根据地进行"梳篦清剿"。晋察冀军区于9月7日发出指示，要求各军分区一面适当集结主力一部，打击敌人的交通运输，消灭敌人搜山"清剿"部队；一面采取更大的分散，以游击动作极力控制地区，打击伪政权，恢复社会秩序。要求地方武装和民兵，以游击战掩护群众收割粮食、保卫秋收。

由于原隶属于晋察冀第一军分区的河北游击三支队司令赵玉昆叛变投敌，对这一带地形比较熟悉，这一次赵玉昆担任向导，带领日军进山"扫荡"，日军很快就占领了一分区司令部、政治部、供给部、卫生部等驻地，易县根据地全部沦于日军之手。晋察冀第一军分区司令员杨成武率领一分区司令部、政治部机关以及一分区地委机关干部200余人，还有军分区直辖的警卫连和侦察连，在一分区一团的掩护下转移到狼牙山区。

狼牙山位于易县、徐水、满城、涞源之间，因其峰峦状似狼牙而得名，有五坨三十六峰，是晋察冀边区东大门。由于日军不断"清剿"，上述四县的党政机关、游击队和周围村庄的数万群众也都隐蔽在狼牙山区。

9月24日，日军以3500余人的兵力，分三路突然包围狼牙山区。第一团团长邱蔚急速将此紧急情报报告杨成武司令员。杨成武采用"围魏救赵"战术，命令军分区第三团、第二十团佯攻管头、松山、甘河一带日军，促使日军从狼

牙山东北方向调兵增援，以便于被围的干部、群众从狼牙山东北方向突围。第一团奉命在副团长宋玉琳的指挥下担任掩护任务，军分区机关及当地群众趁夜转移到了田岗、牛岗、松岗一带。宋玉琳带一团脱离战场，指示第三营第七连担任掩护任务。

"狼牙山五壮士"幸存者葛振林（右）和宋学义（左）

25日拂晓，日伪军误以为八路军主力部队被包围，在飞机、大炮的掩护下，500多日伪军凶猛地向狼牙山方向攻来。第七连战士在敌人必经之路上埋下地雷，炸死炸伤日伪军50余人。日军指挥官命令部队再次向狼牙山方向疯狂进攻。激战中，第七连战士大部分牺牲，连长刘福山身负重伤。指导员蔡展鹏命令第二排第六班负责断后，掩护第七连剩余部队突围。

为了拖住并吸引日伪军，第六班班长马宝玉带领全班仅存的葛振林、宋学义、胡德林、胡福才等4名战士边打边向棋盘陀方向撤退，把日伪军引向悬崖绝路。当退到棋盘陀顶峰时子弹已经全部打光，他们就举起石块向日伪军砸去。日伪军发现他们没有子弹了，叫喊着"捉活的，捉活的"蜂拥着向山顶冲来。

壮士们为了不让日伪军活捉，砸碎枪后，高呼着"打倒日本帝国主义""中国共产党万岁"口号，毅然纵身跳下身后深不见底的悬崖。班长马宝玉、战士胡德林、胡福才3人壮烈牺牲，副班长葛振林、战士宋学义被山腰树丛挂住，幸免于难，被当地群众营救脱险。

10月1日，日军进攻兵团开始逐次回撤。晋察冀军区迅速集中主力部队，在地方武装和民兵配合下，袭击、伏击、追击日军，给敌人有力打击。

二、沂蒙反"扫荡"

1941年11月，华北日军推行第三次"治安强化运动"。驻鲁日军第十二军司令官土桥一次中将亲自到临沂坐镇指挥，先后调集第十七、第二十、第二十一、第三十二、第三十六师团和独立混成第三、第四、第五、第六、第七、第九、第十旅团各一部共5.3万余日伪军，向中共山东分局、山东省战工会、第一一五师和山东纵队等领导机关所在的沂蒙山区鲁中根据地，发动了规模空前的"铁壁合围"大"扫荡"，企图一举消灭山东抗日根据地党政军领导机关和主力部队。

山东军政委员会对反"扫荡"作战做出部署：中共山东分局、第一一五师机关和直属队适时转移至鲁南地区；山东纵队直属队转移至泰山地区，第一旅跳出合围圈外围待机作战；抗大一分校转向泰安、泗水、宁阳地区；鲁中军区及其所属军分区和县、区武装留守当地，领导民兵坚持武装斗争；其他部队积极配合沂蒙山区反"扫荡"作战。

11月4日拂晓，蒙阴日伪军400余人秘密出动，以"纵深包围"战法，远程奔袭驻蒙阴东南马牧池的山东纵队指挥机关。山东纵队机关和直属特务团顽强抗击，与日军激战竟日，于当夜分散向东转移至沂水西南的南墙峪地区。日伪军紧随其后实施合围。在纵队特务团掩护下，山东纵队机关突围转移至蒙山、天宝山地区，跳出合围圈。

5日凌晨，日伪军2万余人，分别从临沂、费县、蒙阴、沂水、莒县等地出动，以"铁壁合围"战法，在7架飞机、10辆坦克、数十门大炮配合下，分11路向中共山东分局、第一一五师领导机关驻地留田合围，企图一举消灭中共山东党政军首脑机关。

当时，中共山东分局、山东省战工会、第一一五师领导机关及直属单位共5000余人，而战斗部队仅第一一五师特务营和山东分局警卫连。在日伪军合围圈迅速缩小、步步逼近的危急情况下，罗荣桓、朱瑞、陈光、萧华和陈士榘等，于当日下午召开紧急会议，研究情报和突围方向，决定采纳罗荣桓的意见向西南突围。

黄昏后，雾气弥漫，夜色朦胧。

守卫在大崮山的八路军战士

日伪军在留田周围燃起堆堆篝火，山东分局和第一一五师领导机关趁夜隐蔽行动。罗荣桓根据情报选择突围道路，亲自率作战科、侦察科的几名干部和师特务营一个连为先导，从日伪军包围圈结合部一公里多的间隙中迂回穿插，接连越过三道封锁线，于6日拂晓，没费一枪一弹，未损一兵一卒，顺利地跳出了日军合围圈，安全转移到蒙山南部地区。

日军合围留田扑空。但山东纵队第二旅第四团第三营第九连与边联县大队一个连在蒙阴东李林遭敌合击。全体指战员与敌反复冲杀，毙伤敌300余人，终因敌我悬殊，大部伤亡，其余人员在副营长秦鹏率领下，跳下悬崖壮烈牺牲。

与此同时，日军1000余人采用"长途奔袭"战术，向大崮山根据地发动偷袭。大崮山位于蒙阴县东北部，南北长5公里，有北顶子、二顶子、三顶子三个崮顶，地势险峻，四周多悬崖峭壁。八路军兵工厂、弹药库和粮库都设在这里，由鲁中军区独立团第二营300余人在此防守。日军包围大崮后，首先用飞机、大炮轮番对山顶进行轰炸。独立团团长袁达、政委于辉带领八路军战士和兵工厂工人，与日军展开激战。日军被地雷炸死炸伤多人，狼狈退回。第二天，日军又用飞机、大炮轮番轰炸，然后步兵一次接一次地强攻，东门和南门曾一度被敌占领。八路军战士全力将敌歼灭，夺回阵地。第三天，日军从南门两侧两个阵地结合部冲向山崮，占领了最高峰。八路军组织了两次反击，均未成功。经过三天激战，守军伤亡很大，部队决定突围。7日夜，部队将山上兵工厂和所有仓库炸毁后，用绳索从崮顶秘密撤下突围。中共山东分局书记朱瑞夫人、省妇救会常委陈若克不幸被俘，抱着刚出生几天的孩子，英勇就义。

日军多次合击未达目的，遂改变计划，从11月12日起，对沂蒙山区进行"清剿"。将主力配置于临（沂）蒙（阴）公路与沂河间，依托青驼寺、垛庄、孙祖、界湖、岸堤、河阳等要点，严密分割封锁，寻找八路军主力决战。在"清剿"中，日军实行野蛮的"三光"政策，许多村庄被洗劫一空，毁之一炬，杀害无辜群众3000多人，抓走壮丁近万人。

在反"清剿"斗争中，根据地的基层政权、地方武装积极配合主力部队，展开了袭扰日军据点、破袭公路和反伪化斗争。有的实行搬空、藏空、躲空"三空"策略应对日军"三光"政策。沂南县芦山后、艾山后等五个村庄的群众，冒着生命危险，先后分散掩护了1300余名八路军伤病员和地方干部。横河村妇女明德英，机智勇敢地解救被日军追捕的一名身负重伤的八路军战士，并用自己的乳汁将其从昏迷中救醒，被誉为沂蒙"红嫂"。

11月14日，日军集中7000余人，合击蒙山一带山区。蒙山位于沂蒙山区腹地，东西雄列，绵延百余里，主峰龟蒙顶海拔1156米，是沂蒙山区的最高峰。17日，日军从空中侦察到行至东西蒙山之间大谷台的山东分局和第一一五师师部等领导机关人员，遂对大谷台进行合击。领导机关人员东越临（沂）蒙（阴）公路进入北村。18日，鲁中军区司令员刘海涛在蒙阴官庄被俘遇害。

200多名日伪军在特种部队配合下，尾追第一一五师师部、山东分局机关，进占沂南绿云山、狼窝子，并在绿云山建立据点，对沂蒙中心根据地构成威胁。罗荣桓政委、陈光代师长决定趁敌立足未稳，率师部特务营、山东纵队第二旅第四团第三营及沂（南）临（沂）边联县独立营攻击该据点。

11月28日晚，在罗荣桓直接指挥下，绿云山战斗打响。八路军攻进村子，接连打退日军多次反击，歼敌百余。但由于日军负隅顽抗，未能攻克敌据点。29日拂晓，部队奉命撤出战斗监视敌人。为了集中精力作战，防止机关受损失，罗荣桓等首长指示，由师部第五科科长袁仲贤带领师部及直属队人员，省战工会副主任兼秘书长陈明带领山东分局、省战工会、省群团组织、报社、医院、被服厂、银行等人员约2000人，于29日夜向临沂至蒙阴公路西侧的大青山转移，待部队结束战斗后再会合。据进驻大青山的抗大一分校报告，那一带未发现敌情。

畑俊六指挥日军在沂蒙崇山峻岭中追击第一一五师、山东纵队主力总是扑空，于是改变战术，令一部继续追寻，而以一个混成旅团5000多人秘密进入大青山四周，布置了一个合击圈"守株待兔"，企图消灭进入这一带的八路军部队和机关。这一严重敌情，抗大一分校没有发现。抗大一分校有第二、第三、第五、特科4个大队，1个女生队，加上校部机关，共3000多人，分驻在胡家庄、杨家庄、大谷台、李行沟、梧桐沟等十几个村子，校部机关驻胡家庄、大谷台。

11月30日晨，东北山口突然响起急促的枪声，接着第五大队军士哨岗位升起报警的烽烟，东南方向也响起隆隆的重炮声。从熟悉的三八式步枪特有的"叭勾"声和炮声判断，遇上了日军主力部队。抗大一分校校长周纯全当即命令紧急集合，抢占最近的制高点大青山。

大青山系蒙山支脉，位于沂南、费县、蒙阴三县交界处，主峰海拔686米，山势险峻。当时，日军一个中队携九二步兵炮一门，已抢占了大青山一号高地，并向前哨连急袭。担负警卫全校重任的第五大队，遂向第二、三号高地扑去。大队长陈华堂、政委李振邦都是久经沙场的老红军，在没有接到首长命令的情况下，当机立断抢占制高点，双方展开了激烈的高地争夺战。

就在这紧急时刻，第一一五师和山东党政领导机关、直属队又茫然拥进抗大一分校驻地。早已埋伏在四周的日军立即扎紧口袋，疯狂地向包围圈中心滚进压缩，四面八方的枪炮声越响越密、越响越近。袁仲贤当即命令师直各单位人员向东南方向的上、下石盘转移，同时组织部分队伍由北面冲向大青山顶，与抗大一分校守卫人员会合，掩护机关、学校突围。

战场形势万分危急！周纯全校长果断命令山东分局警卫连在前面开路，掩护机关非战斗人员和抗大学员向西蒙山突围。突围人员通过一条沙河，四面的日军居高临下，凭借有利地形猛烈射击，敌机也反复俯冲扫射，炮火轰鸣，弹飞如雨，许多战士倒了下去，鲜血染红了草坡，染红了白沙，染红了河水。

面对敌人的疯狂阻击，突围部队除了前进别无他途。狭路相逢勇者胜，警卫连以排枪开路，后续队伍冒着炮火勇猛前进，用血肉之躯杀开一条活路！扼守西山山麓咽喉要地的是少数日军和伪军刘黑七的部队，看到黄河决堤般汹涌澎湃、拼命冲击的人潮，被这无惧无畏的场面惊呆了，竟慌忙撤离阵地，向西南方向溃逃。警卫连迅速抢占西山，掩护滚滚向西的突围人流突出重围。

血阳西斜时，二号高地、三号高地相继失守。第五大队第二、第三中队近300人，基本上都壮烈牺牲在阵地上。尾追过来的日军见大队人马脱围西去，像输红了眼的赌徒，凭借优良的武器和优势兵力，号叫着蜂拥而上，"围剿"、杀害所有活着的对手。由于断后掩护人员少，阻挡不住敌人的追击，日军步兵、

抗大一分校警卫连掩护抗大学员突围

骑兵一齐闯入人群，以长短枪、马刀、手榴弹对手无寸铁的机关人员进行惨无人道的屠杀……一时间，整个战场血肉横飞，600多名干部、学员血洒疆场。来山东帮助中国人民抗战的国际友人——波兰籍德国共产党员、美国《太平洋事务》月刊记者汉斯·希伯，也同日军英勇拼杀，壮烈牺牲在战场上。

省战工会副主任兼秘书长陈明带领部分人员突出日军重围，转移到大谷台，不幸复遭日军合击，又向望海楼方向突围。敌人火力密集交叉，随行人员几乎无不挂彩，女同志、炊事员、饲养员也不避枪弹，同日军扭打在一起。在冲到东西蒙山之间的大沙河沟崖时，遭敌机枪火力封锁，陈明双腿被打断。日军围拢上来，陈明连发三枪击毙3名日军，然后用最后一颗子弹对准自己开了枪。陈明同志的夫人、山东姊妹剧团团长辛锐也在突围中受伤，用仅剩的一颗手榴弹与包围上来的日军同归于尽。

陈光、罗荣桓得报大青山战况后，急派攻打绿云山的部队飞速赶赴大青山。当增援部队到达时，大青山突围战斗已经结束了。傍晚时分，突围出去的人员经紫荆关转移到西蒙山。

大青山突围，伤亡惨重。省战工会副主任兼秘书长陈明、第一一五师敌工部部长王立人、省抗协宣传部部长赵冰谷、抗大一分校二大队政委刘惠东、鲁中军区直属第三团政委刘清、蒙山独立支队政委刘涛等1000多人牺牲。山东分局组织部部长李林和统战部部长谷牧负伤。省战工会副主任李澄之被俘，在党组织和地下工作人员孟蒙营救下脱险。

12月初，日军主力撤出沂蒙山区，部分兵力转向天宝山区和滨海区"扫荡"。第一一五师、山纵部队一面截击撤退之敌，一面袭扰留在根据地内的日伪军。8日，退至费县一带之敌3000余人，分九路合击天宝山西南之带庄、郑城、白彦一带，第一一五师直属队一部及鲁南军区安全转移。山纵一旅三团为掩护山东分局党校突围，与敌激战终日。坚守苏家崮之两个连，反复与敌拼杀，弹尽后以石头砸击敌人。敌冲上山后，仅存的30几名战士抱敌投崖，与敌同归于尽。

太平洋战争爆发后，日军开始调整部署，从中国战场抽兵南下，在鲁中、鲁南、滨海一带"扫荡"的日军也陆续撤退。中共山东分局和第一一五师等领导抓住有利时机，迅速调整部署，一面组织机关安全转移，一面部署兵力尾追、截击撤退之日伪军。至12月28日，先后收复蒋庄、诸满、大桥、马牧池、岸堤、河阳等地，历时近两个月的反"扫荡"作战结束。

在这次反"扫荡"作战中，八路军第一一五师和山东纵队历经大小战斗150余次，以伤亡1600余人的代价，消灭日伪军2200余人，粉碎了日军妄图消灭山东党政军领导机关和部队有生力量的图谋，坚持和巩固了鲁中抗日根据地。

三、巾帼英烈辛锐

在沂蒙反"扫荡"中，抗日女英雄、山东姊妹剧团团长辛锐也在大青山突围中壮烈牺牲，成为歌剧《沂蒙山》女主角原型和著名抗日英烈。

辛锐，原名辛淑荷，1918年生于济南大明湖畔的名门望族"辛公馆"。祖父辛铸九，清末举人，是著名的民族资本家，曾任济南商会会长、山东省图书馆馆长。

辛锐天资聪颖，多才多艺，自幼拜师著名画家黄固源学习绘画，16岁即在山东省民众教育馆举办个人画展，把义卖款全部捐献给东北抗日将士。日军占领济南后，辛锐随任滕县官钱局局长的父亲辛葭舟来到滕县。正在这时，中共山东省委书记郭洪涛率刚起义的第四支队南下。辛葭舟毅然率儿子辛曙明和两个女儿辛锐、辛颖投奔八路军，并捐献一麻袋大洋，解决了部队燃眉之急。

第四支队到达省委机关驻地沂水岸堤后，辛葭舟被任命为八路军山东纵队贸易局局长，辛锐、辛颖、辛曙明进入山东抗日军政干校学习。毕业后，辛锐被分配到省妇女救国联合会任秘书。每逢集会和行军休息，辛锐就大大方方地为大家演唱。活泼漂亮的辛锐、辛颖姐妹，被大家称为沂蒙山区姊妹花。

不久，中共山东省委酝酿创刊机关报《大众日报》，辛锐被推荐参加筹建工作，创刊号报头设计及毛主席木刻像出自其手。她还经常画些宣传画在《大众日报》上发表，有一幅《老王当兵》的画，战士们看后都拍手叫好。辛锐能写会画的才能远近闻名，不久，光荣地加入了中国共产党。

山东省战工委副主任陈明和辛锐

1939年1月，辛锐被选调中共山东分局党校学习。山东分局书记朱瑞兼任党校校长，陈明任副校长主持工作。陈明毕业于苏联莫斯科东方大学，曾任北伐东路军政治部组织科长、中共福建省委代理书记、红军总政宣传科科长、八路军第一一五师政治部宣传部长、山东省战时行政工作委员会副主任兼秘书长。在党校学习期间，共同的理想和信念，让辛锐和陈明走到了一起。

　　1940年底，中共山东分局决定组建"姊妹剧团"，辛锐任团长，团员大都是从抗大女生队中挑选出来的有文艺特长的学员。辛锐既当团长，又当导演，也当演员，还亲自动手编写剧本，指导排练节目。创作演出了《反对下关东》《赶集》《劝架》《缠脚是苦》等剧，还领导剧团演出了《雷雨》《血路》等大型话剧，深受部队和群众欢迎，鼓舞了抗日军民的士气。

　　1941年11月，日军纠集5万人马，对沂蒙山区进行史无前例的大"扫荡"。第一一五师和山东纵队主力部队转入外线。山东分局直属机关编为几个大队，凭借沂蒙山的有利地形，坚持游击斗争。

　　为便于隐蔽转移，辛锐率20多位女同志组成的分队，进驻费县辛庄子一带隐蔽。辛锐腰插驳壳枪，带领同志们不断变换隐蔽地点，日夜与敌周旋。有一次，陈明和辛锐相遇，陈明正率领部队急行军。路上，他仅举起手，跟辛锐打个招呼，来不及交谈，便匆匆而去。

　　11月30日黎明，陈明率第一一五师警卫连、省战工委机关干部，与日军在大青山遭遇，双方展开激战，陈明在突围时壮烈牺牲。

　　同日，辛锐等人在猫头山与敌遭遇，战斗十分激烈。为掩护同志们撤退，辛锐小腹中弹，右膝盖骨被机枪打掉，左膝盖骨被打掉一半，经抢救包扎，于当日傍晚，被送至山东纵队第二卫生所驻地——火红峪村治疗。

　　省妇联领导王照华命姊妹剧团小演员徐兴沛来照顾护理辛锐。小徐见她伤得这样重，眼泪夺眶而出，哭着说："团长，您受伤了！"

　　辛锐慢慢睁开眼，轻轻地说："小徐，别难过，革命免不了流血牺牲。"

　　为了安全，徐兴沛和老乡把辛锐隐蔽到附近一个叫鹁鸽棚的狭小的山洞里。几天后，辛锐的伤痛逐渐减轻，能吃点东西了。但因大雪封山，缺吃少喝，徐兴沛只身出去找吃的。由于敌人封锁搜山和找粮困难，第五天才回来，这时辛锐已饿晕休克。小徐连忙用水喂她，过了一会儿，辛锐才苏醒过来。小徐赶忙将地瓜干送到她的嘴边，抱歉地说："团长，实在搞不到其他可吃的东西了。"

　　辛锐慢慢地嚼着地瓜干，安慰她说："这瓜干真甜，真好吃！不要难过，等把日本鬼子赶走了，我们就可以过上幸福生活了。"她一边嚼着地瓜干，一边哼起了歌曲：冰河在春天里解冻，万物在春天里复生；全世界被压迫的妇女，喊出了自由的吼声！一起打破敌人的牢笼。苦难使我们变得坚定，旧日的闺秀变成新时代的英雄……

辛锐在鹁鸽棚洞住了半个多月，伤势渐好，但双腿已残，不能走路。12月16日，二所同志把她接到火红峪村治疗，帮她洗澡、换药。当听到姊妹剧团指导员甄磊牺牲的消息时，辛锐悲痛万分，勉励大家要以甄磊为榜样，抗战到底。

这期间，辛锐不止一次地问身边的同志："陈明现在何处？不知省委机关突围出去没有？"小徐和同志们强忍着泪水，一直不忍心将陈明牺牲的情况告诉她，只好说陈明已安全突围，带队转移到了外线。

12月17日清晨，刺骨的寒风卷着鹅毛大雪刮个不停。突然，一股日军路经火红峪，包围了第二卫生所驻地。卫生所同志马上抬起辛锐就往外跑，一出村便遇到了日军，日军机枪打个不停。辛锐担心大家抬着她会遭受更大损失，焦急地喊道："放下我，你们快跑！"抬担架的同志谁也不忍心这样做，仍然抬着她边打边冲。

由于山路崎岖，刚跑出100多米，敌人就追上来了。日军逼近了，号叫着要她们投降。辛锐一跃从担架上滚下来，说："你们快走，冲出一个是一个！"话音刚落，两名同志中弹倒地。

另外两名同志好不容易将辛锐架到山脚下的石缝中，敌人已经围上来，狂叫着："女八路！女八路！抓活的，抓活的！"

辛锐急了，厉声喝道："我掩护你们突围，执行命令！"言毕，她向敌群扔出一颗手榴弹。"轰"的一声，手榴弹在鬼子中间开了花，前面的几个鬼子应声倒地。那两名同志忍痛放下她，趁硝烟向山林中跑去。

一个举着军刀的日本军官叫喊着："女八路！女八路！捉活的。"就在日军往前冲的时候，辛锐又扔出了第二颗手榴弹。日本军官暴跳如雷，捂着受伤的腰疯狂地喊："枪毙！枪毙！"几个日本兵举枪对准了她，辛锐被一颗子弹射中倒在地下。

日军以为辛锐已经被打死，便一齐围了上来。突然，辛锐拉响了最后一颗手榴弹，一声巨响，日军被炸得血肉横飞。年仅23岁的辛锐与日军同归于尽，鲜血染红了大青山的皑皑白雪，沂蒙之花凋谢在大青山上。

四、左权牺牲

1942年春,"华北方面军"司令官冈村宁次制订了"C号作战计划",调集3万余兵力首先对冀中平原实施"五一大扫荡",趁八路军将注意力凝聚于冀中时,又突然转向太行山区,企图以"反转电击"战法捕捉奇袭八路军总部和第一二九师首脑机关。还派出两支特种部队"挺进队",化装成八路军,自带粮秣,昼伏夜动,在根据地军民毫无察觉的情况下,悄悄潜入太行腹地接近八路军总部。

5月15日,日军第三十六师团主力及第六十九师团一部,共7000余人,远程奔袭太岳南部沁河沿岸东峪、马壁地区的八路军第三八六旅,第三八六旅及时向北转移,使日军扑空。21日夜,日军特种部队"大川挺进队"伪装八路军新编第六旅,潜入第一二九师师部驻地黎城县会里村。刘伯承率师部提前三个小时转移脱险。

与此同时,日军独立混成第三、第四旅团及独立混成第一、第八旅团,从18日起逐渐开始行动,对中共中央北方局和八路军总部驻地窑门口、青塔、偏城、南艾铺地区,从北面、东面构成了封锁线;第三十六师团于23日进至西南和南面,从而完成了合围。

5月22日,从太原至和顺、从邢台到武安、从襄垣到潞城都出现敌情。当晚,八路军司令部又收到日军第四十一师团主力乘汽车向辽县、和顺快速开拔的情报。八路军副总司令彭德怀、副总参谋长左权当机立断,命令主力部队迅速开拔,跳出敌人的重兵包围圈到外线作战。日军特种部队"益子挺进队"用先进的电讯情报技术侦测到了八路军总部这个密集向外发送电报讯号的中心,立即联络派重兵合围。

24日夜,云幕低垂,星月无光,北方局总部、野战政治部、后勤部、党校、报社等机关2000余人,根据总部命令,分路向麻田以东隐蔽转移。大批人马翻山越岭,在崎岖狭窄的山路上摸黑移动,后勤部门包括被服厂等的骡马驮着辎重,一夜只走了二十多里,进入南艾铺、窑门口、偏城地区。

25日拂晓,日军独立混成第三、第四旅团主力,独立混成第一、第八旅团之一部和第三十六师团一部共万余人,根据"益子挺进队"的报告,从四面八方迅速奔袭,对该地区构成合围。窑门口、偏城、南艾铺地区,位于山西辽县与河北涉县边界,紧靠太行山脉制高点峻极关西南,大山连绵,方圆不过十里。

一条大岭东西横亘于呈南北走向的太行山脉之上，状如十字，故名十字岭。岭东南一道大沟约十里，数千人马拥挤在这条狭窄的山沟里，形势十分危急。总部决定上午隐蔽，于午后敌合拢前穿插突围。

近午时分，日军侦察飞机发现了目标，接着飞来数架敌机低空俯冲轮番扫射、轰炸，有不少同志中弹牺牲。掩护部队也与地面敌人接火，枪声一阵紧似一阵。彭德怀、左权、罗瑞卿等在南艾铺村外树丛中紧急碰头，果断决定分路突围。总部和北方局为第一纵队，由左权率领沿清漳河以东向西北突围；野战政治部和党校、新华日报社为第二纵队，由罗瑞卿率领向东突围；总后勤部为第三纵队，由杨立三率领向东北突围。必要时机关人员化整为零，各自为战，各路人马立即行动。

口授命令毕，左权提出由他留后指挥，彭德怀则要左权带队突围。左权催促说："你的转移，事关重大，你先冲出去，总部就主动了！"

彭德怀仍关注着围在合围圈里的大批战友，坐在高大的枣红马背上不肯挪动。左权急了，以强硬口气命令司令部警卫连连长唐万成："连人带马，给我推！"彭德怀挥起马鞭，在警卫战士的掩护下，冒着枪林弹雨，向西北方向疾驰而去。

左权指挥大队人马继续突围。护卫彭总突围的警卫连连长唐万成又率部返回接应左权。唐万成汇报说："彭总已冲过封锁线，现在你快跟我走吧！"左权回绝说："总部和北方局那么多同志需要我，我留在后面指挥，和大家一起突围。"

唐万成紧紧攥住左权的胳膊不放，要强行将他拉走。左权气极了，拔出左轮手枪，喝令道："你要懂得，要是彭总有个三长两短，我要枪毙你！"唐万成只得松开手，转身朝彭总突围的方向赶去。左权要求警卫战士"要保护好电台，保护机密材料，保护机要人员！"，并将身边的参谋人员、警卫战士分散到电台和机要人员中去。

左权（1905—1942），湖南醴陵人，黄埔军校一期毕业，1925年加入中国共产党，同年12月赴苏联伏龙芝军事学院学习。历任红军军官学校第一分校教育长、红新十二军军长、红十五军军长兼政委、红一军团参谋长、代理军团长。抗日战争爆发后，担任八路军副总参谋长、八路军前方总部参谋长，兼任八路军第二纵队司令员。陆军少将。1942年5月，在掩护八路军总部突围时牺牲

左权指挥警卫部队掩护总部机关北进，敌机发现运动部队，开始跟踪轰炸。日军迅速收缩合围圈，将一簇簇炮弹砸向密集的人群。顿时，战场上飞机轰鸣，枪弹横飞，有些非战斗人员和后勤机关人员，初次遇到这样激烈的战斗场面，四下躲避飞机。左权站在山坡上，挥舞着手枪向人群高喊："同志们！不要怕飞机，快往前冲！冲出山口就是胜利！"

大家见左权参谋长就在身边指挥，很快镇定下来，跟着高喊："冲啊！冲啊！"冒着敌人的炮火向山顶冲去。残阳如血，晚霞映红了十字岭山坡，大部分人员终于突过山口，冲出了敌人的包围圈。

当左权冲到距十字岭顶峰十几米处时，日军的炮火密集射来，一颗炮弹在他身旁爆炸，飞溅的泥土劈头盖脸扬了他一身。左权将自身安危置之度外，仍站在高地上大声喊着指挥突围。这时，第二颗炮弹又向他射来，左权不幸头部中弹，血染青山，壮烈殉国。

左权毕业于黄埔军校第一期，曾赴苏联莫斯科中山大学和伏龙芝军事学院留学。回国后，历任红军军官学校第一分校教育长，红新十二军军长、红十五军军长兼政委，红一军团参谋长、代理军团长，在长征中率先头部队一路过关斩将，屡立战功。抗日战争爆发后，担任八路军副总参谋长、前方总部参谋长，兼任八路军第二纵队司令员。协助指挥八路军开赴华北抗日前线，开展敌后游击战争，创建和巩固敌后抗日根据地，粉碎日伪军多次大"扫荡"，取得了百团大战、长乐之战、黄崖洞保卫战等许多战役、战斗的胜利。还撰写和翻译了40多篇20余万字颇具影响的军事著作，对八路军的军队建设、军事理论建设做出了突出贡献，是一位既有理论修养又有实践经验的著名军事家。

左权将军的牺牲，对八路军是一个重大损失。朱德总司令沉痛赋诗悼念："名将以身殉国家，愿将热血卫吾华，太行浩气传千古，留得清漳吐血花。"为纪念左权将军，经晋冀鲁豫边区政府批准，将左权牺牲地辽县更名为左权县。

左权牺牲后，引起了八路军将士复仇的怒火。为粉碎日军"清剿"，八路军主力分别向敌后方城镇据点和交通线积极展开破袭战。5月30日，八路军于辽县县城东南苏亭镇设伏，歼敌140余人；31日奇袭长治日军机场，毁敌机3架、汽车14辆、油库2座，还袭入敌后方虒亭、五阳、黄碾等据点。6月19日，迫使日军撤退。

此次反"扫荡"，历时30余日，歼敌3000余人，粉碎了日军企图摧毁太行抗日根据地和八路军总部的目的。

五、对崮山突围

1942年10月,华北日军发动了"第五次治安强化运动"。重阳节刚过,驻鲁日军便对鲁中地区展开一系列围攻作战。八路军第一一五师敌工部获得一份济南日军参谋部第105号作战计划情报,透露日军将于10月中旬至11月底出动万余人"扫荡"滨海地区。罗荣桓怀疑该情报有诈,但因滨海地区战略回旋余地小,为慎重起见,决定兵分两路反"扫荡"。罗荣桓率第一一五师主力留守滨海根据地,山东军区政委黎玉率山东分局、山东军区、省战工会、抗大一分校等领导机关,从滨海地区转移到沂蒙山区。没想到,误中日军驻济南特务机关鲁仁公馆精心设计的假情报圈套。

日军得悉八路军山东军区等机关转移到鲁中山区,便秘密调集临沂、蒙阴、沂水、莒县等地第三十二、第五十九师团和独立混成第五、第六旅团各一部共1.5万兵力,由第三十二师团木村兵太郎师团长指挥,以沂蒙山区北部为中心进行"拉网合围",企图一举消灭山东军区领导机关及直属部队。

11月2日拂晓,8000余日军悄悄扑向对崮山地区,将刚刚转移到这里的八路军山东战工会、山东军区机关和特务营、抗大一分校、沂蒙专区机关、沂蒙军分区直属团和鲁苏战区第五十一军军部炮兵连、第六七七团第九连及海军陆战队等1000余人,合围在沂水西北的对崮峪。山东军区副司令员王建安当机立断,命令军区特务营和沂蒙军分区直属团等战斗部队迅速抢占村东北的对崮山制高点,掩护山东分局和军区机关非战斗人员及友军突围。鲁苏战区友军部队主动请求上山参战,黎玉政委说:"大敌当前,应同仇敌忾,进行火线上的统一战线,欢迎友军部队上山共同抗敌。"

对崮山,又名笛崮山,位于沂水、沂源、临朐三县交界处,海拔597米,山的东面是悬崖峭壁,南、北、西三面是较为平缓的山坡。山顶是一个凸起的崮形平台,面积近1平方公里,四周峭壁如削,是沂蒙山区特有的一种地貌特征。特务营负责防守西面,沂蒙军分区直属团守南面。国民党友军接受王建安副司令员统一指挥,负责防守山的北面。

日伪军从四面八方逼近山脚下,首先集中十几门重炮、迫击炮向对崮山进行猛烈轰击达四十分钟,随后集中兵力从南、北、西三面向山上发起连续冲锋。守军居高临下,凭借有利地势接连打退了日军的八次进攻。战斗持续到中午,敌人的攻势更加凶猛。日军以为终于抓住了八路军的指挥机关,便将主要兵力全部集中到对崮山来发起不间断攻击，还调来了几架飞机助战。在空炮火力的配合下，日军端着寒光闪闪的刺刀，一拨又一拨冲向守军阵地。敌我双方往返冲杀，几处阵地失而复得，敌人的尸体越积越多，守军的伤亡也在不断增加，战况异常惨烈，沂蒙军分区直属团政委王锐、政治处主任张圣符先后牺牲。

经过多次冲锋，敌人始终没有攻上对崮山。这时日军发现西北角有一条小道，便把抓来的附近村民赶在前面挡子弹，掩护他们进攻。八路军指战员怕误伤群众，只好暂停射击。被抓的老百姓到山中腰便拒绝前进，誓死不把鬼子引上山。一个汉奸逼着一位白胡子老人向八路军喊话，老人便放开喉咙喊道："八路军兄弟不要管我们，狠狠打狗日的小鬼子！"残暴的日军用刺刀将老人捅死在山坡上，并开枪杀害了所有的群众。愤怒的战士们猛烈开火，打得敌人连滚带爬地逃下山去。

战至下午4点多钟，各连相继报告子弹、手榴弹快打光了，这时从西面冲上山的敌人离指挥所只有近百米，军区机关的参谋干事和首长的警卫人员也都投入了战斗。日军冲上来了，一阵冲锋号吹响，第一连连长王继贤挥舞着大刀跳出战壕，率领战士们与敌人展开了肉搏战。战斗进入白热化，许多战士刺刀拼弯了，就用枪托猛击敌人的脑袋，有一个小战士拉响最后一颗手榴弹与敌人同归于尽。经过二十多分钟的厮杀，敌人留下几十具尸体后溃退，王继贤连长、指导员谢训先后牺牲。

坚守对崮山北部的国民党部队也表现了英勇顽强的精神，接连打退了日军的多次进攻。一位副营长身负重伤，肠子都流了出来，仍拒绝卫兵背他撤退，坚持留下断后掩护，将最后一颗子弹留给了自己。第九连王连长腿被打断，仍顽强跪在地上向敌人射击，直至壮烈牺牲。上校军需处长周日丰以下200余官兵阵亡。

终于坚持到黄昏，王建安副司令员决定趁夜突围，命令特务营营长严雨霖率领特务营余部留下掩护。他紧紧抓住严雨霖的手说："我带机关突围，你带战士们在这里钳制敌人兵力，哪怕就剩一个人也要死死拖住敌人。你们是红军的底子，所有突围部队和机关的安危就看你们的了。"

夜幕降临了，山东军区政治部主任江华率领先头部队首先从对崮峪东北角突击，杀出一条血路，后面的机关人员及友军部队紧接着跟上去，趁夜突出重围。

日军趁天黑之前，又发动了一次大规模进攻，特务营战士们拼死抵抗，终因寡不敌众，陷入重围。山顶上的枪声渐渐稀落下来，360 多人的特务营，最后只剩下营长严雨霖等 14 人。

战士们边打边撤，一直撤到东面的悬崖顶上，再无可退之路了。大家站在悬崖上，谁也不说话，一齐看着严雨霖营长。从三面包围上来的日军也停止了射击，叫喊着让他们投降。

严营长看了看伤残的战友们，又看了看身后十几丈深的悬崖，问道："同志们，我们是什么队伍？"战士们响亮地回答："我们是人民的战士，共产党的队伍。"

"能让敌人抓活的吗？"

"不能！我们宁死不当俘虏！"

随着严营长一声高呼："跳！"战士们一个接一个地纵身跳下了悬崖。山顶上的日军惊呆了，在一个指挥官的指挥下，一起朝天鸣枪以示敬意。

勇士们跳下悬崖后，其中 6 人不幸当场牺牲。其余 8 人有的被悬崖上的树枝拦截，有的摔在悬崖下的河滩上幸免于难。大家苏醒后，忍着伤痛，在漆黑的夜晚爬出了敌人的包围圈，艰难地在山沟里钻了五天五夜，终于在马牧池找到了大部队。

此战，毙伤日伪军 500 余人，八路军也付出了惨重代价。八路军山东军区政委、山东战工会主任黎玉和山东军区政治部主任江华在突围中负伤。山东分局宣传部部长、战工会秘书长李竹如，沂蒙军分区直属团团长刘毓泉、沂蒙地委组织部部长潘维周等 300 余名官兵壮烈殉国。

六、马石山十勇士

1942 年 11 月 8 日，日军"华北方面军"司令官冈村宁次亲抵烟台召开作战会议，布置对胶东抗日根据地进行冬季大"扫荡"。先后调集独立混成第五旅团主力及第五十九师团，独立混成第六、第七旅团各一部，共 1.5 万余人，配以 26 艘舰艇封锁半岛沿海，发动"第三次鲁东作战"，企图歼灭胶东军区八路军部队，确保青岛、烟台间的交通。

胶东地区主力部队主要有山东军区第五旅和胶东军区第五支队，总兵力约 1.4 万人。11 月上旬，胶东军区司令员许世友在海（阳）莱（阳）边区召开营以上干部会议，做了反"扫荡"动员，研究部署了反"扫荡"的作战计划，确定采取"保存有生力量，保卫根据地，分散活动，分区坚持"的作战方针，粉碎日军大"扫荡"。

11月17日，日军从青岛、高密出动600多辆汽车，满载大量兵员和作战物资，沿烟（台）青（岛）公路和烟（台）潍（坊）公路，气势汹汹地驶往莱阳、栖霞、福山等地。聚集在这一地带的日伪军，分成无数小股，倾巢出动。驻牟平县水道之敌由东向西推进，其余之敌则从西、北，分路向东、向南平推，对栖（霞）牟（平）海（阳）莱（阳）边区的牙山、马石山为中心的抗日根据地构成了合围态势。

日伪军依仗人多武器好，分成若干股，相互保持火力联系，采用"拉网合围"战术，实施多路分进合击，密集平推，对胶东抗日根据地像梳头篦发一样，不落一村一户，不漏一山一沟，进行"梳篦"式搜索前进。每天行进十几公里，白天摇旗呐喊，步步进逼，无山不搜，无村不梳，烧草堆，清山洞，连荒庵、寺庙也不漏过；夜间就地宿营，沿合围圈每隔三五十步，便燃起一堆篝火，分兵把守，稍有动静，便鸣枪示警；如果发现突围人群，便用机动部队围捕、追击。公开叫嚣"只要进入合围圈的，天上飞的小鸟要挨三枪，地上跑的兔子要戳三刀。共产党、八路军插翅难逃"。妄图将胶东八路军压缩到胶东半岛的中心地带马石山地区聚而歼之。

马石山，位于胶东半岛海阳、牟海、栖霞、牟平四县交界处，主峰海拔467米，山势蜿蜒险峻，岭长谷深，绵亘数十里。由于日军的围追烧杀，牟平、海阳、栖霞等县部分干部、群众和八路军战士等数千人进入山区避难，日军合围网迅速向着半岛的中心推进、收缩。到11月23日，四面八方的敌人一齐集

胶东军区部队在反"扫荡"中

拢到了马石山四周。

胶东军区党政机关，在主力部队第十六团、第十七团的掩护下，隐蔽穿越了日军封锁线，向东跳出中心合围圈，移至外线。胶东军区司令员许世友、政治委员林浩率指挥机关，转移到牟海东部山区待机而动。胶东军区副司令员王彬指挥第十六团、第十七团，化整为零，以营、连为单位待机突围。

日军扑到马石山，发现胶东军区和第五旅的主力部队已经转移，党政领导机关也不见踪影，便恼羞成怒，见人即杀，见房就烧，见粮就抢，残杀抗日军民503人，制造了骇人听闻的"马石山惨案"。

为了粉碎日军这次大"扫荡"，中共胶东区党委、胶东行署和胶东军区决定，由胶东区公安局干部和警卫部队为主组成"胶东军区战时戒严指挥部"，在中心根据地组织和领导群众坚持反"扫荡"。指挥部下设三个小分队，其中胶东行署公安局警卫连指导员王殿元带领警卫连第三排为一个小分队。第三排战士多数是当地人，对马石山地区的地形比较熟悉，穿隙插空是完全可以突围出去的，但为了解救被敌人包围的几千名群众和地方干部，毅然决定留下掩护群众突围。23日白天，第三排在马石山南面的下石硼等几个村庄和村干部一起组织群众转移；夜里，又和地方干部及民兵一起，带领群众一批批地顺着敌人布防薄弱的山峦沟壑突围，先后有七批1000多名群众安全脱险。

24日拂晓，为了牵制敌人的兵力，使被围的群众和地方干部有更多的机会冲出虎口，王殿元把部队转移到马石山主峰。天亮以后，敌人开始从南坡向山上进攻，第三排的干部战士以古石墙为掩体，居高临下，顽强抵抗。子弹打光了，就用石头砸，连续打退敌人多次进攻，直到中午，敌人也没攻上山顶。日军从南坡攻不上，便从北坡进行包抄，最后终因寡不敌众，王殿元和第三排的干部战士全部壮烈牺牲。

山东军区第五旅第十三团第七连由指导员带领赴东海军分区执行任务，归途恰遇日军"扫荡"。为便于突破敌人包围，指导员决定各班分散行动。第七连第二排第六班10名战士看到村村浓烟滚滚，到处尸横遍野的情景，便毅然留下来，同地方干部、民兵组成一个战斗集体，带领群众连夜突围。他们分成三个战斗小组，冒着敌人的弹雨，往返三次，掩护了近千名群众冲出火网安全转移。在海阳县担任文教工作的作家峻青，在危难时刻，巧遇十勇士正在率领第三批群众向西突围，当即随队同行，冲出日军包围圈。

当六班战士们第四次冲进包围圈准备带领群众突围时，天已大亮。马石山周围枪声越来越密，敌人倾巢出动，开始合围收"网"。几架飞机绕着主峰一带低空盘旋。为了吸引敌人，战士们且战且退，退到马石山主峰南侧一道石墙和几处天然岩石处顽强地坚守着。日军已逼到近前，10名战士先后打退了敌人的多次进攻。最后只剩下班长和两名战士，子弹打光了，敌人冲上来时，三个人紧紧拥抱在一起，拉响了最后一颗手榴弹，血染马石山冈。

战后，人们说不出这十名战士的姓名，然而，他们却赢得了一个共同的光辉名字，那就是"马石山十勇士"。

11月28日，日军调整部署，以5000余人封锁烟青公路，主力东进至牟平、海阳一线，构成新的"隔断网"，向昆嵛山、文登、荣成一带地区推进，试图将牙山、马石山突围东进的八路军部队围歼于狭小的半岛东端。胶东军区机关及第十六团、第十七团部队，利用人熟地熟的有利条件，化整为零，以营、连为单位，穿隙插空，破"网"突围，向西疾进，使日军再次扑空。

在一个多月的反"扫荡"战斗中，胶东区军民英勇斗争，先后与敌作战14次，共毙伤日伪军2000余人，粉碎了日军在胶东发动的规模最大、时间最长的大"扫荡"。在此次冬季反"扫荡"中，西海地委书记于己午、西海军分区参谋长于一心、第十六团政委张寰旭、参谋长陈志英等壮烈牺牲。

第三十一章

全民皆兵

在敌后战场上，除了八路军主力部队外，还有各军分区、县民主政权的独立团、独立营、县大队、区中队等地方部队以及民兵、自卫团等人民武装，充分运用地道战、地雷战、麻雀战、破袭战、奇袭战、伏击战、车轮战、冷枪战、围困战、掏心战、联防战等游击战术袭击敌人，积极配合主力部队作战，为保家卫国发挥了重要作用，为抗日战争的胜利作出了贡献。

一、地道战

1942年5月1日，5万余日军在飞机、坦克、装甲车的配合下，对八路军冀中抗日根据地发动了空前残酷的"铁壁合围"式大扫荡。日军华北方面军司令官冈村宁次大将下令对抗日根据地实行抢光、杀光、烧光的"三光"政策，大肆杀戮根据地群众，抢掠粮食物资，焚烧房舍。

冀中根据地地处平原，不便回旋隐蔽，为保存力量坚持斗争，抗日军民开始挖一些藏身的洞穴地道。有的村发明了连环洞，院院相通，家家相连，既能隐蔽，也能袭击，成为平原游击战的一种有效作战形式。冀中军区司令员吕正操和政委程子华决定将这一经验向整个根据地推广，使无险可守的冀中平原成为阻击日本侵略军的重要阵地。

1944年秋，杨成武出任冀中军区司令员，系统总结了地道的构筑以及战术、技术等方面的经验，写成两万多字的《冀中平原上的地道斗争》油印下发，地道战从构筑到战术都得到明显提高。不少地道里有小型会议室、厕所、水井，以及防毒、防火、防烟等设备，在一望无际的冀中平原上形成了可攻可守的一万余公里的"地下长城"，成为长期坚持冀中平原抗日斗争的地下堡垒。其中，冉庄、高平等村成为著名的地道战模范村。

冉庄，位于河北省清苑县西南，距县城15公里，距保定30公里，战略位

地道中的民兵

置首当其冲。反"扫荡"开始后,冀中人民广泛开展挖地道活动,初步形成户户相通、村村相连,既能隐蔽转移又便于作战的地道网络。冉庄地道主要有4条干线、24条支线。村内户户相通,向外可通往孙庄、姜庄等村,全长30余华里;地道内设有瞭望孔、射击孔、通气孔、陷阱、活动翻板、指路牌、水井、储粮室等,形成能打、能藏、能机动的阵地体系。冉庄民兵依托地道,并与地面工事及地雷战相结合,采取灵活机动的战术,在多次战斗中给日、伪军以打击。

1943年1月7日,30名日、伪军进村抢掠,冉庄民兵利用地道作战,毙伤其4人,日、伪军狼狈逃窜。1945年4月1日,日、伪军500余人向冉庄发动突袭。冉庄民兵利用地道战,毙伤日、伪军13人,迫使其仓皇撤退。

1945年6月20日,驻保定的伪绥靖集团军司令齐靖宇和清苑县伪县长丛殿墀,带领1个团1000余兵力向冉庄进犯。冉庄民兵先在村边进行阻击,而后迅速转入地道,通过瞭望孔观察到一群伪军冲到村东企图破坏地堡工事,当即拉响地雷,炸死伪军数人。与此同时,村北老母庙、南口地平堡、东街碾子堡和十字街的民兵,也纷纷从暗室和高房工事等向日伪军射击,经数小时激战,毙伤其29人,日伪军被迫撤退。

6月23日,不甘心失败的日、伪军又调集2000余兵力企图报复,再次进犯冉庄,先用迫击炮向村内猛烈轰击,随后,步兵迅速向村内冲击,当进至村口时踏响了地雷,炸死日、伪军数名。日、伪军进村后,见四处空无一人,便东冲西撞,盲目射击。一群伪军刚进至东街,其中一名伪团长就被小庙工事里的民兵击毙。

当大批日、伪军进入村北布雷区时,守候在暗室里的5名民兵立即拉响11颗地雷,炸死日、伪军多人。接着,民兵又用步枪毙其10余人,日、伪军乱作一团,分头溃逃。数十分钟后,20余名伪军前来收尸,民兵再次拉响地雷,又炸死其5人。激战一天,冉庄民兵以伤1人的代价毙伤日、伪军33人,打退了日、伪军的进攻。

至抗战胜利，冉庄民兵共进行地道战 11 次，毙伤日伪军 96 人。根据地其他村庄，也利用地道战、地雷战、麻雀战等战术，粉碎了日、伪军的多次"扫荡"，为坚持平原游击战发挥了重要作用。

二、地雷战

在胶东抗日根据地，除八路军山东纵队第五旅主力部队外，还普遍建立了县大队、区中队、武工队和民兵自卫团，利用联防战、破袭战、麻雀战、地雷战等战术灵活机动地打击敌人。其中，海阳县的地雷战曾威震敌胆。

1942 年 2 月，日军侵入海阳县，占领了行村、大山所、鲁古埠和凤城等沿海村庄并建立据点。中共海阳县委积极发动群众，建立起青抗先、农民自卫团等抗日武装，配合主力部队、地方武装不断打击敌人。

1943 年秋天，赵疃民兵队长赵同伦从区武委会领来两颗地雷，和赵守福、赵新瑞等一起研究出拉弦、绊弦等几种埋雷方式。10 月的一天，200 多个日、伪军出来抢粮后，从赵疃西大道回据点。赵守福、赵同伦等人提前在路上埋下两颗地雷，日、伪军经过时，"轰"的一声，一个尖兵踏响了地雷，后边的敌人四处乱窜，又踏响另一颗地雷，两颗地雷炸死炸伤 13 个敌人。民兵们盼望上级多发一些地雷，但兵工厂的条件满足不了需要。赵守福听说大泽山区的民兵发明了石雷，也琢磨研制出一颗"石雷"，经过试爆，效果很好。于是，就地取材，把漫山遍野的石块利用起来，制成各种拉雷、绊雷、滚雷。

与此同时，其他村庄的民兵也学会了用地雷打击日军。文山后村于化虎曾到独立营学习埋雷技术，并很快教会了其他民兵。1943 年秋的一天，他们得知行村的敌人到黄崖、寨头、小纪一带去"扫荡"，就在敌军回行村的必经之地野虎岭，埋下两颗地雷。敌人返程时，刚登上野虎岭便踏响了一颗地雷，四五个伪军飞上了天。敌军官吩咐士兵到赵疃下门板抬尸，刚转到前山坡，又踏响了另一颗地雷，又炸死了 3 个敌人。其余的敌人急忙逃回据点，一个多月没敢出来。

地雷战大显神威后，村村搞起地雷战，先后涌现出赵疃、文山后、小滩等胶东特级模范爆炸村和于化虎、赵守福、孙玉敏等民兵英雄和"爆炸大王"。他们集思广益，不仅制造出大批石雷，还研究制造出铁雷。地雷品种由拉雷、踏

海阳民兵正在埋地雷

雷、绊雷发展到夹子雷、梅花雷、头发丝雷、真假子母雷、丁字雷、水雷、标语雷、飞行雷、空中绊雷等30多种。一旦得到敌人出动的情报,民兵们就提前做好准备,大小路口、山坡、树林、瓜田、菜园、门阶下、水井旁、箱子底……到处是地雷,敌人走到哪里哪里响。后来,敌人抓来一些老百姓,强迫他们走到前面开路。民兵们又发明出一种"长藤雷",把引爆索线加长,等群众安全走过再迅速拉火,使地雷在敌人脚下开花。

此后,日军每次出动总是命令伪军在前边寻雷、起雷,民兵们便研制出一种"真假子母雷",假雷在上,真雷在下,用线相连,一挖假雷,真雷就炸。敌人不敢起雷了,每次出动便在发现可疑的地方,用石灰撒上圆圈,或者压上写着"雷区"的字条。赵疃和文山后的民兵们,就在敌人的来路上撒上圈,在圈与圈之间埋上地雷,旁边布下雷群。敌人顺着圈与圈的间隙走,地雷就响,跑到路旁躲,雷群就炸。敌人又搬来工兵探雷和起雷,但因金属探测器难以探测石雷,仍逃不掉在地雷阵里挨炸的命运。

敌人连遭地雷轰炸,便将外围的日、伪军8个中队,全部集中到行村中心据点,然后龟缩在据点里,一连数月不敢出动。为了彻底消灭敌人,民兵爆炸队配合部队在行村据点周围对敌人进行封锁、围困、袭击,通过政治攻势,瓦解伪军。

1944年8月中旬，胶东军区发起秋季攻势，地方武装和广大民兵积极配合，很快拔除了烟青公路两侧的数十处日伪据点。行村、大山的敌人也逃往青岛，海阳全境得到解放。

三、铁道游击队

枣庄地处鲁南，盛产煤炭，是东部地区重要的能源重镇之一。台儿庄战役结束后，日军占领枣庄，派独立步兵第一九四大队在此驻扎，疯狂地掠夺煤炭资源，并经常到附近根据地骚扰。

为刺探日军情报，1938年10月，苏鲁人民抗日义勇队选派第三中队一排排长洪振海和三排排长王志胜来到枣庄，以开设"义合炭场"为掩护，建立了秘密情报站。洪振海从小生活在铁路边，练就了一手飞身上车的功夫，能在飞驰的列车上上下自如，经常到火车上劫夺敌人的军用物资。

1939年11月，洪振海召集6名失业工人，在情报站的基础上秘密成立了"枣庄铁道队"。1940年1月，正式成立"鲁南铁道队"，洪振海任队长，王志胜为副队长，杜季伟任政委，队员发展到150余人。

铁道队成立后，以临城为中心，出没于微山湖畔和铁道线上，截军列、打洋行、扒火车、炸桥梁，积极配合根据地反"扫荡"。5月，袭击日军"正泰洋行"，击毙日军特务人员13名；6月，袭击日军押款列车，缴获法币8万余元；8月，破坏津浦铁路韩庄段，致使日本运兵军列脱轨；9月，拆除枣庄至临城铁轨1.5公里，砍断电线杆百余根，使枣庄日军的通讯和交通一度瘫痪。

1941年6月，铁道大队联合微山湖大队、运河支队，向驻守微山岛的伪军一个营发起攻击，经一夜激战，攻克微山岛，全歼该岛守敌200余人，缴获步枪200多支、机枪4挺及战利品一宗，建立了湖区根据地。还乘夜化装潜入临城火车站，击毙特务头子特高课课长高岗茂一，缴获步枪30余支、机枪两挺、子弹数千发。

1941年夏，日军对鲁南山区抗日根据地进行"拉网式扫荡"。鲁南军区部队药品匮乏，军区司令员张光中命令铁道大队想法搞到药品。10月的一天，临城车站的内线搞到一个情报，有一列装载药品的货车将由青岛开到临城，然后向南行驶，铁道大队立即行动。当晚10时，列车从临城站开出，游击队员飞身

铁道游击队

上车，找到装载药品的车厢。列车行驶到沙沟与塘湖站之间，战士们迅速将30多箱药品掀下，早已埋伏在此的队员们及时将药品运到鲁南军区。

为了解决鲁南军区部队冬季穿衣问题，11月初，铁道大队与运河支队、微湖大队联合行动，在塘湖站附近成功截获日军布车。共截获棉布1200匹，军装500余套，皮箱200只，棉被100余床，呢子、毛毯各一宗，发动沿湖村庄群众帮助搬运，解决了军区武装越冬的困境。

12月24日，临城日军特务头子松尾亲自出马，带上3名特务化装溜进铁道队驻地六炉店村时，被群众识破。铁道队迅速出击，击毙2名特务和一个翻译。松尾跳墙逃跑，正遇上女交通员郝贞，她顺手扔出一颗手榴弹，由于手榴弹未拉弦，致使松尾侥幸逃脱。

27日晚，临城日军集结1000多人，分两路包围了六炉店，但铁道队早已转移到了黄埠庄。敌人扑空后放火烧了村子，又向黄埠庄追击。大队长洪振海听说敌人烧了村子，顿时怒火中烧，立即组织兵力反击。当敌人靠近时，他从掩护物后飞身跃出，端起机枪向敌人猛扫，不幸中弹牺牲。

半个月后，日军又从枣庄、峄县、滕县、临城、兖州等地纠集日伪军3000余人、战船百余只，乘夜幕分东、南、北三路向铁道队驻地微山岛发起进攻。

当时驻扎在岛上的还有运河支队、微湖大队、峄县大队等抗日武装。他们组成临时指挥部，分头阻击敌人。与敌激战七个多小时，毙伤日伪军200余人。因寡不敌众，指挥部决定分路突围。铁道队在王志胜率领下换上日军服装，从东北方向突出重围，奉命转入抱犊崮山区根据地整训。

皖南事变后，新四军军部迁移到苏北盐城一带，急需开辟一条通往延安的秘密通道。经再三考察，最终确定了一条从盐城北上、经山东南部西去延安的秘密交通线。其中，最关键的就是要穿越临城附近的津浦铁路。这段的护送任务，落在了铁道队的肩上。

1942年夏天，铁道队接到鲁南军区的通知，要他们护送一个工作队通过津浦铁路，军区领导专门嘱咐，工作队中有一位代号为"0号"的首长，务必要保障他的绝对安全。当晚，身着长袍、头戴礼帽的0号首长在铁道队的掩护下，顺利通过铁路关卡，平安渡过微山湖，安全到达湖西根据地。事后，大家才知道，0号首长原来是华中局书记、新四军政委刘少奇。

1943年11月下旬，铁道队继任大队长刘金山接到鲁南军区命令，带领铁道队的一个短枪班，接受护送新四军军长陈毅的任务。陈毅身穿皮袍，头戴一顶大皮帽，化装成一个"大老板"模样。在铁道队的护送下渡过运河，顺利通过津浦铁路封锁线，到达微山湖边的小南庄。黄河大队早已派人和船只在此接应，转道奔赴延安。

铁道队还成功护送过罗荣桓、陈光、朱瑞、萧华等领导穿越津浦铁路，先后护送党政军干部近千名往返延安，从未出现一次差错，受到了鲁南军区的通令嘉奖。

四、渊子崖保卫战

地处沂蒙山南部、沭河东岸的莒南县渊子崖村是一个只有200多户人家的村庄，沭河以西是日军占领区，渊子崖村成了敌占区和抗日游击区之间的"拉锯区"。1940年年底，渊子崖村成立了抗日自卫队，18岁的林凡义被推举为村长。

1941年12月中旬，小梁家据点的伪军送来条子，索要大量的鸡、鸭、鱼、白面和1000块大洋准备过年。村长林凡义断然拒绝了他们，并写了回条："鸡、鸭、肉、面、钱都准备好了，来拿吧，来一个杀一个，来两个杀一双！"随后召开自卫队员和群众大会，号召大家做好准备，迎击敌人。

小梁家据点的伪军队长梁化轩带领150人包围了渊子崖村。伪军们在土围子外高叫："赶快交出我们要的东西，慢一点就攻进围子，杀个鸡犬不留。"

渊子崖村围墙有5米多高，1米多厚，上面建有炮楼、炮眼，非常坚固。伪军们刚靠近围子，村民自卫队的土炮便"轰隆"一声射向敌群，打得伪军抱头乱窜。

伪军队长梁化轩命令伪军爬墙攻寨。自卫队员沉着应战，等伪军们靠近围墙，"生铁牛"一声怒吼，弹药喷向敌群，伪军被打得纷纷后退。自卫队员在炮火的掩护下，杀出围墙，手握大刀、长矛、土枪，向败退的敌人追去。伪军们拼命逃窜，狼狈地逃回据点。

12月20日凌晨，到沂蒙山区对八路军进行"铁壁合围"的1000多名日军，经过渊子崖村北，准备返回新浦据点。小梁家据点的伪军谎称渊子崖村驻有八路军，引着日军奔向渊子崖。听到动静的村民立即行动起来，青壮年拿起土枪、大刀等武器爬上了围墙，老人、妇女和儿童忙着运送弹药和石头。

日军在村子四周架起了机枪和4门大炮，然后派伪军前来劝降，说只要交出八路军，交出粮食，可保全村无恙。

村长林凡义站在木架子上动员说："乡亲们，鬼子把咱村包围了。咱渊子崖人是有骨气的，宁死不能当孬种，咱们要齐起心来，同鬼子拼啦！"

村民们异口同声地说："我们大伙儿听你的，拼了！"

8点多钟，敌人的进攻开始了。日军先用山炮轰击围墙和村庄，轻重机枪子弹像雨点一样射向城墙，村里浓烟滚滚，被炮弹击中的房屋顿时成为一堆瓦砾，许多村民被炸死。林凡义甩掉棉袄，抢起大刀，沉着冷静地指挥村民占据有利地形。当敌人进入火力圈时，"五子炮"首先开火，接着"生铁牛"、土炮、土枪一齐打响，打得日军哇哇乱叫，慌乱地向后退了几十米。

10点多钟，战斗进行到白热化程度。日军的机关枪像炒豆子般扫射，但敌人一拨又一拨的进攻都被英勇的村民击退。林凡义手提大刀，光着膀子，浑身是血，沿着土围子各个战斗点不停地跑，哪里告急就冲向哪里。

村里的多门"五子炮"炮膛都发红了，只能一门一门地轮换着降温。铁砂子很快用完了，村里的女人们把铁锅砸成一块块的碎块，送到阵地上来。这种土炮威力巨大，可以用铁钉、石块做炮弹，炮响之处敌人就倒下一片。但由于填火药时间长，日军就利用这个间隙，派人去抢炮，村民与冲上来的日军展开肉搏。激战了一个上午，日军也没能突破围墙。

午后时分，日军又发起猛烈进攻，炮弹"嗖嗖"的像刮风一样，东北角围墙被炸开了一个缺口，好几名自卫队员被埋在土里，日军"嗷嗷"叫着冲向缺口。

围墙被打破的消息传遍了全村，妇女、老人、小孩提着菜刀，拿着长矛、农具来守缺口。在村民的英勇反击下，日军再次败退回去。村民们冒着枪林弹雨，用门板、石块和一袋袋沙土把缺口垒上。

不多久，日军再次发起冲锋，刚垒起的东北围墙缺口又被敌人的炮火摧毁，一群群鬼子端着枪向缺口处扑来。日军越来越多，民兵们支持不住，分别撤到了围子里东西两个炮楼上。

战斗进行了九个多小时。太阳偏西的时候，日军源源不断地涌进村里，村民们用镢头、铁锨、菜刀、锄头同敌人展开了惨烈的巷战、肉搏战。村子里到处都是惨叫声、砍杀声……

太阳落山的时候，土围子外面响起了激烈的枪声。板泉区区委书记刘新一、区长冯干三和八路军的一个连闻讯赶来增援。日军见有八路军增援，便撤出了村子，在村东北的小岭上，同八路军展开激战。冯干三、刘新一和40多名八路军县区中队战士，因寡不敌众全部壮烈牺牲。天黑时，八路军山东纵队第二旅第五团大部队赶到，日军乘夜朝东南方向撤去。

渊子崖保卫战，消灭日军80多人，自卫队员和群众牺牲147人。为表彰渊子崖村民的英雄事迹，滨海专署授予渊子崖村"抗日楷模村"的光荣称号。

五、刘家庄自卫战

刘家庄地处诸莒边抗日根据地东部边缘，村子的南、北、东三面程戈庄、石桥子、史家官庄都有伪军张步云的据点，西南面宋戈庄有日军据点，只有西面山区连接诸莒边抗日根据地。

1943年春天，八路军滨海军区十三团在军区司令员陈士榘和团长梁兴初率领下，由鲁东南向北挺进，解放了诸（城）、莒（县）、安（丘）三县交界地区，成立了诸莒边县，建立了抗日民主政权；并在解放区边缘地带成立了荆山区，祝剑锋任区委书记兼区中队长。

在荆山区委的领导下，刘家庄人民成立了自卫团和护村队，拥有140余支

诸莒边民兵配合滨海军区部队向滨北进军

土炮、鸟枪和大抬杆子枪，还自制了大量土炸药和石雷，加固了围墙，并在围墙上构筑了7个炮楼。附近王家庄、妫家庄、荆山后、岳旺店子等十几个村也武装起来，成立了联防组织，积极开展自卫斗争。

1944年麦收季节，伪军张步云部送来捐项条子，要刘家庄缴纳80石麦子，村农会决定拒绝交粮。7月11日，伪二师四旅一部突然对刘家庄发动袭击，自卫团员立即站上架木，做好战斗准备。当伪军离围墙50余米时，围墙上的土炮、抬杆子枪一齐响起来，伪军死伤10余人，见自卫团已有准备，只得仓皇撤离。

1945年3月17日拂晓，日军200余人、伪山东建国军暂编第一军张步云部1500余人，配以"五七"炮两门、重机枪两挺、轻机枪10余挺，向刘家庄及其附近的王家庄、妫家庄、黄吉埠、岳旺店子等7个村庄进犯，袭击的主要目标是刘家庄。

刘家庄围墙上的游动哨在晨曦中发现了敌人，于是全村群众紧急动员，自卫团长刘德洪和护村队长孙洪奎组织队员迅速登上围墙内的架木，摆开阵势，准备迎战来犯之敌。

敌人控制了刘家庄周围的制高点。日军在村东花园岭上支起两门"五七"重炮，在蚕场顶上架起重机枪，妄图从正面主攻；伪军占据了村西小黄山和村西南制高点荆山，准备阻击增援部队。随着花园岭上敌人一声炮响，霎时间，枪炮轰鸣，火光冲天，激烈的战斗开始了，日军在炮火的掩护下，向刘家庄冲来。当日军攻到离村庄不远的乱石堆时，自卫队员拉响了石雷，"轰！轰！"几声巨响，石块漫天飞起，十几个日军倒了下去。紧接着土炮、抬枪一齐怒吼，火舌裹着铁砂愤怒地向敌群射去。

日军指挥官命令把重炮拖近，朝着围墙轰击。一颗炮弹落在东围墙的南门上，门板被打成了碎片，一小队日军在狂啸的机枪掩护下窜到门口。守门的自卫队员刘世志、刘世坤兄弟俩和其他几名队员抖抖身上的灰土和木屑，用两杆抬枪猛烈射击，使七八个日军被打倒在门外。护村队长孙洪奎指挥着队员们趁机将一只只粪筐装满土粪，堵在被炸开的东门上，又支起抬枪继续射击，将日军封锁在门外。

日、伪军又集中兵力向东围墙的中门冲去。守卫在这里的是自卫团长刘德洪叔侄12人。一群日军刚从河里露出头来，便遭到抬枪的一齐射击，日军被迫龟缩回去。突然，一颗炮弹爆炸，将门扇打开了一个窟窿。不多时，3个日军从窟窿口匍匐着往门里爬，当圆圆的钢盔刚钻进门洞时，鸟枪一响，两个日军被打死在门洞里。剩下的一个在慌忙逃命时，被刘德洪一枪打死在门前。敌人入村不成，便加强了火力攻击。密集的枪弹像雨点似的落在自卫队员的身边，刘德洪的4个兄弟先后中弹牺牲。自卫队员们看着牺牲的亲人，怒火满腔，愈战愈勇，日军始终不能靠近围墙。

敌人又把突破口选在东北角处，炮弹掀翻了炮楼，在队员们身边爆炸。坚守在这里的护村队长孙洪奎立即调集兵力阻击。小河沿上，十几个日军正往上爬，被自卫队员一土炮撂倒了4个。不多会儿，日军又嗷嗷叫着冲上来，队员刘尔秀瞄准了一个挥动小旗的指挥官，一声枪响，那个鬼子官应声倒下。队员们居高临下使劲扔手榴弹，炸得日军不敢靠近。

敌人的炮火一个劲儿地向东围墙的北门倾泻，守卫在那里的自卫队员大部分伤亡，一群日军从那里冲进了庄。这时，守在南面的刘世志、刘世坤，便用抬枪顺着胡同射击，日军扔下几具尸体退了回去。败退的日军恰巧被东北角的孙洪奎、刘世公瞄上了，他们二人抱一杆抬枪，顺着阳沟口朝南扫去，又有几个日军倒在围墙外。日军的第七次冲锋又被打退。

战斗从早晨打到中午，枪炮声响成一团，硝烟笼罩了村庄的上空。全村的老人、妇女也投入了战斗，妇女们冒着敌人的炮火，给队员们送饭、装枪药。

男女老幼前仆后继，决心与日伪军血战到底。

诸莒边县独立营和荆山区中队闻讯从二三十里外的县政府驻地石埠子赶来增援，遭到抢占荆山、黄山制高点的伪军阻击。独立营一连攻打小黄山，第二连、第三连和区中队强攻荆山，打击敌军侧翼，以减轻刘家庄的压力。第一连连长罗克明率部首先攻占村西的小黄山，同敌人相持射击，与村内形成夹击之势。第二连、第三连向荆山发起进攻，激战半日，将伪军王金铭营压到山顶，进而攻下山头，伪军四散溃逃。但毕竟是敌我力量悬殊，部队多次向村内发起冲锋，都被日军的猛烈炮火打了回来。

日军指挥官一面调兵拦击独立营的反复冲锋，一面集中炮火向刘家庄猛轰，南围墙被炸开了一个十几米长的豁口，大批日军在两挺重机枪和十几挺轻机枪的掩护下，冲进村里，开始了疯狂的屠杀，还放火焚烧房屋，全村变成一片火海，部分群众在独立营的掩护下突围。

敌人还攻击了周围的黄吉埠、妫家庄、岳旺店子等6个村庄，也遭到了各村自卫团的英勇抗击。其中，岳旺店子是周围最大的堡垒村，张步云派了两个营伪军前来攻打。村自卫团英勇反击，击毙伪军一个营长。在诸莒独立营的增援下，伪军仓皇逃窜。

刘家庄人民用土枪、土炮和大刀奋起自卫，坚持战斗七个多小时，击毙日军38人，消灭伪军102人，有86名村民牺牲，谱写了一曲英勇悲壮的自卫战壮歌。滨海专署、诸莒县委在荆山区召开了追悼大会，山东省武委会和滨海军区首长来函慰问刘家庄等六村同胞，赞扬他们"创造了勇壮的自卫保家范例"。

六、沂蒙红嫂

沂蒙根据地反"扫荡"将近结束时，沂南县委副书记兼抗联主任李子超去蒙山东麓的八路军卫生所看望慰问。有一个伤员尚未痊愈，就闹着要求出院回前线，他说："我再不回前线，就对不起救我命的那位大嫂！"

原来，这个伤员是在马牧池一带掩护山东纵队司令部突围时负伤，他爬进一个高粱垛中藏起来，由于失血过多，昏迷不醒。这时，附近一位年轻妇女发现了这个伤兵，在一阵惊恐之后，认出是个八路军伤员。她摸了摸伤员的头，知道他发着高烧。

她低头叫了几声："同志，同志……"战士微微睁开眼睛，发出微弱的声音:"水,水……"

在这荒郊野坡到哪里去弄水?进村弄水,太远,怕被人发现。她看了看伤员,嘴唇干裂,面色蜡黄,奄奄一息,如不急救就可能死去。想到这里,她毅然解开了衣襟,左手抱起伤员的头,右手托着乳头送到伤员的嘴里。

几口乳汁吃下去,伤员慢慢苏醒过来。当他睁开眼看到是一位年轻大嫂在用自己的乳汁救他时,感动得哭了。大嫂见他醒了,有点害羞地告诉他:"周围已被敌人占领,你先藏在这里休息,我让人晚上来接你。"

1943年冬,刘知侠在沂蒙山区

大嫂把伤员的事悄悄报告了转移到附近山上的民兵,民兵连夜将伤员送到了部队医疗所,并表示要向上级汇报表彰这位大嫂。大嫂紧张得连连摆手,以恳求的口气说:"俺喂伤员的事,千万不要对外说。俺公公婆婆和俺男人都很封建,这件事万一叫外人知道了,就把俺毁了。"李子超听到这个感人故事,感动得流下了眼泪。但为了尊重这位大嫂的秘密,就没有公开宣传这个事迹。

后来,《铁道游击队》作者刘知侠到沂蒙山区采访,请李子超介绍一下当地的英雄事迹。刘知侠也是一位在沂蒙山区战斗过的老八路。1939年5月,他从延安抗日军政大学毕业后,随抗大一分校来到沂蒙山根据地,分配到抗大分校文工团工作。1943年夏天,刘知侠创作的《铁道队》小说,在《山东文化》上连载,引起较大反响。

李子超对刘知侠讲述了那位大嫂用乳汁救伤员的事。刘知侠听了连声说:"太感人了!我要把它写出来,那位大嫂叫什么名字?"

李子超遗憾地说:"沂蒙山妇女一般没有大名,多是将婆家和娘家姓氏合在一起称某某氏,因那位大嫂不让宣传,当时也没有细问。不过,有位叫迟浩田的教导员,有过被沂蒙大嫂乳汁救命的真事,你可以找他了解一下。"

刘知侠找到了迟浩田同志,迟浩田不好意思地承认,确实有位大嫂用乳汁救过他,但由于当时处于昏迷状态,没能记住大嫂的姓名。战友们开玩笑说:

"你小子福气不浅啊,是一位年轻媳妇用乳汁把你救活的。"他曾去沂蒙山区找过这位救命恩人,但遗憾的是没有找到。

刘知侠到沂蒙山区找了很长时间,也没找到那位大嫂,但在找寻的过程中,却发现了不少像那位大嫂一样救伤员的沂蒙妇女。有沂蒙红嫂明德英,沂蒙母亲王换于,谁先参军就嫁谁的沂蒙军嫂梁怀玉等等。她们送子参军、送夫支前,缝军衣、做军鞋、抬担架、推小车,舍生忘死救伤员,最后一碗米送去做军粮,最后一尺布送去做军装,最后一个亲骨肉送去上战场,谱写了一曲曲水乳交融的军民鱼水情。刘知侠带着激情创作了小说《红嫂》,从此,"红嫂"便成为沂蒙山区妇女群体形象的代表。

第三十二章

远征军入缅作战

缅甸位于中南半岛西部，南濒印度洋，西邻孟加拉湾，西北屏英属印度，北部和东北部与中国西藏和云南接壤，滇缅公路是中国重要的国际交通线。

抗战爆发后，由于中国的军事工业基础薄弱，急需大量的战略物资和外援。为逼迫国民政府投降，日军对中国沿海所有港口城市进行了封锁。1938年1月，中国政府决定开辟滇缅公路，利用仰光港口输入战略物资。来自滇西的20万民众为抗日救国，自带干粮、行李和工具，风餐露宿，劈石凿岩，仅仅用了10个月的时间，就在高山峡谷、激流险滩之上，用简陋的原始工具修筑了近1000公里的滇缅公路。沿途穿越横断山脉和澜沧江、怒江等高山大川，工程之艰巨，令外国人感到惊奇和不可思议。越南被日军占领后，滇越铁路被切断。从此，滇缅公路便成为中国唯一的国际运输通道，平均每天运输车辆达三四千辆之多，有力地支持了中国抗战。

太平洋战争爆发后，日军横扫东南亚，不到三个月，相继占领受英国殖民统治的中国香港、菲律宾、马来西亚、新加坡、泰国、印度尼西亚等地，矛头直指英属殖民地缅甸，企图切断滇缅公路国际通道。

1942年1月1日，中、美、英、苏等26国在华盛顿签署《联合国家共同宣言》，宣布共同对德、意、日作战，国际反法西斯统一战线正式形成。1月3日，同盟国宣布，成立中国战区，蒋介石任盟军中国战区最高统帅，负责指挥中国、泰国、越南和缅甸北部联合国家军队对日作战。中国政府根据《中英共同防御滇缅路协定》，以第五、第六、第六十六军10万人马组成远征军，任命卫立煌为司令长官，奔赴滇缅边境整装待命。

1942年1月4日，日军第十五军从泰缅边境出发，开始进攻缅甸。1月19日，冲支队占领缅南战略要地土瓦，夺取了丹那沙林地区的三个机场。31日，第五十五师团攻占缅甸第二大港口城市毛淡棉，英印军节节败退。

2月3日，英缅军总司令胡顿正式向中国求援，请求中国军队迅速入缅，协助英军作战。中国远征军在副司令长官兼第五军军长杜聿明率领下走出国门，沿滇缅公路迅速向缅南、缅东战场开进。

一、同古保卫战

1942年2月下旬，中国远征军第六军先遣部队第四十九师率先从保山出发，沿滇缅路经腊戍、雷列姆进至孟畔地区，接替英军防务。英军陆续转移至缅甸西部，主要部署在卑谬以北伊洛瓦底江两岸地区，担任右翼之防御。中国远征军第五军部署于东吁以北铁路两侧地区，担任中路正面之防御；第六军主力部署于东枝、景栋地区，担任左翼之防御，防止泰军从东面进攻；第六十六军部署于腊戍及保山地区，作为机动部队，保障后方交通运输线安全。

3月1日，中国战区总司令蒋介石从昆明亲飞腊戍，与英国印缅军总司令韦维尔会晤。3日，主持召开远征军高级军事会议，指示作战要点，并任命中国战区参谋长兼美军司令史迪威为中国远征军总指挥。

3月3日，日军第三十三师团渡过锡当河，开始对缅甸首府仰光发动进攻。7日，竹内宽的第五十五师团在勃固地区击溃英军第七装甲旅。8日，樱井省三的第三十三师团占领仰光。英军驻缅部队只有两个师，抵挡不住日军的猛烈进攻。英缅军第一师、英印军第十七师及装甲第七旅合编为第一军团，在新任英缅军总司令亚历山大上将指挥下往缅北撤退。

3月8日，第五军先遣部队第二〇〇师，在师长戴安澜的率领下，高唱着战歌踏上了征程："弟兄们！向前走，弟兄们！向前走，五千年历史的责任，已经落在我们的肩头，落在我们的肩头。日本强盗要灭亡我们国家，奴役我

约瑟夫·沃伦·史迪威（Joseph Warren Stilwell，1883—1946），美国佛罗里达州人。1904年毕业于西点军校，曾4次被派来中国，先后任美国驻华使馆中校武官、准将。1942年晋升中将，被派到中国，先后担任中国战区参谋长、中缅印战区美军总司令、东南亚盟军司令部副司令、中国驻印军司令。1944年10月，被召回国，担任太平洋战场美国第十军司令。1946年10月，因病去世

们民族。我们不愿做亡国奴，我们不愿做亡国奴，只有誓死奋斗，只有誓死奋斗……"

这首歌是戴安澜亲自为第二〇〇师谱写的军歌。全师官兵身着橄榄绿服装，足蹬草鞋，高歌猛进，以人不卸甲、马不停蹄的急行军速度昼夜兼程，到达同古，迅速接替英军防务，掩护英缅军第一师主力撤退。

同古是仰光和曼德勒之间的最大城市，位于伊洛瓦底江和萨尔温江之间，扼守滇缅公路和仰曼铁路要冲，南距仰光260余公里，北距曼德勒300余公里，城东紧靠锡当河，是日军北进必经之路。

3月18日，日军出动飞机40余架开始轰炸同古，全城终日大火，瓦砾遍地。戴安澜决心率第二〇〇师官兵坚守同古，他在致夫人王荷馨的信中写道："余此次奉命固守同古，因上面大计未定，后方联络过远，敌人行动又快，现在孤军奋斗，决心全部牺牲，以报国家养育。为国战死，事极光荣。所念者，老母外出未能侍奉，端公仙逝未及送葬，你们母子今后生活，当更痛苦。但东靖澄离四儿极聪俊，将来必有大成，你只苦等几年，即可有出头之日矣，望勿以我为念。我要部署杀敌，时间太忙，望你自重，并爱护诸儿，侍奉老母。老父在皖，可不必呈闻，手此即颂心安。"并带头立下遗嘱：只要还有一兵一卒，亦需坚守到底。如本师长战死，以副师长代之；副师长战死以参谋长代之；参谋长战死，以某某团长代之。全师各级指挥官纷纷效仿，誓与同古共存亡。

3月19日晨，日军第五十五师团先头部队乘坐数辆汽车贸然前进，当汽车驶上二百余公尺宽的彪关河大桥时，突然轰隆一声，大桥轰然陷落，日军人仰车翻，掉入河中，后续车辆拥塞于南岸公路上。这时，早已埋伏多时的远征军第二〇〇师骑兵团枪声四起，轻重机枪一齐猛烈扫射，打得敌人落花流水，向公路两侧森林逃窜。

20日晨，日军第一四三联队步、骑兵500余人向彪关河北骑兵团掩护阵地攻击。守军集中火力实施突袭，将敌击退。战至黄昏，日军集中全力再次发起猛攻，骑兵团因伤亡过重，逐次向北转移。

3月21日，日军第五飞行集团出动轰炸机77架，在102架战斗机护卫下，连续轰炸马圭英军空军基地，击毁英军飞机28架，击伤29架，致使英缅空军基本上丧失了作战能力，日军完全掌握了缅甸战场的制空权。

22日拂晓，日军第五十五师团第一一二联队开始向鄂克春附近前进阵地攻击，遭到守军顽强抗击，攻击受挫。23日，日军兵力增至两个联队，在20余

在同古前线的中国远征军

架飞机、236门大炮、40辆坦克的掩护下，集中力量再次发动猛攻。守军英勇奋战，顽强抗击，用集束手榴弹和燃烧瓶对付日军坦克、装甲车，击毁敌战车7辆，日军攻击再次受挫。

24日，日军第一一二联队在正面进攻，第一四三联队迂回到同古城西北，占领克永冈机场。第二〇〇师后方联络线被切断，陷于三面包围之中，戴安澜遂调整部署，放弃鄂克春前沿阵地，兵力集中到城厢主阵地，组织固守。日军第五十五师团长竹内宽企图从同古西南方向实施主攻，将守军压迫于锡当河畔予以歼灭，因此以第一一二联队为右翼，以第一四三联队为左翼，并令骑兵联队沿锡当河谷进行三面围攻。

25日拂晓，日军三个联队在炮兵、空军联合下围攻同古，30多架飞机轮番轰炸，城内建筑多被炸毁。下午，日军发动全线攻击，第一一二联队突破前沿阵地占领了西北角，但遇到守军顽强抵抗，没有进展。26日，日军继续攻击，并以有力部队从西北角突破口向纵深突进。激战至傍晚，日军攻占了铁路以西的市区。

杜聿明急调廖耀湘的新编第二十二师乘火车增援。日军第五十五师团一部挺进至同古北面的南阳车站阻止远征军南下增援，并出动飞机90余架沿铁路线轰炸，彬马那全城一片大火，车站被毁，增援部队改乘汽车昼夜前进。

27日，日军第五十五师团在空军配合下继续攻击同古城内守军阵地，在守军的顽强抗击下，仍进展不动。竹内师团长恼羞成怒，连续施放毒气弹数百发，守军伤亡较大，但仍坚守不退。

28日，日军野战重炮兵第三联队到达，与第四飞行团第八飞行队轰炸机配合，以密集、猛烈的炮火和轮番的轰炸掩护第五十五师团主力猛攻同古，并大量施放糜烂性毒气。守军官兵伤亡甚众，但仍坚强抵抗，阵地屹立不动。傍晚，一小股日军化装成缅甸居民，赶着牛车，暗藏枪弹，企图混入同古城内里应外合，被守军查出，一举消灭。

第五十五师团连日受阻，第十五军司令官饭田祥二郎急忙令第五十六师团从新加坡赶来增援。3月24日，第五十六师团先头部队抵达仰光，然后乘坐45辆汽车向同古加速前进，于28日中午到达同古前线。

当日，廖耀湘的新编第二十二师也赶至同古附近的南阳车站，并向南阳车站的日军发起进攻。激战昼夜，终于突破日军阵地，占领了南阳车站。但第二〇〇师在日军优势兵力和空军联合猛攻下陷于苦战，同古城在日机的狂轰滥炸下已变成一片废墟。由于掩护英军撤退的任务已经完成，第二〇〇师补给又中断，中国远征军副司令长官杜聿明不顾史迪威的反对，下令放弃同古，第二〇〇师主力连夜渡过锡当河安全突围。

30日凌晨，日军炮兵又向同古城开始了猛烈炮击，待步兵攻进城内，发现同古已是一座空城，中国军队已安全撤离到彬马那。

同古之战，中国远征军第二〇〇师面对数倍于己的日军，血战12天，以牺牲2000人的代价，打退了日军20多次冲锋，毙伤日军4000余人，击毙横田大佐，顺利完成了掩护英军撤退的任务。在三面被围、一面背水的情况下，竟然一人未少地安全撤离，连日军司令官饭田祥二郎也佩服至极。

日军第五十五师团在作战记录中记载："当面的敌人是重庆军第二〇〇师，其战斗意志始终旺盛。尤其是担任撤退掩护任务的部队，直至最后仍固守阵地，拼死抵抗。虽说是敌人，也确实十分英勇，军司令官饭田中将及其部下对其勇敢均表称赞。"

二、仁安羌大捷

日军攻占东吁后，第十五军司令官饭田祥二郎决定继续北进，令第五十六师团从右翼沿同古至腊戌公路向垒固进军；第三十三师团从左翼沿伊洛瓦底江两岸向仁安羌进攻；又从泰国调来号称"亚热带丛林之王"的第十八师团协同第五十五师团从中路向彬马那进攻。

4月5日，蒋介石携新任远征军司令长官罗卓英飞临缅甸，在眉谬召集第五军、第六军高级将领开会，决定集中力量在彬马那附近与日军决战；并让史迪威转告英军司令亚历山大，请英军务必坚守阿兰谬，以协助远征军在彬马那歼灭日军。

4月6日，日军第五十五师团第一四三联队在野战重炮兵第三联队协同下向耶达谢新二十二师前沿阵地进攻。战斗至7日上午，日军突破守军右翼第六十六团阵地。担任阻击任务的新二十二师采用运动防御，依靠纵深工事，节节抗击，逐次向斯瓦河防线撤退，先后在沙加耶、莫拉、叶尼、沙瓦地阻击敌人，迟滞了日军的行动，掩护了主力部队的集结。

4月16日，参加会战的各部队已按照计划陆续到达指定位置，准备发起彬马那会战。但此时，从普罗美和斯维当撤退下来的英印军、英缅军两个师，在日军第三十三师团进攻下已于4月7日放弃阿兰谬，继续向北退却；左翼第六军暂编第五十五师也在日军第五十六师团的强攻下被迫撤离毛奇，第五军已处于三面受敌的危境。军事委员会参谋团团长林蔚建议第五军跳出日军包围圈，退守位于缅甸中部的第二大城市曼德勒，重新部署会战。远征军司令部遂决定放弃彬马那会战计划。19日，第五军主力部队撤离彬马那，向曼德勒地区转移。

此时右翼英军已面临绝境，日军第三十三师团沿伊洛瓦底江两岸急速北进，穷追不舍。16日午夜，日军第二一四联队超越英军，先期进至仁安羌以东，占领了公路交叉点附近屯冈阵地和宾河阵地，截断了英军北撤的退路；第二一五联队也乘船溯伊洛瓦底江向仁安羌急进。

4月17日，日军第三十三步兵团、第二一三联队、山炮兵第三十三联队、工兵第三十三联队主力占领英军第一军团司令部驻地马圭，将英缅军第一师及装甲第七旅一部7000余人包围于仁安羌以北地区。英军突围无效，接应部队亦被击退。

英缅军总司令亚历山大连夜急见中国远征军代表侯腾，告以仁安羌方面英军危急，要求中国远征军火速救援。中国远征军长官部当即命令刚刚到达曼德勒不久的第六十六军孙立人部新三十八师立即驰往仁安羌解救。

18日拂晓，孙立人亲自率领新三十八师先头部队第一一三团星夜乘车到达宾河右岸，在英军12辆坦克和火炮掩护下，迅速向日军阵地发起攻击，激战至午，终于击退河北日军，夺取宾河渡口。由于第三十八师援兵太少，南岸日军又是居高临下，孙立人担心白天进攻被敌人窥破实力，决定在第二天拂晓向南岸攻击。

英第一军团长斯利姆将军已连续两次接到第一师师长斯高特的紧急求援电话，报告被围官兵已经断绝水、粮两日，无法继续维持下去，若是今天再不能解围，便有瓦解的可能。斯利姆将军亲自请求孙立人无论如何要立即渡河攻击援救，不能等到明天。孙立人师长给他解释了利害，并请他通知斯高特师长再忍耐一夜。

无线电话中又传来了斯高特"有无把握"的询问，语气中带有焦急和怀疑。孙立人将军斩钉截铁地回答说："中国军队，连我在内，纵使战到最后一个人，也一定要把贵军解救出险！"

19日凌晨，第一一三团趁夜渡过宾河，一举突破日军第一线阵地，黎明时分展开全线进攻。仁安羌油田被炮火击中，遍地燃起熊熊大火，双方在烈火硝烟中混战。右翼部队迅速攻占日军第一线阵地。日军增援部队赶来后组织反击。双方反复冲杀，战况极为惨烈，第三营营长张琦壮烈牺牲。激战至14时，右翼部队攻占油田区，左翼部队亦攻占了日军主要据点501高地。被围英军也里应外合，趁机发动攻击，激战至15时，终于将日军第二一三联队及第二一四联队主力击溃，中英盟军胜利会师。不少英军官兵压制不住感激的热情，抱着中国官兵激动地跳了起来。

被围困三天的英缅军第一师7000余人和美国教士、新闻记者以及被日军俘虏的英军等500余人被成功解救，在第一一三团掩护下，

孙立人（1900—1990），安徽庐江人。1923年毕业于清华大学，留学美国普渡大学，毕业于弗吉尼亚军事学院。历任国民党中央党务学校中尉队长、陆海空军总司令部侍卫总队副总队长、财政部税警总团第四团团长、第二支队少将司令、新编三十八师师长、远征军新一军军长，先后荣获英国"帝国司令"勋章和美国"丰功"勋章

安全地撤至宾河北岸。不少英军士兵热泪盈眶,向中国官兵竖起大拇指,高呼"中国万岁""中国军队万岁"!

仁安羌大捷,中国远征军新编第三十八师以一个团的兵力以少胜多,击溃日军精锐第三十三师团两个联队,毙伤日军1200余人,救出被围英军及英军司令亚历山大上将,一时轰动英伦三岛,中国远征军威名远扬。英王乔治六世特授予新三十八师师长孙立人一枚"大不列颠帝国司令"勋章。

美国总统罗斯福在后来授予孙立人"丰功"勋章的颂词中赞扬道:"中国孙立人中将,于1942年缅甸战役,在艰苦环境中,建立辉煌战绩,仁安羌一役,孙将军以卓越的指挥歼灭强敌,解救英军第一师之围,免被歼灭,后复掩护盟军转移,于千辛万苦之中,转战经月,从容殿后,其智勇兼备,将略超人之处,实足为盟军楷模。"

三、败走野人山

仁安羌解围后,中国远征军和英军在作战行动上发生分歧,在4月25日中英联合军事会议上,英军司令亚历山大不同意进行曼德勒会战,并下令英缅军于当日开始西渡伊洛瓦底江,向印度撤退。中国战区参谋长史迪威和远征军司令罗卓英仍主张按原计划进行曼德勒会战,而副司令杜聿明主张集中兵力退守东枝、梅苗,保全腊戍。蒋介石也先后于24日、25日连发两封电报,电示远征军"先以保守腊戍为主";但是史迪威和罗卓英仍然决定将远征军主力集结于曼德勒准备会战。

4月29日,东线日军第五十六师团一路势如破竹,乘坐400多辆卡车,在15辆坦克和十几架飞机的掩护下,千里奔袭缅东重镇腊戍,切断了远征军往中国方向撤退的后路。中路日军第十八师团和第五十五师团也已逼近曼德勒,缅甸局势急转直下。此时,史迪威和罗卓英才决定放弃曼德勒会战计划,下令东路第六军和第六十六军就近向云南转移,中路第五军向北转移。

但是为时已晚,日军第五十六师团主力以搜索联队为先遣队,4月30日从腊戍出发,沿途击退新二十九师在新维、贵街的抵抗,于5月3日攻占云南边境重镇畹町,然后分兵北上,8日占领缅北战略要地密支那,远征军撤回国内的另一条退路也被切断。

5月1日,曼德勒为日军占领。史迪威和罗卓英决定将沿铁路两侧向密支那撤退的第五军等部队改向印度撤退，但杜聿明不愿退入印度，仍然率部按原计划向密支那方向转移。远征军司令部于7日开始往印度方向撤退。史迪威带少数中、美随行人员徒步西行，于24日抵达印度丁苏吉亚；罗卓英率长官部人员于23日抵达印度因帕尔。

跟随第五军一起北撤的新编第三十八师师长孙立人，因撤退路线与杜聿明发生争议，遂于5月13日脱离第五军，按照史迪威、罗卓英的命令，率新三十八师向印度转进。沿途打垮日军多次阻击，不但未受重大损失，还收容了数以千计的难民和英印散兵，于5月底，安全抵达印缅边境。

不料英印边防军竟坚持按国际惯例要求中国军队解除武装，以难民身份进入印度。孙立人顿时怒火填膺，下令部队准备战斗。恰巧，被新三十八师在仁安羌解救过的英军第一军团长斯利姆将军正在该地医院治病，闻讯后，警告英国东方警备军军团长艾尔文将军说："这支中国军是能打仗的，不信你去看看再说吧！"

艾尔文将信将疑来到新三十八师营地，见部队阵营整齐，枪支雪亮，队伍前头还摆着2门小钢炮、4挺重机枪，大为惊异，问中国机枪手是如何把重机枪扛过来的？中国士兵立正回答："武器是我们的生命，人在武器在！"

远征军在缅甸丛林中作战

戴安澜（1904—1942），安徽无为人。毕业于黄埔军校第三期，参加过北伐战争、长城抗战、徐州会战、武汉会战和桂南会战，屡立战功，1939年升任第五军第二〇〇师师长，在昆仑关大捷中曾大败素有"钢军"之称的第五师团，同古保卫战又使远征军扬威国外，被美国总统罗斯福授予军团功勋勋章。中华人民共和国成立后被追认为革命烈士

孙立人还安排了军事表演。艾尔文将军看完后肃然起敬，态度为之一变，急忙改变口气说："我们怎么敢对贵军无礼，不过是想代为输运贵军武器与辎重于驻扎地而已；倘若你们决定自己带着武器前往，岂非更好。"第二天，新三十八师军容整齐地开进印度。英军仪仗队列队奏乐，鸣炮十响以示欢迎。

杜聿明率第五军军部及新二十二师于5月7日从温托北上，在得知密支那退路已为日军占领后，遂从曼西地区改向孟关转进，准备取道大洛、葡萄之线回国。从13日开始，部队徒步转入缅北山区，沿胡康河谷艰难前进。由于沿途可行之道多为日军封锁，部队边打边走，曲折迂回，至6月1日，方到达大洛，然后进入人迹罕至的野人山区。

野人山海拔3411米，纵深400余里，绵延上千里，沿途全是原始森林，古木参天，不见天日，人烟稀少，给养断绝，官兵只能以树皮野草果腹。从5月下旬起，缅甸开始进入雨季，整天阴雨连绵，暴雨不断，原来旱季作为交通道路的河沟小渠，皆被洪水淹没，部队举步维艰，饥疲交加，粮尽药绝，一度迷失方向。加上原始森林内蚊蚋成群，蚂蟥遍地，毒蛇横行，瘴气弥漫，官兵被蚂蟥、蚊虫叮咬后，破伤风、疟疾、回归热等传染病大为流行。病人一旦昏迷倒地，便有成群的蚂蟥来叮咬，加上大蚁侵蚀，雨水冲泡，几个小时就会变为一堆白骨。官兵因疫病死亡者达2000余人，沿途尸骨累累，惨绝人寰。

杜聿明也身患回归热，昏迷两天，不省人事。部队奉命改道进入印度，在美国空军空投粮、药的支援下，7月25日方抵达印度的莱多。

戴安澜的第二〇〇师在东枝地区结束战斗后奉命向北转进，从八莫、南坎间撤回国内。5月10日，与第五军补训处会合，并收容第六军两个营和新第

二十八师一部。在日军的迂回包抄下，第二〇〇师陷入重围，不得不与敌周旋，且战且退。16日，部队到达万科地区，在穿越昔卜、摩谷公路封锁线时，突遭日军重兵伏击，远征军损失惨重，第五九九团团长刘树人、第六〇〇团团长刘吉汉壮烈牺牲。在密林中激战两昼夜，第二〇〇师终于突出了敌人的重围。

5月18日，在一片开阔地前，戴安澜师长不幸胸部、腹部中弹，身负重伤，此后被随从用担架抬着败走于号称为"魔鬼地带"的茫茫无际的原始森林。戴安澜忍着伤痛，仍然在担架上指挥突围，屡次询问距离云南的远近，并手指地图，示意部队在茅邦渡河，沿西岸前进。由于连日被日晒雨淋加上缺医少药，伤势迅速恶化，弥留之际，戴安澜叫来第二〇〇师步兵指挥官兼第五九八团团长郑庭笈，拉着他的手，断断续续地说，"如果我殉国了，你一定、一定要把部队带回祖国"，并凄然长叹，"我是有心杀贼，无力回天了"！随后便进入昏迷状态。

5月26日傍晚，在行至茅邦村时，戴安澜醒来，叫随从替他整理了一下衣冠，并扶他坐起来，向北遥望着祖国，然后慢慢地闭上了眼睛，一代名将与世长辞。

戴安澜去世后，全师悲恸万分，他们含着热泪砍伐树木，制成一口棺木，将戴安澜的遗体庄重入殓，不顾路途艰难扶棺护柩回国。在郑庭笈的指挥下，6月2日，第二〇〇师官兵冲破日军最后一道防线，通过南坎至八莫的公路。6月17日，胜利回到祖国边境腾冲，全师万余官兵，此时仅剩4000余人。

7月15日，"魂兮归来"的戴安澜将军回到了数月前挥师出征的云南昆明，云南各界集会公祭，全城民众肃立街头，拭泪致哀，目送这位远征缅甸、牺牲他乡的著名抗日爱国将领。同年秋，国民政府为戴安澜将军举行了隆重的追悼会，国共两党领导人纷纷敬献了挽诗、挽联和花圈。毛泽东在挽诗中写道："外侮需人御，将军赋采薇。师称机械化，勇夺虎罴威。浴血东瓜守，驱倭棠吉归。沙场竟殒命，壮志也无违。"（《毛泽东诗词全编鉴赏》，第474页，中央文献出版社，2003年版）周恩来在挽词中写道："黄埔之英，民族之雄"；朱德、彭德怀也赠送了挽词，高度赞扬了戴安澜将军的英雄气概和突出战绩。

远征军其他各部也先后冲破日军的围追堵截，历尽千辛万苦，回到国内。第五军的第九十六师奉命经孟拱、孟关、葡萄一线返国，途中日军埋伏，副师长胡义宾、团长凌则民为掩护主力撤退壮烈牺牲。余部先后翻越野人山和高黎贡山，于8月17日最后回到滇西剑川。

出征缅甸的十万大军，最后撤回国内的只有4万余人，无数远征军将士葬身于缅北茫茫的热带丛林之中。

第三十三章

鄂西会战

日军占领宜昌以来,由于第六战区部队扼守长江两岸,武汉至宜昌间的长江航道并未通航,日军战略物资运输困难。为打通长江上游航线,1943年4月下旬,日军第十一军先后调集第三、第十三、第三十九师团和独立混成第十七旅团以及第三十四、第四十、第五十八、第六十八师团各一部,约10万兵力,分别在宜昌、枝江、弥陀寺、藕池口、华容一带集结,并配备航空兵7个战队248架飞机,在第十一军司令官横山勇指挥下,欲对鄂西地区发动"江南作战",企图消灭第六战区野战军,夺取川江第一门户——石牌要塞,以威逼重庆。

在鄂西防守的是第六战区的部队,司令长官是陈诚,由副司令长官孙连仲代理,辖第三十三、第二十九、第二十六、第十集团军和江防军部队共4个集团军30个师的兵力,主要任务是屏蔽川东,保卫重庆。战区司令部设于恩施,长江以南由第十和第二十九集团军防守,江北由第二十六和第三十三集团军防守,长江航道及石牌要塞由江防军防守。

一、东线阻击战

5月4日傍晚,日军第三师团第六联队率先向第十集团军张家祠、高河场一线阵地发起进攻,拉开了鄂西会战的序幕。

5日凌晨,在大批飞机支援下,日军主力分三路向第二十九集团军各阵地发起全线进攻。山胁正隆的第三师团及高品彪的独立第十七旅团从藕池口向安乡进击,户田支队向华容攻击,小柴支队向南县攻击,针谷支队从城陵矶水路沿洞庭湖南下,以切断安乡、南县守军退路。日军企图采取声东击西战术,造成进攻常德之假象,以迷惑第六战区防御重点。

第六战区代司令长官孙连仲及高参们料到日军定有西犯企图,迅速做出了作战部署，令王缵绪的第二十九集团军固守安乡至公安之线，王敬久的第十集团军固守公安至枝江之线，吴奇伟的江防军固守宜都至石牌之间阵地，以周嵒第二十六集团军和冯治安的第三十三集团军防守江北至汉水一线，并以空军4个大队及美国空军第十四航空队165架飞机协助作战。确定了在既设阵地先以坚强之抵抗给日军以消耗，诱日军于石牌要塞至渔洋关间，然后转入攻势，歼灭日军于长江西岸的作战方针。

各路日军当即受到了守军的坚强阻击。向南山进犯的左翼户田支队遭到郭汝瑰部暂编第五师的殊死抵抗，第二大队大队长安村修三在第一天的战斗中，即被迫击炮击中，倒在阵前，给这次进犯的日军罩上一层阴云。强渡九都河南犯的小柴支队，遭到梁祗六的第十五师的阻击，在梅田湖、荷花市、芝麻坪等地，两军反复争夺，鏖战两日，第二三四联队第三大队各中队长全部被击毙或受伤，日军陈尸遍野。守军也伤亡惨重，第十五师伤亡已达四分之三，第七十七师亦死伤逾半，安乡、南县已处于日军半包围之中。

向安乡进犯的日军第三师团和独立混成第十七旅团也遭到第八十七军高卓东部新编第二十三师、第四十三师、第一一八师的猛烈阻击，先后在胡家厂、周家场一线及桃水港、大庆港、潭子头一带发生激战。在黄石咀争夺战中，日军独立第九十大队大队长舛尾芳治中弹死亡。7日晚，日军第三师团及独立混成第十七旅团攻占安乡。

由烟波浩渺的洞庭湖水路向南县进犯的针谷支队，沿途也遭到守军阻击，船队行进缓慢。在武庞洲、茶盘洲等水域，日军舟艇受到中国海军水雷和两岸陆军的枪炮攻击。在岩子洲遭到赤山岛守军炮兵轰击，双方发生激战。日军在惊慌中不少舟艇搁浅自毁。8日，针谷支队先后在草尾、狗头洲、肖家渡等处登陆，9日攻占三仙湖，形成了对第七十三军的包围圈。第七十三军撤往洞庭湖南岸沅江休整，南县被日军占领。

日军在完成攻陷安乡、南县的一期作战任务后，留下部分兵力驻守，然后挥师西进，主力悄然向公安、松滋方面转移，企图歼灭第十集团军的第八十七军和第九十四军。同时，增调第十三师团及野沟支队投入二期作战。

12日晚，日军第三师团开始向据守水乡地带的高卓东的第八十七军所部发起攻击。13日中午进至孟溪寺附近，遭到王严的第一一八师的顽强阻击后，于14日晚进至杨林、新河一带。

与此同时，日军第十三师团一部及野沟支队1万余人，也于5月12日晚，从江北董市渡江南下,向长江南岸第九十四军阵地发起攻击,企图截断公安、松滋守军西撤退路。第九十四军第一二一师和第八十六军第六十七师奋力阻截渡江之敌,双方军队在茶园寺至枝江一线展开激战,鏖战竟日,杀得天昏地暗。终因日军来势凶猛,堵截未能成功。日军第十三师团左纵队第一〇四联队向洋溪攻击前进。右纵队第一一六联队于15日进至刘家场附近,截断了松滋、公安守军退路。日军松山支队、针谷支队、杉木部队、樱井部队也向公安方面迅速前进,开始合围公安。第八十七军四面受敌,陷于孤立,被迫放弃公安,逐次向西转移。

5月16日,日军第三师团主力开始转攻松滋,18日,松滋陷落。防守刘家场至长阳右岸一线的第九十四军第五十五师、第一二一师和暂编第三十五师,由于受到日军第十三师团和东线部队的包抄,处境十分险恶,亦逐次撤向五峰渔洋关至长阳资丘一线。

鄂西战事吃紧,蒋介石急电昆明中国远征军司令部,将刚上任不到两个月的陈诚调回恩施督战。5月19日,第六战区司令长官陈诚返回恩施长官部,做出新的作战部署,决定在石牌与日军决战。令第十集团军和江防军决战线确定为渔洋关、津洋口、石牌要塞之线。以第十八军固守石牌要塞,第八十六军守备宜都聂家河、安春垴、红花池、长岭岗一线做持久战,以确保石牌决战。

至此,战场逐渐西移,日军被诱至鄂西山岳地带艰难作战。

二、收复渔洋关

5月19日凌晨,南路日军第十三师团主力兵分两路向五峰渔洋关进犯,意在西取渔洋关,然后北进,配合第三师团从侧后背攻击江防军,夺取石牌要塞。

山镇渔洋关是进入鄂西山区的重要关隘,北经长阳达石牌,西经五峰至恩施,战略地位非常重要。第九十四军军长牟庭芳派戴之奇的第一二一师在此把守。

进犯渔洋关之敌,由于沿途受到节节阻击,进展缓慢。21日晨,赤鹿理的第十三师团主力经界碑、城墙口向渔洋关推进。当天深夜,日军第一一六联队先头部队约2000人窜抵渔洋关附近2公里处,企图夜袭渔洋关,被守军发现后当即予以阻击。第二天,日军后续部队源源到达,两军在渔洋关附近展开激烈争夺战。激战竟日,终因众寡悬殊,第一二一师被迫撤离渔洋关,转守长阳川心店、龙潭坪之线。

渔洋关要冲失守，震惊恩施，不仅第六战区司令部驻地恩施门户洞开，石牌要塞也受到威胁。陈诚一面抽调部队赶往建始、野三关布防；一面命令王敬久的第十集团军全部向渔洋关、天柱山方面侧击日军，重新夺回渔洋关。

日军攻占渔洋关后，仅留下步兵第一〇四联队第二大队在此驻守，第十三师团主力于23日转兵北上都镇湾。第八十七军新编第二十三师奉命攻克渔洋关，师长盛逢尧以第六十八团任主攻，第六十九团打伏击，并将伏兵置于渔洋关外3公里处有利地形，采取"引蛇出洞，三面包围，放弃一面，伏击逃敌"的战术对付渔洋关之敌。

28日凌晨，第六十八团先头部队星夜到达渔洋关附近，迅即占领山头，发现日军并无防备，第二营营长姚行中当即决定立即对敌展开进攻，命令先用重火力居高临下向渔洋关街内日军据点猛烈炮击，然后指挥步兵发起进攻。从睡梦中惊醒的日军，听到猛烈的枪炮声，一时摸不清虚实，仅对战约一小时，趁天未大亮便仓皇逃命。

姚行中营长即将战况报告师部，盛逢尧师长立即命令第六十九团做好伏击准备。当日军溃逃至第六十九团伏击圈时，即被伏兵团团围住，守军利用有利地形猛烈射击，毙伤日军200余人。皆冢大队长率小股日军拼命冲出包围圈，夺路北窜。守军胜利收复渔洋关，截断了日军第十三师团的后方退路。

三、偏岩歼灭战

5月17日，日军第十一军司令官横山勇下达了向长阳、偏岩前进的攻击令，第三师团率先开始行动，在长阳附近与方日英的第八十六军展开鏖战；第三十九师团也在宜昌附近长江北岸的古老背集结，准备向偏岩一带的江防军发动进攻。

21日夜，澄田睞四郎的第三十九师团强渡长江，分别向第八十六军第十三师曹金轮部红花套阵地及海军沙套子要塞炮台发起攻击。第十三师及要塞官兵奋起抵抗，与渡江之敌激战竟日。由于宜都的江防已被日军突破，威胁着第十三师右翼与后方，该师遂向后转移，固守浪子口、西流溪之线。

5月24日，第三十九师团全部渡过江来，然后兵分两路向偏岩方向进击，第二三三联队吉武部队跟踪追击，遭到第十三师官兵的顽强抵抗，前进受阻。

第二三二联队滨田部队从长阳迂回至西流溪以南地区，会同吉武部队夹击第十三师。第十三师官兵腹背受敌，伤亡甚重，25日向偏岩方向溃退，滨田部队紧追不舍。

偏岩位于长阳与宜昌交界处的丹水南岸，是通往第六战区江防的战略要冲，对保卫石牌要塞至关重要。25日上午，蒋介石亲自打电话通知江防军司令吴奇伟要死守偏岩。刘云翰的第五师奉令抢占了偏岩要点馒头咀，并在偏岩至馒头咀28华里的山冲里伏下重兵，严阵以待。

当第三十九师团向偏岩进犯之际，驻守宜昌的野地支队也于5月23日黄昏后渡过长江，在重炮兵部队榴弹炮的猛烈炮火支援下，于24日黎明向第十八军第十八师冬青树、枣子树阵地发起猛攻。守军奋起还击，战至下午，日军又增兵三四千人继向覃道善的第十八师阵地攻击。冬青树右翼阵地被日军突破。桥木的第六十八联队于当晚进入雨台山东侧一线，并向偏岩方向进击。

同时，日军第二三一联队也于24日傍晚，向雨台山守军吴啸亚的暂编第三十四师阵地发起攻击。雨台山海拔576米，守军凭险据守，日军屡攻不下，死伤甚众。第二天下午，日军调来飞机对雨台山阵地进行两轮轰炸，步兵在飞机掩护下趁机猛攻，雨台山阵地终被突破。

第二三一联队遂向偏岩方向进击。长野的第二一七联队突破柳林子阵地后，也挥兵直指偏岩。日军第三、第三十九师团以及野地支队亦向江防军侧背后偏岩一带聚集。

25日黄昏，日军在飞机掩护下，向石牌外围偏岩阵地发起攻击。第五师官兵奋力迎战，阻击日军。这时，由于第五师左翼雨台山、月亮岩阵地已被敌突破，江防军总部当即调整部署，令第五师、第十八师、第十一师分别守备馒头咀、夹龙口、石牌之线。第五师迅即占领夹龙口至馒头咀一线，阻击日军。该师以第十四团占领馒头咀侧面阵地，第十五团在夹龙口占领阵地，与第十八师并肩作战。

26日晨，长野部队以密集的纵队向夹龙口、馒头咀第五师阵地突进。第五师及第十八师将其团团包围，并向日军展开猛烈攻击，打得敌人在丹水两岸的山冲里挤作一团，无法疏散和展开，死伤惨重。广濑大队也被分割孤立，陷于绝境。

战至夜间，长野联队长向野地支队长急电求援，并决定焚烧军旗，全员玉碎。为援救长野部队，野地支队长命桥木部队驰援，同样遭到守军痛击。日军死伤3000余人，第二一七联队第一大队大队长广濑义福被打死。第五师也付出了很大代价，有508位官兵壮烈牺牲。

四、木桥溪战斗

5月25日，日军第十一军司令部下达向石牌、木桥溪进攻的命令。于是，各路日军逐渐向石牌外围阵地步步逼近。第三十九师团向朱家坪附近进击；第三师团经牵牛岭西麓向泡桐树附近进军；南路日军第十三师团从天柱山北上。

天柱山位于长阳中部，海拔2000余米，四周都是陡崖峭壁，地势险峻，南麓只有一沙石小道，是日军北犯的必由之路，第五师第十三团的两个连奉命在此把守。日军第十三师团从都镇湾渡清江后，遭到第九十四军第一二一师的阻击，便改道横越天柱山北上，向木桥溪进犯。

26日夜，第十三师团以海福、新井两支部队为前锋，打着灯笼、火把从山下往上爬，企图攀越天柱山。第五连连长姚树开向各连传递口令："敌人不到100米不准开火！"

当登山之敌进入火力圈时，姚树开连长一声令下，顿时步枪、机枪齐射，打得日军哇哇乱叫，仓皇丢下灯笼、火把，胡乱地向山上开枪，进行抵抗。战斗持续到第二天拂晓，日军死伤三四百人。天亮后，日军增援上千人，向天柱山守军阵地发起强攻。第四、五两连迅速撤出阵地，向五龙观团部靠拢。

与此同时，日军一个联队向第十三团主力五龙观高山阵地进攻。在十余架飞机掩护下，日军接连发起数次冲锋，阵地失而复得，得而复失。经过几个回合的争夺战，五龙观制高点最终被日军占领。第十三团主力退守五龙观西侧半山腰一线固守，坚持战斗一天一夜。

28日凌晨，第十三团奉命向木桥溪转移。当进入一个峡谷时，不幸遭到十多架敌机的追踪轰炸，死伤三四百人。当天下午，部队到达香花岭至太史桥一线。该团第一营在木桥溪后侧的桐包山占领阵地，二营在墨坪一线占领阵地，三营在香花岭一线占领阵地。

5月29日，占领香花岭、三岔口等敌4000余人，在十几架飞机支援下向墨坪进犯。日军押着几十名老人、小孩在前面做挡箭牌，向守军阵地步步逼近。第十三团第二营第一排奉命坚守前沿阵地，眼看着敌人已进入火力圈，但由于乡亲们走在最前面，全排官兵都不忍开枪射击。敌人越来越近，为了乡亲们的生命安全，战士们仍然没有开枪。结果，日军用机枪、冲锋枪、手榴弹突然向守军阵地发起快速进攻，来势凶猛，一排官兵全部阵亡。当日晚，第五师由高家堰、墨坪移驻木桥溪、下元溪、石头垭一线。

木桥溪是石牌附近的战略要冲，第五师第十三团在此防守。30日晨，日军第十三师团海福、新井两支部队步骑4000余人，迂回墨坪，沿木桥溪河谷向木桥溪阵地猛攻。一营营长王嵩高率机枪连和步兵连全体官兵迎战。两军反复争夺，战况激烈。守军一开始在木桥溪下迎击日军，接着撤至木桥溪石桥附近凭险据守。待日军冲到桥东时，即以猛烈火力阻击。日军退缩到山嘴背后，用直射钢炮炮击，然后又发起冲锋。当日军冲到桥头时，守军机枪、步枪齐发，又把敌人压了回去。

日军久攻不下，便调动空军前来助战。在一阵阵震耳欲聋的炸弹爆炸声过后，日军再次发起冲锋。守军前仆后继，前面的战士倒下，后面的又跃入前沿阵地，继续战斗，阵前日军尸陈累累。日军仍然拼命进攻，不断地向守军阵地涌来，王嵩高营长中弹牺牲，两连守桥战士全部阵亡。团长康步高决定率领第十三团其余官兵转守木桥溪北侧高地，与日军对峙。

冒着炮火挺进的中国军队

30日下午，日军突破木桥溪后，又出兵直犯太史桥。太史桥地势险要，两山夹河，易守难攻。当木桥溪激战之际，第五师主力第十四、十五团以及师直属连已占领了太史桥北侧高地，与木桥溪北的第十三团连成一片，形成口袋状火力网，对木桥溪则网开一面。

进犯太史桥的日军不知中计，以密集的纵队向前直冲。这时守军以猛烈的火力从三面射向敌群，日军见势不妙，慌忙退缩到姚湾嘴背后。不久，日军再次发起冲锋，至太史桥东端，遭到守军的猛烈射击。同时，山上守军也不断扔下手榴弹。随着手榴弹的爆炸声，隐蔽于两侧密林里的守军官兵一起跃入桥东狭道，与日军展开白刃战，霎时杀声震撼山谷。守军凭借天险，愈战愈勇，接连打退了日军的十几次冲锋，杀得日军尸陈遍野，畏缩不前。

赤鹿理的第十三师团终于被阻于太史桥、木桥溪一带，始终未能与北线的第三、第三十九师团协同作战。日军企图迂回天柱山、木桥溪从侧后攻击石牌的计划落空。

五、石牌保卫战

石牌位于长江三峡的东端，依山傍江，地形险要，下距日军占领的宜昌城仅30余里，成为拱卫陪都重庆的第一道门户，战略地位极为重要。中国海军在石牌设置了炮台，安装大炮10尊，为长江三峡要塞炮台群的最前线，炮火可以封锁南津关以上的长江江面，对宜昌日军极具威慑力。

日军对石牌要塞觊觎已久，1941年3月，曾以重兵分两路从宜昌对岸进攻石牌，遭到守军的痛击，惨败而归。日军这次不敢贸然从正面夺取石牌要塞，而是采取大兵团迂回战术，企图从石牌背后攻而取之。蒋介石对石牌要塞极为关注，不止一次地给第六战区司令长官陈诚、江防军司令吴奇伟来电，强调要确保石牌要塞。

5月26日，蒋介石又亲自颁行手令，指出石牌乃中国的斯大林格勒，是关系陪都安危之要地，严令江防军胡琏等诸将领，英勇杀敌，坚守石牌要塞，勿失聚歼敌军之良机。奉命死守石牌要塞的第十八军第十一师师长胡琏当即立下遗嘱，决心与石牌共存亡，并把师指挥所推进到一线，亲临指挥。

5月27日，陈诚调整作战部署，决定以资丘、木桥溪、曹家畈、石牌之线为决战线，待第二十七师、第七十四军援军到达后再以第三十二军、第七十九军等部向清江两岸对江防军攻击之敌南北夹击而歼灭之，预定决战日期为5月31日至6月2日。为保障决战胜利，陈诚命令第十集团军第九十四军主力转移到长阳资丘附近，掩护江防军右翼。同时调动空军战机协同地面陆军作战，并对日军后方实施轰炸，切断敌之增援和补给。

28日晨，日军第三、第三十九师团开始向石牌推进。南林坡阵地是日军主攻目标。守军第十一师第三十一团三营官兵奋勇抵抗，战至黄昏时分，敌军接连发起5次冲锋。右翼第九连阵地首先被日军攻占，左翼第八连阵地也被敌突破，连长阵亡。但是，配有重机枪排和迫击炮排的第七连始终坚守阵地，并以猛烈的炮火向日军射击，予敌重创，阵前陈尸数百。第七连官兵也伤亡很大，全连仅剩70余人。

第二天黎明，日军从左、中、右三面向第七连进行夹攻，又被第七连击退。日军对南林坡阵地屡攻不下，遂出动5架飞机，同时搬来直射钢炮数门，对第七连阵地进行狂轰滥炸。周围树木被炮火扫光，山堡被炸平，迫击炮炮手全部牺牲，重机枪排幸存无几。第三天，日军一部在飞机支援下，继续向第七连阵地攻击，掩体和工事被炮火破坏殆尽，但余部仍顽强坚持战斗。血战四天，直到日军撤退，第七连最终坚守住了阵地，没有后退一步。

5月29日，日军第三十九师团主力经余家坝、曹家畈，分兵两路向牛场坡、朱家坪第十一师阵地大举进犯。

牛场坡群岭逶迤、树木参天，是朱家坪的屏障。日军首先向牛场坡阵地发起攻击，第十一师官兵凭险据守，与数倍之敌激战竟日。为攻占主峰大松岭，日军在飞机支援下，向坚守主峰阵地的一个连发起数次冲锋。在战斗最紧张的时刻，电话里传来胡琏师长的声音："弟兄们，为报效祖国，要死守阵地，直到战斗到最后一个人，流尽最后一滴血！"

在第十一师官兵痛击下，日军伤亡惨重，该连亦伤亡过半。终因众寡悬殊，守军被迫撤离牛场坡。由于失去屏障，30日朱家坪亦被日军攻占。

与此同时，日军第三师团另一部越过桃子垭，向天台观第十八军暂编第三十四师阵地进犯。天台观是这一带的制高点。日军沿点心河从天台观背面发起攻击，企图夺取天台观。当日军进至点心河时，即遭到守军阻击，一举毙伤日军300多人。日军遂转攻王家坝，又遭守军分头迎击，无法进展。

这时，第三师团的中火田部队前来驰援，卡断了天台观与主力部队的联系。守卫天台观的暂三十四师一排战士，临危不惧，死守阵地，与敌顽强拼搏。日军久攻不下，又调来飞机助战。一排战士聚集在冬荆树下坚持战斗。敌机狂轰滥炸，竟把山顶树木炸成秃桩，土石翻了几层，但是战士们仍然坚守不退，与冲上山顶的敌人展开肉搏，最后全部壮烈牺牲。

5月30日，日军开始向石牌要塞二线阵地发起强攻。在十几架飞机的低空轰炸掩护下，日军分成若干梯队向石牌阵地猛攻，不断以密集队形冲锋，做锥形深入。在高家岭阵地上曾有三个小时听不到枪声，两军扭作一团展开肉搏战。攻击三角岩、四方湾的敌人，为争夺制高点竟施放窒息性毒气。守军无防化设备，用血肉之躯与敌相拼，将攻上山头的敌人歼灭殆尽。八斗方争夺战，最为惨烈，两军在弹丸之地反复冲杀，守军浴血奋战，击毙日军近2000人，阵地前沿尸体呈金字塔形迭次罗列。

当石牌战斗激烈进行时，陈诚打电话问胡琏："守住要塞有无把握？"

胡琏斩钉截铁地回答："成功虽无把握，成仁确有决心！"

在石牌外围拼搏战中，日军一度钻隙绕过石牌，冲到距三斗坪江防军司令部仅60里的伏牛山。胡琏命令将国旗插到最高峰上，严令守军不得后退一步，发誓"一定要使日军领教中国军队的作战精神"！在守军的顽强抗击下，日军始终没有越过伏牛山一步。

防守石牌要塞的海军官兵，坚守炮台，任凭日军飞机、大炮猛烈轰击，临危不退，不断向长江江面布放漂流水雷，阻止了日军舰船溯江西上，石牌要塞固若金汤。

六、空中飞虎

鄂西会战期间，中美空军也积极配合陆军作战，开始夺回空中优势。

抗战初期，苏联先后派出三批空军志愿队2000余人来华参战，还先后三次向中国提供了2.5亿美元的贷款。中国政府用这几笔贷款向苏联购买了600架飞机以及其他军用物资。三年空战，至1940年年底，中国空军仅存飞机65架。1941年6月22日，苏德战争爆发，苏联飞行员陆续回国，从此日本空军占据了中国战场的空中优势。

抗日战争爆发后，美英等国长期对日奉行绥靖政策，尽力避免与日本冲突。随着日本的不断扩张，已经危及英美在太平洋地区的战略利益，美国开始遏制日本的扩张势头，先后三次贷款给中国。1941年，罗斯福再次当选总统后，对日本采取了强硬政策，宣布援助反法西斯国家的《租借法案》同时适用于中国，并给予中国5000万美元的援助。太平洋战争爆发后，美国加强了对华援助，先后援助中国8.4亿美元。随着中国抗战在国际反法西斯战线地位的提高，1943年1月，美英两国宣布放弃在华治外法权，废除一切不平等条约。

1941年6月，中国从美国购买P-40驱逐机100架。7月，美国陆军航空队退役军官陈纳德招募110名飞行员和150名机械师志愿人员来华参战。8月，正式成立了中国空军美国志愿队，因飞机上画有插翅飞虎队徽，又被称为"飞虎队"。太平洋战争爆发后，美国志愿队纳入现役，改称美国驻华空军特遣队。1943年3月，扩编为美国第十四航空队，装备了一批新式驱逐机和B-24重型轰炸机，从此在中国战场大显神威。美国第十四航空队自成立以来，先后击落日机268架。中国空军也在美国的援助下不断壮大，到1942年年底，已经有各型飞机337架，彻底改变了日军飞机独霸空中的局面。

为配合鄂西会战，中国空军和美国空军第十四航空队战机频频出动，不断对日军进行空中攻击，断敌增援和补给。5月19日，中国空军第四大队出动轰炸机12架，轰炸了枝江附近长江中的日舰。25日，中国空军又出动重型轰炸机15架，轰炸扫射了湖北长阳及宜昌一带的日军。29日，中国空军和美国第十四航空队联合轰炸了宜昌城；30日，又轰炸了日军土门垭机场，炸毁日军飞机多架。

5月31日，在石牌大战的关键时刻，中美空军联合轰炸了日军宜昌、荆门机场，连续投下炸弹10余吨，返航时与日军数十架飞机发生激烈空战，一举击落日机23架，击伤8架，有力地配合了地面部队的反攻。

6月6日，中国空军又派飞机协助地面部队作战，日军出动飞机20余架，

克莱尔·李·陈纳德（Claire Lee Chennault, 1893—1958），美国得克萨斯州人。1936年应邀到中国担任中央航空学校飞行教官、空军顾问。1941年8月组织成立了中国空军美国航空志愿队，担任上校队长。1942年7月，出任美国驻华空军特遣队准将司令。1943年3月任美国陆军第十四航空队少将司令，并被聘为中国空军参谋长

偷袭梁山机场，中国空军第二十三队中队长周志开迎着日机轰炸冒险起飞，一举击落日军轰炸机3架，成为轰动一时的空中英雄。

七、宜都追歼战

石牌久攻不下，日军损兵折将，全线已呈动摇之势，第十一军司令官横山勇下令于5月31日夜开始撤退。按照预定计划，第六战区司令长官陈诚也于当天下达了全线反攻的命令。

为配合陆军反攻，31日，中美空军出动大编队机群掩护地面部队作战，同日军飞机展开了激烈的空中大战，一举击落敌机6架。中国军队士气大振，以雷霆万钧之势，追歼东逃之敌。日军兵败如山倒，分别向宜昌、宜都、枝江、公安方面狼狈逃窜。

6月1日，由石牌败退的日军第三师团、第三十九师团各一部，在宜昌南岸一带抢渡过江时，船只遭中美空军轰炸，日军纷纷落水。由长阳败退到五峰栗树垴的日军第十三师团第一一六联队及骑兵队各一部，被第八十七军新编第二十三师追击，除一部趁夜脱逃外，其余日军被包围。这时，追击东逃日军的中美空军飞机，以大队机群飞临阵地上空，向日军阵地轮番投弹和俯冲扫射。顿时，一阵"向空军弟兄致敬！""向盟军飞行员致敬！"的呼喊声在阵地上空回荡。

自中日开战以来，日军一直掌握着制空权，中美空军主动出击，陆军将士欢欣鼓舞，乘机冲入敌阵拼搏，将日军全部歼灭，并生俘70余人，缴获轻重武器近千件。

在中国军队跟踪追击及超越追击下，6月2日，日军第十三师团担任掩护的后卫部队——第一〇四联队、第一一六联队、第六十五联队各一部3000余人，在长阳东逃途中，被第十集团军新二十三、第五十五、第九十八和第一二一师重重包围于磨市附近。经昼夜激战，日军第一〇四联队第二大队几乎被全歼，大队长皆冢被击毙。日军第十三师团长赤鹿理急忙派已退到长江北岸的海福部队再次渡江援救，在日军飞机的援助下，日军残部侥幸突出重围，向枝江方面逃窜。

向宜都方面败退的日军第十三师团主力及独立混成第十七旅团，亦遭第七十九军第九十八、第一一八、第一九四师的重兵包围，围困于宜都城郊的狭

飞行中的飞虎队机群

小地区。

6月4日晨，第七十九军向被围困之敌发起正面攻击。王甲本军长令第一九四师为右翼攻击部队，展开于宜都以东江边至三里店之线；以第九十八师为左翼队，展开于三里店以南至长阳河右岸之线，向敌攻击前进。被围日军困兽犹斗，负隅顽抗，两军激战半日，反复冲杀三次，双方伤亡都很惨重。其中白塔山争夺战尤为激烈，第一九四师第五八二团第三营营长林玉豪以下官兵几乎全部牺牲。

到午时左右，已退过白洋江的日军吉武部队又回过头来增援，战斗更为激烈，战至第二天拂晓，已成拉锯战状态。此时，退向枝江的日军长野部队又前来支援，独立混成第十七旅团也从公安赶来增援，在肖家岩、滥泥冲、狮子山之线展开，对第七十九军采取反包围态势。宜都被困之敌也开始疯狂反扑，企图施行内外夹攻。

正当情况危急之时，前来增援的第七十四军和第七十九军后续部队暂编第六师于6月6日赶到，立即向肖家岩之敌发起攻击。在中美空军支援下，第七十九军三个师开始向敌人反攻包围。战至午夜，日军独立混成第十七旅团被击溃，第八十七大队大队长浅沼吉太郎、第八十八大队大队长小野寺实先后被击毙，残敌向原路逃窜。

7日晚，暂编第六师乘夜袭击日军第十三师团司令部，师团长赤鹿理连夜出逃，9日窜回沙市老巢。被围日军也拼命突围，沿宜都江边向枝江溃逃。第六战区各路大军挥师东进，乘胜追歼，连克宜都、枝江、洋溪、松滋、磨盘洲、申津渡、新安、公安等城镇。6月13日，双方恢复战前态势，鄂西会战胜利结束。

鄂西会战期间，新四军部队也进行了配合作战，全歼驻湖北潜江地区的伪第十师第二旅和伪军李炳坤部，有力地配合了第六战区的反攻作战。

鄂西会战，历时一个多月，中国军队死伤41845人，毙伤日军1万余人，其中击毙校级以上指挥官5名，打死军马2000余匹，击毁日机47架，炸毁日军舰船23艘，开始出现了中日空中优势易手的局面。尤其是曾经在中国战场往来征战的日军甲种精锐师团——第十三师团，原定调往太平洋战场对付美军反攻，经过鄂西会战元气大伤，不再具备机动作战能力，日本大本营不得不取消前令，有力地支援了盟军战场。

第三十四章

常德会战

常德地处湘北，西控巴蜀，东襟洞庭，自古有"荆湘唇齿，黔滇咽喉"之称，是拱卫大西南及陪都重庆的战略要地。1943年冬，日军为策应太平洋战场的作战，牵制中国军队向滇缅方面使用兵力，第十一军司令官横山勇调集第三、第十三、第三十九、第六十八、第一一六这5个师团及4个支队共10余万兵力，在第三飞行团130余架飞机及野战毒瓦斯部队的配合下，发动了常德作战。

驻守常德的是第六战区的部队，代司令长官孙连仲指挥第十、第二十九、第二十六、第三十三这4个集团军和王耀武兵团、李玉堂兵团、欧震兵团共28个师近20万兵力，在第九战区和中美空军配合下进行防御作战。

一、石门攻防战

1943年11月2日夜，日军10万大军兵分三路，分别从长江南岸的宛市、弥陀寺、藕池口、石首、华容一线同时出击。澄田睞四郎的第三十九师团与井上真卫的第十三师团为左翼，直取松滋方向第十集团军主力阵地；山本三男的第三师团与佐佐木支队为中路，进攻公安地区的第二十九集团军主力；佐久间为人的第六十八师团和岩永汪的第一一六师团为右翼，前进到洞庭湖北岸待命出击。

一线守军第十集团军的第一八五师、第九十八师、暂六师及第二十九集团军的第一五〇师、第一六二师，分别利用沿江湖泊的障碍与工事奋起迎击，节节阻击消耗日军。激战5日，日军先后攻占南县、公安、松滋等地。第十集团军退守聂家河、王家畈、两河口、暖水街、九王庙之线主阵地；第二十九集团军退守永镇河、红庙、龙山、涂家湖之线主阵地。

第六战区代司令长官孙连仲在研判军情后，认为日军主力似乎已经表明指向常德，于是电令自第九战区开来的王耀武兵团的第七十四军和第一〇〇军开往桃源、慈利，令第五十七师坚守常德。

11月7日，日军以第十三、第三十九师团主力及古贺支队向第十集团军主阵地暖水街一带展开全线进攻。第十集团军总司令王敬久命令各部奋勇逆袭，但阻挡不住日军的疯狂进攻。第一八五师、第一九九师和第九十八师、第一九四师先后退至子良坪、河口、陵坡、马溪沟一线。赵季平的暂六师坚守暖水街主阵地，苦战四天，方奉令突围。

11月12日，日军第十一军司令官横山勇见西线胶持日久，而第六战区江防部队援军第十八军正从北面步步进逼，于是改变主攻方向，将第十三、第三师团及佐佐木支队主力调往新安、石门一线，将冲力摆在第二十九集团军正面，留下第三十九师团及宫胁支队、古贺支队于暖水街一带，对第十集团军进行牵制性作战，以掩护主力南下进攻常德。

第六战区司令长官孙连仲赶紧电令第二十九集团军放弃洞庭湖北岸滨湖地区，撤守石门至澧县间的澧水防线阻挡日军南下。第二十九集团军司令王缵绪立即部署所部向澧水方面转进，以第四十四军驻守澧县及各渡口，第七十三军主力据守石门，第七十七师据守新安。

石门位于常德西北澧水北岸，是南下常德的重要门户。横山勇在石门当面，一口气展开了两个师团的主力。而防守新安、石门的只有第七十三军。这个军在鄂西会战时曾遭到日军包围，元气大伤。汪之斌军长率部撤到石门后，防守澧县的第四十四军已擅自撤过澧水，使石门侧翼依托尽失。汪军长只好仓促布阵，背水一战，以彭士量的暂五师守石门，韩浚的第七十七师守新安，梁祗六的第十五师在外围展开，进行野战阻击。

13日夜，紧跟而来的日军第三、第十三师团开始猛扑第七十三军阵地。第七十七师与第十五师官兵虽奋力抵抗，但难以阻挡日军优势兵力的进攻，部队被打得七零八乱。第七十七师指挥所被日军突入，特务连为掩护师部转移，连长赵绪伦率领全连战士高喊着"中华民国万岁"冲入敌阵，与日军展开了白刃搏杀，全连官兵无一生还。

11月14日，日军在强大空援下对石门发起总攻，并以一部越过澧水，抄绝第七十三军退路，守军面临南北夹击的危险。汪之斌军长在接到军事委员会准许后撤的电令后，即召集所属师长部署突围，但各部都处于与日军激战之中，转进不易。暂五师师长彭士量挺身而出，自告奋勇接下掩护全军撤退的任务。

14日晚，汪军长趁夜率部渡过澧水南撤，留下暂五师死守石门，掩护全军渡河。但此时日军已绕到石门后方，第七十三军在涉水突围时遭到日军截击，部队失去掌握，建制被打散，各自夺路突围。第七十七师先头部队第二三一团损失惨重，负责断后的第二二九团大部牺牲，汪军长率残部退往慈利。

15日黄昏，彭士量师长率暂五师最后撤出石门，日军早已在澧水对岸严阵以待。暂五师在渡河时遭到围攻，师部被截击，队伍大乱，彭师长亲自指挥残部，奋力冲突，不幸在南岩门口被敌机扫射中弹。彭士量师长倒地后慨然叹道："大丈夫能为国尽忠，死又何恨！"暂五师官兵几乎全部牺牲。

二、常德外围战

石门失守后，第二十九集团军虽竭力抵抗，但日军以第三师团为主力，冲过石门缺口，直扑第二十九集团军侧翼第四十四军。在洞庭湖滨待命半月之久的攻城主力第一一六师团瞅准可以在常德会师之后，立即挥师渡过洞庭湖，在第二十九集团军东面强行登陆，侧击第四十四军右翼。第一五〇师防线被冲得支离破碎，第一六一师也被节节击退。第四十四军退守临澧，第七十三军退守慈利。

11月18日，第三师团及独立第十七旅团开始进攻临澧，很快冲破第一五〇师外围阵地，守军退入临澧城内逐巷血战，伤亡惨重。井上真卫的第十三师团径攻慈利，第七十三军在石门已经溃不成军，部队伤亡三分之二以上，无力防守，弃城而去。刚刚开到慈利常德间的第七十四军主力只差一步之遥，未能抢占慈利，遂与日军在慈利外围展开战斗。

慈利失守后，日军第十三师团马不停蹄地向南猛进，担任常德主攻任务的第一一六师团笔直地向常德狂奔而来。久未露面的第六十八师团也从三仙湖一带飞渡洞庭湖，在常德东南的汉寿登陆，直接威胁着常德右后方的安全。

此时，日军进攻常德的企图已经十分明朗。坐镇恩施的孙连仲司令长官立即调整部署，命令王敬久的第十集团军和第十八军停止攻击第三十九师团，迅速将兵力转用于石门方面腰斩日军；令王耀武兵团的第一〇〇军和第七十四军围攻慈利、桃源之敌，截断日军退路；军事委员会紧急调动第九战区的李玉堂兵团和欧震兵团作为二线部队迅速往常德一带集中，企图围歼日军主力。中美空军也精锐尽出，集结B-25、P-40、P-43、P-66、A-29等重型轰炸机80余架，开始大规模轰炸石门、慈利各要点，密切配合地面部队作战。

日军第十一军主力在渡过澧水之后，突然甩开北面第十集团军的拦击，猛烈追击第四十四军，希望在王耀武兵团主力赶到之前越过沅江，一鼓作气拿下常德。19日，东路日军第六十八师团占领洞庭湖南岸的汉寿，已经构成常德东南面的半包围圈。西路第十三师团及第三师团一部，抵御第七十四军进援部队的侧击；第一一六师团和第三师团主力则从中路尾追第四十四军，直指陬市、临澧，猛扑主力在陬市的第一五〇师。

第一五〇师师长许国璋率部死守陬市，但抵挡不住第一一六师团的疯狂进攻，不到半天便几乎全军覆没。眼见日军即将突破核心阵地，许国璋师长急派师属工兵连前往阻击，工兵连不到半小时便死伤殆尽。许师长亲率第四五〇团残部上前冲杀，身受重伤，昏迷不醒，被警卫员抬上渡船送下前线。许国璋师长醒来时见自己已经渡过沅江，部队大部溃散，悲愤交集，夺过身边卫士佩枪自尽，以身殉职。

为尽快包围常德，横山勇派出一个步骑混成旅团钻隙向常德左后方的战略要地桃源突进，王耀武兵团的第一〇〇军先头部队也以每日70公里的强行军速度赶来增援。21日傍晚，日军飞机首先对桃源县城进行了猛烈轰炸，随后空投近一个中队的伞兵里应外合，当地驻防的第四十四军独立团势单力薄，不支后退，桃源很快被日军占领。

桃源沦陷之后，第一〇〇军先头部队第十九师才赶到黄石，喘息未定，便立刻投入恶战，激战半日，难敌日军锋锐，被迫撤出黄石。第一〇〇军的第六十三师主力此时也正向桃源挺进，部队连日赶路，人困马乏，先头部队第

守军在常德外围阵地战斗

一八九团突遭日军第十三师团伏击，团长陶绍堂和副团长高鸿恩在混战中阵亡。第一〇〇军只好在黄石、桃源外围展开拒敌。

21日，日军攻城主力第一一六师团已兵临城下，并由西北向东南包围常德。第三师团从桃源强渡沅江，由西向东迂回包抄，直向沅江南岸的斗姆湖一带逼近，以截断常德城内守军退路。已经攻占汉寿城的第六十八师团，亦于21日晚由牛鼻滩偷渡沅水，由东向西插入城南50华里的陡山、赵家桥一带布防，以阻击第九战区的援军。至此，日军的三个师团已从四面完成了对常德的包围态势。

三、常德保卫战

防守常德的是第七十四军第五十七师，师长余程万率部进驻常德后，立即抢修城防工事，使常德成为一个坚强的防御阵地。具体防御部署是：柴意新的第一六九团防守城北，孙进贤的第一七〇团防守城西，杜鼎的第一七一团防守城东，城南则为沅江，形成背水一战的布局。第七十四军军长王耀武，见第五十七师守城任务艰巨而力量单薄，又将新编第一〇〇军第六十三师第一八八团拨归余程万指挥，负责德山和沅江南岸的防务。

此时蒋介石正在埃及参加开罗会议，对常德保卫战的胜负极为重视，11月19日发来电报，命令"第七十四军、第四十四军、第一〇〇军应尽全力在常德西北地区与敌决战，保卫常德而与之共存亡"。余师长接获训令后率领全师官兵在操场上宣誓："效忠党国！保卫常德！"

11月21日，日军第十一军主力在常德城郊集结完毕，横山勇司令官亲赴常德指挥作战，命令第一一六师团作为攻城主力部队从北面及西面攻击，第三师团第六联队配属一个野炮兵大队从南面攻击，第六十八师团独立步兵第六十五大队从东面进行攻击，其他部队在外围打援。

22日，城郊攻防战首先从德山打响。德山位于常德东南5公里处，是沅江南岸唯一制高点，其临江拔起之孤峰岭，有"望城坡"之称，是常德的军事屏障。横山勇命令第六十八师团户田部队4000多人全力猛扑德山。刚刚接防的第六十三师第一八八团仓促应战，仅一昼夜便支撑不住，团长邓先锋竟不经批准便率部从孤峰岭撤离，向黄土店方向逃跑了。只有200多人坚持战斗三天三夜，最后全部战死，常德的天然屏障落入敌手。

与此同时，环城东、西、北三面城郊防御战亦同时打响。城西制高点河洑山阵地成为日军进攻的重点，第一一六师团先头部队第一二〇联队2000余人，在独立山炮兵第二联队配合下，向第一七一团二营阵地猛扑。日军先用十余门大炮狂轰，将守军阵地工事全部击毁，紧接着采取整排整连波浪式密集冲锋的战术，发起猛攻。面对来势汹汹的敌人，守军连、排长带头跃出战壕，率领士兵和敌人展开肉搏，接连打退了敌人八次冲锋。

战斗一直持续到第二天拂晓，日军又出动飞机24架低空轰炸，河洑山顿时如火山爆发，尘土掀起丈余，战士们连人带枪被埋入土中。营长阮志芳率领残余士兵冲出防御工事做自杀性逆袭，一场残酷的肉搏战，二营500名官兵全部壮烈牺牲。剩下少数重伤员不愿做俘虏，各自把枪口对准脑袋或胸口，自杀成仁。

这天，城外东郊之战亦进入激烈阶段，由牛鼻滩窜来之日军第六十八师团，不断向皇木关、新民桥、石公庙增援，企图由内河鹅子港强渡，迅速推进到东门，配合西面敌人攻城。

在此防守的是第一六九团杨维钧的第一营，利用团子港西岸大堤天然屏障与敌对峙。敌人很快增至4000余人，大小炮40门，以猛烈炮火向皇木关、新民桥、石公庙之间猛攻，一营官兵奋力阻击。正当全线酣战之际，新民桥之敌在9架飞机低空掩护下强渡过河，守军被迫退守岩包。日军遂分五路向岩包进扑，激战至黄昏，守军仅以两个连的兵力抵挡不住优势敌人的攻势，营长杨维钧身先士卒跃出阵地与敌拼搏，但终因众寡悬殊，无法固守，敌人乘势突入岩包。

当晚9时，柴意新团长亲率预备队一个连配合第一营官兵组织反攻，炮兵团团长金定洲指挥炮兵以强大火力支援，守军士气大振，向日军发起勇猛反击。敌阵一时大乱，遗尸400余具逃窜，第一〇九联队代理联队长铃木被当场击毙，第三大队大队长马村也被乱枪打死，守军重新夺回岩包。战斗一直持续到24日，日军在16架飞机的配合下，以波状密集队形不断向岩包进犯，岩包失而复得达五次之多，入夜，阵地尽成焦土，守军被迫转移至陡码头、岩桥、三闸港一带抵抗。

城北郊是敌人的主攻方向，日军第一一六师团主力1.5万多人，在30余门大炮支援下，分左右两路向北郊左地区的军安桥、竹根潭一带及右地区的八人岗、双桥闸一带进攻。防守左地区的是第一七〇团鄜鸿钧的第二营，守卫右地区的是第一六九团郭嘉章的第二营。敌人以优势兵力采取波状队形密集冲锋，守军顽强抵抗，血战一直持续至黄昏，阵地悉数被炮火夷为平地，官兵伤亡惨重，郭嘉章营长和酆鸿钧营长先后牺牲，守军被迫撤至沙港、新堤、七里桥、鸡公坡一带。

常德被日军包围之后，第六战区的第十集团军、第二十九集团军以及王耀武兵团的第七十四军、第一○○军积极处于向心攻击之中，日军以第三十九师团、第十三师团、独立第十七旅团及第三师团一部苦苦阻击打援，两军陷于胶着状态，一时难解常德之围。军事委员会鉴于常德方面军情转急，电令第九战区李玉堂兵团迅速从长沙北上解围，令方先觉的第十军兼程向常德推进，第九十九军开往汉寿、德山之间，以掩护常德守军的右翼。

11月25日，日军指挥所发出全线攻击令。占领汽车南站的日军第三师团第六联队，动用20多艘汽艇和民船，在大炮、轻重机枪掩护下强渡沅江，首先从南门开始攻城。在城南江岸防守的是第一七一团第三营，待日军渡至江心，守军突然开火，击沉敌船6只，日军纷纷落水，武藤中队长被击毙。中美空军为配合地面部队作战，出动飞机20架，轰炸扫射南站日军，正在江岸观察地形的第六联队联队长中畑大佐被当场炸死，第三大队大队长左卫门亦中弹负伤。

凌晨5时许，南岸日军发动了第二次强攻，集中所有炮火向水星楼据点进行毁灭性轰击，并施放窒息性毒气，在此据守的第三营的两个排全部牺牲，日军乘机全力强渡过江，一举占领水星楼，并乘机窜入城内。

水星楼位于常德东南隅城楼上，是全城最高建筑物，可以居高临下窥视全城。余程万师长命令第一七一团全力消灭水星楼及窜入城内之敌。杜鼎团长亲自指挥预备队围歼入城之敌，将日军团团围住，全部歼灭。三营营长张照普率领3个手榴弹班袭击水星楼之敌，在机枪火力掩护下接近城楼，不断将手榴弹投掷到碉堡内，经过两小时激战，终将登城之敌悉数歼灭。南岸日军遂向东门转移，参与进攻东门外的战斗。

自日军发起总攻以后，每天出动飞机20余架，轮番对常德城内外进行狂轰滥炸，并投掷大量燃烧弹，整个东门外的大街小巷变成了一片火海，火焰腾空，烟雾弥漫。进攻东门的日军，为第六十八师团独立步兵第六十五大队、户田支队第二大队及第一一六师团第一○九联队近万人，由于连日来进展不大，于是发起野兽般的残酷攻击，在30多门大炮掩护下，全力猛攻。在此防守的第一六九团第一营战士，被迫退守沙河、四铺街一带，与日军展开了逐室逐屋的

中国军队正冒着炮火往前冲

争夺战。战至26日，东门外一带房屋全部被烧光，碉堡被炸平，战士们跃出阵地，与敌人展开了肉搏，一时喊杀声四起，街头巷尾，血流成河，第一营官兵几乎全部阵亡。

25日深夜，进攻大西门外的日军，首先集中山炮6门，对第一七〇团洛路口据点进行疯狂轰击，一时火光冲天，碉堡一座座被击毁，守军被迫退守渔父中学。

渔父中学三面环水，是大西门城外最后一道防线。守军与城垣上炮兵紧密配合，形成了一个交叉火力网，日军从凌晨一直攻击到天亮，始终无法靠近城垣一步，于是调来20余架飞机，配合山炮对渔父中学狂轰滥炸，并以密集队形发起多次冲锋。一时炮火连天，弹如雨飞。守军利用断壁残垣做掩体，进行拼死搏斗，日军一批又一批地冲上来，又被一次又一次地打退。最后守军炮弹用尽，只得凭轻武器及白刃与敌搏斗，伤亡巨大，剩下的战士被迫撤进大西门城内。

进攻北门外七里桥、鸡公坡一线的日军第一三三联队，以优势火力接连发动十数次攻击，均被守军第一六九团第二营击退，第一大队大队长胁屋及第三中队中队长上法真男被击毙。日军继续大量增兵，企图从北门打开突破口。为确保北门，副师长陈嘘云亲临督战，守军前仆后继，愈战愈勇，反复拉锯拼杀达八次之多，第一〇九联队第三大队岛村长平大队长被击毙。日军出动20余架飞机，对城外所有明碉、暗堡、战壕、掩体进行毁灭性轰炸，然后组织步骑，进行潮水般的猛扑。守军工事尽毁，无险可守，只得退守城门外的贾家巷和土桥据点。

至此，日军的进攻部队已全部伸展到城郭周围，集中力量把进攻重点转向各个城门。守城部队开始了以城垣、城楼为掩体的城防战，余程万师长除了日夜往来各门之间督战外，还将副师长、参谋长及师部其他官员派往各城垣据点督战。

26日拂晓，在21架飞机的配合下，日军对东、西、北三门发起了空前规模的猛攻。日军第一一六师团第一二〇联队主攻大西门，在此防卫的是第一七一团第三营，三个敌炮阵地的100多门大小炮，一齐向这里做交叉射击，弹道像礼花一样织成了天罗地网，碉堡工事全被轰塌，在正面担任阻击任务的第九连官兵几乎全部阵亡。第一七〇团团长孙进贤亲自率部猛烈逆袭，反复冲

第五十七师官兵与日军激战

杀。营长张挺林身先士卒，率部奋勇冲击，负伤达七处之多，壮烈牺牲。日军也在阵前遗尸数百，始终没能突破城门。东门城外之敌，将部队分成若干梯队，也向城门发起连续冲锋，守军在柴意新团长的指挥下，英勇奋战，打退了日军的多次进攻。

北门城外之敌，以大炮20余门向城外据点贾家巷一带猛轰，将贾家巷民房轰成灰烬，激战至夜，守军仍然坚守不退。日军竟然挖空心思，模仿中国古代的"火牛阵"战术，将从附近农民家里抢来的数十头耕牛一字排开，用军毡将牛眼蒙上，身上绑上炸药，将牛尾点着，牛感到灼痛后，向前猛冲，日军跟在后边乘势蜂拥而上。守军一开始不知日军在使用什么新式武器，眼见一排排火浪滚滚而来，便朝着火浪拼命扫射。由于牛的体积较大，容易射中，"火牛阵"很快破产。敌人在猛烈炮火的配合下继续冲锋，守军死伤殆尽，余兵8名奋战到底，排长殷惠仁在日军逼近时拉响最后一枚手榴弹与敌同归于尽。

27日拂晓，敌机21架又对城厢内外实施狂轰滥炸，300多门大小炮一齐向城内轰击，四面交叉火力网密布，城区上空成了火花世界。随着炮火的开路，日军又展开了全线猛扑。

东门之敌曾前后三次攀越城楼，柴意新团长亲自在这里督战，士气高昂，反击有力，敌人的企图一直未能得逞。10时许，日军又选择第一六九团第二营五连的城段作为突破口发起猛攻，有一股敌人趁机贴近墙脚，正在用竹梯爬墙，张华排长扔下机枪，率领战士们拿起木棒，搬起石头，将爬上来的敌人砸了下去。不一会儿，敌人的密集炮火又在城头咆哮，在炮火掩护下，又有大批日军一齐攀城。这时，前来增援的一排运输兵刚好到达城头，见情势危急，连石头、木棒也来不及使用，便用手推足踢，把即将登上城头之敌，一个个推下城去。

这天西门一带的战斗也很激烈，第一七一团副营长雷拯民亲率一个连在这里防守，一天之内打退了日军的十余次进攻，日军第一二〇联队第三大队葛野旷大队长被击毙。敌人不甘心失败，又重新组织炮火，对城上守军阵地进行毁灭性轰击，许多战士连人带枪被埋在工事里，雷拯民副营长也中弹牺牲。正在这千钧一发之际，幸好九连连长宋维钧率援兵赶到，保住了这个据点。日军继续用炮火猛烈轰击，城上工事全部被毁，敌人见城上没有动静，以为守军全部阵亡，趁机向城门靠拢，谁知宋连长突然从泥土里爬出，用手榴弹向敌人猛掷过去，随着一声巨响，三四个敌人倒在了地上。幸存的敌兵仍踏着尸体向城门冲来，宋连长此时已手无寸铁，只得掩护在城垣角，出其不意地夺过敌人的枪，向敌猛刺过去，敌人虽然倒在了地上，但宋连长也壮烈牺牲了。

北门外的日军，也向北门外正街猛犯，第一七一团第一营营长吴鸿宾率同第三连连长马宝珍，以一连兵力反击，由于兵力有限，眼看局势已难以支撑，幸好余程万师长出巡至此，亲率预备队从正面向敌人猛烈逆袭，日军受重创后退却。

常德保卫战至此已坚持了一周，守城部队的顽强战斗，不仅使攻城日军感到头痛，连日本军事机关也不得不叹服，日军华中前线11月27日电讯写道："敌人之抵抗极为顽强，26日敌为阻止我军之夜袭，无片刻之休息，继续炮击，敌人依据数层铁网，誓死抵抗，城壁到处有手榴弹扔下，高八尺之城壁构成一大要塞，我空军曾至空中猛烈轰炸，然守城之敌始终顽强抵抗。此次攻防战激烈之程度，不禁使人想起南京攻击时，重庆之战意，诚不可侮也。"

此时，第六战区代司令长官孙连仲命令第一线兵团立即转入反攻，全力击破日军第三十九师团与第十三师团的阻击阵线，将敌主力压迫于常德城郊，包围歼灭。第七十四军与第一〇〇军奉令后，全力向常德攻击前进，26日，攻占慈利，27日，攻克桃源，日军第十三师团阵线摇摇欲坠。第十集团军也长驱大进，第七十九军越过澧水，直趋太浮山第十三师团侧背，攻占慈利外围明月山。

第六战区第二线兵团也已经全部出动，第十八军渡过汉洋河，突入第三十九师团阵线，攻克刘家场，截断日军后路。第三十九师团全线震动，澄田师团长紧急收缩兵力，死据交通线上个别要点。第十一军面临被中国军队两线兵团包围夹击的危险。

第十一军司令官横山勇得知第十八军已经直逼公安，大为慌张，此时常德的攻取已经不再是主要战略目标了，最需要担心的是如何在第三十九师团以及第十三师团防线崩溃之前撤回长江北岸，以免被优势中国军队围歼。堂堂皇军以3万大军围攻区区8000守军超过一周，仍然没办法发出克城捷报，如果就此撤军，不仅不能向大本营交差，而且会令第十一军大失脸面。

横山勇在极度紧张中，竟然想出一条"妙计"，暗使第一一六师团长岩永汪将包围圈撤开一面，逼第五十七师突围，他好宣布攻克常德，向大本营交差，尽快率第十一军撤回武汉。

岩永汪心领神会，主动撤开常德南面攻城部队，并派人喊话，叫余程万师长率师突围。余师长置之不理，横山勇下令加强东、西、北三面攻势，企图将第五十七师逼走。但第五十七师官兵意志坚强，突围大道开放两天，日军喊话几近哀求，可第五十七师仍然死守不退，宁可与城共存亡，以完成牵制任务，为战区歼敌争取时间。

常德久攻不下，日本天皇大怒，限令第十一军两天内进占常德。横山勇孤注一掷，将攻城部队剧增至8个联队3万余兵力，空投弹药2万发。28日晨，横山勇下达全面总攻令，以大小炮300余门，飞机20余架，辅以毒气、燃烧弹，对东西北门展开空前规模的猛攻，仍然为守军留下南门退路。但守军在顽敌面前，仍威武不屈，激战一天，一次又一次地粉碎了敌人的嚣张气焰。

29日凌晨，日军集中炮火，突然对城东北隅"西围墙"处猛烈轰击，将一段新城墙轰塌，然后在26架飞机的掩护下，一窝蜂地从城濠内冲来。此处原为会战前便利市民出城躲防空警报，将老城挖了一个缺口，城濠内填有走道，第五十七师驻防后，才将城墙缺口抢筑，濠中路面并未深挖。日军发现这一秘密后，遂选择此处为进攻突破口，发起突然袭击。守军冒着炮火顽强抗击，用血肉之躯将缺口牢牢堵住，缺口前尸骸累累，濠水为之变赤，日军大队长饭代英太郎及所属第四中队长北田一量被击毙。气急败坏的日军，竟然用掷弹筒大肆向城上守军施放窒息性毒气弹，守军全部中毒昏迷，日军乘机涉濠，爬梯登城，将昏迷守军全部杀死。余程万急调全部预备队拼死反击，双方展开了残酷的肉搏，两军伤亡严重。

正当城内战斗处于白热化之时，城外日军源源不断地从突破口涌了进来，其中一股乘夜直向东门城内海月庵突进。东门城垣守军，由于连日血战，人数锐减，只得将许多从未上过火线的消防队、勤务兵也调上城头，用梭镖、木棒协同守城作战。后来，战斗人员耗损到无法应付的地步，守军又扎了许多草人，戴上军帽穿着军服半掩半露地插在工事旁，来虚张声势。日军突入海月庵时，东门守军已无兵可调，第一六九团副团长高子曰凑集40余名夫役杂兵，利用大刀、长矛、手榴弹前往阻击，由于众寡悬殊，经过一场肉搏，全部阵亡。

这时东门城外之敌也乘机猛攻，里应外合，守军受到内外夹击，支撑不住，东门很快失守，日军大队人马迅速从东门突入，逐次占领永安商会和舞花洞之间的街巷。随即又兵分两路，一路沿城围和河街窜至水星楼，一路在东门城内占领民房据点，展开巷战。

进攻北门的日军也来势汹汹，在50多门炮火的配合下，先大量施放催泪毒气，继之以烟幕掩护，向守军阵地步步逼近。在此防守的第一七一团第一营，因与敌肉搏已七八次，官兵伤亡惨重，能够临阵冲锋的战斗人员已不足一个排。

这时第三连连长马宝珍只得带领士兵守在正面散兵坑内，准备再次待敌逼近，冲出阵地肉搏，谁知旁边散兵坑中的号兵，未等敌兵接近，一时心急，即吹响了冲锋号。日军一听到号声，生怕守军冲出来肉搏，立即抱头鼠窜。然后又集中炮火向守军阵地猛轰，致使第三连连长马宝珍、第五连连长戴敬亮均负重伤，士兵所剩无几。杜鼎团长急令机枪连前来助战。一场血战，终因敌军势众，机枪连连长温凤奎战死，守军全部阵亡，日军乘机突进北门。

至此，日军已分别从西围墙、东门、北门突入城内，随后两军展开了逐街逐屋争夺的巷战。此时，第五十七师各级战斗指挥官已伤亡达95%，士兵不足千人，重武器损失90%，弹药奇缺。炮兵营炮弹已罄，只好将火炮拆毁埋藏。官兵开始搜寻民间武器，持大刀、长矛与敌周旋。

余程万师长一面将城内所有杂兵、夫役、政工人员等非战斗人员改作战斗兵投入战斗，一面紧急向孙连仲发报求援："弹尽、援绝、人无、城已破，职率副师长、指挥官、师附、政治部主任、参谋主任等固守中央银行，各团长划分区域，扼守一屋，做最后抵抗，誓死为止，并祝胜利。第七四军万岁！"

这天，从西围墙攻入之敌，很快占领了烈士街，然后兵分两路，一路向府坪街进击，一路向大高山街进逼。从北门窜入的日军，占领皇经台之后，也分成两股，一股向小西门方向进攻，另一股直趋汉寿大街。由东门入城之敌，由大庆街、常清街、沅清街逐步向西压缩。余程万师长令第一六九团士兵以二至三人为一组，分布在沿街各据点，利用已打通的民房、断垣颓壁和街巷工事分区据守，各自为战，尽力支撑危局，等待援军。

各路日军，毒气、燃烧弹、烟幕弹、掷弹筒无所不用，烧一段，攻一段，步步进逼，城内一片火海。守军一面扑火，一面依据房屋、墙壁拼命抵抗，一旦工事被毁，就冲出阵地与敌人展开肉搏。一时枪声、炮声、喊杀声笼罩全城，各条大街小巷整日都处于激烈的恶战之中。

这时，只有大、小西门和城西一带还在守军手中。第五十七师指挥所设在兴街口中央银行内，离大、小西门只有二三百米。11月30日，日军把进攻的重点指向大、小西门和师指挥所。从拂晓开始，日军在机群轰炸之后，继以大量部队向二门强攻。向小西门进攻的日军在大型山炮的配合下，以步、骑混合组成29个波状式队形轮番冲击，遭到在此防守的第一七一团第一营第二连和第三连的顽强抵抗，双方伤亡惨重。战至9时许，正面战场上的第一连仅剩下5名带伤战士，眼看日军已逼近城门，赵相卿排长和5名伤员一齐冲向敌前，拉

第五十七师官兵与日军展开巷战

开手榴弹与敌同归于尽。这时后面日军乘机突入小西门，顺着大街向文昌庙冲来。

　　文昌庙位于小西门内的十字街口，庙旁有一座石砌的碉堡。据守碉堡的只有第一六九团第三营伤病24人。余程万师长急令第一七一团第一营营长吴鸿宾率部下城抄敌左侧，副营长刘良率部钻墙绕至敌右后侧击，余师长本人则率特务连一个排从正面向文昌庙进击，迎头拦住敌人。敌人陷入三面包围之中，一时枪声四起，血肉横飞，日军走投无路，全部被歼。

　　12月1日拂晓，日军又在20余架飞机轮番轰炸后，向中央银行核心阵地发起更大规模的攻击。日军在城内巷战的战术是烧一段、攻一段，而中央银行因是钢筋水泥结构，不怕火烧，有一定抗爆能力，日军遂改变了战术，将平射炮、山炮、野炮集中到三个进攻方向的正面，对准中央银行及周围碉堡和砖房建筑，做毁灭性的轰击。同时，日军又侦察到第五十七师剩余官兵均潜伏在各街巷两旁的房舍中，于是又调集上百门迫击炮，向街道两旁的房屋狂击，不少官兵连人带枪埋葬于断垣废墟的砖瓦堆中。

　　战至傍晚，守军数不满千，阵地大大缩小，城区各主要街道相继被日军占

第五十七师官兵在废墟中与日军激战

领,仅剩师部所在地中央银行、孙进贤团的防守点双忠街、杜鼎团的防守点府文庙、柴意新团的防守点亚洲旅社和华晶玻璃厂五大据点未被敌人突破。余程万下令要确保这五大据点,赢得时间,等待援军。

这时,奉命赶来增援的方先觉的第十军,正日夜兼程赶赴战场。朱岳的第一九〇师奉令进攻汉寿之敌,孙明瑾的预备第十师配合周庆祥的第三师进攻德山,增援常德。日军为阻止第十军增援,沿途不断疯狂阻击。

12月1日,孙明瑾的预十师在易家冲一带受到日军第三师团第三十四联队和第六十八联队的包围攻击,官兵伤亡达2000多人。孙明瑾师长亲自操起一挺轻机枪,率部向日寇发起冲锋。不料突遭侧翼日军袭击,四颗子弹从他胸中穿过,鲜血顿时染红了征衣,临终前仍叮嘱部属:"贯彻命令,完成任务!"战斗一直持续到深夜,剩余官兵才突出重围。

周庆祥的第三师于11月30日收复德山,第九战区司令长官薛岳电令火速派兵入城,解救第五十七师。12月1日晚,周庆祥以主力固守德山,派第七团入城解围。第七团援军到达南站时为水流湍急的沅江所隔,与城内守军联络不上。这时突遭日军团团包围,冲杀一夜,仅100余人突围,其他官兵全部牺牲。随着预备第十师和第三师先后遭到日军重创,第十军主力基本丧失殆尽,再也无力入城援助第五十七师了。

12月2日,城内巷战益趋炽烈,守军仅凭少数残破碉堡奋力支撑。日军将平射炮推上第一线,直接瞄准射击,逐个将碉堡轰毁,并不断组织波状密集冲锋,集中兵力向第五十七师指挥所的核心阵地中央银行猛攻。守卫在文昌庙附近的第一六九团第一营，全部壮烈牺牲。

战至夜晚，日军仍然占据兴街口正面阵地不退。余程万师长令第一七〇团团长孙进贤率官兵20余人，从双忠街工事内冲出，钻进指挥所后，从敌背侧攻击；又令孔溢虞营长率师指挥所内的官兵，越出围墙从正面猛攻；余师长本人则亲自掌握指挥所门口那挺重机枪，对准敌人不停扫射，日军受到前后夹击，暂时后退。

此时，城内防御阵地已被压缩到纵横仅400米的狭小范围内，全师官兵8000余人，仅剩下321人，步枪40余支。而援兵仍迟迟不至，第五十七师已面临全军覆没的危险。

12月3日凌晨1点，余师长在城西南角一民房内召开紧急军事会议，决定乘夜突围，令第一七〇团团长孙进贤率防守南墙官兵乘夜渡河，向德山一带前进，往迎友军；令第一七一团团长杜鼎和炮兵团团长金定洲率部绕道江北，到河洑附近迎接西来援军。第五十八师少将参谋长兼第一六九团团长柴意新，主动要求留守城内，率第一六九团余部51人，掩护部队突围。

突围部队趁夜翻越南城墙，乘小船渡过沅江突出重围。柴意新团长率部在双忠街一带与敌酣战，掩护部队突围。日军集中掷弹筒及枪榴弹、迫炮火力攻击，柴团长奋然起身高呼杀敌，率残部以刀矛棍石向敌冲锋，反复肉搏十余次，身受两处重伤，仍英勇力战。黎明前，指挥部队突进到府坪街，在春申墓前不幸中弹，壮烈殉国，随从官兵也全部牺牲。12月3日，常德沦陷。

常德保卫战，守城官兵仅8529人，顶住了日军3万多人的进攻，孤军坚守达半月之久，毙伤日军4251人；自身也伤亡惨重，据清扫常德战场的部队报告，掩埋第五十七师官兵尸体共5703人，负伤及中毒者2500余人，为牵制敌人赢得了时间。

四、收复常德

在常德血战的同时，外围作战也在激烈进行。第七十四军、第一〇〇军已经进至常德西部地区，第十军攻占德山。为围歼常德一带的日军，军事委员会命令二线兵团的第十八军、第四十四军迅速从西北向常德靠拢，令欧震兵团的第五十八军、第七十二军由南向常德逼近。

12月4日，鲁道源的第五十八军、傅翼的第七十二军先后赶到沅水南岸外围战场。第五十八军从八斗湾、双羊坪直攻二里岗和德山；第七十二军由兴旺桥、道林寺进占斗姆湖的裴家码头，压敌于沅水南岸。7日，从常德突围出来的第五十七师残部在毛湾附近与第五十八军新十一师会合。8日，第五十八军各部相继收复德山、孤峰岭、苏家渡和南站，第七十二军亦占领了斗姆湖，沅水南岸之敌败走。

12月9日，日军下达撤退令，主力部队开始撤离常德。欧震兵团侦察到城内只有少数日军，于是命令各部渡过沅江，分两路入城。9日凌晨，第五十八军从城东老码头，第七十二军从城西裴家码头齐头并进，在机枪、炮火掩护下，驾竹筏小船抢渡过江，击溃残留日军，分别占领德山街和河洑镇。9日下午，余程万师长率领第五十七师突围出来的官兵80余人，协同鲁道源第五十八军新十一师第三十二团由东门率先进入城区，重新将青天白日旗插上城楼，收复常德。

12月9日晚，军事委员会下达追击令，中国军队开始全线反击。至25日，先后收复南县、安乡、津市、澧县、枝江、松滋、公安等地，双方恢复战前态势。

常德会战，历时五十余天，中国军队伤亡4万余人，其中包括3位师长；毙伤日军2万余人，其中包括5名联队长。中美空军也积极配合作战，先后出击轰炸机280架次、驱逐机1467架次，击毁敌机63架、汽车75辆、舟艇122艘；并轰炸了台湾新竹机场，炸毁日机30余架，有力地配合了太平洋战场的作战。

第三十五章

豫湘桂溃退

从1943年夏天开始，同盟国反法西斯战争转入全面战略反攻，日军在太平洋战场上屡遭失败，制空权和制海权已逐渐落入美军手中，使日本南洋军队的海上交通线受到严重威胁。

1944年2月，已是首相兼陆相、内相、文相、商工相、军需大臣的战争狂人东条英机，又兼任了大本营参谋总长，实行了军政一元化的全面独裁。为保持日本本土与南洋的联系，东条英机决定打通从中国东北直到越南的大陆交通线，同时摧毁沿线地区的中美空军基地，以保护本土和海上交通安全，遂令驻中国"派遣军"使用累计50余万兵力，发动打通大陆交通线的"1号作战"计划。

国民政府军事委员会先后以三个战区100万兵力进行抗击。整个作战分为豫中会战、长衡会战、桂柳会战三个阶段进行。

一、豫中会战

1944年4月，日军华北方面军司令官冈村宁次指挥第十二军5个师团及战车第三师团、骑兵第四旅团、第五航空团和第一军一部，共15万人，在第十一军、第十三军各一部配合下，以攻占平汉铁路南段为目标，向郑州、洛阳地区发动进攻。

第一战区司令长官蒋鼎文，指挥8个集团军又一个兵团，共17个军约40万人，进行防御作战。具体部署是：第四集团军驻守郑州，第十四集团军驻守洛阳，第三十六集团军驻守新安，第三十九集团军驻守渑池、陕县地区；第十五、第十九、第二十八、第三十一集团军沿二百余公里的黄河南岸布防。

4月18日拂晓，冈村宁次亲率第三十七师团及第七旅团从中牟向李仙洲部第二十八集团军暂编第十五军河防阵地发起攻击，一举突破黄河天险。19日晨，日军第一一〇师团、第六十二师团由郑州黄河大桥向第二十八集团军第八十五军邙山头阵地发起攻击。守军预十一师一个营顽强抵抗，激战至中午前后，阵地全被摧毁，营长王鑫昌以下300余人全部英勇牺牲。

20日拂晓，日军主力进至黄河南岸，沿京汉铁路两侧展开进攻。至22日，相继攻陷郑州、新郑、尉氏、汜水、荥阳，并向许昌推进。

许昌位于中原腹地，是平汉铁路线上的要冲。日军要打通平汉线，必须先拿下许昌。在此防守的是新二十九师，兵力不过3000人。师长吕公良在誓师大会上慷慨陈词："日本人大兵压境，许昌必有一场苦战，我们身为军人，守土有责，誓与许昌共存亡。城存予存，城亡予亡！"并给妻子留下了遗书："我已充分准备，打仗是军人的本分，希望他来一拼，恐怕此信到时，我已在与敌人拼命了，不必过分代我伤心，当军人不打仗还有何用。"

4月30日，冈村宁次采用"牛刀宰鸡"战术，调集第三十七师团、第二十七师团、第六十二师团与第七旅团各一部将许昌团团围住，在12架轰炸机和炮兵火力支援下，向许昌发起了猛烈攻击。守军依托工事顽强抗击，接连打退了日军的四次冲锋。激战至黄昏，日军战车第三师团第十三联队坦克群冲入城内，连续进行了一个多小时的"全封闭攻击"，守军工事尽被坦克轰塌轧平，伤亡惨重。日军步兵也先后从城南、城西突入城内。守卫南关思故台的一个营，全部阵亡。吕公良师长立即抽调预备队，增援南关，并亲自来到城南坐镇指挥，与日军展开巷战。在逐街逐房的争夺中，预备队官兵与日军展开了白刃战，营长何景明、胡光耀先后牺牲。战至深夜，守军仅余数百人，新二十九师决定乘

日军战车第三师团的坦克部队

夜突围，师长吕公良、副师长黄永淮及第八十五团团长杨尚武、第八十七团团长李培芹壮烈牺牲。

5月1日，许昌失守。日军遂兵分两路，一路沿平汉铁路南下，一路转向西进，寻找汤恩伯部中央嫡系部队主力决战。第三十一集团军跳出日军包围圈，撤往嵩山、伏牛山区。随后，日军第三十七师团和第二十七师团数万大军，在战车第三师团、骑兵第四旅团数百辆坦克和上万匹战马的引导下，沿着豫中大平原浩浩荡荡地向洛阳杀来。

5月9日，西进日军攻抵龙门附近，进逼洛阳。同日，由许昌南进日军第二十七师团，与由信阳北犯第十一军宫下兵团在确山会师，打通了平汉铁路南段。

同时，日军第一军第六十九师团于5月9日夜从山西垣曲强渡黄河，攻占河南英豪、渑池后，沿陇海铁路东进，企图与西进日军东西对进，夹攻刘戡兵团和第三十六集团军。刚从东京调来的"虎师团"，也从白浪渡河南下，向洛阳以西守军包抄过来，第一战区的第四集团军、第三十六集团军和刘戡兵团面临三面夹击，仓皇西撤。

李家钰（1892—1944），四川蒲江人，毕业于四川陆军军官学堂第一期，历任川军第一师师长、四川边防军总司令、国民革命军第四十七军中将军长。抗战爆发后，率部出川，转战于山西、河南抗日前线。先后出任第四集团军副总司令、第三十六集团军总司令，1944年5月21日在豫中会战中牺牲，被追赠为陆军上将

第三十六集团军总司令李家钰奉命担任后卫总指挥，掩护友军撤退。5月21日，李家钰将军率总部官兵及特务营行进到陕县秦家坡时遭遇日军伏击，身中两弹，壮烈殉国，实现了他"男儿欲报国恩重，死到沙场是善终"的夙愿。

至5月18日，日军第十二军主力及第一军第六十九师团已先后迫近洛阳周围，从东、西、南三面对洛阳形成了包围。日军"华北方面军"令第六十三师团长野副昌德率所部六十七旅团及三个独立步兵大队、第十二野战补充队与长岭喜一的独立步兵第九旅团组成"菊兵团"，作为洛阳的主攻部队。

洛阳地处中原，背倚黄河，陇海铁路从此经过，战略地位非常重要，第一战区司令部设在这里。在此防守的是武庭麟部第十五军及第三十六集团军第

九十四师共7个团的兵力,具体部署是第九十四师张士光部担任城厢守备,第六十五师李纪云部担任城北守备,第六十四师刘献捷部担任城西守备。

5月18日,菊兵团率先向洛阳发起攻击,守军依托城防工事,顽强抗击,激战终日,日军的多次突击均被击退。其中邙岭战斗最为激烈,混战中,二连连长韩昆生擒日军大队长藤本,日军蜂拥来抢,韩昆急忙将藤本刺死,自己也倒在了敌人的刺刀下。副连长贾乐民见状大吼一声,抱着8枚手榴弹冲入敌群,与数十名日军同归于尽。

19日晨,日军第十二军司令官内山英太郎亲自指挥第一一〇师团一部、坦克第三师团主力、骑兵第四旅团和菊兵团会攻洛阳。战至23日,日军先后攻占邙岭区上清宫、苗家岭等要点,守军退入城中。

24日中午,日军在航空兵、炮兵及坦克师团支援下,兵分六路对洛阳城发起总攻。守军拼死抵抗,阵地几易其手,日军三次突入城关,均被击退,遗尸千余具,守军也伤亡近万人。激战至傍晚,城西北角和东北角先后被日军突破。日军战车第三师团的坦克冲入城内,双方展开激烈巷战。第十五军军长武庭麟下令各部乘夜分路突围。5月25日,洛阳失陷。

在日军第十二军主力西进后,第五战区第五十五军、第十战区豫南挺进军等部,向平汉铁路南段实施袭击,一度收复确山、漯河等地,以牵制日军。

6月1日,第一战区主力、第八战区一部在灵宝一线发起反击,日军第五十九旅团长木村千代太被地雷炸死,第八师少将副师长王剑岳牺牲。战至中旬,将日军逐至陕县、洛宁、嵩县、鲁山一线,双方形成对峙,会战结束。

豫中会战,中国军队伤亡19144人,其中包括第三十六集团军总司令李家

参加豫中会战的守军战士正在洛阳郊区战斗

钰中将以下官佐817人，毙伤日军3350人，击毁日机160余架，毁敌汽车、坦克70余辆。但没能打破日军打通平汉路南段的企图，第一战区司令长官蒋鼎文和副司令长官汤恩伯因作战不利被撤职。

二、长衡会战

豫中会战结束后，驻武汉地区的日军第十一军，根据日本大本营和"中国派遣军"总司令部的命令，以8个师团、1个旅团、1个飞行师团及海军一部，共36万兵力，以攻占湘桂铁路为目标，于1944年5月，在第十一军司令官横山勇指挥下，向长沙、衡阳地区发动进攻。第九战区司令长官薛岳指挥4个集团军30余个师约40万兵力，进行防御作战。

5月27日，日军以5个师团由湖南华容、岳阳、湖北崇阳沿湘江两岸和湘赣边山区分三路发起攻击。防守益阳的第七十三军抗击日军右路第四十师团的进攻，防守崇阳山区的第七十二军对日军左路第三师团、第十三师团进行阻击。防守新墙河的第二十军予中路日军第六十八师团、第一一六师团以逐次抗击后，转至平江以东山区待机。

6月1日，中、左路日军强渡汨罗江，突破河防阵地后，分路向捞刀河、浏阳河进攻。守军第三十七军采取边抵抗边后撤的战法，撤至浏阳附近山区待机。至14日，日军相继攻占沅江、益阳、浏阳。第一一六、第六十八师团强渡捞刀河，击退守卫长沙的第四军警戒部队，进抵株洲附近。第三十四师团渡过湘江，进抵岳麓山东、北两面，第五十八师团进至长沙东面，对长沙形成了包围。

防守长沙的是张德能的第四军，下辖第五十九、第九十、第一〇二师及配属的炮兵第三旅，约1万人。其防御部署是：第五十九师防守车站以南至湘江的市南区，第一〇二师防守车站以北至湘江的市北区，第九十师防守湘江以西的岳麓山。

6月16日，日军在航空兵支援下，对岳麓山及长沙市区发起总攻，第三十四师团当天攻占了岳麓山东、西的虎形山和牛形山。黄昏时，第五十八师团突破第五十九师修械所阵地，第五十九师撤守妙高峰、天心阁核心阵地。

17日晨，日军继向天心阁和桃花山阵地猛攻，并大量施放毒气，守军伤亡较大。进攻岳麓山的第六十八师团派出一个旅团迂回至守军左翼，猛攻燕子山阵地，第九十师伤亡过半，岳麓山制高点朝不保夕，直接威胁到长沙城内安全。第五十九师及第一〇二师奉令增援，渡湘江时遭到日军猛烈袭击。

18日晨，渡河部队到达湘江西岸时，岳麓山核心阵地已失，第四军主力被迫退出岳麓山，往邵阳一带转移。留守市区的两个团，抵挡不住日军的进攻，由北门冲出东山，退守茶陵，长沙被日军占领。第四军军长张德能被军法部判处死刑枪决。

第九战区为阻敌深入，保卫西南战略要地衡阳，从20日起向日军发起反击，至27日，将日军左、右两路分别阻滞于醴陵、湘乡一带。但中路日军第一一六师团和第六十八师团在日军总攻长沙之前，即分别占领了株洲及清江铺，并抢渡湘江，突破南岳衡山防线，向衡阳迂回急进。至27日，衡阳已处于日军两个师团的三面包围之中。

衡阳位于湘江中游，系粤汉铁路和湘桂铁路的交会点，附近有中美空军机场，是重要的战略基地。在此防守的是方先觉的第十军，下辖第三师、第一九〇师及预十师。具体防御部署是：周庆祥的第三师防守衡阳西北部，葛先才的预十师防守衡阳西郊，容有略的第一九〇师防守衡阳南郊，饶少伟的暂五十四师防守衡阳北郊。

6月28日，日军飞机首先对守军阵地进行毁灭性的地毯式轰炸，然后第六十八师团、第一一六师团在炮兵第一二二联队及独立山炮第五联队的配合下向衡阳发起进攻。守军依托工事以正面和侧面火力掩护，连续实施反冲击。日军连续发动了几次大的冲锋，都被守军打了回去。第六十八师团长佐久间为人中将及其参谋长原田贞三郎被炮击重伤。激战五日，日军炮弹消耗殆尽，仍毫无进展。7月2日，被迫停止攻击。

7月11日，日军第六十八师团、第一一六师团得到增补后，在野炮兵第一二二联队及独立野炮第二联队炮火掩护下，向衡阳发动了第

衡阳城燃起熊熊大火

二次进攻。

日军第五航空军出动两个轰炸机战队的主力,在第一飞行团战斗机掩护下,对衡阳市区和西南两面的山头阵地进行反复轰炸、扫射,将外围阵地上的据点、工事、战壕几乎摧毁殆尽,并投下大批燃烧弹,衡阳城区成一片焦土。

主攻城西南的第一一六师团第一二〇联队向预十师一线阵地虎形山发起猛攻。激战昼夜,守军伤亡惨重,阵地为日军突破。第三师派出一个营增援反击,经激烈的白刃搏斗,营长阵亡,士兵死伤大半,仍未能收复阵地。其他阵地也发生激烈争夺战,战至15日,守军第一线阵地多处被突破,被迫退守二线阵地。

连日激战,日军也死伤惨重,第一一六师团第一二〇联队长和尔基隆大佐及第一三三联队的三个大队长相继被打死,每大队所余兵力不足100人。日军每天都在焚烧腐烂的尸首,以防止瘟疫的发生。战至20日,日军被迫再次停止攻击。

此时,第九战区外围部队正奉命向衡阳进逼,被阻滞于湘东山区的日军第三师团先后在醴陵、茶陵、安仁遭到重创。在第二十七师团、第三十四师团和第十三师团一部增援下,激战半月,始突破围阻。西路日军也受到守军第三十集团军的反击,萍乡、醴陵先后收复,日军骑兵第三联队几乎遭全歼。

第六十二军奉命增援衡阳,曾一度突进至衡阳车站,但在日军第四十师团的反击下,伤亡较大,被迫撤退至盘石岭附近休整。第七十九、第七十四军的增援部队亦被阻于日军的堵截线之外。横山勇企图以围点打援的方式,吸引第九战区的部队前来支援,然后东西路日军再发动多重包围,一举围歼第九战区的主力部队。

衡阳久攻不下,引起日本大本营的极度不满,也加剧了日本内阁的危机。随着日军在太平洋战场上的失利,在日本军政各界压力下,7月18日,东条英机首相被迫辞职。第十一军前司令官阿南惟幾继任陆军大臣,关东军总司令官梅津美治郎大将接任参谋总长,继续执行"1号作战"计划,严令"中国派遣军"尽快攻占衡阳。

"中国派遣军"总司令畑俊六也十分气恼,在电话上严厉训斥横山勇,责令其迅速攻下衡阳城。"派遣军"总参谋长松井太久郎中将亲自来到长沙第十一军司令部,传达大本营要求尽快攻占衡阳的命令。

8月2日,日军第十一军司令官横山勇亲自到前线指挥作战,集中第四十、第五十八、第六十八、第一一六共4个师团的兵力第三次攻击衡阳。此时守军部队，已是弹尽粮绝，伤亡过半，粮弹只能靠空投补给。

4日凌晨，日军轰炸机第六、第十六和第四十四3个战队，一批接一批地出动，对衡阳市区再度施行地毯式轰炸，并大量投放毒气弹，一直持续到拂晓。飞机轰炸刚停，城外四周的几百门重炮又一齐轰鸣，密集的弹雨一股脑儿地倾向城区，日军各路大军在震天动地的喊叫声中发起了总攻。激战至6日夜，日军第五十八师团一部从城西北角突入城内，西南方面岳屏山、天马山等阵地亦为日军第一一六师团突破。日军第五十七旅团长志摩源吉少将，亲自率领敢死队冲锋，被守军当场击毙。

7日拂晓，日军首先集中炮火进行了两个多小时的炮击，然后又发起疯狂冲锋。守军阵地大都被毁，官兵伤亡惨重，五桂山、接龙山等阵地先后失守。各路日军纷纷突进城内，双方展开激烈巷战。8日晨，第十军军长方先觉下令投降，衡阳陷落。

长衡会战，中国军队伤亡90577人，毙伤日军66809人。中美空军积极配合作战，共出动飞机667批3664架次，击毁日机134架，击毁各种车辆521辆、舟船1360只。尤其是衡阳保卫战，第十军官兵坚守孤城四十七天，毙伤日军12186人，是抗日战争中时间最长的一次守城战。

三、桂柳会战

日军侵占衡阳后，为准备进占广西桂林、柳州，以第十一军六个师团，于8月29日由衡阳沿铁路向湘桂边界推进；以第二十三军两个师团及一个独立混成旅团，于9月6日由广东清远沿西江向广西梧州进攻；另一个独立混成旅团由广东遂溪向广西容县进攻。

9月10日，"第六方面军"司令官冈村宁次大将奉命指挥第十一、第二十三军、第二飞行团和第二遣华舰队一部，共约16万人，在驻越南南方军一部配合下，以打通桂越公路为目标，向桂林、柳州发动进攻。

第四战区司令长官张发奎指挥9个军、两个纵队约20万人，在黔桂湘边区总司令部的3个军支援下，分区防御抗击日军。

9月1日，日军第十一军率先从湖南耒阳发起作战，沿湘桂铁路两侧发动钳形攻势，与驻守在冷水滩一线的第七十九军展开激烈战斗。

第三十五章 豫湘桂溃退

7日拂晓，日军数千人化装成友军和农民，偷袭第七十九军军部。第七十九军军长王家本率军部转移，并亲自率领手枪排在前开路。当行至东安山口铺附近时，与日军遭遇，双方展开了激烈的战斗，手枪排战士全部牺牲。王家本将军用手枪接连击毙几名日军，子弹打光后又赤手空拳与日军展开肉搏，头部、胸、颈都被敌刀砍伤，最后被日军刺刀刺中腹部，壮烈殉国。日军乘势推进到湘桂边界。

9月10日，日军第十一军和第二十三军同时从南、北、东三路发动进攻。北路日军第十一军第十三师团于10日夜间突破第九十三军黄沙河防线，开始向湘桂边界重镇全州进军。防守全州的第九十三军一触即溃，一下子撤到了60公里外的兴安，使桂林北面门户洞开。第九十三军军长陈牧农被第四战区司令长官张发奎以擅自撤退罪当即枪决。

东路日军第二十三军第一〇四、第二十二师团和独立第十九、第三十三旅团在广东三水集结后，向柳州推进。南路日军独立第二十三旅团从雷州半岛北上，占领容县后，快速向桂平地区推进，于9月22日攻陷梧州。至10月11日相继攻占平南、丹竹、蒙圩和桂平。

第四战区以大部兵力固守桂林，集中一部兵力迎击西江方面之敌。21日，第六十四军第一纵队向进占桂平、蒙圩日军第二十三旅团实施反击；以第一三五师等部向平南、丹竹攻击。战至28日，日军第二十三军主力逼近武宣，中国军队遂停止反击，退守武宣。

与此同时，北路日军第十一军主力突破桂林、荔浦方面守军防御阵地，于10月底进抵桂林城郊，11月6日占领阳朔、荔浦，完成了对桂林城的四面合围，并以第三、第十三师团向柳州方面进攻。

11月7日，第四战区将部队编组为左、中、右兵团，集中兵力保卫桂、柳。以第三十五集

桂林在日军轰炸下成为一片废墟

军总司令邓龙光指挥第六十二、第六十四军为右兵团，沿红水河北岸、柳江西岸守备要点，拒止敌人；以第二十七集团军总司令杨森指挥第二十、第二十六、第三十七军为中央兵团，以主力固守柳州；以第十六集团军总司令夏威指挥桂林防守军、第七十九军、第九十三军为左兵团，以桂林防守军固守桂林。

桂林，位于风光绮丽的漓江岸边，翠峰环野立，碧水抱城流，素以"桂林山水甲天下"闻名于世。湘桂铁路穿城而过，是连接华中和华南的战略要地。桂林防守军由第十六集团军副总司令韦云淞指挥的两个师组成，第三十一军的第一三一师防守城北、城东；第四十六军的第一七〇师防守城南、城西。

从11月1日开始，日军就对城郊外围阵地展开了进攻，桂林保卫战正式打响。城北、城东战斗尤为激烈，尤其是东郊猫儿山阵地最为惨烈，阵地多次被日军攻占，夜里又拼死夺回，反复争夺几十次，守军始终未后退一步，一连官兵全部战死在阵地上。

血战一周，桂江以东的屏风山、普陀山、月牙山，城北的平头山，城西的茅草头、磨盘山及城南的斗鸡山、将军山等外围阵地均被日军攻占，第一三一师第三九二团团长吴展在激战中阵亡。

11月8日，东郊主阵地七星岩普陀峰失守，部分守军和伤员800多人撤入七星岩溶洞中，凭借岩溶地形进行抵抗。日军无法攻入洞内，便向洞里施放毒气，800多名官兵全部牺牲。

11月9日晨，日军第四十、第五十八、第三十七师团和第三十四师团一部，在100多门山炮、50余门野炮、30余门加农炮的轰击下，向桂林发起总攻。城内的防御工事几乎被毁灭殆尽，桂林城内浓烟冲天，一片火海。城东第四十师团第二三六联队率先强渡漓江，突入市区。第五十八师团以30多辆坦克为先导，连续攻占虞山、凤凰山、扁崖山各据点，守军全部壮烈牺牲。

激战至夜，四周日军均已突入城区，城中据点大部丢失，守军逐次被压迫于核心阵地，城防司令韦云淞下令突围。除3000余官兵突围外，桂林防守司令部参谋长陈继恒、第三十一军参谋长吕旃蒙、第一七〇师副师长胡原基等5665名官兵在战斗中牺牲，第一三一师师长阚维雍自杀殉国。日军也伤亡惨重，死伤6000余人。风光秀丽的漓江上漂满了两军的尸体，清澈的江水被鲜血染成了红色。

11月10日，桂林陷落。同日，日军第二十三军第一〇四师团，第十一军第三、第十三师团突破中央兵团的防御阵地，攻进柳州。坚守柳州城区的第二十六军伤亡过半，奉命撤离，柳州失陷。

随后，日军第三、第十三师团沿黔桂铁路向西北进攻；第二十三军沿柳邕公路向西南进攻，24日攻占南宁。28日，日军南方军第二十一师一部从越南突入中国，向广西绥渌进攻。中国军队溃退贵州。

12月2日，沿黔桂铁路进攻的日军攻至贵州独山，逼近四川，震动重庆，遭到黔桂湘边区部队的反击，撤回广西河池。10日，日军第二十一师团与第二十二师团在绥渌会合。

至此，从中国东北直至越南河内的大陆交通线全部打通。12月中旬，双方形成对峙，会战结束。

豫湘桂战役，由于国民政府消极抗战，守军一退千里，丧师失地，损失兵力50余万，沦陷国土20万平方公里，是抗战以来正面战场的第二次大溃退。

第三十六章

滇缅反攻

中国远征军第一次出兵缅甸失败后,史迪威、罗卓英率远征军司令部600余人及孙立人的新三十八师4000余人和杜聿明的第五军新二十二师4500余人先后到达印度。在东南亚盟军最高副司令、中国战区参谋长史迪威的建议下,正式组建中国驻印军,在兰姆伽兵营进行训练,由英国提供食宿、薪饷等后勤

飞行在驼峰航线上的运输机

保障，美国提供武器装备及负责训练。

1942年10月，中国驻印军改编为新编第一军，郑洞国任军长，下辖孙立人的新三十八师和廖耀湘的新二十二师，又先后从国内空运胡素的新三十师、龙天武的第十四师和潘裕昆的第五十师入印训练。

整训后的驻印军全部配发美式装备，每师编制1.5万人，各种车辆300余辆，榴弹炮12门，山炮24门，防坦克炮36门，迫击炮198门，轻重机枪468挺，火焰喷射器85具，火箭发射筒108具，冲锋枪和卡宾枪400余支。另外，军直属部队还有7个战车营和3个炮兵团，战斗力大大提高。

从缅甸撤回国内的远征军也重新进行了组建，由陈诚任司令长官，下辖宋希濂的第十一集团军和霍揆彰的第二十集团军，也逐步换发了美械装备，并在昆明分期分批进行训练。

日军占领缅甸后，切断了滇缅公路国际交通线，断绝了中国唯一的外援通道。美国大批援华物资只能通过穿越喜马拉雅山的空中航线运输，由于有的山峰太高，飞机只能在其间穿绕飞行，航线高低错落，状似驼峰，故被称为"驼峰"航线。沿线山高云密，气候恶劣，经常云雾缭绕，再加上日本第五飞行师团战斗机队进驻密支那后，专门拦截这条航线的美军运输机群，飞行条件极端恶劣，先后损失运输机563架，1579名美军飞行员遇难。

1943年10月，为配合太平洋地区的战争形势，开辟一条新的中印交通线，中国驻印军总指挥史迪威制定了一个反攻缅北的作战计划，代号为"人猿泰山"。计划从印缅边境小镇雷多出发，跨过印缅边境，首先占领新平洋以东地区，而后翻越野人山，突破胡康河谷和孟拱河谷，夺占缅北要地密支那，重新打通连接云南境内的滇缅公路。

此项计划得到了中国战区总司令蒋介石和美国国防部的批准，决定中美英三国部队联合作战，史迪威指挥中国驻印军从印缅边境发动进攻，中国远征军司令长官卫立煌率10万大军从中缅边境发动进攻，分两路东西对进，彻底打通滇缅公路。

为统一指挥缅甸方面的作战，日军在南方军下又设立了"缅甸方面军"，以河边正三中将为司令官，下辖3个集团军9个师团和1个飞行师团。第二十八军司令官樱井省三中将，辖第二、第五十四、第五十五师团，担任缅甸西南沿海方面的作战；第十五军司令官牟田口廉也中将，辖第十五、第三十一、第三十三师团，在缅甸西部准备印度因帕尔方面的作战；第三十三军司令官本多政才中将,辖第十八、第五十三、第五十六师团,其中第十八师团驻守缅北,第五十三师团驻守缅中,第五十六师团驻守滇缅边境。

一、胡康河谷战役

胡康河谷,缅语为"魔鬼居住的地方",位于缅甸最北方,由达罗盆地和新平洋盆地组成,有大龙、塔奈、大宛、大洛四条大河纵横其间。此地山高林密,河流纵横,雨季泛滥,人烟稀少,当地人将这片方圆数百里的热带雨林地区统称为"野人山"。

在此驻防的日军是田中新一的第十八师团,下辖第一一四、第五十五、第五十六联队,共有兵力3.2万人。第十八师团是日军的一支王牌部队,号称"常胜师团",曾参加过进攻上海、南京、广州、南宁的作战,是制造南京大屠杀的元凶之一。1940年,被调往南洋地区专门进行丛林作战特别训练。太平洋战争爆发后,先后出师越南,攻占泰国,横扫马来西亚,在新加坡创造了以3万兵力迫使8万多英军投降的战绩,随后又投入缅甸作战,有"丛林作战之王"之称。原任师团长牟田口廉也已升任"缅甸方面军"第十五军司令官,现任师团长田中新一中将,曾任日军大本营作战部部长,是个老谋深算的指挥官。

1943年10月19日,缅北雨季即将结束,蒋介石召集中国军政部部长兼参

远征军炮兵部队

谋总长何应钦、东南亚盟军司令部最高司令蒙巴顿、中国驻印军总指挥史迪威等在重庆举行会议，研究了反攻缅北的作战计划，决定以中国驻印军为主力，联合英军第三师、第三十六师各一部和美军第五三〇七部队、第十航空队一部，正式开始缅北反攻作战。

10月24日，中国驻印军新三十八师第一一二团开始从印缅边界的唐家卡、卡拉卡一线，分三路向缅北的新平洋、宁边、于邦攻击前进。29日，攻克缅北重镇新平洋，11月2日占领宁边。但在攻打于邦时遭到日军顽强抵抗，屡攻不克。激战至22日，日军第五十六联队主力和第五十五联队第一大队及炮兵大队增援部队到达，反将第一一二团分别包围。第一一二团官兵靠砍芭蕉树藤取水和美国运输机的空中补给，坚持战斗一个多月。日军伤亡近千人，始终未能攻克第一一二团阵地。

中国驻印军总指挥史迪威和新三十八师师长孙立人亲率主力增援，经过二十多日的急行军，穿越野人山，赶到胡康河谷。12月24日晨，孙立人指挥炮兵部队进行了一个多小时的炮火急袭，向于邦日军发起全线攻击。激战六天，于29日攻占于邦，全歼日军第五十六联队第二大队，击毙第五十五联队藤井小五郎联队长以下日军1000余人，取得了缅北反攻作战的第一个胜利。

1944年1月，日军第十八军第五十五、第五十六联队退守胡康河谷的大洛至太白家一线。中国驻印军新编第一军兵分两路向南追击前进。左路为孙立人的新编第三十八师，从于邦出发，向太白家攻击；右路为廖耀湘的新编第二十二师，从新平洋出发，向大洛攻击。

1月28日拂晓，从新平洋起飞的美军飞机开始对大洛日军阵地实施猛烈轰炸，新二十二师战车营的坦克纵队撕裂敌人的防线，掩护步兵迅速占领日军的外围阵地。31日，坦克纵队冒着敌人炮火快速冲进了大洛镇日军第十八师团司令部，将日军师团参谋长濑尾少将及数十名军官碾成了肉泥，第五十六联队第三大队冈田大队长以下700余人被歼，残部向孟关退去。

左路新三十八师也于31日向太白家发起总攻，美军第十航空队出动飞机30余架，轮番实施空中轰炸，日军死伤惨重，被迫突围后撤。2月1日，新三十八师占领太白家。

日军第十八师团遂改变防御部署，将第五十五、第五十六联队成梯次配置，分别撤至胡康河谷中心地带的孟关和瓦鲁班。孟关位于胡康河谷要冲，地势险要，是缅北的战略要地。日军第十八师团司令部设在这里，有7个步兵大队、

远征军坦克部队奔赴战场

两个炮兵大队、1个重炮兵大队和1个反坦克炮大队在此据守，并筑有坚固的防御工事。日军第十八师团田中新一师团长亲自到孟关指挥作战，故意放开正面，企图引诱驻印军进攻防守坚固的孟关，而以主力从右翼包抄驻印军的侧背，一举歼灭驻印军主力。

中国驻印军攻占太白家、大洛后，史迪威不等滇西远征军横渡怒江西进策应，也不待英军从因帕尔东进，决定立即挥师南下，独自指挥新二十二师、新三十八师和美军第五三〇七部队，采取正面牵制、两翼迂回战术，以钳形攻势围歼日军第十八师团于孟关至瓦鲁班地区，力争在雨季之前攻下孟拱、密支那。随即下达命令：以新二十二师及军直属重炮团和战车营为右纵队，向孟关攻击前进；以新三十八师为左纵队，自孟关以东做远距离迂回，向孟关南方的瓦鲁班进攻，切断日军后路。

2月23日，廖耀湘的新二十二师先后击溃日军据守腰班卡的第五十六联队主力及在拉征卡的第二大队，然后沿公路追击南下，直趋孟关。同时令第六十六团及战车第一营为特遣支队，沿塔奈河西岸原始森林向瓦鲁班秘密前进，与左纵队会师切断日军退路。但攻击孟关的部队遭到日军的顽强抵抗，苦战一周，伤亡惨重。

孙立人的新三十八师在大比河南岸截住了日军企图迂回的部队，两军展开激战。得知新二十二师孟关受阻后，孙立人果断决定留下第一一二团与日军对峙，派第一一三团继续迂回包抄孟关背后的瓦鲁班。

3月3日，第一一三团与美军第五三〇七部队突击队在瓦鲁班附近会师后，随即向瓦鲁班日军发起攻击。田中新一师团长发觉后方被截断后，除令少数部队在孟关正面抵抗外，集中全力向瓦鲁班发起反击。新二十二师乘势对孟关发起攻击，一举突破日军防线，3月5日攻克孟关，击毙日军第十八师团作战主任参谋官以下1000余人，残敌向瓦鲁班方向撤退。

3月8日中午，新三十八师第一一三团、战车第一营和美军第五三〇七部队突击队向瓦鲁班之敌发起总攻。9日，攻克瓦鲁班。至此，胡康河谷的日军已基本被肃清，残敌退守杰布山隘口。

杰布山是胡康河谷和孟拱河谷的分水岭，全长20余里，山间只有一条羊肠小道形成隘路，狭路两侧高地，均筑有日军坚固工事，日军企图凭险据守，阻止驻印军南进。

当驻印军攻克孟关时，英军远程突击队司令温盖特少将率英印军第三师三个旅在杰沙附近空降，切断了孟拱西方的铁路交通。日军遂调独立混成第二十四旅团和第五十三师团围攻温盖特部，双方展开激战，温盖特少将因飞机失事牺牲。

驻印军攻克瓦鲁班后，史迪威下令以最快的速度立即向杰布山攻击前进。令新二十二师沿公路由正面进攻，令新三十八师及美军第五三〇七部队翻越库芒山脉迂回杰布山后路，攻取拉班。新三十八师披荆斩棘开路前进，翻越奇险无比的库芒山脉，28日奇袭拉班，切断了日军的退路。然后立即倒转作战正面，向北攻击日军背后，与新二十二师南北夹攻，一举突破杰布山天险。3月29日，占领沙杜渣，歼灭日军近6000人，完全肃清了胡康河谷的日军，打开了孟拱河谷的北大门。

二、孟拱河谷战役

孟拱河谷，是指杰布山南端的沙杜渣至孟拱间的一段谷地，南北长达120余公里，东西宽约15公里。南北走向的南高江将河谷劈为两半，两侧大都是壁立千仞的悬崖，每逢雨季，谷中盆地尽为泽国，无法通行。谷内的孟拱和加迈两大重镇隔江对峙，攻守相望，并有铁路、公路通向密支那和曼德勒，战略地位非常重要。

为了在雨季到来之前消灭孟拱、加迈和密支那之敌，史迪威与中国驻印军新一军军长郑洞国商讨后，做出了一项大胆的作战部署：以新二十二师向加迈攻击前进；新三十八师沿加迈左侧向孟拱迂回；另以美军第五三〇七部队和刚刚赶到前线的新三十师第八十八团、第五十师第一五〇团组成中美联合突击队，绕道北侧的崇山峻岭，直插敌后的战略要地密支那。

4月5日，驻印军向孟拱河谷两路并进，新二十二师配属坦克营为右兵团，由拉班地区沿公路向加迈攻击前进；新三十八师为左兵团，沿南高江东岸南进向瓦兰地区攻进。在空军和炮兵支援下，右翼新二十二师一路过关斩将，14日攻占瓦康，18日攻占瓦拉渣，5月3日攻克英开塘，继向加迈突进。左翼新三十八师也一路攻城略地，至5月12日，相继攻克高利、曼平、奥溪、瓦兰各地，日军残部退据大龙阳、青道康一带固守待援。

日军第十八师团长田中新一见驻印军势不可当，一面紧急补充第五十五、第五十六联队的兵力、装备，一面飞调原驻防密支那的第一一四联队主力和第五十六师团第一四六联队一部向加迈增援。"缅甸方面军"司令官河边正三为阻止英军远程突击队与中国驻印军会师，也令第五十三师团向孟拱、加迈急进。同时日军重炮第三联队、独立第二十一炮兵大队、第二师团第四联队、独立第二十四旅团的两个大队也陆续赶来增援。

5月下旬，缅北地区连绵数月的雨季已至，终日大雨滂沱，进攻部队活动受阻，两军作战呈胶着状态。

孙立人料定日军第一线伤亡严重，后方必定空虚，于是令第一一二团背负四天干粮从崇山密林中钻隙迂回，秘密插向卡盟背后的西通；令第一一三团迂回夺取加迈东面的支遵；同时派第一一四团间道奔袭，直取孟拱。

第一一二团奉命隐蔽穿越日军多重警戒线，于5月25日赶到南高江东岸，并连夜偷渡水流湍急的南高江，于26日凌晨突然向西通之敌发起袭击，日军还以为是伞兵天降，惊慌失措。激战至27日，全歼日军第十二辎重联队、野战重炮第二十一大队一中队和警备队，击毙日军700余人，缴获15厘米榴弹炮4门、满载军需品的卡车75辆、骡马320匹、粮弹仓库11座，切断了日军加迈至孟拱间的交通联络。

与此同时，第一一三团也于6月9日攻占加迈东岸的支遵，击毙日军200余人，占领粮弹仓库20余座，加迈之敌陷于包围之中。

6月10日，新二十二师主力进抵加迈附近，并从西、北两面发起进攻，新三十八师第一一二团和第一一三团也分别从南、东两面开始围攻。据守加迈的日军第十八师团与第五十三师团第一一九联队凭险死守，激战至 19 日，各路大军先后攻入城内，日军第十八师团长田中新一率残部向南溃退。新二十二师跟踪追击，相继占领加迈、和平、南马等地。

在新二十二师进攻加迈的同时，史迪威令新三十八师主力协同英印军第三十六师第七十七旅奇袭孟拱。据守孟拱的日军为第五十三师团第一二八、第一五一两个步兵联队和一个炮兵联队，以及第一四六、第四、第一一四联队的残部。孙立人令第一一四团为先头部队，穿越孟拱山秘密向孟拱东南迂回。

史迪威正在与中国远征军将领研究作战方案

6 月 18 日，英军第七十七旅在孟拱南方 12 公里处南克塘被日军独立第二十四旅团包围，情况危急，旅长卡尔弗特准将急派联络人员乘夜突围，找到第一一四团团长李鸿求援，李鸿立即派第一营冒雨夜袭南克塘外围的日军，击毙其第六十一大队大队长河边中佐以下官兵 300 余人，英军趁机里应外合，日军第二十四旅团被迫退向沙貌。

21 日，日军第五十三炮兵联队增援孟拱，在城郊附近受到第一一四团伏击，联队长高见量太郎被击毙。第一一四团连夜强渡孟拱河，官兵在没过大腿的泥水中奋勇向前，冒雨扫清孟拱外围日军据点。23 日，攻克加迈的第一一二团和第一一三团也分别南下，对孟拱日军形成三面包围。

24 日晨，孙立人指挥新三十八师向孟拱日军发起全面攻击，激战两昼夜，将孟拱日军大部歼灭，打死日军官兵 6808 人，生俘原藤大尉以下官兵 108 人，田中新一师团长从地道中狼狈逃走。

6 月 25 日，新三十八师进占孟拱，拔掉了日军在孟拱河谷的最后一个据点，打开了通往密支那、八莫以及曼德勒的道路。

三、密支那大捷

密支那为缅北重镇，位于伊洛瓦底江西岸，是缅甸克钦邦首府，曼密铁路纵贯南北，中印公路横贯东西，是上缅甸重要的水陆交通枢纽。城周围多是500米以上的高山，地势险要，易守难攻。在此驻守的是第十八师团第一一四联队，城里城外、地上地下均修建了永久性防御工事，成为日军在缅北的大本营。

在新二十二师和新三十八师分别向加迈和孟拱进军的同时，史迪威以美军第五〇七部队和中国驻印军新三十师第八十八团、第五十师第一五〇团以及英军别动队第六队编成奇袭密支那的中美混合突击队，在梅里尔准将率领下由胡康河谷穿越原始森林向密支那秘密进发。5月16日，隐蔽地接近了密支那外围。

17日拂晓，美军第十航空队出动全部飞机对密支那进行了三个多小时的轮番轰炸。上午10点，中美联合突击队冲出森林，向密支那以西约一公里的飞机场发动突然袭击。日军对突如其来的打击茫然失措，经过四个多小时的战斗，中美联军肃清了机场上的敌人。下午，满载着武器、弹药和增援部队的运输机，在密支那机场降落，中美混合突击队迅速控制了机场周围的地区。

日军急忙从八莫及滇西抽调两个大队向密支那增援，密支那日军迅速增加到5000多人，凭借坚固的工事，顽固抵抗。第十八师团官兵多系日本九州矿工出身，素善挖掘坑道工事，其防御工事不但坚固隐蔽、交通壕纵横互通，而且

中国驻印军正在进攻密支那

火力网交叉严密，隐秘的火力急袭点遍布各地。

史迪威连续向密支那空运了第十四师的第四十一、第四十二团和新三十师的第八十九、第九十团以及第五十师的第一四九团。密支那战役由大规模空袭、空运，逐步转入艰苦的地面争夺战。各部队不断向日军发动猛攻，但在日军的顽强抵抗下，进展不大。

缅北的雨季也影响飞机的降落，运载队的大型运输机常被日军高射炮击中，从机舱流出的鲜血染红了机场的树叶和草丛。雨水和洪水使密支那的低地变成沼泽，战壕里积满了雨水，中国军队浸泡在齐腰深的水壕里一寸一寸地向前推进。一天的强攻，还不足以将战线推进200米。有时白天夺下的阵地，晚上又被日军从坑道发动的突袭夺回。第一五○团曾一度攻占密支那火车站，又在日军的反攻中失守，战斗呈胶着状态达四十余天。

郑洞国（1903—1990），湖南石门人。毕业于黄埔军校第一期，历任国民革命军营长、团长、旅长、第二十一师师长。抗战爆发后，率部参加了保定会战、徐州会战、武汉会战。1938年，任新五军副军长兼荣誉第一师师长，率部参加桂南会战，取得昆仑关大捷。1940年任第八军军长，率部参加鄂西会战。1943年，任中国远征军驻印军新一军军长、驻印军副总指挥

6月底，孟拱、加迈之敌先后被歼，密支那已成为一座孤城。但是，日军指挥官水上源藏少将依然负隅顽抗，做困兽之斗。中美联军调整了部署，以第五十师、新三十师和美军拉加哈德突击队从三面围攻密支那，新三十八师也奉命从孟拱赶来增援。

7月7日，在抗日战争爆发七周年的纪念日，中国驻印军新一军军长郑洞国亲赴密支那前线，向中国军队下达了总攻令。在美军轰炸机和新式火箭炮地毯式轰炸后，中国军队发起全面攻击，再度夺下密支那火车站，并与美军一起，形成对市区的三面包围之势。

7月18日，中、美军队转入密支那街区巷战，逐巷逐屋争夺前进，并于8月1日攻下密支那市区的七条主要街道，日军被压缩到城北的最后阵地。当天下午，第五十师师长潘裕昆招募"决战敢死队"，官兵纷纷报名，连司令部的传

中国驻印军副总指挥郑洞国正在指挥密支那战役

令兵、军械兵、火夫都要求参战。

8月1日深夜，由104人组成的"敢死队"，在当地华侨的带领下，冒雨绕到日军背后。3日凌晨，"敢死队"与正面部队同时发起进攻，前后夹击，日军腹背受敌，全线崩溃，残兵惶恐地逃出战壕，跳入滚滚的伊洛瓦底江逃窜。密支那城防司令官水上源藏被逼到江边的一棵大树下切腹自杀，残余日军全部被歼。

密支那战役是缅北会战的核心战役，经过80天的艰苦作战，中国驻印军伤亡官兵6600余人，歼灭日军官兵4000余人，第十八师团遭到了毁灭性的打击，中国驻印军反攻缅北的第一期作战任务胜利完成。缅甸战场的主动权从此转入盟军手中。

密支那攻克后，中国驻印军决定利用雨季在孟拱、加迈和密支那一带进行休整补充。中国军事委员会命令将中国驻印军编成两个军，即新编第一军和新编第六军。孙立人任新一军军长，辖新三十、新三十八师；廖耀湘任新六军军长，辖第十四、新二十二、第五十师。原新一军军长郑洞国升任副总指挥。原总指挥史迪威因与蒋介石矛盾激化，被召回国，魏德迈将军继任中国战区参谋

中国驻印军向密支那日军发起冲锋

长、驻华美军司令,索尔登中将继任中国驻印军总指挥、印缅战区美军司令。

经过整补后的远征军战斗力得到了恢复,积极准备第二期作战。

四、腾冲战役

1944年4月中旬,正当中国驻印军突破杰布山天险向孟拱及密支那进军之时,日军第十五军发动了"乌号作战"计划,出动三个师团包围了印度东部重镇因帕尔,并占领了科希马,企图采用以攻为守的战术阻止英印军出兵缅甸。

印度和伦敦都大为震惊,东南亚盟军司令部最高司令蒙巴顿将军向中国紧急求援。中国军事委员会根据美国总统罗斯福的要求,为策应驻印军的缅北作战和配合英军因帕尔作战,决定发动滇西反攻,彻底打通中印公路。中国远征军代司令长官卫立煌遂令霍揆彰部第二十集团军所辖第五十三军、第五十四军为右集团军,攻击腾冲;令宋希濂部第十一集团军所辖第二军、第六军、第七十一军为左集团军,向龙陵、芒市进攻。

防守滇西的日军是松山佑三的第五十六师团,其中第一四八联队驻守腾冲,第一一三联队防守滇缅公路沿线的腊勐、龙陵、芒市,第一四六联队驻防畹町。日军自1942年5月进至怒江西岸后,经营该地区的防御设施达两年之久,在高黎贡山、松山和腾冲、龙陵等地的据点内都筑有抗力强、隐蔽好、射界广的坑道式火力点,企图通过死守阻止远征军进入缅甸。

5月11日黄昏,集结在怒江东岸的中国远征军第二十集团军五个师的兵力,

中国远征军强渡怒江

在怒江150公里正面12个渡口乘坐橡皮艇和竹筏强渡，一举突破怒江天险。次日开始仰攻高黎贡山，日军第五十六师团第一四八联队主力及第一四六联队一部凭险死守，双方血战九天，日军终于不支溃退。日军用数百匹驮马各载尸体两具向南逃窜，沿途鲜血淋漓，绵延数公里。

远征军攻占高黎贡山后，乘胜进至腾北马面关、界头、瓦甸、江苴附近，扫清龙川江两岸残敌，形成合围腾冲之势。南逃日军与腾冲守军合编为一个混成联队，由第一四八联队长藏重康美大佐指挥，死守来凤山及腾冲城。

腾冲是滇西重镇，四周均为高山，城墙高达5米，全是巨石砌成，高大坚固。兼有来凤山作为屏障，两地互为依托。日军经过两年多的经营，在两地筑有坚固工事及堡垒群，城墙上明碉暗堡密布，城内外战壕坑道相连，整个腾冲变成了一座"固若金汤"的军事堡垒。

7月2日拂晓，第二十集团军对腾冲外围据点发动全面进攻。战斗至12日，各部已逼近城垣。16日，在空军27架战机掩护下，首先以优势兵力向来凤山五个堡垒群同时猛攻，血战十日，终于攻占来凤山，旋即扫清城外之敌，对腾冲城形成四面包围。

8月2日，第二十集团军总司令霍揆章下令攻城，以第五十四军附重迫击

远征军将士在怒江西岸激战

炮营向南门、西门、北门之线攻击；以第五十三军第一一六师附山炮兵营向东门进攻；第一三〇师担任对龙陵方面的警戒。在百余门火炮的轰击掩护下，远征军将士奋不顾身，纷纷爬上云梯登城，但很快被日军密集的交叉火力网击退，伤亡惨重，无法在城墙下立足。由于城墙厚实，火炮无法轰开，中美空军每日派出数十架飞机轰炸，还调用了美军的高爆炸力炸弹及精确瞄准器，将城墙炸开十几处缺口，攻城部队由此强行登城。激战十余天，始将城墙上的堡垒群逐次摧毁。

8月14日，第二十集团军以四个师的兵力从南城墙突进市区，展开激烈巷战。日军守城兵力虽少，但防御工事极为隐蔽而且坚固，利用房屋街街设防、巷巷筑堡，火网密布，所有街道都被侧方火力点封锁，战斗异常惨烈，每前进一步，都要付出惨烈的代价，几乎每一条大街小巷都经过了一场血战。进城部队采取逐街、逐巷、逐屋"蚕食"的战术步步推进。最后，整个腾冲城几乎被炮火夷为平地，全城已没有一间完好的房屋。

经过一个多月的"焦土"作战，最终将腾冲守敌全歼，击毙日军联队长藏重康美及以下官兵6000余人，于9月14日收复腾冲。但第二十集团军也损失惨重，伤亡官兵18309人，其中牺牲4800人，全部葬于城外的"国殇墓园"。

五、松山、龙陵战役

左集团军奉命进攻龙陵、芒市，第十一集团军总司令宋希濂又将部队兵分两路，王凌云的第二军为左翼攻击军，向芒市攻击前进；钟彬的第七十一军为右翼攻击军，首先进攻松山要塞，随后以主力进攻龙陵。

松山位于高黎贡山前沿，海拔5300米，雄踞怒江之滨，滇缅公路盘旋其间，是进出龙陵的必经之地，战略地位极为重要。日军专门从缅甸调来工兵部队，经过一年多的时间，用圆木、钢板、钢筋混凝土等材料依山修筑了20余个据点组成的堡垒群，堡与堡之间通道相连，战车也能在地堡里开进开出，地堡里还有庞大的军火库和慰安所，是日军准备长期固守的永久性防御要塞。

松山工事完工后，"缅甸方面军"总司令河边正三中将和第五十六师团长松山佑三中将曾亲往视察，现场观看重炮轰击和飞机轰炸试验，数颗五百磅的重型炸弹直接命中竟未能使工事内部受到损害，河边正三狂喜地宣称："松山工事的坚固性足以抵御任何程度的猛烈轰击，并可坚守八个月以上。"

据守松山的守备队是一支步炮混成部队，共有1400余人，指挥官为炮兵出身的金光惠次郎少佐。配备有100毫米重炮群、山炮、战车、高射机枪等强大的组合火力，整个惠通桥及附近100公里的滇缅公路都在日军炮火射程之内，火力交叉没有死角。

6月1日晨，第十一集团军的第七十一军和第二军，分由惠通桥、毕寨渡、三江口附近强渡怒江，向龙陵、芒市方向进攻。该集团军主力于6月11日逼近龙陵，但第七十一军的新二十八师，在松山被阻，久攻不下。

6月4日拂晓，美军出动30架轰炸机对松山进行了猛烈轰炸，随后新二十八师官兵从山脚开始了仰攻，当快接近山顶的时候，突然日军的机枪、小炮、掷弹筒从隐蔽的地堡中喷出火舌，形成交叉火力网，中国士兵顿时像被割的草一样倒下，土黄色的尸体滚满山坡。主攻团一营只退回一排战士，营指挥官全部牺牲在山头。接连几天的进攻都进展不大，第七十一军军长钟彬亲临松山前线指挥作战，组织各级军官层层督战，各团各营轮番进攻，但在日军猛烈的火力网下，仍然进展甚微。血战至6月底，伤亡惨重的第二十八师终于扫清了黄草坝、镇安街等松山外围阵地，将日军压缩于松山主阵地，两军出现僵持状态。

此时，第七十一军的第八十七、第八十八师及第六军的新三十九师主力则

远征军战士正在奔赴松山前线

绕过松山向龙陵县城发起进攻。

龙陵为滇西边陲重镇，滇缅公路由此经过，是通往缅北八莫、腊戍、密支那的咽喉要地。日军第五十六师团第一一三联队的第三大队及第二师团第二十九联队的第二大队增援部队在此防守。6月10日，第八十八师主力连克广林坡、老东坡、风吹坡、三官坡外围阵地，第二六四团乘势突入城区。第八十七师主力攻进老城，围攻县政府。日军退守城内核心据点及西山坡、观音寺、文昌宫等据点负隅顽抗。

右翼战线的日军松山佑三师团长发现中国军队突然对松山、龙陵发起大规模进攻之后，火速率第五十六师团主力五个大队驰援松山、龙陵，同时命令日军第二十九联队、第一一九联队一部向龙陵进发，企图合击龙陵城外第七十一军的两个师。

即将攻克龙陵县城的第七十一军两个师，正在跟城内守军激战，就在这关键时刻，日军增援部队杀来，只好急忙退出城外，沿公路线的山头固守待援，跟日军打起了阵地战。

远征军代司令长官卫立煌急令预备部队第二、第八军渡江增援，以第二军和正在进攻松山的新二十八师增援龙陵,令第八军接替新二十八师攻打松山。

7月5日,在猛烈炮火轰击后,第八军荣一师、第八十二师、第一〇三师从四个方向轮番进攻松山。由于腊勐以上的大垭口、阴登山、滚龙坡、子高地等处的山势更加陡峭,攻山部队只能手脚并用地朝山头攀登,这时日军从地堡中射出密集的交叉火力,攻山官兵一堆堆地滚下山来。次夜,荣一师三团两个连的战士乘夜悄悄摸上了松山主峰子高地,企图奇袭日军指挥部,不料立足未稳即陷入日军的火力伏击圈,激战彻夜,两连战士全部牺牲。

一连数日,第八军先后组织了六次围攻,仍然没有进展,却已伤亡了600余人。第八军副军长李弥亲临前线指挥,命令部下用火焰喷射器和炸药包从外围着手,一个地堡一个地堡地摧毁,向山头地堡群的中心逐步推进。

战至7月下旬,第八军阵地已经稳步推进到离主峰子高地不到500米的阴登山、大垭口、黄家水井一带。松山主峰子高地周围有十几个高低不同的小山头相连,每个山头上都有地堡,火力交叉封锁,互为掎角之势。第八军的士兵又牺牲了几百人,依然无法突破火力网封锁,两军处于胶着状态。

李弥采纳了第八十二师师长王伯勋的主意,准备用古老的地道战术炸毁日军的碉堡。在美国顾问的测量计算下,第八军工兵营将地道直接挖到大地堡的下面,安放了整整7吨TNT炸药。8月20日上午9时,随着一声震耳欲聋的巨响,松山主峰上的中央地堡飞上了天。远征军士兵迅速地向山顶冲击,跟残敌展开了激烈的近战。战至9月7日,终于攻克了松山。日军除一人化装逃走外,其余全部战死。中国军队也付出了惨痛代价,官兵阵亡8000余人。

此时,进攻龙陵的作战也进入白热化阶段,第七十一军得到增援整补后,于8月14日发起了进攻,首先以炮兵进行70多分钟的炮火急袭,然后在38架飞机的支援下向日军发起猛攻。但由于日军工事坚固,火力猛烈,并不断实施反冲锋,攻击部队进展缓慢。激战至26日,远征军一部突入龙陵市区。8月27日,大量的日军装甲部队从芒市赶来增援,又将中国军队赶出城外。陈纳德的飞虎队派飞机突袭日军装甲部队,击毁了日军坦克和辎重车辆。

8月30日,日军第三十三军第二师团又赶来参加龙陵解围战,从公路东侧向龙陵东南高地发起猛烈进攻。激战至9月5日,日军第二师团与困守龙陵的日军取得了联系,攻城部队曾先后两次攻入城中又两次被日军逐出,每一处阵地都几经易手,血流成河。

正在这关键时刻,9月7日,松山要塞攻克,立即打破了滇西战场的僵局。

远征军战士正在向龙陵进攻

9月8日，远征军潮水般的部队和后勤辎重顺利通过滇缅公路，开往龙陵。9月14日，腾冲告捷，怒江西岸的远征军左右两翼连成一片，向龙陵合击。10月29日，第十一集团军全线发起总攻，激战5日，于11月3日攻克龙陵。20日，攻克芒市，日军残部向中缅边境撤退。

中国远征军乘胜沿滇缅公路穷追猛打，1945年元旦攻克边境重镇畹町，收复失地8.3万平方公里，将滇西日军彻底赶出了国门。

同时，中国驻印军雨季整补完后，也于10月15日发起了二期作战，从密支那沿滇缅公路一路南下。11月15日，攻克八莫，日军5000余人除60多人泅水逃窜外，全部被歼。1945年1月15日，攻占南坎。1月27日，攻占芒友，彻底打通了中印公路。

1月28日，中国远征军与中国驻印军及英、美盟军在芒友胜利会师，整个缅北滇西反攻战役取得全面胜利。

从1943年10月至1945年3月，缅北滇西会战历时一年半，中国军队以阵亡31443人、负伤35948人的代价，毙伤日军4.8万余人，歼灭日军第

中国远征军与驻印军胜利会师（前排左二为郑洞国）

十八、第五十六两个精锐师团，击溃第二、第四十九、第五十三这3个师团及第二十四混成旅团，收复缅北大小城镇50余座，收复滇西失地8.3万平方公里。不仅彻底打通了中国西南国际交通线，而且也揭开了正面战场和亚洲战场向日军反攻的序幕。

第三十七章

敌后反攻

1943年，世界反法西斯战争转入战略反攻，日军在太平洋战场连遭惨败，在东南亚、太平洋战场作战的南方军与日本本土的海上交通濒临断绝。为打通从朝鲜经中国到东南亚的大陆交通线，从1944年春至年底，日军陆续从华北、华中、华南抽调侵华日军一半的兵力50余万人，先后在正面战场发动了豫中会战、长衡会战和桂柳会战。并从"华北方面军"抽调第二十六、第三十二、第三十五、第六十二师团等精锐部队开赴太平洋战场，使华北战场兵力进一步减少。华北、华中敌后抗日根据地军民，为配合豫湘桂正面战场作战，从1944年春季开始，逐步对日伪军展开攻势作战，并开始局部反攻，敌后战场逐渐由战略相持阶段向战略反攻阶段过渡。

一、华北攻势作战

在晋冀豫根据地，太行军区部队在日军兵力减少、收缩点线的有利形势下，乘机在春夏季对日伪军展开攻势作战，重点攻击伸入根据地内及边沿区的日伪据点、交通线。1944年2月，太行军区部队收复已围困达八个月之久的、伸入根据地腹心的日军据点蟠龙镇；3月收复榆社县城，拔除临淇等日伪军据点；4月1日发起水（冶）林（县）战役，14日收复林县县城。入夏，太行军区部队围困辽县、陵川，攻击新乡、辉县地区之敌，根据地向平汉线推进了10公里。太岳军区部队春季收复了沁水县城。到9月底，攻占敌伪据点13处，迫退敌伪据点15处；促使伪军1100余人反正，解放人口10万以上，新建六个区政权。

在冀鲁豫根据地，1944年5月，成立新的冀鲁豫军区，宋任穷任司令员，冀鲁豫分局书记黄敬兼任政委。5月11日至17日，第八军分区进行了昆（山）张（秋）战役，拔除靳口、张秋等日伪军碉堡、据点50余处，消灭伪军1200余人。在夏季攻势作战中，收复了湖西单县、鱼台、丰县、沛县之间的广大地区和莘县县城。8月5日至11日，八路军以四个团和地方武装、民兵一部，发动了讨伐伪军刘本功部的郓城战役，攻克敌伪据点37处，毙伤俘伪军2600余人，摧毁了刘本功部的黄河大堤封锁线，使抗日根据地向南扩展20公里。全年共作战3604次，攻克据点、碉堡395处，毙伤日伪军1.6万余人，俘伪军32929人，收复清丰、内黄、朝城、莘县、寿张、邱县、濮阳7座县城。

在晋察冀根据地，北岳区部队从1月开始主动出击，至5月攻克日伪军据点350多个，并先后袭入忻口车站和定襄车站。6月，部队向敌纵深地区发动攻势，连袭保定、望都、完县、涞源、灵丘等城。在秋季攻势中，北岳区部队于7月间攻克平山以西日伪军据点14处。

冀中区部队，1月上旬至2月上旬，先后拔除肃宁东北朱家庄等据点40余处，袭入肃宁、安新县城。接着，又在赵县东北和安国、定县地区对敌发动攻势，连克大马圈、西伯章等据点40余处，并一度袭入赵县城。5月，冀中部队包围任丘，迫使伪军500余人投诚，一度收复任丘县城。6月，在大城、深县、藁城、赵县、宁晋地区展开攻势，攻克日伪据点40余处。在秋冬季攻势中，冀中部队攻克肃宁、武强两县城，攻入深泽、安平、献县、饶阳等县城，恢复了藁城、无极地区，长途奔袭了北平西南长辛店车站，并一度袭入保定西关和天津市区，给日伪军极大的震动。在1944年一年中，晋察冀军区共歼灭日伪军4万余人，攻克和逼退敌据点、碉堡1700余处，解放人口758万。

在晋绥根据地，晋绥军区部队深入贯彻毛泽东"把敌人挤出去"的指示，展开了连续的对敌攻势。1月至8月上旬，先后拔除头马营、蒲阁寨、孝子渠、津良庄等58处据点。8月中旬，根据军委指示，全面展开秋季攻势，至9月底，相继攻克汾阳之岩头、协和堡，宁武之杨家林、坝上、李家山、榆树坪，静乐之娄烦、东马坊、东六渡、利润，离石之南梁上、上白霜，文水之信贤、西社，五寨之风子头，方山之马坊、峪口等等，全年共收复敌伪据点92个，收复村庄3108个，扩大面积2.4万余平方公里。

通过1944年的攻势作战，华北抗日军民共歼灭日伪军19万人，攻克城镇40余座，收复国土10余万平方公里，为战略大反攻创造了条件。

二、华中攻势作战

1944年，华中敌后战场形势发生重大变化。日军抽调部队参加打通大陆交通线作战与投入太平洋战场，华中日军数量由 14 个师团、1 个独立混成旅团约 21 万人，减少到 5 个师团、1 个独立混成旅团、5 个独立步兵旅团等约 17 万人。新四军军部根据中共中央、中央军委的指示，结合华中敌我形势的新变化，决定有重点地对敌展开攻势作战。

在苏中军区，从 1944 年年初开始，苏中根据地军民就向日、伪军连续发动攻势，相继攻克大官庄等敌据点 17 处。3 月初，新四军第一师决定发动车桥战役，夺取淮安、阜宁、宝应三县交界的淮宝地区作为后方阵地。车桥是淮安东南约 40 华里处的一个大镇，地处苏中、苏北、淮南、淮北四区交界的战略要地。曾是韩德勤的江苏省政府所在地。日军占领后，在车桥周围筑起两丈多高的城墙和 50 多个碉堡，驻有日军七八十人、伪军 500 余人。苏中军区集中 5 个团组成 3 个纵队，采用攻点打援的战法，攻打车桥。3 月 5 日凌晨，在苏中军区司令员、新四军第一师师长粟裕指挥下，车桥战役正式打响。攻坚部队一举突入车桥镇内，至当日晚，攻克碉堡 33 个，将 500 余伪军全歼，日军残部退守中心大碉堡继续顽抗。当日黄昏起，日军援军逐批赶至，新四军阻援部队将三批援军共 500 余人大部歼灭，后因敌援军增多，部队经一日两夜苦战，过于疲劳，乃于 6 日拂晓前安全转移。6 日晨大批日军进占车桥，但慑于新四军声势，于 7 日放弃车桥，撤回淮安。新四军乘胜收复和逼退曹甸、泾口、塔儿头、张家桥等日伪据点 12 处。是役，共歼灭日军三泽大队长以下 465 人和伪军 500 余人，淮安、宝应以东方圆 100 余里全部解放，进一步沟通了苏中与苏北、淮北、淮南的联系。

在苏北军区，新四军第三师发动春季攻势，攻克日伪据点 30 余处。4 月 19 日，苏北军区集中淮海军分区第十主力和第七旅一部，发起高（沟）杨（口）战役。高沟、杨口是灌云、新安镇之敌伸向西南的主要据点，由伪军 2000 余人固守，控制盐河、前后六塘河，割裂了淮海军分区与盐阜军分区的联系。苏中军区采取各个歼灭的战法，经十六天血战，于 4 月 25 日、5 月 4 日先后攻克高沟、杨口据点，附近 10 余处据点亦被攻克。是役，共歼敌 2000 余人，收复了六塘河两岸地区，使淮海、盐阜两区连成一片，改善了苏北抗日斗争局面。

在淮北军区，3 月 27 日，日伪军 2000 余人"扫荡"泗阳，遭新四军沿途袭击后，于 30 日窜回洋河据点。为配合反"扫荡"，淮北军区司令员、新四军第四师师长兼政委彭雪枫令淮北军区各部队，发起春季攻势，持续五十天，作战 60 余次，毙伤日伪军 1000 余人，拔除据点 46 处，破坏并控制宿（县）灵

（璧）公路之大店集至灵璧段及泗（县）宿（迁）公路，使泗县、灵璧外围除前后张楼等据点外，其余全被扫清。从6月上旬起，淮北军区部队发起夏季攻势，先后拔除张楼外围朱场、三周家等据点，7月11日攻克前后张楼，使泗县北部地区获得解放。8月15日，彭雪枫率四师主力五个团西征，先后收复豫苏八县。9月11日，在夏邑县八里庄围歼顽军李光明支队时，彭雪枫亲临前线指挥作战，不幸中流弹牺牲。

在淮南军区，津浦路东军分区盱嘉支队于1944年大年除夕夜袭入盱眙县城，一举歼灭了伪县政府、伪警察局，消灭伪保安队一部，共歼敌200余人，缴枪120支。2月，浦六工委武工队夜袭六合县瓜埠镇伪区公所及伪军，歼俘伪区长以下200余人。在津浦路西地区，5月，日伪军3000余人，分三路合击中心区藕塘镇。新四军第二师采取敌进我进的战法，攻克敌后方凤阳县殷家涧等日伪据点，攻进了定远县城。日伪军遭内外线打击，被迫撤退。11月9日，日伪军六七千人再次向路西抗日根据地中心区进行"扫荡"，在谭震林师长指挥下，新四军第二师积极作战，迫使日伪军于11月16日撤退，粉碎了日、伪军冬季大"扫荡"。

1944年，华中敌后军民，积极开展攻势作战，共歼敌5万余人，解放国土7400余平方公里、人口160余万，制止了日伪军对解放区的进攻，沟通了津浦路东各根据地的联系，各地斗争局面得到进一步改善。

三、山东局部反攻

在山东根据地，原驻鲁日军第十二军主力赴河南参加打通大陆交通线作战，只剩下第五十九师团、独立混成第五旅团及临时编组的独立步兵第一旅团，共

彭雪枫（1907—1944），河南镇平人。1926年入党。历任红军大队政委、纵队政委、师政委、江西军区政委、红军大学政委、红五师师长、红四师政委。抗战爆发后，先后任八路军总部参谋处处长、中共河南省委军事部长、新四军游击支队司令员兼政委、八路军第四纵队司令员、新四军第四师师长兼政委、淮北军区司令员，1944年9月在夏邑牺牲

2.5万余人，另有10余万伪军，为抗战以来在山东兵力最少的时期。山东根据地在度过两年最困难的反"扫荡"阶段后，军事实力大增，主力部队发展到13个团，还有16个军分区的地方部队，总兵力达10余万人。

根据中央指示，山东根据地实行一元化领导，第一一五师与山东纵队合并，成立新的山东军区，罗荣桓任山东分局书记、山东军区司令员兼政委、第一一五师代师长兼政委，陈光、王建安任副司令，黎玉任副政委，陈士榘任参谋长，肖华任政治部主任。辖滨海、鲁南、鲁中、胶东和渤海5个军区。从1944年初开始，山东军区抓住有利战机，连续实施了一系列攻势作战。

1944年春，山东军区发起第三次讨吴战役。伪"和平建国军"第三方面军吴化文部，在山东军区先后两次讨伐之后，还有1万余人，分布在鲁山南麓之鲁村、南麻、悦庄及其周围2000多平方公里的地区，隔断沂山、鲁山、泰山、蒙山各根据地的联系。

3月25日夜，在鲁中军区司令员王建安、政委罗舜初指挥下，鲁中军区6个团及滨海军区1个团兵分四路发起全线攻击。东路梯队第一、第二、第四团及滨海军区第六团担任主要突击任务，当夜在悦庄东、南突破吴伪防御，攻克大泉庄、豪山、牛山等外围阵地，控制了东线制高点钻天崮，主力突入敌纵深，在磋石、石楼、石桥全歼吴伪第七军一个师部另两个团。西路梯队鲁中军区第十团直捣敌后，攻占鲁山主峰，消灭北线守敌独立第二旅十二个连。4月20日，攻克悦庄据点，全歼守军一个团另四个连，吴化文率残部退缩鲁村一带。第三

鲁中军区司令员王建安（右一）正在指挥讨吴战役

次讨吴战役，共歼灭伪军7000余人，攻克据点50余处，八路军控制了鲁山大部地区，打通了沂、鲁、泰、蒙山区根据地的联系。

为进一步配合正面战场作战，山东军区又利用青纱帐盛起之际，发动了大规模的夏季攻势，在滨海地区发起了讨伐伪军李永平部的"讨李战役"。李永平原系诸城卢山一带的土匪，借抗日招牌拉起队伍，被编为保安十二团，1941年投敌，改称伪"滨海警备军"，归青岛日军独立混成第五旅团指挥。辖3个团、1个独立营，共3600余人，盘踞在以泊里镇为中心的诸（城）胶（县）日（照）边区，控制着障日山、藏马山、铁镢山一带山区。

为打通滨海根据地与胶东根据地的联系，滨海军区集中第六、第十三团，滨海支队、警备团，以及第一、第三军分区地方武装诸城县大队、日北县大队各一部，在第一军分区司令员梁兴初指挥下，在王台至两城70多公里的战线上，以胜水、大村为重点，分左、右两个纵队，发起"讨李战役"。7月23日晚战斗打响，经四天激战，滨海部队楔入敌纵深，连克旺山、胜水、理务关、后村等据点，李伪全线崩溃，收缩于泊里镇地区固守待援。从7月25日至8月5日，诸城日军第五混成旅团第二十大队500余人，在朋田大队长指挥下，先后六次出兵增援，均被第一一五师主力部队老十三团击退。十三团战斗英雄孙来友，在接连打死7名日军后，壮烈牺牲。胶县、日照等地日军多次出援，也均被击退。

此役历经37战，毙伤日军130余人、伪军550余人，攻克据点48处，摧毁碉堡300余座，解放村庄600余个、人口30余万，建立了诸（城）胶（县）

滨海军区发动讨李战役

边和藏马县抗日民主政权。从此，西起五莲山，东达藏马山，南抵日照，北至诸城2500平方公里的广大地区为滨海军区控制，巩固了与胶东根据地的联系。

8月15日夜，鲁中军区集中主力4个团，由军区政委罗舜初指挥，在地方武装和民兵配合下，对沂水城发起攻坚战斗。攻城部队以奇袭和强攻相结合的手段，突入城内，与敌展开巷战，先后攻克日军固守的5个碉堡。至17日拂晓，全歼守城日伪军，毙俘日军小队长以下51人，毙俘伪县长牛先元以下伪军1000余人。沂水外围8处据点亦被荡平，沂水全境被解放，巩固了沂、鲁山区根据地，打通了鲁中与滨海军区的联系。

8月下旬，为了阻止八路军秋季攻势的发展，并打击山东军区指挥机关及后方，日军集中第五十九师团、独立混成第五旅团、独立步兵第一旅团，伪军吴化文、荣子恒、济南治安军各一部及驻江苏北部的第六十五师团一部，共1万余人，在第五十九师团长佃川中康的指挥下，对滨海区进行"扫荡"。为粉碎日军大"扫荡"，山东军区指示其他军区积极发动秋季攻势，牵制"扫荡"之敌。

9月2日，"扫荡"滨海后回撤的日、伪军2200余人，由莒县沿沂（水）博（山）公路返博山、张店，当晚宿营于沂水城东南四十里铺一带。鲁中军区第一、第二、第四、第十二团隐蔽设伏于沂博路上咽喉要地沂水城西北葛庄、陶沟地区，待机歼敌。

3日晨，右路日伪军沿沂博公路，左路伪军沿沂河右岸继续向博山方向行进。14时，当右路日军第五十九师团之第四十三大队450余人及伪军500余人进入葛庄伏击区时，鲁中军区第一团突然发起攻击，日军迅即退守葛庄东岭高地并多次组织反扑。激战至黄昏，鲁中军区第二、第十二团投入战斗，将敌团团包围。战至4日傍晚，日伪军向南突围，鲁中军区部队沿沂河两岸跟踪追击。敌在渡河时大部被歼，仅40余人逃往莒县。左路伪军吴化文部1200余人，沿沂河右岸北进。3日下午，当进至陶沟、岳庄一带时，鲁中军区第四团、特务营采用正面阻击、两翼迂回战术，将其包围，激战彻夜，歼敌一部。4日12时，该部突围，第四团勇猛追击，残敌200余人逃窜，伪旅长陈三坎被击毙。

从8月中旬至9月下旬，胶东军区展开一个多月的攻势作战，歼灭日伪军5000余人，收复文登、荣城两座县城，攻克与逼退日伪据点138处，进一步打通了胶东四个军分区内部的联系及胶东与渤海、滨海区的联系。

渤海军区从8月中旬至10月下旬发起攻势作战，歼灭日伪军5000余人，

渤海军区司令员杨国夫在祝捷大会上讲话

攻克利津、乐陵、临邑、南皮四座县城，进一步打通了渤海区内部各军分区的联系及渤海区与胶东、鲁中区的联系。

11月14日，山东军区集中滨海军区第四、第六、第十三团，鲁中军区第一团，山东军区特务团，独立第一旅等，共1万余人，在冬季攻势中发动了莒县战役。莒县地当鲁中、滨海两区接合部，成为日军"扫荡"的战略基地和运兵要道。城内驻有日军一个中队百余人、伪军莫正民部保安大队3500余人。滨海军区经过长期工作，争取莫正民部3500余人阵前起义，并引导八路军占领各要道、制高点，日军退守4个碉堡负隅顽抗。诸城日伪军600余人西援，被八路军打援部队击退。29日夜，日伪军弃城逃遁，八路军收复莒县全境，使滨海、鲁中两区连成一片。

1944年，山东军区进行大小战斗3514次，攻克与逼退日伪据点1265处，毙伤日军4580余人，歼灭伪军5.4万人；解放国土4万余平方公里、人口930万，军队发展到15万人，民兵游击队发展到37万人。

第三十八章

湘西会战

太平洋战争爆发后，中国军队在湘西芷江开辟了远东第二大盟军机场，绵延600余里的雪峰山成为保护空军基地的天然屏障。尤其是衡阳、桂林、柳州失陷后，芷江成为中美空军最后一个前进基地，各型飞机停驻达400多架，美军地空人员有6000余人，成为对日作战的主要空军基地。1945年2月25日，中美空军混合大队就是从这里起飞轰炸了防卫森严的日本皇宫。日本大本营大为恼火，命令"中国派遣军"破坏芷江机场，保证湘桂铁路、粤汉铁路的畅通。

日本"中国派遣军"总司令冈村宁次立即策划了芷江作战计划，令第二十军司令官坂西一良中将为战役总指挥，调集第一一六师团、第四十七师团、第三十四师团、第六十四师团及关根支队约十万兵力发动"芷江攻略战"。

国民政府军事委员会发现湘、桂、粤日军调动频繁，并在全县、东安、衡阳等地集结兵力，判断日军可能要对芷江地区发动进攻，遂拟订了初步作战方案。军事委员会总参谋长、陆军总司令何应钦亲自挂帅担任总指挥，率王耀武的第四方面军、王敬久的第十集团军、李玉堂的第二十七集团军，以及中美空军混合大队、美军第十四航空大队共400余架飞机约20万兵力组织湘西会战，并从昆明空运全副美械装备的新六军到芷江作为总预备队，以确保芷江空军基地的安全。

3月30日，冈村宁次亲自到驻守在衡阳的第二十军指示作战要领。4月5日，第二十军司令官坂西一良召开了师团长及独立旅团长会议，下达了进攻芷江的命令。

4月15日，湘西会战正式开始，三路日军在1000余里的战线上分别发起进攻：北路日军重广支队向雪峰山北麓进击，中路主攻部队第一一六师团向雪峰山腹地进攻，南路关根支队和木佐木支队，向新宁、武冈方面进犯。

当日军发起全面进攻后，中国陆军总司令何应钦于15日下达作战命令，令第四方面军以主力于武冈、新化之线与日军决战，同时令第三方面军以第九十四军由靖县、道通地区,第十集团军第九十二军由常德、桃源地区向武冈以东及新化方面进击,协同第四方面军击破进攻的日军。

为配合地面部队作战,美军第十四航空队司令陈纳德从昆明飞来芷江坐镇指挥,并提前对日军战略要点进行战术轰炸。4月1日和2日,美军第十四航空队两次袭击上海机场,击毁日机108架。4月10日,中美空军出动大批飞机开始轰炸衡阳、邵阳、湘潭一带的桥梁及长沙、衡阳、冷水滩机场,并日夜轰炸湘粤、湘桂铁路和公路交通线,破坏日军兵力集结和补给。

一、雪峰山战斗

4月9日,北路日军第四十七师团重广支队率先从长沙出发,向雪峰山北麓进击,前进到韶山地区丘陵山地后,遭到韩浚部第七十三军第十五师、第七十七师、第一九三师的节节阻击。

21日清晨,日军在桃林徐家桥一带钻进了守军预伏的"口袋阵",遭到两面高山上迫击炮、机关枪的猛烈轰击和扫射,激战昼夜,方拼死突出重围。29日,进至新化、洋溪地区,又陷入第七十三军的包围,在红岭山遭到中美空军的猛烈轰炸,损失惨重。

驻守邵阳的第八十六混成旅团从黑田铺出发,向新化方面合击,企图与重广支队会合,也遭到第七十三军的逐次阻击。在小溪猪栏门等处渡河时,恰逢

雪峰山上的中国守军重机枪阵地

河水暴涨，竹筏行至河中心时，突遭美机轰炸，伤亡巨大，北路日军攻势被阻止不前。

中路日军第一一六师团是进攻芷江的主攻部队。4月11日夜，第一〇九联队的先头部队第一大队从宝庆沿山间小道秘密西进，钻隙突进至白马山附近。师团主力于4月15日夜分三个纵队从邵阳出发向西进击：左纵队先遣队第一〇九联队一马当先，越过守军多道防线，深入到雪峰山中南部龙潭司附近；右纵队第一二〇联队突破巨口铺附近守军第六十三师阵地，进抵大桥边一带；中央纵队第一三三联队向岩口铺方向突进。

担任雪峰山主战场防御的第四方面军，根据陆军参谋长萧毅肃的建议，制定了利用雪峰山区有利地形，采取攻势防御战略"逐次抗击，诱敌深入，分割包围，聚而歼之"的作战方针。李天霞的第一〇〇军第三十六、第十九、第五十一师，奉令分路拦阻中路日军，向雪峰山腹地节节退却。

4月23日，中路日军各纵队已分别进至雪峰山东麓。第一一六师团长岩永汪大喜过望，没想到进军如此顺利，一面命令挺进部队继续猛进，一面与南、北两路日军商议，在深入雪峰山腹地之前，各路主力密切配合，从北面迂回包围，将雪峰山南麓洞口、武冈地区的第七十四军主力吃掉。

此时，中国陆军总司令何应钦上将偕同美军作战司令麦克鲁将军、参谋长巴特鲁将军一行飞抵芷江，与第四方面军总司令王耀武一起策划雪峰山保卫战下一步战略。命令王耀武部第四方面军第一〇〇军、第七十四军、第七十三军会同王敬久部第十集团军第九十二军，分别在龙潭司、雪峰山南麓和新化地区吸引阻击敌人。令第六战区胡琏部第十八军火速从鄂西南下，沿雪峰山东麓进至隆回，截断湘黔公路。同时命令汤恩伯部第三方面军第九十四军和第二十六军一部，迅速从广西边境前出雪峰山南麓，配合第七十四军，包围歼灭南路日军，并北上至隆回，与第十八军会合，将日军关闭在雪峰山区一举歼灭。

湘西一带山峦起伏，地形险峻，尤其是绵延300余公里的雪峰山山脉，为湘西崇山峻岭的第一道脊梁，海拔在千米以上，主峰苏宝顶高达1934米，是沅江和资水的分水岭。

一路长驱直入的第一〇九联队孤军深入，在突进到放洞附近时，遭到第一〇〇军第五十一师的顽强阻击，连续攻击二十三昼夜，始终未能越雷池一步。守军增援部队第六十三师和第十九师从清山界西进，将日军挺进部队包围在崇山峻岭之中，从东、西两面夹击。第一〇九联队长龙寺加三郎率部左冲右突，

中国军队正在向雪峰山阵地前进

难脱重围，遂抢占附近山头阵地固守待援。中美空军不断出动轰炸机，把成百吨的炸弹倾泻在日军占据的山头上，阵地上顿时硝烟弥漫、弹片横飞。坂西一良司令官紧急命令第四十七师团主力，倾其全力向雪峰山攻击前进，试图救援被包围的第一〇九联队。

另一路日军4月17日渡过资水，向第一〇〇军桃花坪阵地发动进攻。守军是第五十七团第一营第三连，日军集中1400余人从两侧迂回猛攻，很快以优势兵力冲入镇内。全连战士与十倍日军展开巷战，直到全部战死。桃花坪失守后，日军转攻芙蓉山阵地。

芙蓉山位于湘黔公路要冲，第十九师第五十七团第一营营长孙廷简率部在此据守。日军首先攻击芙蓉山外围阵地岩口铺，守军只有一个连的兵力，坚守小镇12天，击毙敌大尉田丁由五郎以下190余人。激战十余天，日军始终无法突破芙蓉山阵地的狮子山一线，最后不得不绕过芙蓉山，转攻洞口。

第一一六师团中央纵队主力也向雪峰山腹地拼命突进。4月29日，攻占洞口，打开了进军雪峰山的大门，然后和其他各部会合，向江口突进。

江口，位于雪峰山主脉中部，山高林密，地势险要，是穿越雪峰山通往芷江公路的重要关隘。日军上万人的大军及辎重部队，拥挤在沿洞口至江口的山间公路上，缓慢前进。结果，被守军第五十一师堵在了铁山脚下。此处地形险峻，两山夹路，易守难攻。守军居高临下，用迫击炮向公路上的大队日军猛烈轰击。中美空军也出动大批飞机配合地面部队作战，对峡谷中的日军进行一

停在机场的飞虎队战机

波一波的轰炸扫射,日军死伤惨重。攻打江口的日军第一二〇联队,遭到第五十七师的顽强抵抗,连续进攻半个多月,死亡 2000 多人,始终没能攻下江口要隘。

岩永汪师团长不得不下令停止向江口进攻,主力退回月溪,改道北上。没翻过几个山头,又在上渣坪、土岭界附近遭到守军的坚决阻击,被堵住去路,无法前进。中、美空军跟踪飞来,对重围中的日军进行地毯式轰炸,并投下了大量的凝固汽油弹。燃烧弹引燃了森林大火,顿时,雪峰山变成了火焰山,火势从山脚蔓延到山顶,日军阵地变成了一片火海。

至 5 月 9 日,第一〇九联队 3000 余日军仍处于第一〇〇军重兵包围攻击之中。从山门突进的另一股日军第一三三联队,也在老隘塘附近受到中国军队的包围攻击,死伤累累,前进不动。岩永汪师团长紧急向军司令部请求撤退。在第三十四军主力和第四十七师团的拼命救援下,才侥幸逃脱。

二、雪峰山南麓作战

4 月 15 日,南路日军也兵分两路同时发动进攻:一路是第二十军第六十八师团关根支队,从湖南的东安出发,向新宁进军;另一路是第十一军的第三十四师团,从广西的全州出发,向新宁合击。16 日,两路日军在新宁会师,然后继续西犯，分路进攻武冈和绥宁。

进攻绥宁的第三十四师团，22日，攻占其良。23日，以一部西犯梅江、绥宁，以主力北犯武阳、关峡。进攻绥宁的第二一七联队，在梅口附近，遇到第三方面军第二十六军第四十四师的坚决抵抗，在茶山一带被歼灭1000余人。进攻武阳的第三十四师团一部，于29日攻陷武阳。

4月30日，从贵州赶来增援的第三方面军第九十四军牟庭芳部到达绥宁，立即向武阳日军展开反击。5月2日，第九十四军第五师主攻部队强攻日军马鞍山主阵地，半日内就抢占大多数制高点，日军纷纷向核心阵地退却。第二十六军第四十四师也进展顺利，将日军压缩至数里的区域内。5月3日，第九十四军发动总攻，日军第五十八旅团很快不支，纷纷向万福桥核心阵地退却。中国军队重新夺回武阳，打死日军1500余人，取得了武阳大捷。

进攻武冈的日军关根支队也遇到了守军的顽强抵抗。武冈位于雪峰山南麓，资水岸边，三面环山，一面靠水，东与邵阳，西与绥宁，南与新宁，北与洞口毗邻，为湘西南军事重镇。守卫武冈的是第七十四军第五十八师，师长蔡仁杰率部在城内外构筑了三道防御阵地，皆以黄泥、细沙、石灰混合筑成，其内部防线，是由当地百姓献出准备过年用的糯米，熬成稀粥掺和三合土构筑，十分坚固，一般手榴弹无法炸开。

4月25日，关根支队进至武冈城郊，从东、西、南三面包围了武冈。攻城主力第一一七大队长永里是个络腮胡子，几天来没来得及刮脸，攻城前骄横地宣称："几小时就可攻下武冈，到时候在武冈城里刮脸！"

27日凌晨，日军支队长关根久太郎少将下令攻城，百余门大炮一齐轰鸣，将第五十八师阵地炸成一片火海。日军一个旅团的兵力在坦克掩护下发起冲锋，连攻三天，伤亡惨重，毫无进展。坂本司令怒斥关根旅团长无能至极，严令两日之内必须攻下武冈，否则军法从事。

关根支队长恼羞成怒，组织150名特攻队员，身绑百斤重的炸药，在炮兵、坦克掩护下，高叫着冲过护城河，贴着城墙，拉响了导火索。随着轰轰的爆炸声，城墙终于被炸开了十余个缺口，随即近千名日军向缺口方向发起猛攻。守军一部分搬来沙石、麻包堵住缺口，另一部分站在城墙上，用美式卡宾枪、汤姆机枪和火焰喷射器向日军猛烈扫射。日军一个个被火焰喷射器喷出的烈焰烧得满地打滚，四散奔逃，护城河里堆满了尸体，河水都染成了红色。

血战七天七夜，武冈县城依然在守军手中，日军伤亡惨重，但丝毫没有进

待命起飞的美军鲨鱼式战机

展。守城官兵也伤亡很大，几处城门都被炸塌。就在战情紧迫时刻，第四方面军司令王耀武命令第四十四师一部从梅口疾驰武冈增援。其余部队从日军背后发起突然攻击，守城部队也组织突击队乘势反击，关根支队腹背受敌，向武阳一线退却。

王耀武下决心消灭这股部队，立即集中第七十四军各部乘胜追击，并向美军第十四航空队司令陈纳德请求配合。美空军两个编队的"野马式"和14架"鲨鱼式"战机，连续几天轮番轰炸武阳、绥宁一线的日军据点，方圆不到一公里的日军主阵地茶山，被凝固汽油弹烧成一片火海。夜间，美军的"黑寡妇式"轻型轰炸机也频繁光顾日军各据点，搅得关根支队日夜不得安宁。

5月5日拂晓，第七十四军发起反攻，武阳附近各要点相继被夺回，关根久太郎率残部向花园方向逃窜，途中又屡遭中国军队堵截，大部被歼。

三、雪峰山大捷

至4月底，担任阻击任务的第四方面军第七十三、第七十四、第一〇〇军，以坚强的逐次抗击和勇猛的不断反击给当面日军以重创。日军一再受挫，攻势逐渐衰弱。中央及左纵队在守军的层层阻击下，仅推进至江口、瓦屋塘以东一线，再也无法前进。两翼的重广支队及关根支队也分别被阻止于洋溪、武阳附近，进退维艰。此时，南下增援的第十八军胡琏部已到达安化附近，第三方面军北上增援的第九十四军牟庭芳部亦进至靖县、绥宁一带。

5月1日，第四方面军开始展开反击，第十八军和第九十四军亦开始由南、北两个方向向日军左、右两翼进逼。日军被迫自5月3日起由攻势作战转为守势作战。坂西一良司令官面对即将陷入被分割包围的险境心急如焚，向"第六方面军"司令官冈部直三郎大将请求增加二至三个师团援军。"第六方面军"已无兵可派，冈部司令官也向冈村宁次建议立即中止"芷江攻略战"，否则有全军覆灭的危险。

但新官上任不久的冈村宁次不甘心就这样失败，让"派遣军"总参谋长小林浅三郎到前线督战。小林亲眼目睹了即将被包围的局势后，立即返回南京向冈村建议停止作战。冈村宁次不得不于9日下令中止芷江作战。

5月8日，国民政府军事委员会命令各路大军发起全线总反攻。顿时，各种山炮、迫击炮一齐开火，炮声此起彼伏，响彻雪峰山谷。芷江机场的所有飞机也全部出动，在战区上空盘旋、轰炸，一时间火光冲天，硝烟弥漫。整个湘西战场，揭开了大反攻的序幕。

在雪峰山南麓战场，从湘桂黔边境赶来增援的汤恩伯部第三方面军第九十四军与第七十四军会合，将南路日军分割包围。关根支队和木佐木支队顿时全线崩溃，一片混乱，自顾夺路逃命，主力向万福桥一带退却。

第九十四军第五师副师长邱行湘亲自率领第十五团突击队，在当地山民的带领下，偷偷绕到第五十八旅团侧面，突然冲入万福桥日军阵地。一部冲入日军炮兵阵地，日军炮兵措手不及，丢下大炮四散逃跑，守军缴获全部大炮。另一部直捣旅团指挥部，当场打死200多名各级军官，关根旅团长仓皇脱逃，旅团指挥部陷入瘫痪。

日军第一一五大队也落入了第九十四军包围圈，此时日军已兵败如山倒，中国军队刚一发动进攻，日军士兵就不顾小笠原大队长的命令，扔下全部辎重和重武器拼命突围。大多数日军被当场击毙，只有10多个士兵掩护小笠原逃到附近的一个小山上，其余日军四散奔向山林。小笠原大队长好不容易聚拢了几十个残兵，准备组织突围。这时，中国军队已开始上山搜索，残余日军对其大队长失去信心，各自偷偷散去，最后只剩下十来个人。小笠原大队长在自尊扫地后，率领残部冲入守军阵地做自杀性攻击，被当场击毙。

南路日军其他各部也在武冈、花园、隆回等地溃不成军，纷纷后撤。第三方面军司令汤恩伯指挥部队一路向北攻击，追歼逃敌。在桃花坪地区，同南下的胡琏第十八军呼应，完成了对日军的全面合围。

陷入雪峰山腹地的中路日军第一一六师团，5月6日，在进攻雪峰山中段主峰下的青岩时大败，连续十五次冲锋均被第五十七师击退，死伤1600余人，不顾第一〇九联队被围攻，于7日晨开始后退，由水东桥撤向和尚桥。

第四方面军司令王耀武见日军开始逃跑，一面命令胡琏的第十八军火速开往山门，务必收复洞口阻挡住第一一六师团；一面命令李天霞的第一〇〇军发起最后攻击，歼灭孤军深入的第一〇九联队。

第一〇九联队被围攻达十天之久，伤亡已超过三成，幸存的1000余人困守在几小山上，不断遭到飞机轰炸和重炮的打击。5月12日，第五十一师和第六十三师发起总攻，第一〇九联队阵地很快被截成数段，遭分割围歼。13日，日军主阵地被攻陷，第一〇九联队长龙寺加三郎大佐和饭岛大队长被先后击毙，第一〇九联队全军覆没。

从8日起，中国军队采取陆空协同向日军发起反攻。芷江机场的中美空军飞机轮番出动，在雪峰山战场上空盘旋轰炸，哪里有日军，哪里便火光冲天，硝烟弥漫。至11日，岩永汪的第一一六师团退至洞口、竹蒿塘一带。13日，又在洞口、金龙岩、竹蒿塘地区被施中诚的第七十四军追击包围，经两天激战，负责殿后的一个联队1000多人被全歼，主力于16日午夜溃退至东圳地区集结。

5月20日，第七十四军的四个美械师及第一〇〇军的三个师，将第一一六师团包围在山溪、滩头一线，岩永汪师团长指挥日军做困兽之斗，苦战10天，在第四十七师团和第三十四师团的接应下，留下3000多具尸体，终于突出重围。5月31日，退回邵阳附近。

北路重广支队于5月9日从洋溪撤退，沿途遭到第七十三军的不断阻击。5月18日，第七十三军军长韩浚命令第十五师和第七十七师从正面进攻，第十八师迂回到敌人后方，在巴油附近将重广支队团团围住。随后以团为单位进行轮番进攻，芷江机场也出动P-51野马轰炸机对被包围的日军进行轰炸扫射，重广支队全面溃散，余部分头逃窜，重广支队长被当场击毙。

上野原吉的第八十六混成旅团在洞口一带被包围，粮弹无法补给，官兵只好以野菜充饥。21日晨，上野旅团长率少量人员突围逃走，其余官兵在陆空火力封锁打击下，大部被击毙，余部竖起白旗，缴械投降。

中美空军积极配合地面部队反攻，飞机从芷江机场起飞，只需几分钟的航程便能到达雪峰山战场，一批一批的侦察机、战斗机、轰炸机，排成三角队形，不断地在阵地上空盘旋俯冲，对重围中的日军进行地毯式的轰炸，并大量投掷凝固汽油弹，雪峰山战场到处是火海硝烟，日军到处挨打，拼命逃窜。

战至5月22日，第十八军、第九十四军和第七十四军先后攻占了金龙砦、黄桥铺、米山铺等地。日军第一〇九联队被全歼，第一三三和第一二〇联队也遭到沉重打击。被包围于高沙市西北茶铺子的第五十八旅团第一一七大队被全歼。

至6月7日，日军残部在第二十军十个大队组成的集成部队掩护下，逐次退至宝庆地区。第四方面军收复了所有失地，双方恢复战前态势。

这次会战还抓了不少日军俘虏。王耀武听后十分诧异，以往与日军作战，每次不过抓上几个、几十个俘虏，大部分日军在武士道精神影响下，宁愿战死或切腹自杀，也绝不当俘虏。王耀武亲自来到战俘关押地，看见那些战俘不少还是稚气未脱的少年兵，慨然叹道："日本帝国死期已近，让这些连胡子都没长出来的娃娃出来打仗，能不完蛋吗？"

湘西大捷的消息传到驻华美军司令部，美军司令麦克鲁也不敢相信中国军队能够如此大胜日军。何应钦、王耀武亲自陪同麦克鲁、巴特鲁、魏德迈等驻华美军将领到战场视察，在几十名中外记者随同下，来到第七十四军的阵地前，望着弹痕累累的工事，看见上千具尚未来得及掩埋的日寇尸体，麦克鲁情不自禁地说："中国军队，真是了不起！"并当场决定给一名荣立战功的班长颁发一枚美国银质自由勋章。

湘西会战自4月9日至6月7日，历时近两月，以日军彻底溃败而告终。据第四方面军战报统计，中国军队以牺牲6832人、伤11717人的代价，毙伤日军29940人，俘虏日军官兵214人。日军战史承认，伤、亡、病达26516人，是开战以来败得最惨的一仗。

第三十九章

日本投降

1945年4月25日，苏联军队和美军先遣队在易北河畔胜利会师，世界反法西斯战争形势急转直下。5月8日，德国宣布无条件投降，欧洲战争至此结束，盟军的作战重心遂转移到太平洋战场和中国战场上来。

一、太平洋战场大反攻

在太平洋战场上，从1942年夏开始，美军就分别从北太平洋、南太平洋和西南太平洋对日军展开了战略反攻和进攻。先后进行了中途岛战役、所罗门群岛战役、新几内亚岛战役、吉尔伯特群岛战役、马绍尔群岛战役、加罗林群岛战役、马里亚纳群岛战役、菲律宾群岛战役、硫磺岛战役和冲绳岛战役，共歼灭日军120余万人，加快了日军灭亡的进程。其中，中途岛战役成为太平洋战争的转折点。

中途岛位于太平洋中部，是北美和亚洲之间的海上要冲，由周长24公里的环礁组成，陆地面积约5平方公里，是美国的重要海军基地及夏威夷群岛的西北屏障。美军太平洋舰队有3艘航空母舰、70多艘战列舰和200多架飞机在此驻守。

1942年6月4日，日军秘密集结大中型航空母舰8艘、水上飞机母舰5艘、战列舰200余艘、战机700多架，在海军大将山本五十六的率领下，浩浩荡荡地直奔中途岛而来，企图一举摧毁美国太平洋海军力量。

日本"伊-124"号潜艇被盟军击沉后，美军获取并破译了日本海军密码，掌握了日军进攻中途岛的企图。美国太平洋舰队司令尼米兹上将采用了时间差战术，当日军战机对中途岛进行完第一波轰炸之后，在回航降落航空母舰加油、挂弹之际，早就在附近海域等候的美军舰载鱼雷机和俯冲轰炸机腾空而起，向日军航母直扑而来，将一颗颗重磅炸弹倾泻下去。短短的几十分钟，日军"赤城""加贺""苍龙""飞龙"号4艘航母沉入大海,2艘遭受重创,损失战机285架,美军只有一艘"约克城"号航母被击沉。从此,日军丧失了太平洋战场上的战略主动权。

1942年8月7日,美军南太平洋登陆舰队30多艘舰船,满载着海军第一陆战师1.6万余人,在3艘航空母舰、23艘大型战舰的护航下,向南太平洋所罗门群岛上最大的瓜达尔卡纳尔岛发起了进攻。瓜岛战役历时五个多月,先后经过六次大海战,美军以死伤5800人、损失航空母舰2艘的代价,毙伤日军2.5万余人,击沉日军航空母舰2艘、舰艇30余艘,开始从战略防御转向了战略反攻。

1943年夏,美军从西南太平洋和中部太平洋发动"双叉反击",在所罗门群岛和新几内亚战役中,消灭日军13万人,炸毁日军舰艇113艘,击落日机8000余架,击毙日本海军大将、东南联合舰队总司令山本五十六,先后攻占阿留申群岛、新乔治亚群岛、千岛群岛、特鲁克岛和马绍尔群岛。

1944年6月,美军在15艘航空母舰的掩护下发起了塞班岛战役,日军集中9艘航空母舰拦路截击。19日清晨,一场战争史上规模空前的航母大决战拉开了序幕。双方的数百架战机在广阔的海空之上展开了一场惨烈的空中大战。美军仅以两艘航母受伤的代价,一举击沉日军航母3艘,重创3艘,击毁日军舰载机404架,日本航母舰队从此失去了进攻能力。7月,美军攻占塞班岛,

美国海军特混舰队

消灭日军 3 万余人，随后占领关岛和马里亚纳群岛，日军第三十一军全军覆没。

1944 年 10 月，美军发起菲律宾群岛战役，先后组织第六集团军、第八集团军以及海军第三、第七舰队的 35 艘航空母舰、29 艘潜艇、800 余艘军舰和空军的 2500 余架飞机，共 50 余万兵力，在西南太平洋战区总司令麦克阿瑟上将指挥下，向菲律宾日军发起反攻。日本大本营先后从"关东军""中国派遣军""朝鲜军"中调集 11 个精锐师团、1 个坦克师团、4 个独立混成旅团，以及日本联合舰队 4 艘航空母舰、17 艘潜艇、65 艘军舰和第四航空军、海军航空兵的全部飞机，共 57 万兵力，在号称"马来之虎"的"第十四方面军"司令官山下奉文上将指挥下，实施"捷 1 号"作战，企图与美军决一死战。

10 月 25 日，两军首先在菲律宾中部的莱特湾展开世界上最大的一次海空大决战。在方圆 500 余海里的战场上，双方投入航空母舰 39 艘、各式战舰 368 艘，以及舰载和岸基飞机 2000 多架。日军首次使用秘密武器"神风特攻队"，以空军敢死队队员的血肉之躯驾驶挂满炸弹的特制战机不断向美军航母撞来。以打仗勇猛著称的美军第三舰队司令哈尔西上将，集中 10 余艘航母上的 500 余架飞机，轮番轰炸日军最后剩余的 4 艘航空母舰。经过九个小时的钢铁较量，美军以损失航母 3 艘、巡洋舰和驱逐舰 5 艘、飞机 100 余架的代价，击沉日军航空母舰 4 艘、潜艇 6 艘及各式战舰 24 艘，击落日机 400 余架，日本联合舰队主力几乎损失殆尽，曾经称霸太平洋的航母舰队从此全军覆没。

莱特岛战役持续两个多月，美军以伤亡 1.2 万人的代价，全歼日军第三十五军所属的第一师团、第十六师团、第二十六师团和第六十八旅团 6.8 万余人。

1945 年 1 月 9 日，美军第六集团军约 20 万人在 1000 余艘舰船和 1000 余架飞机的护卫下，在菲律宾北部的吕宋岛登陆，很快就将日军第十九、第二十三、第一〇三师团、第二坦克师团和第五十八旅团击溃，于 2 月 4 日冲入马尼拉。经一个月巷战，于 3 月 3 日，攻占菲律宾首都马尼拉。然后将残余日军压缩围困在吕宋岛北部、克拉克以西和马尼拉以东山区的热带丛林之中，日军粮弹供应断绝，回归热流行，病死、饿死者甚众。与此同时，美第八集团军还先后夺取菲律宾南部的棉兰老岛、巴拉望岛、班乃岛和内格罗斯等岛屿。

整个菲律宾群岛战役，美军伤亡 6.2 万余人，歼灭日军 48.66 万人，切断了日本与南洋群岛、印度尼西亚和缅甸的海上运输线。

美军在进攻菲律宾的同时，又发起了硫磺岛战役。硫磺岛，位于小笠原群

一架日军神风特攻队飞机正向"密苏里"号战列舰撞来

美军与日军展开丛林作战

岛南部，面积约 20 平方公里，因处于东京与塞班岛之间，战略位置非常重要。日军第一〇九师团长栗林忠道大将率第一〇九师团和海军第二十七航空战队 2.3 万余人在此据守，在岛上构筑了密如蚁穴的地堡和纵横交错的坑道网，将混凝土工事与天然岩洞有机结合，形成了纵深防御体系。

进攻硫磺岛的部队为美军太平洋战区第五两栖军，辖海军陆战队第三、第四、第五 3 个师约 6 万人，以及登陆舰艇约 500 艘、军舰 400 艘、飞机 2000 余架，由太平洋战区总司令兼太平洋舰队总司令尼米兹上将担任总指挥。从 2 月 16 日开始，美海军第五舰队的 12 艘航母和 27 艘战舰，在斯普鲁恩斯上将指挥下，首先用舰炮火力和从塞班岛起飞的轰炸机连续三天对硫磺岛进行了地毯式炮击和轰炸，共发射炮弹 30 余万发，消耗炮弹、炸弹 2.4 万余吨，整个硫磺岛被炮火和硝烟淹没。

2 月 19 日拂晓，特纳中将率领的 3 个师的登陆部队抢滩登陆，但在日军的顽强阻击下，进展很不顺利，美军水陆两用坦克和履带登陆车，大都陷入松软深厚的火山灰中动弹不得，很快就被日军的反坦克炮一一击毁。美军登陆士兵只能依靠手榴弹、炸药包和火焰喷射器，一步一步向前推进，三天只推进了 300 余米，死伤 5300 多人。战斗陷入残酷、激烈的消耗战，美军每前进一步，都要付出惨重的代价，有时一整天只推进 4 米，战斗部队的伤亡高达 50% 以上。

3 月 7 日，美军发动总攻，激战 20 日，于 3 月 26 日占领硫磺岛，以伤亡 28686 人的代价，全歼日军 23388 人。栗林忠道大将与 800 余名残兵在山洞内集体自杀。

美军占领硫磺岛后，战斗机作战半径覆盖了日本本土，有效地掩护了轰炸机对日本的战略轰炸。接着，又发起了冲绳岛战役，开始向日本本土逼近。

冲绳岛位于琉球群岛中部，南北长约 120 公里，面积 1176 平方公里，是琉球群岛中最大的岛屿，北距日本九州仅 600 余公里，成为掩护日本本土的最后一道海上屏障，战略地位非常重要。

为死守冲绳岛要地，日军大本营制定了"天"号作战计划：由陆军中将牛岛指挥第三十二军 10 万余人在岛上抗击美军登陆部队；以海军中将伊藤整一指挥第二舰队组成海面特攻队，向美军舰队做自杀性进攻；同时，海军中将宇垣缠组织 8 个空军"神风特攻队"，企图以疯狂的自杀式战术摧毁美军舰队。

3 月 23 日，美国太平洋舰队总司令尼米兹调集了美国第十集团军和海军陆战队第三军共 7 个师的部队，以及航空母舰 36 艘、各式舰艇 1500 余艘、舰载

美军航空兵对日军占领岛屿
进行地毯式轰炸

机 2108 架,共 54 万人的兵力,发动了代号为"冰山行动"的冲绳岛战役。

4月1日凌晨,美陆军和海军陆战队士兵在飞机、舰炮的掩护下,乘水陆两栖坦克和水陆履带式输送车向冲绳岛发起了进攻。日军躲在纵横交错的战壕、暗堡和洞穴里,用密集的炮火和逆反冲锋拼命抵抗,使美军每天的进展只能用米来计量。美军采取了稳打稳扎的战术,集中兵力火力,一座山峰、一个山洞、一个碉堡,甚至一块岩石地与日军展开浴血争夺。美第十集团军司令巴克纳中将在战斗中牺牲,日军第三十二军司令官牛岛中将和参谋长长勇中将切腹自尽。

4月7日,日军第二舰队司令伊藤整一中将率领由"大和"号战列舰、"矢矧"号巡洋舰和 8 艘驱逐舰组成的海上特攻队到达冲绳附近海域。"大和"号是当时世界上最大的战舰,是日本海军的象征和骄傲。美军第五十八特混舰队司令米切尔中将指挥 200 多架飞机,连续进行了五波轰炸,号称永不沉没的"帝国宠儿""大和"号超级战列舰葬身海底,第二舰队司令伊藤整一和 2700 多名舰员魂丧太平洋。"矢矧"号巡洋舰和 4 艘驱逐舰也先后被击沉。至此,日本联合舰队全军覆没。

冲绳战役一直持续到 6 月 23 日才结束,两军展开了三个多月的拼死决战,日军"神风特攻队"的飞行员以自杀式战术一批一批地驾驶着挂满炸弹的飞机向美军舰艇不断撞来,美军损失军舰 404 艘,损失飞机 763 架、坦克 372 辆,伤亡 7.5 万余人;日军战死 9.4 万余人,第三十二军全军覆没,损失舰艇 20 艘、飞机 2300 架,已完全丧失了制海权和制空权,战火开始烧到了日本本土。

在美国海军反攻的同时,中、美空军的反攻规模也更加空前,从中国大陆西南航空基地起飞的轰炸机群，同太平洋上马绍尔群岛、菲律宾等地的航空基地上起飞的轰炸机群，不断对日本本土进行空中打击。

1945年3月9日夜，美军334架B-29空中堡垒轰炸机超低空飞临东京上空，连续进行了两个半小时地毯式轰炸，投下了两千吨集束燃烧弹，全城一片大火，将近四分之一的建筑变成废墟，死伤军民19万人。

4月13日和15日深夜，B-29轰炸机群又接连两次对东京进行大规模空袭。裕仁天皇皇宫被炸，明治天皇的神宫化为灰烬。

美军B-29轰炸机正在轰炸日本

在轰炸东京的同时，其他城市也无一幸免。自1945年初到日本投降，美国空军先后出动飞机16500架次，共投掷炸弹、燃烧弹7万余吨，轰炸了日本150余个城市，600多家军事工业工厂被炸毁，许多城市变成一片废墟。

二、中国战场的反攻

在中国战场上，从1945年春季开始，中国共产党领导的八路军和新四军，就在敌后战场开始对日军发动了大规模的攻势作战和局部反攻。

在晋冀豫边区，太行军区率先发起了春季攻势作战。1月21日至4月1日，太行军区集中4个多团兵力，发起道清战役，连克日伪据点20余处，歼灭日伪军2500余人，收复国土2000余平方公里。4月3日至月底，太岳军区调集4个团的兵力及地方武装发起豫北战役，攻克据点40余处，歼灭日伪军4500余人。6月30日至7月10日，太行军区又组织9个团主力和3万余民兵发起安阳战役，攻克据点30余处，毙伤日伪军800余人，俘虏及反正日伪军2500余人，扩大解放区1500余平方公里，开辟了豫北新局面。

在晋察冀根据地，晋察冀军区部队在春夏季攻势中，连续举行了任（丘）河（间）战役、文（安）新（镇）战役、安（平）饶（阳）战役、子牙河东战役、大清河北战役、雁北战役、察南战役和热辽战役等攻势作战，歼灭日伪军2.8万余人，拔除据点碉堡790多处，收复县城15座，解放人口500多万，扩大解放区面积13余万平方公里。

冀鲁豫军区在春夏攻势作战中，先后发动南乐战役、东平战役和阳谷战役，共消灭日伪军7000余人，攻克据点240处，收复县城19座，解放人口250余万，使津浦线以西的泰西、运东、运西、湖西等几块抗日根据地连成一片。

在山东根据地，山东军区在春季攻势中，首先发起讨伐伪暂编第十军荣子恒部战役。2月1日晚，鲁南军区主力奇袭泗水城，一举攻入城内，击毙荣子恒及其日本顾问，全歼城内伪军2000余人。接着，又发动了讨伐伪军赵保原部战役。2月11日夜，胶东军区集中5个团主力，攻克赵保原部老巢玩底，毙伤伪军2000余人，俘虏7370人，赵保原率残部窜入即墨。3月8日至10日，鲁中军区集中4个团主力，发起蒙阴战役，全歼守敌1300余人，使沂蒙根据地与泰南根据地连成一片。

在粉碎日伪军春季攻势"扫荡"后，山东军区又发动了夏季反攻。6月5日至27日，鲁中军区集中5个团兵力，发起讨伐盘踞在潍县一带的伪鲁东"和平建国军"厉文礼部战役，先后攻克夏坡、景芝等日伪据点60余处，歼敌7300余人，解放了安丘以南、临朐以东、景芝以西1700多平方公里的土地。7月15日至30日，滨海军区集中4个团的主力和地方武装、民兵各一部，发起讨伐盘踞在诸城一带的伪"山东国民自卫军"第一集团军张步云部战役，先后攻克相州、石桥子、都吉台、双庙、双羊、朱马等据点，歼敌5000余人，解放了诸城、高密、胶县之间2500平方公里的地区。8月中旬，滨海军区第一师第十三团及滨海支队，发起王台战役，消灭日伪军2700余人，解放胶县，逼近青岛，切断胶济铁路东段，使胶东、滨海、沂蒙解放区连成一片。

华中新四军、华南抗日游击队及其他军区，也发动了一些攻势作战，给日伪军以沉重打击。在1945年的春、夏季攻势作战中，八路军新四军共歼灭日伪军16万余人，攻克与收复县城61座，扩大解放区24万多平方公里，主力部队发展到91万人，把日伪军压缩到大中城市周围和主要交通线及沿海重要地区，为转入大反攻创造了有利条件。

在正面战场上，华南日军在中国远征军滇缅大反攻和湘西会战遭遇惨败后，开始收缩兵力，实行战略退却。5月上旬，驻南宁的日军第二十二师团主力秘密撤往越南，南宁仅留下两个联队驻守。第二方面军总司令张发奎，毅然决定向南宁之敌发动反攻。5月中旬，第六十四军突击部队悄悄越过左江，挺进到南宁东南和西南方及邕龙路两侧，截断了日军的退路；第四十六军主力突过右江，迂回到南宁北面，对日军形成了包围。5月26日拂晓，中国军队对南宁之敌发起总反攻，经一天激战，攻克南宁。接着，第四十六军乘势往北，向柳州推进；第六十四军沿铁路线南下，向越南挺进。

滨海部队攻克诸城

5月下旬，陆军总司令何应钦命令汤恩伯的第三方面军主力，从雪峰山南麓挥师南下，会同张发奎第二方面军，迅速包围了柳州之敌，经数日激战，于6月30日攻克柳州。第二、第三两个方面军乘胜北上，先后攻克永福、百寿、荔浦、阳朔，7月28日收复桂林。向南追击的第六十四军先后收复乐思、江明，于7月3日收复龙州、凭祥，将日军彻底驱逐至越南境内。

至此，中国大西南广西、云南全部解放。

三、苏联红军出兵东北

1945年4月25日，苏联军队和美军先遣队在德国易北河河畔胜利会师，世界反法西斯战争形势一片大好。5月8日，德国宣布无条件投降，欧洲战场战争结束。

根据雅尔塔会议与美英盟国达成的协议，苏联在结束欧洲战争之后，加紧了对日本作战的准备工作。横贯西伯利亚的铁路，立即成了运输部队和装备的大动脉，10万辆汽车也在公路上日夜不停地运送战备物资。不到三个月的时间，从1万公里外的欧洲战场，迅速向远东地区运送了13.6万节车皮的部队和作战物资。到8月初，苏联在远东的兵力已达21个集团军80个师150多万人，以及1个坦克集团军、1个骑兵机械化集群和3个空军集团军，拥有3446架飞机、5556辆坦克和26137门火炮，还有苏联太平洋舰队和黑龙江舰队500余艘舰船配合地面部队作战。华西列夫斯基元帅被斯大林任命为远东苏军总司令。

在东北驻守的是日本关东军，辖第一、第三两个方面军，共6个军24个师团另9个独立旅团、两个坦克旅团和1个敢死队旅团，约75万人。另外，还有8个师另12个旅约20万人的伪满军和伪蒙军，以及第二航空集团军和松花江内河舰队，总兵力约100万人，飞机150架，坦克1200辆，各种火炮5400余门。兵力、装备虽不及苏军，但由于长年准备对苏战争，前后构建了三道坚固防线，尤其是在边境地区修建了永久性要塞及纵深防御工事。

1945年8月8日17时，苏联外交人民委员莫洛托夫召见日本驻莫斯科大使佐藤尚武，下达苏联对日宣战通告，宣布参加波茨坦公告，并当面宣布：从8月9日起苏联与日本进入战争状态。佐藤回到大使馆时，已过了东京时间23时30分，距苏军发动进攻不足半小时，而此时"关东军"司令官山田乙三大将

苏联红军5000多辆坦克分三路碾来

还在津津有味地欣赏着艺伎表演。

8月9日零点钟声刚过，苏联红军2万余门自行火炮一齐轰鸣，在3400架飞机、5500多辆坦克的掩护下，150万大军兵分三路，从东、西、北三个方向，在4000多公里的战线上，闪电般越过中苏、中蒙边境，向日本"关东军"发起全线攻击。远东第一方面军从东面突入牡丹江地区，切断"关东军"与"朝鲜军"的联系；第二方面军从北部强渡黑龙江、乌苏里江，向齐齐哈尔、哈尔滨进军；后贝加尔湖方面军与蒙军骑兵部队取道满洲里，翻越大兴安岭原始森林，直插长春、沈阳，切断"关东军"与华北日军的联系。太平洋舰队协助陆战队，占领了朝鲜雄基、罗津等港口，切断了日军从海上的退路。

在苏联红军迅猛凌厉的攻势下，日本"关东军"仓皇应战，不到一周，便被纷纷击溃。8月18日，"关东军"司令山田乙三命令东北日军停止作战，向苏军投降。

苏联红军随后占领齐齐哈尔、长春、沈阳、哈尔滨、旅顺、大连，先后击毙日军8万余人，俘虏日军60余万人，加速了日本投降的进程。

四、日本投降

1945年7月16日，美、英、苏三国首脑在柏林郊外的波茨坦森林举行会议。会后，中、美、英三国首脑联合发表《波茨坦公告》，敦促日本无条件投降："吾人通告日本政府立即宣布所有日本武装部队无条件投降，并对此种行动诚意实行予以适当之各项保证。除此一途，日本即将迅速完全毁灭。"

7月28日，日本政府拒绝接受《波茨坦公告》，发誓要在本土进行"陆上特攻作战"，直至战斗到最后一个人。美国总统杜鲁门获知这一消息后，立即启动了原子弹爆炸计划。

8月6日上午8时15分，两架B-29飞机飞临广岛一万米的上空，投下了人类历史上第一颗原子弹"小男孩"。突然，在2000英尺左右的空中，出现一道炫目的闪光，一个巨大无比的火球伴随着巨型蘑菇云腾空而起，整个广岛在一阵沉闷的轰鸣和颤抖中顷刻化为废墟，共有32万人口的广岛市，死亡14万人。

8月9日零时，苏联宣布对日作战。150多万苏联红军以雷霆万钧之势横扫百万关东军。关东军经营多年的永久性防御工事，在遮天蔽日的飞机轰炸和铁流滚滚的坦克碾轧下顷刻瓦解，100万关东军迅速崩溃。

9日上午11时30分，美国两架B-29轰炸机又在日本长崎投下了第二颗原子弹"胖子"，几乎摧毁了该地区全部工业设施，死亡7万余人。

还是这一天，在延安枣园的窑洞里，毛泽东发表了《对日寇的最后一战》，号令"八路军、新四军及其他人民军队，应在一切可能条件下，对于一切不愿投降的侵略者及其走狗实行广泛的进攻"。万里敌后战场上，共产党领导的抗日军民向日寇展开了最后一战。8月9日后的大反攻作战中，共歼灭日军1.37万余人、伪军38.5万余人，缴获枪支25万余支，收复县城250多座，取得了全面反攻的重大胜利。

原子弹在广岛爆炸

也是这一天，日本皇宫的防空洞内，御前会议从9日夜一直开到10日凌晨，裕仁天皇最终决定，接受《波茨坦公告》。8月10日，日本政府通过新闻通讯社向全世界广播，宣布向美、中、英、苏四国投降。

8月14日，日本政府照会美、英、苏、中四国政府，宣布接受《波茨坦公告》。8月15日正午12时，日本天皇裕仁以广播"终战诏书"形式，正式宣布无条件投降。

冈村宁次率领侵华日军总司令部的全体人员，集合在广场前聆听了天皇"玉音"，不得不乖乖地放下手中沾满中国人民血腥的屠刀。但也有不少好战的狂热分子不甘心失败，听到天皇宣布投降后纷纷自杀。8月22日，11名将佐冒雨跪拜在皇宫前的草坪上，在山呼"天皇陛下万岁"后，同时切腹自杀。从前线到本土，自杀狂潮遍及全国，持续一月有余，仅自杀的高级将领就有元帅1人、大将5人、中将8人、少将22人，将军以下不计其数。前首相近卫、陆相阿南、参谋总长杉山元等高级将领也先后自杀。

8月21日,侵华日军总司令冈村宁次派投降代表、驻华日军副参谋长今井武夫飞抵芷江,代表125万侵华日军正式向中国政府乞降。中国陆军总司令部参谋长萧毅肃中将主持了受降仪式,美国作战司令部参谋长柏德诺准将及有关人员应邀出席。

日方代表今井武夫向中方代表萧毅肃递交了在中国大陆、台湾和越南北部地区内所有日军陆海空军之战斗序列、兵力位置以及各种指挥系统等表册和文件。中方代表萧毅肃向日方代表宣读了中国陆军总司令部中字第一号备忘录,主要内容是:一、本总司令奉命接受日本陆、海、空军投降;二、冈村宁次立即执行投降命令;三、冈村宁次应立即下达停止敌对行动的命令;四、海陆空军投降正式手续、时间、地点另行通知。今井武夫在备忘录《受取证》上签字盖章。

裕仁天皇正在宣布投降诏书

当典礼结束时,东方天空上突然现出一道绚丽的彩虹,在场的中美士兵齐声欢呼,庆祝这一具有伟大历史意义的胜利时刻。

1945年9月2日,日本政府的投降签字仪式在停泊于东京湾的美国战列舰"密苏里"号上举行。当以日本新任外相重光葵和参谋总长梅津美治郎为首的日本政府代表团登舰时,军乐队一片沉寂,礼仪哨视若不见,在美军联络官的引导下,重光葵臂弯里夹着一支手杖,拖着一条假腿,一瘸一拐地走在前边,梅津美治郎步履沉重地跟在后面。走到露天甲板后,重光葵摘下礼帽,与同行者列队向各国将领行鞠躬礼,但无人答礼。敬礼之后,重光和梅津并列在前,其他人分列两排,转向签字桌俯首听命。

美军西南太平洋战区总司令麦克阿瑟走到麦克风前,神色庄严地宣读投降命令。随后,他指着桌前的椅子,严肃地宣布:"现在我命令,日本帝国政府和日本皇军总司令代表,在投降书指定的地方签字!"重光葵走上前,摘下礼帽和手套,用哆哆嗦嗦的手在两份投降书上签下了自己的名字。接着,梅津走上前,乖乖地俯身在投降书上签了名。

日本投降签字仪式在"密苏里"号战舰上举行

美国代表签完字以后,麦克阿瑟庄重地宣布:"现在请中华民国代表签字。"中国军令部部长徐永昌上将代表中国政府在投降书上庄严地签了名。接着,英、苏、法等国先后签字。9时18分,签字结束,上千架美军战机从东京湾上空呼啸而过,庆祝世界反法西斯战争取得胜利的这一伟大历史时刻。

9月9日9时,中国战区日军投降签字仪式在南京国民政府中央军校大礼堂内举行。大礼堂的正门上方,悬挂着中、美、英、苏的国旗。中国陆军总司令何应钦、陆军参谋长萧毅肃、海军总司令陈绍宽、空军第一路总司令张廷孟、第三战区司令长官顾祝同在受降席就座。美国、英国、法国、苏联、荷兰、澳大利亚等国军事代表和驻华武官以及中外记者400余人应邀出席了受降仪式。

8时58分,日本投降代表、"中国派遣军"总司令官冈村宁次率领总参谋长小林浅三郎、副参谋长今井武夫、"中国派遣军"舰队司令福田良三、台湾军参谋长谏山春树等人走进会场。冈村宁次铁青着脸,显得很沮丧,一行人都低着头,步履沉重地走向投降席,向中国代表鞠躬后,低头入座。

9时整,何应钦命令冈村宁次呈验签降代表证件。小林浅三郎弯腰鞠躬,双手捧着相关证书和文件,恭敬地呈送到何应钦面前。何应钦一一验收后留下。随后小林浅三郎再向何应钦敬礼领取投降书,交冈村宁次签字盖章。冈村宁次用颤抖的双手签字盖章后,再由小林浅三郎呈交何应钦上将。

9时15分,何应钦命令冈村宁次等退席,随后发表广播讲话,宣告日军投

中国陆军总司令何应钦在南京接受日军参谋长小林浅三郎递交的投降书

降签字仪式胜利结束，中国人民终于赢得了抗日战争的最后胜利。

中国人民抗日战争历时十四年之久，特别是在"七七"事变全面抗战爆发后的八年抗战中，中国军队先后进行大型会战 23 次、重要战役 200 余次、大小战斗近 20 万次，毙伤日军 150 余万人，消灭伪军 118 万人。中国军队伤亡 380 余万人，军民伤亡总数达 3500 万人以上，为抗日战争的胜利付出了巨大的民族牺牲，同时也为世界反法西斯战争的胜利做出了重要历史贡献。

附录

主要参考书目

（1）中共中央党史研究室著:《中国共产党历史》,中共党史出版社2002年版。

（2）中共中央党史研究室第一研究部编著:《中华民族抗日战争史》,中共党史出版社2005年版。

（3）中央档案馆:《中共中央文件选集》,中共中央党校出版社1991年版。

（4）《毛泽东选集》,人民出版社1991年版。

（5）中共中央文献研究室:《毛泽东传》,中央文献出版社2003年版。

（6）中共中央文献研究室:《周恩来传》,中央文献出版社1989年版。

（7）中共中央文献研究室:《朱德传》,中央文献出版社1993年版。

（8）聂荣臻著:《聂荣臻回忆录》,解放军出版社2007年版。

（9）粟裕著:《粟裕回忆录》,解放军出版社2007年版。

（10）《彭德怀传》编写组:《彭德怀传》,当代中国出版社2006年版。

（11）《刘伯承传》编写组:《刘伯承传》,当代中国出版社2007年版。

（12）《贺龙传》编写组:《贺龙传》,当代中国出版社2007年版。

（13）《陈毅传》编写组:《陈毅传》,当代中国出版社2006年版。

（14）《罗荣桓传》编写组:《罗荣桓传》,当代中国出版社2006年版。

（15）《徐向前传》编写组:《徐向前传》,当代中国出版社2007年版。

（16）军事科学院军事历史研究部著:《中国抗日战争史》,解放军出版社2005年版。

（17）《中国人民解放军第二野战军战史》编委会:《八路军第一二九师战史》,解放军出版社1991年版。

（18）中央档案馆:《皖南事变》(资料选辑),中共中央党校出版社1982年版。

（19）[美]布赖恩·克罗泽著:《蒋介石传》,国际文化出版公司2014年版。

（20）全国政协文史资料研究委员会:《原国民党将领抗日战争亲历记》,中国文史出版社1987年版。

（21）中国国家博物馆:《抗日战争时期国民党正面战场》,四川人民出版社2005年版。

（22）中国革命博物馆:《国民党将领传略》,新华出版社1989年版。

（23）中国第二历史档案馆:《抗日战争正面战场》,凤凰出版社2005年版。

（24）中国第二历史档案馆:《抗日战争时期国民党军机密作战日记》,中国档案出版社1995年版。

（25）中国第二历史档案馆:《侵华日军南京大屠杀档案》,江苏古籍出版社1987年版。

（26）中日韩三国共同编著:《东亚三国的近现代史》,社会科学文献出版社2005年版。

（27）台湾"国防部"史政编译局:《抗日战史》,台北1989年版。

（28）中国国民党中央委员会党史委员会:《中华民国重要史料初编》,台北中央文物供应社1981年版。

（29）[日]日本防卫厅防卫研究所战史室:《中国事变陆军作战史》,中华书局1979年版。

（30）[日]日本防卫厅防卫研究所战史室:《日本海军在中国作战》,中华书局1991年中译本。

（31）[日]日本防卫厅防卫研究所战史室:《华北治安战》,团结出版社2015年版。

（32）日本历史学研究会:《太平洋战争史》,商务印书馆1962年版。

（33）[日]服部卓四郎著:《大东亚战争全史》,世界知识出版社2016年版。

（34）[日]桑田悦、前原透编著:《简明日本战史》,军事科学出版社1989年版。

（35）[日]稻叶正夫编:《冈村宁次回忆录》,中华书局1981年版。

（36）李宗仁口述、唐德刚撰写:《李宗仁回忆录》,广西师范大学出版社2005年版。

（37）何应钦编著:《八年抗战之经过》,金文图书有限公司1982年版。

（38）白崇禧口述:《白崇禧回忆录》,解放军出版社1987年版。

（39）陈诚著:《陈诚回忆录——抗日战争》,东方出版社2009年版。

（40）陈诚著:《八年抗战经过概要》,"国防部"史料局1946年版。

（41）张治中著:《张治中回忆录》,中国文史出版社1985年版。

（42）郑洞国著:《我的戎马生涯——郑洞国回忆录》,团结出版社1992年版。

（43）秦德纯著:《七七卢沟桥事变经过》,台湾《传记文学》第一卷。

（44）刘斐著:《抗战初期的南京保卫战》,《中华文史资料文库》第4卷。

（45）杜聿明著:《中国远征军入缅对日作战述略》,中华书局《文史资料选辑》。

（46）蒋纬国主编:《抗日御侮》,黎明文化事业公司1978年版。

（47）王文燮编著:《中国抗日战争真相》,中华战略学会2011年初版。

（48）《中国抗日战争史》编写组:《中国抗日战争史》,人民出版社2009年版。

（49）罗焕章、支绍曾著:《中华民族的抗日战争》,军事科学出版社1987年版。

（50）龚古今、唐培吉主编:《中国抗日战争史稿》,湖北人民出版社1984年版。

（51）刘庭华编著:《中国抗日战争与第二次世界大战系年要录·统计荟萃（1931-1945）》,海军出版社1988年版。

（52）郭汝瑰、黄玉章主编:《中国抗日战争正面战场作战记》,江苏人民出版社2002年版。

（53）魏宏运主编:《中国现代史》,高等教育出版社2005年版。

（54）胡德坤著:《中日战争史》,武汉大学出版社2005年版。

（55）林治波著:《张自忠》,昆仑出版社1999年版。

（56）张秀章编著:《蒋介石日记揭秘》,团结出版社2007年版。

（57）杨子华编:《二战全史》,中国华侨出版社2013年版。

（58）杨钢、冯杰著:《滇缅战役》,台湾知兵堂出版社2010年版。

（59）[美]黄仁宇著:《缅北之战》,新星出版社2007年版。

（60）山东省地方史志编纂委员会:《山东省志》,山东人民出版社1996年版。

（61）安作璋主编:《山东通史》,山东人民出版社 1994 年版。

（62）中共山东省委党史资料征集研究委员会:《山东抗日根据地》,中共党史资料出版社 1989 年版。

（63）山东省政协文史资料委员会:《山东文史集粹》,中国文史出版社 1998 年版。

（64）朱铭、王宗廉主编:《山东重要历史事件》丛书,山东人民出版社 2004 年版。

（65）王志民主编:《山东重要历史人物》丛书,山东人民出版社 2009 年版。

（66）孙继业、孙志华著:《正面战场大会战》,团结出版社 2007 年版。

（67）张明金、刘立勤主编:《侵华日军历史上的 105 个师团》,解放军出版社 2010 年版。

（68）张军锋主编:《八路军老战士口述实录》,中央文献出版社 2005 年版。

（69）刘晨主编:《中国抗日将领牺牲录》,团结出版社 2007 年版。

（70）[英]汤普森著:《远征军》,凤凰出版传媒集团 2011 年版。

（71）《中国抗日战争史》编写组:《中国抗日战争史》,人民出版社 2009 年版。

（72）《中国抗日战争史简明读本》编写组:《中国抗日战争史简明读本》,人民出版社 2015 年版。

（73）《八路军第一一五师暨山东军区战史》编辑室编著:《八路军第一一五师暨山东军区战史》,黄河出版社 2005 年版。

（74）八路军山东纵队史编审委员会:《八路军山东纵队史》,山东人民出版社 1993 年版。

（75）岳思平编著:《八路军战史》,解放军出版社 2011 年版。

（76）中共山东省委党史研究室编著:《山东抗日战争实录》,山东人民出版社 2015 年版。

（77）王晓华、戚厚杰主编:《抗日战争正面战场档案全记录》,团结出版社 2011 年版。

（78）黎玉著:《黎玉回忆录》,中共党史出版社 1992 年版。

（79）牟中珩著:《回忆于学忠将军》,《天津文史资料选辑》第 52 辑。

（80）张传瑞编著:《于学忠将军传》,团结出版社 2004 年版。

后 记

在抗战胜利80周年即将到来之际，民主与建设出版社出版该书。谨以此纪念中国人民抗日战争暨世界反法西斯战争胜利80周年！纪念在抗战中牺牲的伯父孙来有烈士及所有为抗战牺牲的民族英烈！

抗日战争是中华民族的全面抗战，"中国国民党和中国共产党领导的抗日军队，分别担负着正面战场和敌后战场的作战任务，形成了共同抗击日本侵略者的战略态势"。本书以正面战场大型会战和敌后战场重要作战为主体，按时间顺序，只述不论，以翔实的史料，概括介绍大型会战及重要战役始末，客观展示中华民族全面抗战波澜壮阔的历史画卷。希望本书能够有利于激发读者的爱国热情，有利于增进两岸共识。

本书是在作者主持的社会科学规划研究课题的基础上整理而成，为便于阅读，文体略作改变，适当增加部分细节，引文不再一一出注，主要参考书目列后。对提供图片的有关单位及作者，在此一并表示感谢！部分图片拍摄者未联系上，敬请见此联系。

在写作过程中得到了中央统战部、民革中央的大力支持；全国人大常委会原副委员长、民革中央原主席周铁农为本书题词，全国人大常委会原副委员长、民革中央原主席万鄂湘为本书作序，全国人大常委会副委员长、民革中央主席郑建邦给予指导支持，国民党中央荣誉主席连战、国民党中央原副主席蒋孝严、台湾新党原主席郁慕明、黄埔军校同学会会长林上元、中国史学会原会长张海鹏、著名作家莫言等为本书题词，中共山东省委宣传部原部长孙守刚作了批示，历史学家安作璋教授给予指导并撰写书评。全国政协文史馆、中国历史第二档案馆、中国人民抗日战争纪念馆、国民党党史馆、山东省档案馆、山东军史馆、山东省史志办、山东政协文史馆、部分抗战将领及其后代提供了大量珍贵史料和图片；民主与建设出版社给予了大力支持，在此一并表示感谢！

因资料所限，难免有不足之处，恳请各位专家及读者提出宝贵意见，以备修订。

作　者

2025年春于泉城

© 民主与建设出版社，2025

图书在版编目（CIP）数据

全民族抗战：1937-1945 / 孙志华，孙潇，齐鲁著.
北京：民主与建设出版社，2025.7. -- ISBN 978-7
-5139-4827-2

Ⅰ．K265.06

中国国家版本馆 CIP 数据核字第 2024J6C809 号

全民族抗战：1937—1945

QUANMINZU KANGZHAN：1937—1945

著　　者	孙志华　孙　潇　齐　鲁
监　　制	秦　青
策划编辑	王　艳
责任编辑	王　艳
特约编辑	曹　煜
营销支持	柯慧萍
封面设计	利　锐
出版发行	民主与建设出版社有限责任公司
电　　话	（010）59417749　59419778
社　　址	北京市朝阳区宏泰东街远洋万和南区伍号公馆4层
邮　　编	100102
印　　刷	长沙超峰印刷有限公司
版　　次	2025年7月第1版
印　　次	2025年8月第1次印刷
开　　本	715毫米×995毫米　1/16
印　　张	32
字　　数	540千字
书　　号	ISBN 978-7-5139-4827-2
定　　价	88.00元

注：如有印、装质量问题，请与出版社联系。